세뇌와 인간

한국 보통아저씨의 인문학

세뇌와 인간
한국 보통아저씨의 인문학

초판 1쇄 발행 2024년 9월 10일

지은이 정영근
펴낸이 장길수
펴낸곳 지식과감성#
출판등록 제2012-000081호

교정 및 편집 지식과감성#
마케팅 김윤길, 정은혜

주소 서울시 금천구 빛꽃로298 대륭포스트타워6차 1212호
전화 070-4651-3730~4
팩스 070-4325-7006
이메일 ksbookup@naver.com
홈페이지 www.knsbookup.com

ISBN 979-11-392-2115-2(03100)
값 19,000원

- 이 책의 판권은 지은이에게 있습니다.
- 이 책 내용의 전부 또는 일부를 재사용하려면 반드시 지은이의 서면 동의를 받아야 합니다.
- 잘못된 책은 구입하신 곳에서 바꾸어 드립니다.

지식과감성#
홈페이지 바로가기

세뇌와 인간
한국 보통아저씨의 인문학

정영근 지음

대부분의 인간 80% 내외는
그들의 지능이 세뇌에 취약한 지점에 머물러 있어
예컨대 독재자, 사기꾼, 정치인, 종교 등에 쉽게 세뇌되곤 한다.

머리말

지금 우리 지구인이 살고 있는 2022년, 이 시대는 생각하고 사고하지 않아도 살 수 있는 시대다. 컴퓨터, IT, 인공지능 등의 시대에 우리는 존재하며 살고 있다. 생각해서 행동하고 명상, 사고해서 삶의 지성을 가꾸거나 인문적 소양이 없어도, 컴퓨터나 인공지능의 클릭 한 번이면 거의 모든 것을 대충 해결하고 큰 불편 없이 살 수 있는 시대를 우리는 누리고 있다.

어차피 고대든 현대이든 인간 사회를 구성하는 대부분의 사람들은 잉여 인간이 될 수밖에 없는 것이 인간 사회의 구조이다.

인간들은 만물의 영장, 실존이라며 으스대고 좋아하지만 인간 지능에 의해 파생된 '만물의 영장' 그 실존의 근원은 여타 생물보다 조금 높은 지능으로부터의 장난이다. 그렇게 세뇌에 의해 파생되는 장점만이 아닌 여러 가지 비합리, 위선, 배신, 전쟁, 폭력, 가식 등으로 만들어지는 비극 속에서 인간들은 살아남기 위해 아등바등한다.

그런 인간 사회, 인간계는 너무 복잡하고 혼란스럽다. 그러한 지능의 인간은 이런저런 많은 사건과 사연을 만들어 내고 쏟아 내지만 진정 해결책은 모른다. 인간의 지능이 그렇게 애매한 지점에 Setting되어 있어 그 지능으로 이런저런 꾀를 내고 수많은 문제를 만들어 내지만 거기까지이고, 그 문제들을 해결할 충분한 지능까지는 갖지 못한 애매한 지점에 놓여 있는 것이 인간 지능의 수준이다.

대부분의 인간 80% 내외는 그들의 지능이 세뇌에 취약한 지점에 머물러 있어 예컨대 독재자, 사기꾼, 정치인, 종교(사이비 종교 포함) 등에 쉽게 세뇌되곤 한다. 인간계의 역사를 되짚어 보면 인간계는 폭군, 독재자, 전쟁 등 참혹한 사건 사연의 연속이었다. 당장에도 푸틴이라는 러시아의 망상가가 만들어 낸 장난질에 수많은 민초들이 삶의 터전을 잃고 떠돌고, 수만 명의 선한 생명들이 불귀의 객이 되었다.

　애초에 사람의 진화가 여타 동물 생명체들과 같은 수준에서 멈췄다면, 이 지구는 모든 다른 생물들의 세계와 같이 비교적 평등하고 평화롭게 자연의 섭리대로, 자연의 원초적 질서로 돌아가 살아갈 수 있었을 텐데……!

　인간이란, 가치를 두던 것들의 의미마저 희미해지고, 돈이 가치의 전부가 되어 버린 혼돈의 현대, 그렇다고 돈을 차지한 소수라도 행복한 것은 아니라는 아이러니한 현대의 급변하는 룰에서 승자들도 엄청난 스트레스에 시달리고 있다고 한다. 급변하는 현대 사회, 거기에 돌발 변수로 시스템의 변화, 시스템의 붕괴는 승자들에게도 두려운 스트레스다.

　초가치에 승자들까지도 지금 세상이 고장 나고 잘못되어 간다고 느끼면서 불확실성에 점점 경쟁은 심화되어 가는 현대 사회는 서로가 서로를 밟고 넘어서야 하는 살벌한 경쟁 사회……!

　지구상에 살아 숨 쉬고 움직이는 많은 생물종은 인간 한 종을 제외한 모든 종이 자연의 섭리, 태초부터 이어 온 자연 질서의 먹이 사슬에 의해 원초적 질서를 지키며 살아간다. 그 잘난 호모사피엔스 인간 한 종만이 자연의 섭리, 자연의 법칙, 먹이 사슬을 허물고 범하며 지구의 주인은 인간이라 목청을 높여 왔다.

그러나 사실 우주는 인간에게 절실한 생명에 관한 것들 DNA, 종(種), 지능, 존재, 사랑, 생식, 영혼 등에 아무런 관심이 없다. 그런 것들, 인간을 비롯해 여타 동물(생물) 등은 우주의 존재 과정에서 스쳐 지나가는 시간의 부산물일 뿐이다. 지구상에 존재하는 인간들(여타 생물 포함)에게는 절실한 문제인데, 우주는 무관심하다.

산업화를 시작으로 장밋빛 미래를 낙관하던 신자유주의가 200년도 안 된 오늘날 생각지도 못한 여러 부작용과 공해 등으로 많은 후유증을 인간계는 심하게 앓고 있다. 지구의 운명을 인간들이 재촉하고 있다며, 인간계는 곧 멸망할 것이라는 말이 여기저기서 들려오고 있다.

인간의 지능이 여타 동물, 생물 수준에서 진화가 멈췄다면 지구는 어떤 모습으로 남아 있었을까……? 아마 신들과 선인들이 말하는 낙원, 파라다이스 새소리, 동물들이 내는 소리, 바람 소리, 물 흐르는 소리, 파도 소리가 하모니를 이루는 조용하고 아름다운 천국, 극락이 따로 없지 않았을까 한다. 사람들은 천국, 극락을 맛볼 수 있지 않을까 하며 자연을 찾아 여행을 떠난다.

2024년 7월에 정영근

목차

머리말 —————————— 5

세뇌와 인간 —————————— 10
사람(인간)의 실체 —————————— 30
생명의 기원 —————————— 45
진화 —————————— 57
지능 —————————— 64
인간의 본성 —————————— 82
마음 —————————— 95
사랑 —————————— 114
인생 —————————— 135
철학 —————————— 160
니체 —————————— 167
마르크스 —————————— 178
괴테와 헤겔 —————————— 213
키르케고르 —————————— 219
사르트르와 보부아르 —————————— 226

파레토, 뒤르켐, 베버	233
생각	243
욕망	257
결혼	265
사람과 인간	295
죽음(死)	310
전쟁	330
종교	394
기독교	429
예수	448
이슬람(회교)	505
불교	514
칼럼	535

세뇌와 인간

인간. '인간은 만물의 영장(영묘 불가사의한 힘을 가진 우두머리 즉 인간)이다.' '그렇다.' '인간은 만물의 영장이다.' '그렇다. 맞다.' '그런데 왜 인간이 만물의 영장인가?' '그냥 그렇다고들 하니까!' '그래, 그럼 언제부터 인간이 만물의 영장인가?' '잘 모르겠는데……!' '몰라, 그럼 그건 접어 두고……. 그런데 누가 인간에게 만물의 영장이란 계급장을 달아 주었나?' '글쎄, 모르긴 몰라도 아마 스스로……!' '스스로라면 자화자찬 아닌가!' '여러분 당신은 인간이 만물의 영장이라는 데 대해서 무엇으로, 어째서, 왜 하고 생각해 본 적이 있나요?' '그걸 골치 아프게 왜 생각하냐. 나쁘다는 것도 아닌데, 최고라는데 그냥 만물의 영장 하면 되지.' '하긴 인간은 세뇌의 동물이니까!' '무슨 소리?' '인간의 모든 것 성향, 지성, 앎 등은 세뇌에 의해서 결정된다.' '그건 또 무슨 소리야, 어째서?' '인간의 모든 성향, 능력, 행위는 세뇌된 앎을 기반으로 이뤄진다.'

왜냐하면 인간은 지능에 의한 세뇌로 기억하고, 행동·행위하며, 지나온 일 경험을 기억에 저장할 수 있는 기능을 가지고 있다. 말하자면 기억 세뇌 작용의 운동으로 각 인간이 전에, 어제, 아까,

좀 전에 경험한 것, 보고 들은 것, 배운 것 등을 지능에 의해 세뇌하여 뇌에 축적할 수 있어, 그 세뇌되고 인지한 기억을 토대로 인간의 의식적 반응과 행동 성향이 결정되고 작동하는 것이다. 고로 인간의 가장 중요한 것은 인간의 성향을 결정하는 세뇌의 방향이다. 어떻게 어느 방향으로 세뇌되느냐에 따라 그 인간의 성향과 미래가 결정될 수 있기 때문이다.

예로, 과학자는 과학적인 것에 집중 노력하고 정진한 세뇌로 과학자가 되고, 수학자는 수학에 집중 노력 정진한 세뇌로 수학자가 되는 것이고, 공산주의자는 공산주의 이론에 대한 세뇌로 공산주의자가 되고, 소매치기꾼은 소매치기하는 방법을 집중 연마한 세뇌로 소매치기꾼이 되는 것이고, 서커스단의 공굴리기, 접시돌리기, 줄타기 등도 집중 연마 세뇌에 의한 결과물이다. 이하 등등 여러 방면의 학자, 엔지니어, 축구 선수, 운전수 등도 각자 그 방면의 세뇌에 의한 결과물이고 각각의 성향이 결정되는 것이다. 고로 인간은 세뇌의 동물이다. 세뇌가 인간의 모든 것을 결정한다. 또한 사람은 무한 세뇌가 가능한 지능을 갖고 있기 때문이다. 농구 황제 마이클 조던도 하루에 슛 연습을 1,200번 이상 연마한 세뇌로 슛돌이가 되었다.

그럼 동물은? 동물도 세뇌 작용으로 작동한다. 그러나 동물은 본능적인 지능의 한계로 세뇌의 한계를 넘지 못한다. 그래서 '인간은 만물의 영장이다.' 하는 자체도 동물보다 조금 높은 지능에 의한 세뇌의 산물이라 할 수 있다.

사람(인간)이 보기에, 생각하기에도 지구상 움직이는 동물(생물) 중에 두 발로 걷고 달리는 것도 사람이 잘하고, 지능도 동물 중에 아직까지는 인간이 제일 높다. 그로 인해 기억하고, 사고하고 생각해 행동함으로써 지구상에서 제일 진화한 발전적 요소를 가지고 있다.

그러나 또한 뒤집어 생각해 보면 인간은 그 반대의 성향으로 될 수 있는 요소도 내포하고 있기도 하다. 그것이 지능이 갖는 양면성으로 인간 지능의 문제라 할 수 있다. 갈등과 혼란을 우리가 경험하고 있기도 하고……!

그렇게 인간은 지나온 날의 경험의 축적 세뇌로 오늘날과 같은 산업화를 이루고, 현재 첨단 컴퓨터, IT, AI 등과 같은 발전적인 결과를 가져와 누리고 있으며, 지금도 세뇌의 축적은 여러 방면으로 계속되고 있다. 어디까지일지는 앞날의 일이기에 모르겠지만 계속되고 있는 것은 사실이다.

다만 어떤 일에나 명암이 있기 마련이며, 순기능만 있는 것은 아니다. 인간의 속성과 산업화의 급속한 발전의 역기능으로 인한 공해, 대량 살상 무기 개발, 핵 확산, 전쟁 등 여러 가지 부작용이 나타나는 것도 사실이며, 그 점은 인간이 유념해야 할 인간계의 숙제이다.

그렇듯 인간계의 지능으로부터 세뇌에 의한 급속한 산업화와 발전이 종당에는 독이 될 거라고 부정적, 비관적인 사람이 있는가 하면, 늘 그래 왔듯 문제점이 생기면 인간 지능의 발전적 진취성이 해결책을 찾을 것이고, 크게 우려하지 않아도 된다고 하는 사람들도 있다. 어느 쪽이 옳다 그르다 하는 주장들이 어떻든 인간 사회가 크게 낭패 보는 일은 없었으면 하는 바람이다. 그것이 모든 사람의 생각일 것이다. 그리 믿는다. 어쨌거나 인간 사회의 역사 발전 산업화는 세뇌 기능으로부터의 축적이다.

인간의 조상이 600만 년 전쯤 두 발로 직립해 걷기 시작한 유인원에서 계속 진화해 본격적 인류화의 초창기에 20여 종이었는데, 자연의 조화 때문인지 대부분의 종이 도태 및 소멸되어 두 종 호모사피엔스와 네안데르탈인만 남았고, 결국 인간의 조상은 호모사피엔스라고 한다. 최근 새로 발견된 신인류는 6만 7천 년 전 것으로 초기 신인류와 현재 인류는 닮았다고 밝혀졌다.

그렇게 거듭 진화하며 2~3만여 년 전쯤 지금의 사람에 근사한 모습으로 진화하였고 본격적으로 사냥을 주로 하며 차츰차츰 무리를 이루고 살기 시작했다고 한다.

2만~1만 1천 년은 인간이 모여 집단생활을 시작하며 농사에 눈떠 가는 지질학적 시대 구분으로, 홀로세가 시작된 것으로 추정되는 시기다. 충적세, 현세(現世), 인류세라고도 부르는 홀로세는 마지막 빙하기가 끝나고 현세까지의 시대를 말한다. 현재 지구의 평균 기온은 1만 년 전보다 3~3.5도 정도 높아진 것으로 조사되고 있다고 한다. 그 이유는 인간이 불을 사용하며 생활하고부터 현재까지 인간이 내뿜고 만들어 내는 각종 온실가스 영향이 주된 원인으로 지목되고 있다.

여하튼 만여 년을 전후로 인간은 본격적으로 무리를 이뤄 한곳에 정착했고, 사냥 중심의 생활 방식에서 차츰 농사(농사 시작점은 11,500년 전쯤으로 밝혀짐)를 짓는 것에 눈을 뜨며 모여 살기 시작한 것으로 추정된다. 그렇게 의식주의 안정을 찾으면서 사람들은 거의 동물적인 삶의 모습에서 인간으로서의 문화가 싹트기 시작하여 5천 년을 전후로 본격적인 인간 문화, 인문적인 인류 역사가(기록은 거의 없지만) 시작되었다고 보고 있다. 그 증거로 4천 년을 전후로 피라미드, 스핑크스, 중국의 한자 등이 만들어지고 발전하여, 동서양의 인간이 남긴 흔적과 유물이 발견되면서 인류 역사는 오늘날로 이어져 왔다. 지구 나이로 볼 때 인간의 문화란 만여 년을 전후로 미미한 연혁을 가진다.

인간은 그런 진화의 과정을 거치며 지능이 조금씩 조금씩 높아지고 발달해 자신을 인식하며 자신의 존재를 알게 되는 지점의 실존적(자기 존재를 인식하는 현실 속의 동물을(생물을) 실존이라 함, 즉 인간) 동물이 되었다. 그렇게 실존적 동물이 되며 언제부턴가 인간 중에서 똑똑하거나, 엉뚱하거나, 어리석거나 한 놈이 인간들의 노는 꼴이 대견해서 '인간은 만물의 영장이다'라고 한 것이 아닌가 한다. 확실히 언제부터 인간이 만물의 영장이다고 표방했는지는 분명치 않다. 말로 서로 소통하고 문자가 생겨나 쓰이면서의 시점이 아닐까?

좌우지간 인간들은 깊은 고민 없이 어째서, 무엇으로, 왜, 언제부터 등의 의문점은 알지도 못한 채 고민 없이 '나는 만물의 영장이다.' 하고 있고, 그렇게 세뇌되어 모든 인간이 만물의 영장이 되어 있다. 선한 놈, 악한 놈, 마음이 따뜻한 놈, 마음이 악귀 같은 놈, 고상한 연놈, 천박한 연놈, 유식한 연놈, 무식한 연놈, 품위 있는 연놈('품위 있는' 하며 연놈 하는 것은 좀 그렇지, 품위 있는 인간으로 하자), 개잡놈, 개잡년, 쓰레기 같은 연놈, 도둑놈, 강도, 살인자, 사기꾼, 인간 백정 등등 사람 형상으로 인두겁만 쓰면 모두 다 '만물의 영장'이다. 좀 문제가 있다고 생각되지 않나?

동물 중에서 사람의 지능이 상대적으로 높아서인지, 자각, 기억, 생각이라는 것을 할 수 있다. 그 기능으로 이리저리 머리를 굴리고 꾀를 내 언제, 어떻게, 어디로 튈지, 변할지, 어떤 행동을 할지 알 수 없는 동물이 인간이다. 그런데도 만물의 영장이다. 인간사에 하 많은 사건, 사연, 어쩌면 인간 하나하나가 어떤 짓이라도 할 수 있는 폭탄일 수도 있는데, 그래도 만물의 영장이다. 그리하여 인간들은 잠재적 폭탄끼리 서로서로 이리 재고 저리 재고 서로를 경계하며 살아간다. 원칙이나 룰 같은 것도 없이 개인 간, 집단 간, 나라 간에서 여차하면 서로 잡아먹을 듯 살벌한 기세로 살아간다.

아이들에게 세상에서 제일 무서운 것이 뭐냐고 하면 호랑이, 사자, 귀신이라고 한다. 그런데 나이 들고 살아 보니 세상에서 제일 무서운 것은 뭐니 뭐니 해도 머리 이리저리 굴리고 통박 재며, 시시각각 변하는 인간의 이중성인 것 같다. 어쩌면 그 또한 각 인간이 더 오래 살아남기 위해 장착한 야비한 개인 간 지능의 저주이기도 한 것이 아닐까!

그렇게 인간이 살아간다는 것은 인간의 살아남기 위한 본능적인 몸부림일 것이다. 개인, 집단, 부족, 국가, 지역 간의 전쟁과 동맹, 농업, 상업, 기업, 산업 등도 결국은 인간이 더 안전하게 살아남기 위함이다. 인간이 생명을 유지할 수 있는 지형, 조건, 안전을 확보하기 위함이다. 더 나은, 더 오래, 환경, 조건이 좋으면 오래 생명을 유지하고 살아남을 수가 있다. 이 모든 것은 인간이 살아남기 위한 생명에 대한 욕구, 욕망의 원초적 발산이기도하다.

인간이 어린아이 때부터 상대와 싸워 이기고 싶어 하는 것도 생명에 대한 초자연적 욕구의 발현이라 할 수 있다. 스포츠 경기를 보면서도 우리 팀, 자신이 응원하는 팀이 이기면, 자신이 이긴 것처럼 좋아하고 마음이 기쁘고 신이 난다. 지면 그 반대가 된다. 이 또한 더 나은 조건을 차지하기 위한 인간의 본능적인 싸움의 연속인 것이다. 싸움과 경쟁, 속임수와 야비함이든 이 모두가 '상대를 쓰러트려야 내가 오래 살아남을 수 있다'로 귀결된다. 생존경쟁, 적자생존 같은 현인들의 말도 인간들 각자가 더 오래 살아남기 위한 본능으로부터 생겨난 말들이다.

인간은 본능적인 한계 행동 범주의 동물보다 지능이 3~50 정도 높은 데서부터 시작해 대부분이 150까지의 지능에 속해 있으며, 스스로의 존재를 알고 살아 있다는 것을 인지하고 있다. 본능적으로 움직이는 동물과 달리 인간은 자각 사고로 움직이며, 스스로를 인식하고 의식하며 살아간다. 태어나서부터 경험의 세뇌를 바탕으로 한 자아로 사고하며 인생에 이런저런 사연을 만들어가며 산다. 또 자아와 의식은 시시때때로 변하며, 어떻게 변할지 알 수 없고 예측이 불가능한 동물이 바로 인간이기도 하다.

인간의 그런 속성 때문인지 어느 철인은 '인간의 적은 바로 인간이다.'라고 말했다. '내 마음 나도 몰라.'라는 유행가 가사 한 구절이 인간의 속성을 잘 표현하고 있다. 나도 내 마음을 잘 모르겠는 때가 가끔 있다. 아마 모두 공감하지 않을까 한다.

지구상에는 많은 생물의 세계가 펼쳐져 있고 각 생물종은 자연의 섭리, 자연의 법칙, 먹이 사슬의 순리로 질서를 유지하며 살아가고 있다. 육식 동물이 어느 날 풀을 뜯어 먹거나, 초식 동물이 어느 날 갑자기 육식 동물로 변태하는 일 없이, 자연의 섭리, 자연의 룰을 지키며 살아간다.

그런데 단 한 종, 인간만이 우리 인간은 예외라고 주장하며 멋대로, 마음대로, 꼴리는 대로 살아왔고, 살아간다. 그 잘난 호모 사피엔스에 그러한 원인 제공의 기저에는 지능이 있다. 인간은 지능이 지구상의 다른 어떠한 생물종보다 조금 높아 순간순간 이런저런 여러 가지 꾀를 내며 많은 사연, 사건들을 만들어 낸다.

인간 이외 많은 생물종의 세계는 자연의 섭리와 먹이 사슬의 순리를 지키고 따르며 질서 있게 살아가는데, 인간은 그때그때, 순간순간 변화무쌍하게 원칙, 기준이나 질서 없이 변태적으로 살아가며 수많은 사건, 사연을 만들어 내고 있다. 한마디로 인간계는 너무 복잡하고 질서 없이 서로서로 경계하며 살아간다.

그런데 지능의 꾀로 수없이 많은 사연과 사건을 만들어 내지만, 문제는 그것을 해결하고 제어할 능력은 인간에게 없다는 것이다. 그래서 궁여지책으로 법이라는 것을 만들어 최소한의 질서라도 유지하고자 하지만, 그것도 여의치 않아 같은 종끼리 전쟁 등으로 죽고 죽이곤 한다. 그렇게 불안하고 불안전한 상태를 유지하며 살아가는 오직 한 종이 인간계의 모습이다.

그래서 나는 인간이 지구상에서 가장 저급하고 저능하며 저질스러운 동물이라 생각된다. 다른 생물들의 세계와 비교해 보면 인간계의 모습은 지옥 같다고 할 수 있다.

아닌가? 아니라면 누가 아닌 이유, 당위성을 말해 봐라! 개인 간, 집단 간, 지역 간, 나라 간의 속이고 속고, 죽이고 죽고 약자는 강자의 노예가 되고, 그런 것이 당연하고 상식이라도 된다는 듯하고 있다. 전쟁, 폭력, 위협, 협박, 마타도어가 난무하는 인간계와 다른 종의 생물 세계와 비유해 보면, 너무 복잡하고 지옥 같다고 해도 과언이 아니다. 그런 인간계의 인간들이란 연민의 대상이다.

 인간을 미화하고 인간은 만물의 영장이라 떠드는 유명인들은 대계 속물이거나 머리를 이리저리 굴리는 사기꾼들이다. 말하자면 지구는 둥글고 세상은 앞뒤, 좌우, 위아래 그렇게 육면체인데, 사람들은 대개 앞에 보이는 면이나 좌우 정도를 보고 판단하고 주장들을 한다. 무언가를 주장하고 결정할 때 유명인들도 마찬가지로 그렇다. 전후, 좌우, 위아래 육면체 세상을 다 보고 감안해서 인간 사회를 바람직하고 평화롭게 만들 수 있는 능력은 인간에게 없다. 인간의 지능은 인간 90% 이상이 세상의 한두 면 아니면 삼면 정도를 감안할 정도의 지능밖에 안 된다. 그래서 그 작은 머리로 서로 수를 내고, 다투고, 싸우며 세상이 돌아가고 있기 때문에 사건 사연만 있고, 복잡하게 엉킨 실타래처럼 해결책 없이 세상이 복잡하기만 한 것이다. 그것이 인간의 한계이고 인간 지능의 저주이다……! 인간이 지구라는 행성의 저주가 아닌가 한다. 인간은 자연과 지구에 대해 감사하며 겸손해야 한다. 우주가 인간에게 특별한 능력과 은전을 베풀었으니!

 한편 2022~2023년에 들어 인류학자, 사회학자들의 인류 소멸을 말하는 경우가 부쩍 늘어난 것 같다.

 오늘날 우리가 살고 있는 지구상에서 수많은 동식물이 멸종되거나 멸종 위기종으로 구분되는 동식물이 늘어 가고 있다고 한다. 지금 우리의 지구는 산업화의 부작용인 공해 등으로 자연환경이 변화하고 문명의 생활이 쏟아져 나와 그 편리함에 취해 있는 동안 많은 지구의 생명체들이 죽음으로 내몰리고 있다. 산업화는 필연적으로 자연을 파헤치고 훼손하게 되며 그 결과 동식물은 서식지를 잃고 멸종되어 가고 있다. 또한 그런 환경의 변화 요인들은 전에 없이 대형 허리케인, 태풍, 산불, 가뭄, 홍수 등 예측 불가능한 패턴으로 사람들을 당황하게 하고 있다. 사실 그러한 자연의 변화와 재해에 그 잘난 호모사피엔스는 속수무책이다. 세계의 초강대국이라는 미국인들도 플로렌스, 카트리나 등 대형 허리케인에 무대책으로 도망가는 것 외에는 방법이 없다. 만물의 영장이라면서 줄행랑이 최선이란다.

그런데도 개발을 외치며 오늘도 대지를 파헤치고, 지구의 허파라는 아마존 정글을 자본가와 정치인들이 조금의 이익을 위한 유착으로 훼손하고 있다.

또 하나의 재앙은 우리가 잊고 있는 동안 지구상에서 벌의 40% 정도가 정확한 이유를 알 수 없이 어디론가 사라졌다고 한다. 이유를 알 수 없다는 것은 정확한 정답을 모를 뿐 증산이라는 이익을 위해 남용한 농약, 비료, 인간이 내뿜는 공해가 원인인 것으로 짐작하고 있다. 벌이 농약에 취하면 방향 감각을 상실하여 집으로 찾아오지 못한다고 한다.

이런저런 자연환경의 급격한 변화로 많은 인류학자, 사회학자 등 관계자들은 인류의 제6차 대멸종기에 접어들었다고 말한다.

어떤 책에서 지구의 평균 기온이 2도, 4도, 6도 높아지면 지구 생태계와 인간은 어떻게 될까에 대한 내용을 본 적이 있다. 대충 2도가 높아져도 심각한 문제지만 4도가 높아지면 지구는 더 이상 인간이 살아남기에 적당하지 않으며 그 결과는 인류의 멸종 각이라는 이야기다. 참으로 무서운 이야기지만 그것은 인간이 재촉한 결과라 할 수 있다.

어차피 언젠가 인류의 소멸은 예정되어 있는 것이고 지나 놓고 보면 조금 빠르고 늦은 것일 뿐, 인간의 존재는 우주의 변화 과정에서 한순간의 해프닝일 뿐이다. 지나 놓고 보면 인간의 역사도 6천만 년 전 멸종한 공룡, 암모나이트 등의 이야기처럼 지난 세월, 시간의 흔적으로 남을 것이다. 그래도 공룡은 1억 년 동안 번성했다는데, 인간은 석기 시대부터 따져도 고작 20만 년, 10만 년으로 실제 농사를 짓고 모여 살기 시작한 지점이 1만 1천5백 년 전이라고 본다.. 결국 인간의 모습으로 살아온 기간이 1만여 년으로, 인류가 멸종한다면 너무 짧은 것 아닌가!

공룡, 암모나이트의 멸종으로 인간 등 포유류가 번성했듯이 인류 멸종 이후 포유류건 파충류건 인간보다 높은 지능(IQ)을 가진 생물이 새로 생겨난다면, 우리가 공룡의 역사를 이야기하듯 인간의 역사나 지난 이야기를 할 수도 있겠지만, 본능적인 IQ의 생물만이 새로 생겨 존재한다면 인간의 이야기는 잊힌 영원일 뿐일 것이다.

좌우지간 조그만 벌이 지구상에서 사라지면 지구의 생태계가 무너져 인간도 그 뒤를 따르게 된다는 사실에 지구가 이뤄 온 생태계, 먹이 사슬이 오묘하고 중요하다는 사실에 경이로움을 느낀다. 인간들이 더 이상 지구의 생태계를 허물지 말았으면 한다.

친한 친구 간에도 가끔 잘 다툰다. 그게 심해 대판 싸우고 서로 보지 말자며, '내가 너하고 다시 이야기하면 개아들 놈이다.' 결심하고 서로 등 보이고 돌아서 간다. 그런데 며칠 뒤에 둘이 낄낄대며 콩이니 팥이니 하며 개아들 결심은 잊은 채 떠들고 있다. 그게 인간의 리얼한 모습이다.

　또 사기 피해를 당한 사람들의 사연을 들어 보면 대개 주위의 사람이나 믿었던 사람에게 당한다. 나쁜 연놈도 '오래전부터 나쁜 놈이 되겠다.' 결심하고 나쁜 쪽으로 빠진 것이 아닌 게 대부분이다. 인간의 의식, 속성, 변덕, 이기심의 태생적 한계가 만들어 내는 실존의 근원적인 속성이 아닌가 한다. 태생적인 문제, 실존의 불확실성의 문제가 안고 있는 미완의 결함이라 생각된다.

　그렇듯 인간들의 사연에서 한마디로 정의, 정리할 수 있는 것은 아무것도 없다는 것이 난해한 문제다. 그 이유는 각 인간 모두가 제각각 태어난 곳, 환경, 장소, 시간이 다르고, 태어난 곳의 문화, 가족 구성원도 제각각이며, 사회 조건의 차이, 거기다 태어날 때 갖고 나오는 지능(IQ)도 인간마다 다르기 때문에 보고, 듣고 이해하고 판단하는 기초가 각자 다르다. 한 가지 사건을 두고도 모두가 제각각 판단 기준, 판단 수준이 다를 수밖에 없는 것이다.

　그런데 단 한 가지 한마디로 정의할 수 있는 것은 그러한 각 인간의 모든 것은 세뇌에 의한 것이고, 세뇌에 의해서 결정된다는 것이다.

　그래서 어쩌면 인간은 만물의 영장이 아니라 이 지구상의 돌연변이종으로 세뇌에 의해서 제멋대로 놀아나며 기준과 원칙이 없는 변덕이 죽 끓 듯하는 가장 저능하고, 가장 저급한 동물이 아닌가 하는 생각을 해 보게 된다.

　무슨 개소리냐며 많은 사람이 욕할지도 모르지만, 내 생각 한 토막은 그렇다. '자화자찬'이란 사자성어가 있다. 자기 스스로 저 잘났다고 하는 자를 가리키는 말이다. 인간은 만물의 영장이다

하는 것은 '자화자찬' 딱 그런 꼴이 아닐까!

그런 의미에선지 이미 오래전에 살았던 영국인 길버트는 "인간은 대자연의 유일한 실패작이다."라고 하였으며, 리처드 백스터는 "지구상의 모든 짐승 가운데 사람이라는 짐승이 가장 나쁘고, 자기에게나 남에게나 가장 잔인한 적이다."라고 했다. 나는 전적으로 공감! 그 외에도 이 세상에 존재하지 말았어야 했다거나, 실패작이라고 말한 유명인은 많은데 성공작이라고 말한 사람은 별로 없다. 전지전능하다는 하나님조차도 인간은 날 때부터 죄인, 모조리 죄인이라고 하지 않았던가 말이다.

어쨌거나 사람과 동물은 지능에 의해서 구분되고, 생각하고, 받아들이고, 기억하고, 판단하는 범위가 다르다. 동물은 본능적인 행동에 국한된 지능에 머물고 있다. 고로 동물은 자신의 존재를 스스로 인식하는 자각적 존재는 아니다. 스스로 자신의 존재를 의식할 수 있고, 살고, 죽고 하는 것들을 객체가 자각하고 느낄 수 있어야 자각적 존재로서의 '실존'(사물이 존재하는 것의 본질에 대한 현실적, 사실적 존재임을 의식하는, 그런 자각적 존재로서의 실존 즉 인간)과 동물은 그렇게 구분된다. 인간(사람)은 그런 자각적 존재로서의 지구상에 유일한 존재인 실존이다.

아마 인간은 실존이란 것으로 "인간이 만물의 영장이다."라고 했을 것 같다. 그러나 '실존=만물의 영장' 이런 공식이 성립될까? 내 생각은 무리일 것 같다. 왜냐하면 조건만으로 답이나 결과가 도출되는 것은 아니라는 것이 진리이기 때문이다. 열역학 제2법칙에도 위배된다.

그럼 기독교의 논리대로 하나님, 예수와 같은 모습으로 같은 형상을 하고 있으니까 '인간은 만물의 영장이다'라고 하기에는 종교적인 한쪽의 논리로는 설득력이 부족하다. 왜냐하면 예수나 인간의 모습을 하고 동물 수준의 지능을 가진 저능인도 있으니 말이다. 스스로 자신이 어떤 존재인지 살다 명이 다하면 죽는다는 것도 인지하지 못하고, 동물과 같이 본능적인 행동밖에 할 수 없는 지능에 머문 저능인들은 어떻게 하냐는 말이다. 배고프면 먹을 걸 찾고, 마려우면 싸고, 암내 맡으면 본능적인 종족 번식(종족 번식 교미 행위는 지능과 관계없이 모든 동물의 자연 발생적 본능으로, 저능인 시설에서도 가끔 저도 모르게 배가 불러 오는 여자가 있다고 함)의 교미 행위를 하고, 동물과 같은 수준의 행동에 머문 저능인들은 어쩔 건가 말이다. 만물의 영장이라 해야 하나 뭐라 해야 하나 그것도 문제가 아닌가 말이다.

좌우지간 '인간은 만물의 영장이다'에는 단순성을 벗어나면 문제가 많다. 앞에서 언급했듯 개잡놈, 잡년, 사기꾼, 살인자 등 인두겁은 썼지만 금수만도 못한 연놈들도 만물의 영장이란 역설도 말이다. 인간 사회를 너무 부정적인 시각으로 보는 것 아니냐고 할지 모르지만, 인간 사회라는 곳의 모습을 속속들이 알고, 보고, 느낀다면 그런 소리 못 할 것이다. 인간 사회는 법이라는 것을 만들어 강제하지 않으면, 조용히 순리대로 유지되고 돌아갈 수 없다. 그 자체로 엉망이라는 것. 그 대단한 지능으로 별 희한한 짓거리들을 꾸미고, 서로 속이고 속는 인간계는 도떼기시장이다. 서로 짓밟고 싸우고 죽이는 혼란상이 대부분의 인간 집단의 모습이요 하는 짓들이다. 진정 가치 있고 바람직한 모습들이 드물다. 또한 지구상에서 같은 종끼리 공격하고 싸우고 죽이고 죽는 종은 인간이 유일하다.

　인간 이외의 생물 집단 동물이나, 곤충, 파충류 무리 집단들은 자연법칙, 자연 생태 사슬에 순응해 질서를 지키며 살아간다. 각 무리마다 룰이 있고 그 질서를 유지하고 지키며, 특별한 경우를 제외하고는 절대 룰을 범하지 않는다. 변절, 사기, 배신, 살인, 강도 등등 나열하면 끝이 없는 역겨운 인간의 모습들. 그리고 보면 지능이 동물보다 높다는 것이 장점만 있는 것이 아니라고 말할 수 있다.

　여기서 엉뚱하게 만약 인간도 여타 동물의 지능 수준에서 진화가 멈추었다면, 인간도 동물처럼 먹을 만큼만 먹고(육식 동물이건 초식 동물이건 먹을 만큼만 먹지 인간처럼 과식하지 않는다고 한다), 싸고, 종족 번식 본능으로 교미해 새끼 낳고, 여타 동물처럼 새끼를 극진히 돌보고 자연 속에서 뒹굴며 본능적으로 사는, 거기까지였다면 어땠을까! 아마 이 지구는 신들과 선인들이 말하는 고요한 낙원, 말 그대로 파라다이스, 헤븐이 아니었겠나 하는 생각이다.

　수억의 위성이 존재하는 무한의 우주 공간에서 단 하나 유일하게 빛과 물과 공기가 존재해 생명체가 생겨나고 살 수 있는 지구. 숲과 나무 각종 기화요초와 동물, 곤충 그리고 여러 생명체가 존재하고, 오랜 풍파와 진화를 거듭해 견뎌 오며 각 생명체가 경이로운 먹이 사슬로 연결되어 순환이 이루어지는 아름다운 행성 지구. 작지만 축복스로운 지구. 신들이 인간을 유혹하며 인간의 영혼이 꿈꾸는 낙원, 정말로 고요한 낙원이 아니었겠는가 말이다.

　인간이라는 돌연변이종이 아니었다면, 인간이 지구에 없었다면, 아니 동물 수준에서 진화가 멈췄다면 그럴 것 같다고 생각해 본다. 원자 폭탄, 수소 폭탄, 전차, 미사일, 핵무기 등등 대량 학살의 피비린내 나는 전쟁, 공해, 수많은 종교 같은 것들이 없는 자연 친화적, 자연 순환적으로 돌아가는 고요하고 평화로운 아름다운 지구. 인간이 없는 자연은 아름답다. 그래서 사람들은 돈 들여 사람이 없는 자연을 찾는다. 인간에 대해서 스스로 자화자찬만 말고 인간의 본질, 진정 인간은 어떤 존재인가 유식하지 않은 차원에서 평범한 한 인간으로서 느낀 점을 생각해 본다. 인간에 대해 아주 바보처럼 생각해 보고 싶다. 인간이 이 지구의 폭탄은 아닌지, 인간이 지구의 저주가 아닐까 하는 의심을 하며, 인간들 스스로도 지금, 요 근래 심각성을 조금씩 깨달아 가는 게 아닌가 한다.

현재 기상 이변의 징후가 심상치 않다. 예전에 볼 수 없었던 강력한 태풍, 폭우, 가뭄, 돌풍 등 지난 백 년의 기후 패턴에서 예측되는 범위를 한참 벗어나고 있다. 그런 것들이 인간에 대한 대자연의 분노, 반격이 시작된 것이 아닌가 하는 불길한 예감이 든다. 차츰차츰 기상 이변이 가시화하며, 인간에 대해 경고를 하고 있는 것이 아닌가 하는 느낌도 든다.

지난 백 년 동안 인간 사회에는 셀 수 없는 문명의 이기가 쏟아져 나왔다. 인간들은 환호했다. 그런 생활의 이기들로 인해 사람들은 편리한 것에 길들여져 갔고, 점점 당장 편리한 것, 더 편리한 것만을 찾으며 나태해져 갔으며, 집에 가면 TV 스위치부터 켜 소파에 널브러져서 희희낙락하는 사이, 그 문명의 이기가 쏟아 낸 공해에 포위되어 있는 자신을 언뜻 깨닫게 된다.

그리고 '때는 이미 늦은 게 아닌가' 하는 예감으로, 어느 환경 운동가의 절망적인 푸념을 들어야 하는 자신을 발견한다. 이대로면 백 년, 아니 오십 년 후 지구는 인간이 살기에 적당한 땅이 아닐지도 모른다는…….

나는 그럭저럭 견디겠지만(나이가 장년이니) 우리 후손들은 어쩌나. 또 그 후손들은……! 선조들이 영혼 없이 싸질러 놓은 각종 원자력 폐기물, 각종 공해를 떠안고, 지구를 수십 번 박살 낼 수 있는 원자탄을 미국과 러시아는 6,000개씩, 나머지 강대국은 100개, 200개 그 위험한 것들도 떠안아야 하고, 2만 년이 지나야 정말 안전하다는 원자력 발전소 등의 원자력 폐기물을 끌어안고 전전긍긍하며 살아야 할 것 같은 우리의 후손들. 참 안됐다는 생각이 들지 않은가 말이다. 온실가스로 인한 기후 이변도 고스란히 후손들이 감당해야 한다. 그러니 선조들을 향해 '어-휴' 하며 쌍욕을 해 댄다고 해도 할 말이 없을 것 같다. 제삿밥 얻어먹기도 글러 먹은 것 같다.

산업 혁명, 기술 개발이 인류에게 축복이 아니라 인류 멸망의 시발점, 인류 멸망을 재촉하는 마지막 단계가 아니었나 하는 예감! 인류의 발전은 아이러니하게도 인류 멸망의 변곡점, 마지막 과정이 아니었나 하는 예감이 든다. 우리는 지금 그 서곡, 인류 멸망의 서곡이 다가오고 있는 소리를 듣고 있는 것 같다.

인류 멸망의 시작은 기후 변화, 해수면 상승과 여태껏 경험해 보지 못한 기상 이변으로 일본, 중국 대부분의 도시, 세계 곳곳의 바닷가 저지대 도시들 대부분이 해수면에 잠겨 사라진다. 그러한 기상 이변으로 농업 등 인류 삶의 기초가 무너져 더 이상 인류가 살아남을 기반이 서서히 무너져 간다면, 인류가 느끼고 있는 미래는 인류 파멸이 아닌가 하는 불길한 예감이 엄습하기도 한다.

또한 인간은 지능에 의한 세뇌 기능의 축적으로 생각이라는 것을 한다. "나는 생각한다. 그러므로 존재한다."라고 말한 프랑스의 철학자 데카르트의 말대로 인간은 여러 가지, 아니 수없이 많은 생각을 하며 살아간다. 지구상의 모든 종 그리고 인간은 살아남기 위해 꾀를 내고 수를 쓰며 더 오래 살아남기 위해 수없이 많은 생각 속에서 살아간다.

세상 이치가 음과 양, 득과 실, 선의와 악의 등등 수없이 많은 생각과 이해가 엇갈리다 보니 갈등과 각기 다른 생각, 서로의 가치관의 엇갈림으로 다툼이나 대결이 필연적으로 일어난다. 지구상의 모든 생물 종은 서로 간 다툼이 있고 싸우곤 한다. 그러나 인간 한 종을 제외한 지구상의 모든 생물 종은 자연의 섭리 원초적 질서의 먹이 사슬에 의해 초식 동물은 풀을 뜯고 열매를 따 먹고, 육식 동물은 약육강식의 먹이 사슬에 의해 다른 종을 잡아먹으며 자연 질서를 지키며 살아간다. 같은 종끼리는 가볍게 다툼은 하나 인간처럼 치열하게 싸우고 공격하고 죽이고 죽고 하는 치명적인 공격은 하지 않는다.

밀림의 왕이라는 사자, 호랑이, 흉포하기로 유명한 늑대도 같은 종끼리는 공격하고 죽이거나 하지 않는다. 그러나 단 한 종 인간이란 종은 지구상의 생물 중 같은 종끼리 공격하고 치열하게 싸우고 서로 죽이고 죽고 한다. 서로 상처를 입히고 죽이고 죽고 하는 방법도 다양하고 잔인하기도 하고 아주 엽기적이기도 하다. 창칼로 찌르고 베기도 하고, 6백만 명이나 되는 사람을 발가벗겨 가스실에 몰아넣고 독가스로 죽이기도 하고, 중국의 진나라를 멸하고 점령한 중국 역사에서 힘이 제일 센 장수였다는 항우는 포로로 잡은 진나라 군사 25만 명이 훗날에 반란을 일으키지 않을까 하는 의심으로 큰 구덩이를 파게 해 그 구덩이에 몰아넣고 생매장해 죽이기도 했다고 하는 등등, 같은 종끼리 서로 죽이고 죽고 하는 종이 인간이란 종이며, 지구상에 단 한 종이다.

스스로 만물의 영장이라면서 같은 종끼리 죽이고 죽고 하는 것이 만물 영장의 조건이라도 되는 듯, 오늘날에도 이런저런 이유를 만들어 인간끼리 죽이고 죽기를 반복한다. 오늘날에도 러시아와 우크라이나 전쟁의 서로 죽이기 게임은 현재 진행형이다. 이미 두 나라 합해서 30만 명 이상이 생명을 잃었다고 한다.

본능적인 한계 지능의 여타 동물과 달리 본능적인 지능에서 조금 더 진화해 생각하고 수를 쓰고 꾀를 낼 수 있는 지능을 가진 인간, 그것이 복이라고 인간은 만물의 영장이라며 대부분의 그리 믿고 살아간다. 그러나 그 인간의 지능이 인간에게 얼마나 치명적인 해악을 끼치고 위선을 만들고 쥐약이 되고 있는지. 사실을 외면하고 있다.

같은 동네 친한 친구들이 산에 놀러 갔다가 한 친구가 노다지 금덩어리를 발견했는데, 다른 친구가 그 금덩어리를 탐내 저놈을 죽이면 금덩어리는 자신이 가질 수 있다는 생각에 몽둥이로 친구의 머리통을 강타해 죽이고 금덩어리를 차지한다. 극단적인 예지만 지구상 인간계에서 심심치 않게 일어나는 강도 살인이 그것이다. 우리 주변에서도 남편이나 부인의 생명 보험을 들어 놓고 사고로 위장해 죽이고 보험금을 노리는 살인 사건이 종종 일어나기도 한다.

우리 인간들은 그런저런 끔찍한 인간계의 모습에 익숙한 듯 어쩔 수 없는 것 아니냐며 살아간다. 로마의 최고 권력자 황제였던 시저. 힘이 빠지자 믿었던 부하 브루투스의 칼침을 맞고 "브루투스여 너마저!"라는 마지막 말을 남겼다고 한다. 그렇게 어제까지 한편, 형제 하다가 등 뒤에서 칼침을 놓기도 하는 종이 인간이란 종, 만물의 영장이라 칭하는 종이 인간인데, 솔직히 인간끼리 위계와 속임수, 가식, 배신으로 죽이고 죽고 하는 것을 보면 인간이 지구상 생물종 중 최하위가 아닌가 싶다.

사람(인간)의 실체

 사람의 실체에 대한 본질은 동물이다. 개, 고양이, 사자, 사슴, 소, 사람, 그렇게 종으로 구분되는 동물의 한 종으로서의 '사람'이다.
 그런데 특이하게도 사람은 여타 동물에 비해 지능이 30~50 정도 높은 IQ 60 정도에서부터 IQ 150까지에 대부분 사람의 지능이 형성되어 있다. 그 의미는 사람은 스스로 자신의 존재를 인식할 수 있는 지능 수준이라는 것이다. 자신이 지금 살아 있고 현재 존재하고 있다는 것, 나이가 들어 늙어 가다 명이 다하면 죽는다는 것을 스스로 인식하고 알 수 있다는 의미가 된다. 자신의 존재를 인식하고 객체로서 자신이 존재한다는 것을 자각하는 사람은, 지구상에서 유일한 실존적(자신의 존재를 자각하는 동물을 실존이라 함, 즉 인간) 동물이다.
 인간의 전체 평균 IQ는 85 정도라고 한다. 선진국들은 평균을 웃돌지만, 교육 수준이 낮은 저개발 국가, 아프리카 여러 나라로 인해 인간 전체의 평균이 85 정도라는 것이다.
 그러한 IQ의 높고 낮음에 의해 사람은 자신의 존재를 인식할 수 있어, 여타 동물과 다른 급이라며 '인간'으로 구분 짓고 있으며, 여타 동물보다 우위의 존재라고 스스로 자위하고 있다. 사실 지능이 조금 높고, 낮다는 다름으로 그런 구분을 짓고 의미를 부여하고 있다. 사람의 지능이 여타 동물보다 상대적으로 조금 높은 것이 인간에게만 주어진 축복이라며, 나아가 지구의 주인 행세를 하고 있는 것이 사람(인간)들이다. 그러나 그 점은 인간 스스로의 궁극적인 당위성이나 정당성 같은 것은 없다.

그런데 인간과 지구의 앞날을 걱정하는 깨어 있는 일부에서는 차츰 축복인 것만이 아닌, 저주일 수도 있다는 놀랄 만한 이야기가 조금씩 흘러나오고 있다.

인간의 역사는 그리 길지도 않다. 지구의 나이 45억 년이라는데 비하면 인간의 역사란 조족지혈(새 발의 피), 인간의 역사 만여 년은 한순간 정도라고 할 수 있다. 그런데 이미 인간의 소멸은 그리 멀지 않았다는 학자들도 꽤 있다. 지구의 평균 기온이 지금보다 4~5도만 높아져도, 5~6도만 낮아져도 지구는 사람이 살 수 없는 곳이 된다고 한다.

분명한 것은 인간이 스스로 자신을 미화하고 자위하던 간에 사람이나 여타 동물이나 형이하학적으로 같은 동물이라는 것, 사람이나 동물의 배를 가르고 머리를 열어 보면 사람이나 여타 동물이나 똑같다는 것이다. 뇌, 허파, 위장, 간, 오줌통 등등 자연적 형태의 종이 다르고 지능이 높고 낮은 것일 뿐 사람도 생물학적 사실성에서 두말할 필요 없는 동물(생물)임에는 틀림없다. 그리고 인간이 만물의 영장이라는 것은 철학적인 관점에서의 형이상학적(무형학적)인 이야기다.

인간의 실체는 동물인 형이하학적 존재인데, 여타 동물보다 지능이 조금 높아 자신의 존재를 자각하며 기억, 응용, 생각할 수 있는 조건으로 스스로를 인간이라는 형이상학적 논리를 적용하고 있다.

사람, 유형물인 동물(형이하학적 존재) ↔ 인간(형이상학적 존재)이라 정의해 자의로 양비적 존재로 만들어 그 굴레에 우거하며, 현실적인 내용, 행동에서도 아주 복잡한 양상의 동물이 되어 있는 것이 인간이다. 그것이 복일까, 독일까, 축복일까, 저주일까 그 결과는 아직 아무도 모른다. 대부분의 인간들은 복이라고 축복이라고 기고만장한다. 좌우지간 그러한 양상을 만들어 낸 원인은 바로 지능에 의한 세뇌의 장난이다.

인간이 여타 동물보다 지능이 좀 높다는 것으로부터 기인하는 많은 문제점은 접어 두고, 대부분의 인간들은 축복이라고 생각하지만 깨인 사람들 중 마지막엔 저주일 수 있다는, 어려운 질문을 내포하고 있는 것이 인간이다.

물론 지능이 유리한 점과 강한 힘일 수 있지만, 그 지능이 독이 될 수도 있고, 되고 있는 점도 있는 것이 사실이기 때문이다. 그 사실은 인간 사회의 현실 속에서 경험하고 역사로도 기록되어 있다. 같은 종끼리 죽이고 죽는 대량 살상의 전쟁, 마주보고 웃음 짓다가 어느 순간 배신하기도 하고, 자신의 이익을 위해서 같은 편의 등에 칼을 꽂기도 하는 등을 보면 말이다. 또 지능 자체엔 사랑, 진실성, 신뢰, 아름다움, 인격 같은 것들은 없다. 또한 지능은 자연법칙, 하늘의 법칙과는 대척적 성향이라 하겠다. 왜냐하면 인간 수준의 지능이란 그 속성을 파악하는 것이 불가능하다. 인간 마음에 수없이 많은 갈래의 셀 수 없는 속성, 그 변화를 예측할 수 없는 속성 때문이다. 불가에서도 인간 마음의 갈래는 수백,

수억으로 셀 수가 없다고 말한다. 지구상 모든 인간의 마음은 1초 후, 다음 순간에 어떻게 변할지 예측이 불가능한 것이다.

"브루투스, 너마저." 배신의 아이콘 브루투스의 칼침을 맞고 시저가 마지막에 남긴 말이 시사하듯 믿었던 동지, 친구 또는 나라를 배신하는 이야기는 인간의 역사 속에 너무 흔하게 널려 있다.

그런 속성을 지닌 인간은 자연까지도 마구 헤집고 범하며, 지구의 순환 고리를 훼손하고 흔들어 조금의 이해와 이익에 순간순간 아무 짓이나 서슴없이 저질러 대는 예측 불가능한 동물이며, 불확실성으로 무장하고 있다.

여기서 말한 자연법칙이란, 물은 높은 곳에서 낮은 곳으로 흐르고, 식물은 그 특성에 따라 자연 원리로 싹을 틔우고 자라 꽃이 피고 열매를 맺으며, 동물은 본능적 범주 안에서 초식 동물이건 육식 동물이건 자연 순환 법칙에 순응하며 살아가는, 변칙적인 요소가 없는 자연 그대로의 순환을 자연법칙이라 하겠다. 우주 만물은 수억 년의 진화 개선으로 식물, 동물 등 모든 생명체가 자연 친화적 순환 고리로 연결되어 있으며, 자연적 절묘한 순환 고리의 먹이 사슬로 엮여 있는 순환 메커니즘을 사실적 자연법칙, 하늘의 법칙이라 하겠다. 사람이나 지구도 오랜 시간 진화하면서 육지나 해양에서 모든 생명체가 먹이 사슬로 연결되어 있다. 영양 성분 > 식물 플랑크톤 > 동물 플랑크톤 > 플랑크톤 > 어류 > 파충류 > 양서류 > 포유류 > 중간 포식자 > 최종 포식자로 이어지며 순환하고 있는 것이다.

또한 인간은 감정의 동물로 아름다운 자연 풍경과 환하게 피어 있는 꽃 같은 것을 보면 마음도 환해지고 미소와 함께 기분이 좋아진다. 반면 오염된 시궁창이나 악취가 나는 오물을 접하면 얼굴을 찡그리게 되고 불쾌해진다. 그러한 원초적으로 만들어지지 않은 감정의 순리가 자연법칙, 하늘의 법칙이라 하겠다. 동양 철학의 현인들도 그리 말한다. 그런 자연법칙 순리를 거스르고 허무는 무례를 범하고, 어떤 짓이라도 꾸밀 수 있는 지구상의 유일한 동물이 인간이란 동물이다.

사람들은 맹수 사자, 호랑이를 위험한 동물이라 한다. 하지만 그런 맹수보다 수십 배는 더 위험하고 교활하기까지 한 동물이 인간이다. 지능에서 오는 세뇌의 비극은 인간 역사에 길게 드리워 있다. 위선, 배신, 계략 등은 인간지능에 의한 아픔이다. 진정 최악은 인간의 이중성이다. 개인, 나라, 집단, 패거리들이 순간의 이익이라는 유혹에 매몰돼 자연을 마구 범해 온 것이 인간의 역사다. 45억 년을 버텨 온 생명의 지구, 아름다운 지구는 지난 백여 년 동안 많이도 망가졌다. 산업화 이전의 사람들은 자연에 대해 경외심을 갖고 그래도 자연 친화적으로 살았었다. 그러던 것이 자본주의라는 괴물과 인간을 행복하게 해 줄 거라는 산업화로 자연은 허물어지고, 속살이 파헤쳐지고, 불태워져 매연을 내뿜으며 개발이란 이름으로 지구는 만신창이가 되어 갔다.

지구의 자연적 법칙 순환 고리는 빠르게 허물어지고 있다. 인간에 의해 이미 서식지를 잃거나 오염으로 많은 수의 동식물이 지구상에서 멸종되었고, 멸종 위기에 처한 동물도 다수라는 연구 보고서가 쏟아지고 있다.

지구는 차츰, 아니 이미 자연은(지구는) 무분별한 인간들의 행위에 화를 내며 저항의 몸짓을 시작한 것 같은 징후가 나타나고 있다. 무모하고 탐욕의 인간에게는 배려나 자연의 순리와 같은 공존의 겸양, 그런 자연에 대한 겸손, 경외감 같은 것이 없다. 태초에 인간의 태동이 자연의 배려였다는 것은 잊은 지 오래다. 자연이 인간의 모태라는 것을 인간은 잊어버린 지 오래다. 동물보다 조금 높은 지능을 가진 실존이란 것에 자만하며, 순간의 이익에 매몰돼 어떤 짓, 무슨 짓을 해도 된다는 식의 인간들에게 자연은 이제 화를 내고 있다고 본다. 전례가 없는 미국을 강타한 슈퍼태풍 하비, 플로렌스, 아프리카의 가뭄, 유럽의 물 폭탄 홍수, 한파, 폭염 등 사람들의 피부로 느끼고, 경험으로도 전과 같지 않은 자연의 변화를 사람들은 본능적으로 느끼고 있다.

인간이 제일 잘났다고, 자연을 자기들 마음대로 할 수 있다고 무분별하게 훼손하고 아프게 하지만, 정말 자연이 노하면 그 잘난 호모사피엔스들은 사실 속수무책이다. 세계 최강이라는 미국도 하비, 플로렌스 같은 자연 재해에는 수백만 명이 도망가는 것 외에는 대책이 없다.

이쯤에서 생각해 본다. "인간들이 없는 자연은 아름답다."라는 것! 사람이 없는 자연은 고요하고 아름답다는 것을……!

어떤 학자라는 분은 인간이 동물의 지능 수준에서 진화가 멈췄다면 살아남지 못했을 것이라고 말한다. 그런 논리는 지금 인간의 모습을 기준으로 한 단견으로, 장님 코끼리 구경식의 논리다. 나는 감히 아니라고 장담한다. 어떤 생물이건 자연 친화적 생명력이 끈질겨 지구 내라면 어떤 환경에서도, 그 환경에 적응하며 살아남는다. 생물의 생명력이란 상상 이상으로 강력한 것이다. 시베리아 혹한의 눈밭에서 순록을 키우며 살아가는 소수 민족,

3~4천 미터의 고산 지대에서 야크를 키우며 그로부터 생존에 필요한 모든 것을 얻으며 저산소의 극한 환경을 극복하고 살아가는 네팔 등의 유목민, 분명히 인간이 동물 수준의 지능에서 멈췄어도 멸종하지 않았을 것이라고 장담한다.

생물은, 즉 생명은 스스로 살아남기 위해 끊임없이 적응하고 진화한다. 사람이건, 동물이건, 파충류건 생명체는 환경에 따라 그에 적응하고, 끈질기게 죽을힘을 다해 진화하며 살아남는다. 먹이를 낚아채기 위해 1피트 이상 뻗어 나오는 카멜레온의 혀, 맹수의 민첩함. 고산 바위틈에서 살던 회색 빛깔의 뱀을 황토색의 야산에 풀어놓으면 얼마 안 가 색깔이 황토색으로 변한다. 추우면 얼어 죽지 않기 위해 몸에서 털이 돋아나든 적응하며 살아남을 것이다. 이렇게 생물은 극히 자연 친화적이다.

인간이 동물 수준에서 진화가 멈췄다면, 돌연변이종 지금의 인간의 만용과 핵폭탄, 굴삭기, 공장의 소음, 공해 같은 것이 없는 지구의 본모습 그대로 조용하고 아름다운 낙원으로 남아 있지 않았을까 상상해 본다. 사람이 동물 수준의 지능에서 진화가 멈췄다면 그랬을 것 같지 않은가 말이다.

두 번의 세계대전과 한국 전쟁 이후 산업화가 빠르게 진행되며, 급속한 기술의 발전으로 편리한 생활의 이기가 쏟아져 나오고, 인간들은 이제 달콤하고 행복한 미래만 있을 거라고 낙관주의가 팽배해 있을 때, 생각지도 않았던 산업화의 부산물인 공해라는 괴물이 출현해 인간들은 그 심각성이 감당하기 어려운 수준이라는 것에 당황해하며 어찌할 줄 몰라 하고 있다.

대지의 오염, 매연으로 인한 오존층 파괴, 공장들의 폐수가 하천, 바다를 오염시켜 하천, 바다에서 잡히는 크고 작은 수산물에서 수은, 미세 플라스틱이 검출되는 등 사람들의 건강을 해치고 있다.

그렇다고 다시 과거로 돌아갈 수도, 산업화, 개발을 멈출 수도 없는 딜레마 상황의 진퇴양난이다. 그나마 무언가를 해 봐야 하지 않겠냐며 파리 협약이라는 선언을 했지만, 선언의 의미 이상의 기대는 난망이다. 거기다 어쩌다 힘센 자리를 차지했던 트럼프라는 인간은 무슨 문제가 있냐며 파리 협약 탈퇴를 선언한다. 스스로를 천재라고 하지만, 전에 없던 대형 태풍, 폭풍, 홍수, 가뭄 등이 신문 방송에 나와도 귀를 막고 사는지 천재 같지 않은 짓을 골라서 한다. 사실 진짜 천재, 진짜 똑똑이는 스스로 떠벌리지 않아도 사람들이 다 알아본다. 천재이고 싶은데 천재가 못 되는 사람이 기회가 있을 때마다 'I am a 천재' 하는 것이다.

인간 사회는 이미 생활의 이기에 세뇌되어 자동차, 전기, 냉장고, 컴퓨터, 스마트폰 등의 포로가 되어 있다. 마약만이 중독되는 것이 아니다. 현대인은 그런 생활의 이기가 없으면 살 수 없을 정도로 깊이 빠져들고 중독, 세뇌되어 있다. 요즘 젊은이들은 손이 닿는 곳에 스마트폰이 없으면 불안하다고 한다.

인간은 본래 태어나서부터 어떤 환경에서, 무엇을 보고 어떻게 교육받고 무엇을 익히며 어떻게 세뇌되었는가로 그 인간의 앎과 가치관, 행동, 주의, 주장이 결정된다. 그렇게 각자 '인간은 사회적 동물'이라는 말이 의미하듯, 어떤 환경, 어떤 사회에서 태어나 어떻게 세뇌되고 가치관이 형성되었느냐에 따라 선인도 되고, 악인도 되고, 유익한 인간도 되고, 무력한 인간도 되고, 요물도 될 수 있고, 기회주의자도 될 수 있다. 또 민주주의자도, 공산주의자도 될 수 있고, 수많은 종교 기독교, 이슬람, 불교 등 종교 신앙인도 될 수 있으며 이 모든 건 세뇌의 산물이다.

인간의 세뇌 방향은 여러 가지 조건, 환경의 영향을 받는다. 고로 예측이 불가능하고, 인간이 한 번 어떤 방향으로 세뇌되면 그 세뇌가 고정 관념화해 그 관념 현상이 사람을 지배한다. 그렇게 인간은 환경과 조건에 따라 본 대로 익힌 대로 살며 주장하고 행한다. 예로 사우디아라비아, 이라크, 이란 같은 나라에서 태어나면 주위 환경의 영향으로 이슬람교도가 되고, 태국, 미얀마 등에서 태어나면 불교도, 필리핀, 멕시코 등 남미 국가에서 태어나면 가톨릭교도가 될 확률이 거의 대부분이다. 만약 프란치스코 교황이 태국에서 태어났다면 불교 신자, 사우디아라비아에서 태어났다면 이슬람교도가 되었을 것이다. 왜냐하면 그 나라 사회 환경과 주위의 모든 사람이 이슬람교도나, 불교도, 가톨릭교도이니 그대로 따라서 세뇌되는 것이다. 대부분의 인간은 어느 사회에서나 그리 똑똑하지도 의식이 높지도 않다. 그러므로 위와 같은 현상은 자기 의지로 사고하고 판단하여 여러 종교 중에서 자의로 선택한 것이 아니다. 주위 환경에 휩쓸려 자의의 여지도 없이 군중 심리로 집단 세뇌되는 결과이다. 그것이 인간의 한계다. 그래서 생긴 말이 "인간은 사회적 동물이다."라는 말이다.

사람의 지능이 세뇌에 취약한 지점에 국한되어 있고 인간의 대부분이 거기에 해당된다. 자의로 사고하고 판단하여 자존적 의식으로 행위, 행동을 결정할 수 있는 정도의 높은 지능의 소유자는 소수로, 어느 사회나 그리 많은 수치는 아니다. 그렇게 인간 지능의 취약함이 그런 결과와 비극을 만들어 낸다. 사실 각 종교가 주장하는 특별한 무언가가 있어서이기보다는 인간 지능의 취약성으로 인한 현상으로 인간의 종교적 집단 세뇌는 사회 환경과 인간 세뇌의 산물인 것이다. 고로 한마디로 요약하면 종교는 세뇌의 장난이라고 말할 수 있다고 본다. 인간이 자기 존재를 인식한다는 것은 대단하나, 한편으론 사기꾼이나 종교 등에 아주 쉽게, 우습게 세뇌된다는 것은 오히려 동물보다 취약한 최하가 아닌가 한다.

대부분 사람들의 지능은 세상만사 앞뒤, 아래위, 좌우 모두를 감안한 상황, 현상을 계량하여 확실하고 바람직한 사실과 팩트를 도출해 낼 만한 높은 지적 능력에 미달하는 수준에 있다. 5~10%, IQ 140 이상의 인간은 그 자체로는 산술적으로 스스로 계량이 가능할지 모른다. 하지만 그것도 교육 수준, 사회 환경, 인문 도덕적 수준, 전통 가치 기준의 이해관계 등에 따라 변수가 있으므로, 결국 인간은 사회적 동물이라는 말이 의미하는 범주 안에 있을 수밖에 없다.

제아무리 똑똑하고 IQ가 높고, 날고 기는 재주가 있는 놈이라도 노예, 노비가 있던 시대에 노예의 아들딸로 태어났다면 영락없이 노예로 사는 것이고, 연좌제가 존재하던 시절 왕의 자식으로 태어났다면 대물려 왕이 되는 것이고, 북한에서 태어났다면 북한식 공산주의자로 세뇌되어 어버이 수령님께 충성하는 것 외엔 별도리가 없는 것이고, 2000년대 중국의 졸부, 권력자의 아들딸로 태어났다면 돈이 최고의 가치인 시대의 총아가 되어 때 빼고 광내고 희희낙락 낄낄대며 세상 별것 아니네 하며 똥폼 잡고 어깨 흔들고 다니며 살 것이다. 그게 인간이란 종이 우거하는 사회, 인간계이고 모순이며 진실된 모습이다.

또 인간 개개인에 있어서는 이해에 따라 순간순간 어떻게 변할지, 어떤 짓을 할지 자기 자신도, 아무도 알 수 없는 동물이 인간이다. 그런 인간의 이야기를 배우고 의식 세계를 똑똑하다는 놈들이 정의하고 예지하며 적어 놓은 것, 논한 것을 우리는 철학이라 한다. 그러나 인류 역사에 유명하다는 많은 철학자가 있었지만, 인간에 대해 제대로 모두가 수긍할 만한 정확한 논거로 인간을 정의한 놈은 한 놈도 없는 것 같다. 그저 인간만사의 지엽적, 부분적인 시대상이나 사연들을 가지고 이러니저러니 무언지 모를 저마다의 요상한 논리로 콩이니 팥이니 주장하고 정의했을 뿐이다. 헤겔학파니, 무슨 학파니 하는 것이 그 표본으로 웃대가리들의 학설이나 주장을 가지고, 이어받은 거기에다 달라진 사회상이나 자신의 생각을 조금 첨가해 프라이팬에 들들 볶듯, 이러니저러니 주장해 놓은 것이 대부분의 서양 철학이란 학문이다. 그렇다고 전혀 가치가 없다는 이야기는 아니다. 자기들이 소속된 사회, 환경, 시대상에서 보고 듣고 배운 것들에서 인간은 벗어날 수 없기도 한 것이기 때문이다. 그래서 그런 때 유익하게 쓰이는 말이 "인간은 사회적 동물이다."라는 말이다.

어쨌든 인간의 진화와 발전 과정의 확인은 과학적으로 분석하고, 데이터를 추적하고, 추정하는 게 가능하지만, 철학적인 것은 기록이 없으면 확인이 불가능하고 알 길이 없다. 어느 시대를 살다 간 사람들의 의식 구조 철학은 말이다. 그렇게 인간 사회의 역사를 대략이라도 확인할 수 있는 인간 역사의 기록과 흔적은 만여 년에 불과하다. 다윈이 《종의 기원》을 쓴 지 170년쯤 되었다. 지구의 나이 45억 년에 비하면 인간 역사의 기록이나 흔적은 너무 미미하다. 지구 45억 년 그 긴 세월이 어떤 모습으로 변화해 오늘에 이르렀는지를 모두 다 안다면, 우리는 지구를 좀 더 아끼고 사랑하게 되지 않았을까……! 그런데 인간은 몇천 년 아니 몇백 년 만에 지구를 말아먹으려 하고 있다. 지난 2백억 년의 산업화라는 성취가 쏟아 낸 공해로 지구는 이미 돌아올 수 없는 강을 건넜다.

45억 년 전 빅뱅으로 수백만 개의 운석들이 충돌했고 그 와중에 지구가 탄생하여 우주 공간에 있게 되었고 지금의 지구 3분의 2는 물, 바다, 3분에 1은 육지로 아직까지는 생명체가 살고 있는 유일한 행성이다.

45억 년 동안 지구의 변화는 상상을 초월하는 자연의 거대한 격랑이었다. 원자로 속 연료 불덩이처럼 6000~4000도가 넘는 불덩이였다가, 얼음에 뒤덮였다가, 물길에도 휩싸였다가, 독가스로 뒤덮이기도 하는 등의 과정을 거치기도 했다. 빙하 시대도 있었다. 그리고 지구가 탄생한 후 지금까지 다섯 차례에 걸쳐 거의 모든 생물이 지질학적으로 같은 시기에 한꺼번에 절멸하는 대멸종기를 거쳤다.

가장 최근 멸종기는 6천 5백만 년 전 백악기 말에 인도 지역에서 대규모 화산이 분출했고, 같은 시기에 멕시코 지역에서는 잇따른 거대한 소행성 충돌이 일어났다는 가설이다. 그로 인해 지구가 흔들리고 용암과 분진이 대량 발생해 상공의 3분의 2가 뒤덮였고 거의 2년 넘게 태양 빛을 보지 못하는 자연 재해로 공룡과 암모나이트 등 지구상의 생명체가 거의 멸종했으며 그 이후 사람의 종을 비롯한 포유류가 번성하기 시작하였다. 인간도 그러한 지구의 자연적 변화에 의해 탄생한 산물이다.

그러한 극적인 지구의 변화를 거치고 나서 지구 탄생 후 가장 안정된 상태의 안정기에 접어든, 지금의 지구에 살고 있는 생명체들은 사람을 비롯해 정말 운 좋은 생명체이자 생존자들이다. 기적적인 생명체들이라 해도 과언이 아니다. 지구 수난의 역사를 알고 보면 그렇다는 말이다. 45억 년이라는 지난한 세월을 견뎌온 지구, 지금 그 위에 살고 있는 사람, 그 긴 세월 속에 사람의 인생 80년이란 지구 나이에 비하면 한순간보다 짧은 것일 텐데, 지금 이 순간 지구 위에 살아 숨 쉬고 있는 생명체는 인간을 비롯하여 정말 운 좋은 생명체들이다. 그런 극적인 '인간의 역사' 그 기록이 너무 적고 부실함을 또 한 번 실감한다. 만여 년의 사람(인간)의 역사도 대부분 추측, 추정일 뿐 자세한 기록은 많지 않다. 그나마 유물 발굴 등으로 확실히 알 수 있는 것은 겨우 5천여 년 정도뿐이다. 45억 년에 5천 년은 하루살이의 하루보다도 짧은 것일 텐데 말이다. 그것이 인류의 역사다. 그런데 지구는 이미 6차 멸종기에 접어들었다고 하는 학자들이 많이 있다. 지구가 형성되고 지금까지 다섯 번의 지구상 생물이 모두 절멸하는 멸종기가 있었다는 이야기는 모두가 알고 있을 것이다. 다섯 번째 멸종기는 6천 5백만 년 전 공룡을 비롯한 암모나이트 등이 멸종했다는 것이 5차 멸종기였다.

그리고 다음 멸종기가 온다면 6차가 되는 것이고, 많은 과학자 기상학자들이 이미 지구는 6차 멸종기에 접어들었다고 하며, 그

대표적인 생물이 사람(인간)이라고 한다. 지금 지구의 상태를 사람에 비유하면 말기 암 환자와 같은 상태라고 미래학자들은 진단한다.

현재 지구는 극단적 기상, 기후 변화 기후 이변이 나타나고 있다. 인도양의 바닷물의 온도가 왼쪽은 덥고 오른쪽은 차가운 현상이 일어났고, 그 영향으로 2019년 호주의 재앙적 산불이 휩쓸어 많은 피해와 호주의 명물인 코알라 등 수십만 마리의 동물이 죽었다. 살아남은 코알라가 천 마리도 안 되었다고 했었다. 그다음으로는 홍수로 물난리가 나고 엄청난 크기의 우박으로 자동차 유리창이 뻥뻥 뚫리고 야생동물에게 재앙이 되었다. 6개월 넘게 불타던 산불은 폭우로 산불이 멈췄고 그것은 인간이 진압한 것이 아니라 자연이 종식시킨 것이었다.

14세기 말부터 17세기에 지구의 온도가 낮아져 소빙하기가 되었는데, 지구의 기온이 평균 0.2도 정도 낮아졌다고 한다. 단지 0.2도 낮아졌는데 지구엔 많은 변화가 있었다고 한다.

1800년에서 2000년에 산업화의 후유증으로 지구의 기온이 1.1도 정도 올라갔고 지금도 지구의 기온은 올라가고 있다. 지구의 온난화는 인간이 만들어 내는 온실가스 이산화탄소, 메탄가스가 원인으로 지구가 더워지고 있다. 인간 생활과 산업화에 더해 육류 소비가 늘어나며 축산업 규모가 기하급수적으로 커져 현재 10억 마리에 이른다고 한다. 10억 마리가 먹고 되새김, 방귀, 트림 등으로 배출한 오염물질이 지구 전체 온실가스의 5분의 1 이상이라고 한다. 대량 가축 사육으로 소 한 마리가 자동차 2~3대에 해당하는 오염물을 배설한다고 한다. 자전거 타는 육식주의자보다, 채식하며 자동차 타는 사람이 온실가스 배출을 적게 한다고도 한다.

인류의 멸망의 시작점은 북극의 빙하가 그 저울추를 품고 있다고 한다. 북극의 빙하가 녹고 있다는 소식은 끔찍한 것이다. 빙하로 이루어진 북극과 북극해(그린란드)의 빙하기 녹으면 빙하가 태양열을 반사해 지구 온도를 낮춰 주던 역할도 사라진다. 또 대기 탄소량의 2배나 된다는 빙하가 품고 있는 1조 6천억 톤의 탄소가 대기로 흩어질 것이다. 그러면 지구의 온도가 빠르게 높아지는 것은 자명한 이치다. 올해 북극해의 온도가 19.6도까지 올라가 지구 온난화를 북극도 피해 갈 수 없는 상황이 계속되면 정말 큰일이다.

기상학자와 사회학자들은 북극과 남극의 빙하가 인류 종말을 결정하는 마지노선이라 말한다. 지난 2백 년 동안 지구의 온도가 1.1도 높아졌다고 하며 1.5도가 마지노선으로, 그 이전에 인류가 노력하여 지구의 기온 상승을 막아야 한다고 말하고 있다. 그것을 못 지켜 지구 온난화가 2도를 넘어가면 화살이 활시위를 떠난 것으로 돌이킬 수 없어진다고 한다.

인류가 소멸하고 나면 그만이겠지만, 그것을 알면서도 못 막고 막을 수 없다면 그것은 무서운 일이다.

생명의 기원

17세기 말 아일랜드 대주교를 역임하고 당대 최고 석학 중 한 명이었던 제임스 어서는 특히 우주 창조일을 계산해 낸 것으로 유명하다. 그는 구약과 중동의 여러 문헌들을 종합해 천지 창조가 기원전 4004년 10월 23일 일요일 오전 9시에 이루어졌다고 밝혔다(물론 기독교 문화가 사회, 학문의 정의이던 그 시절의 관점으로).

컴퓨터, 정보 시대인 지금의 상식과 시각으로 보면 정보가 한정적이고 거의 막혀 있던 그 시대의 한 해프닝으로 치부되지만, 그 주장은 한때 기독교 교회의 공식 입장이기도 했다. 신학자라는 사람 중에는 아직도 그 주장에 매몰돼 미련을 가지고 있는 사람이 꽤 많이 있다.

기초 과학의 방사능 원소의 반감기를 이용한 측정으로 지구가 45억여 년 전쯤 우주의 대폭발 빅뱅에 의해 형성됐다는 데 대해 과학자의 절대다수가 이의를 제기하지 않고 있다.

그러나 생명 출현(탄생) 시점이 언제인가를 놓고는 아직 이론이 분분하다. 생명체의 흔적인 화석을 찾는 것이 쉬운 일이 아니고, 찾았다고 해도 그 화석이 최고 오래된 것이라는 보장이 없기 때문이다. 오래된 화석일수록 발견이 어렵다. 화석이 들어 있는 암석과 암석이 놓여 있는 지구 표면이 지구 핵과 맨틀의 이동에 따라 끊임없이 움직이며 지각 밑 쪽으로 이동해 들어가기 때문이다.

최근까지 발견된 가장 오래된 생명의 흔적은 호주 서부에서 발견된 스트로마톨라이트 화석이었다. 이들 생명체는 지금부터 35억 년 전에 생존했던 것으로 추정되고 있다.

그러나 그 기록은 깨지게 되었다. 2016년 그린란드 이수아 지역에서 이보다 2억 년 정도 오래된 스트로마톨라이트 화석이 발견되었기 때문이다. 최근까지 얼음 만년설에 뒤덮여 있던 그곳이 지구 온난화로 녹으면서 오랜 세월 감춰져 있던 모습을 드러냈기 때문이다. 무리를 이루고 살고 있던 스트로마톨라이트 집단은 광합성 능력이 있는 생명체로 그 구조가 원시적인 상태에서 많이 벗어난, 진화한 상태였다고 한다. 과학자들은 최초의 생명체가 이 정도 진화하는 데 최소 수억 년은 걸렸을 것으로 보고 있다.

그리고 또 지구에 처음 생명체가 나타난 때를 지구 탄생 시점에 근접한 43억 년 전쯤으로 볼 수 있다는 연구 결과가 2017년 초에 나왔다. 영국 일간지 《더 가디언》에 따르면 37억 7천만 년에서 42억 8천만 년 전에 형성된 것으로 추정되는 미화석(Microfossil, 육안으로 볼 수 없는 작은 화석)이 캐나다 동부 퀘벡의 누부악잇턱 암대에서 발견됐다는 내용의 연구 결과가 국제 학술지 《네이처》에 게재됐다.

지구의 나이가 45~46억 년 정도로 추산되고 있는 점을 감안하면 이번 연구 결과는 생명체가 지구 형성 후 3억 년에서 7억 년 정도에 생성됐을 것이라는 추정으로 이 연구를 이끈 영국 런던대학교 도미닉 파파노는 적어도 38억 년은 된 것으로 보고 있다. 이는 지구에서 생명체가 출현한 시점이 알려진 것보다 이르다는 것으로 볼 수 있다.

연구진은 이번에 발견된 화석이 미네랄을 포함하고 있다는 점에서 생명체의 근원이 될 수 있다고 보고, 확인된 미생물들은 박테리아 잔해물로 깊은 바닷속 뜨거운 물을 뿜는 구멍에서 기원한 것으로 추정한다.

지구가 형성되고 수억 년 동안 지구는 수많은 소행성과 운석의 충돌, 화산 폭발 등의 운동으로 도저히 생명체가 살 수 없는 환경이었다. 37억 년에서 수억 년 전 생명체가 탄생했다면 지구가 식어 가고 운석과 화산 활동이 잠잠해지면서 생명체가 출현했다는 얘기가 된다. 적당한 조건만(물, 공기, 태양 빛) 갖춰지면 생명체 탄생은 그렇게 희귀한 일은 아니다.

반면 최초의 다세포 생명체가 출현한 것은 지금으로부터 20억 년 전쯤으로 보고 있다. 단순 자가 복제가 아니라 남성(수)과 여성(암)의 결합, 즉 성에 의한 자기 복제가 이뤄진 것은 10억 년 전후로 추산된다. 진정한 의미의 생, 사(살고, 죽는 것)가 실현된 것은 이때쯤부터이다. 단순 자가 복제 생명체의 경우 똑같은 모습, 똑같은 기능, 할아버지, 아버지, 아들, 조상이나, 후손이나 닮은 꼴 붕어빵같이 똑같기 때문에 한 개체의 죽음은 별 의미가 없지만 부(남성, 수컷)와 모(여성, 암컷)의 유전자가 결합되어 태어난 개체는 형제라도 시간과 공간, 영양 상태, 기후 등 다른 조건 상황의 영향으로 각 개체의 죽음은 그 개체의 특성이 소멸되는 것이다. 그렇게 태어난 각 개체는 고유한 것임으로 각기 다른 의미를 지니며, 그 죽음은 고유한 것으로 각별할 수 있다. 인간의 죽음이 각별하듯 말이다.

성에 의한 복제는 단순 복제와 달리 남녀의 구별이 있어야 하고, 서로 맺어져야 하기 때문에 훨씬 복잡하다. 그럼에도 불구하고 자연이 그런 진화의 과정을 택한 것은 그렇게 함으로써 자손의 다양성과 환경에 좀 더 적응하는 생명력을 확보할 수 있기 때문이다. 자손이 다양하면 다양할수록 변화하는 자연 환경에 적응해 살아남을 확률이 커진다. 지구상의 존재하는 고등 생명체가 모두 이런 과정을 택하고 있는 것으로, 이 방식의 효율성을 확인할 수 있다.

20억 년 전쯤 지구상에 존재했던 원시 생명체와 지금의 인간과는 매우 다르지만, 생명력을 가지고 있는 세포의 관점에서 보면 꼭 그렇지만도 않다. 모든 세포는 자기를 보호할 수 있는 막이 있고, 외부에서 영양분을 받아들여 개체를 유지하고 복제를 통해 종족을 보존하는 기능을 가지고 있는 생체의 메커니즘을 갖추고 있다는 것은 궁극적으로 같다. 그런 진화는 대다수의 과학자들 사이에서도 의심의 여지가 없는 사실로 받아들여지고 있다. 문제는 그 진화가 자연법칙의 메커니즘으로, 통제가 안 되는 수준으로 진화해 버린 동물이 있는데 그게 바로 인간이다. 그 인간에 대해서는 뒤에 언급하기로 하자.

인간과 개, 고양이와 쥐, 기린과 돼지를 비롯한 포유류의 99%는 모두 7개의 목뼈를 가지고 있다. 이는 하나님이 천지를 7일 만에 창조해서도 아니고 일곱이 럭키 7 행운의 숫자여서도 아니다.

모든 포유류의 공통 조상이 7개의 목뼈를 갖고 있었고, 그 후 이를 바꿔야 할 필요나 진화적 요소가 없었기 때문에 그 후손 모두 목뼈가 7개가 된 것이라고 학자들은 보고 있다. 인간과 가장 가까운 동물인 침팬지는 인간과 유전자의 98%가 같다. 이 또한 우연의 일치라고 보기보다는 이들 모두가 공통의 조상을 갖고 있었기 때문이라는 것이 맞다고 본다.

진화는 대다수 과학자들 사이에서 의심의 여지가 없는 진실로 받아들여지고 있다. 그럼에도 미국인의 35% 정도와 지구상의 여러 국가 기독교인들은 아직도 인간과 동물이 전지전능한 절대자 하나님에 의해서 따로따로 창조되었다고 믿는 창조론을 신봉하고 있다.

인류학자들은 앞으로의 10년에 지구의 운명이 달려 있다고 말하고 있다.

지구는 우주의 변화, 자연의 변화에 아주 민감하게 반응한다. 지구는 수많은 변화 시련의 과정을 거쳐 오늘에 이르렀고, 1800년대부터 2000년대 오늘날이 지구 역사에서 가장 안정된 시기라고 일부학자는 말하고 있다. 그렇게 지구가 안정된 시기에 지구 위에 살고 있는 인류를 비롯한 생명체들은 행운아라고 할 수 있을 것 같다.

지구는 스스로 자정할 수 있는 자정 능력을 가지고 있는데, 지구 스스로 자정할 수 있는 한계가 무너지면 지구의 모든 생명체는 소멸할 수밖에 없다.

평균 온도가 15도, 산소 농도 21%, 바닷물 염분 농도 3.4%, 지구는 놀라울 정도로 자기 관리, 자정 능력이 철저하다. 지구는 자기 조절 기능을 통해 스스로 최적의 생명체 생존 조건을 유지한다. 그러한 지구의 자기 관리 능력이 무너지면 지구의 생명체는 생존의 위협을 느낀다. 산소 농도 1%만 높아져도 낙뢰로 인한 산불 등이 70% 높아진다고 한다. 해수의 염분 농도가 6%가 되면 대부분의 해양 생물이 멸종한다.

그러한 자연의 변화, 기후 이변 재앙 앞에 인류는 초라하고 가련한 생명체일 수밖에 없다. 그러니 재앙이 닥치기 전에 인류는 자성하고 미리 손을 써야 한다는 이야기다.

북극곰이 살고 있는 해빙이 겨울에는 늘어났다가 여름이 되면 줄어들어 9월에 가장 작아진다. 문제는 지구 온난화로 원상복구가 잘 안 된다는 것. 얼음의 전체 면적이 점점 줄어들고 있다. 이대로 10년을 가면 지구의 종말이 현실로 다가오는 시발점이 시작된다고 인류학자들은 말하고 있다.

지구 생명체의 탄생은 빛, 즉 태양에너지로부터라고도 말할 수 있다. 빛의 원천은 수소다. 태양에너지 빛은 수소의 핵융합으로 핵과 원자로 이루어지는 것이다. 핵에는 가벼운 수소부터 무거운 우라늄 같은 핵으로 이루어져 있으며 다양한 무게의 핵이 존재한다. 핵들이 서로 융합해서 수소 같은 가벼운 원자의 핵들이 융합됐을 때 빛의 에너지가 발생, 수소가 다른 수소 같은 가벼운 원자핵이 융합해서 헬륨 원자핵으로 바뀌는 핵융합 반응이 에너지의 원천이다. 수소에는 동위 원소가 두 가지 있는데 중수소, 삼중수소, 헬륨으로 융합할 때 중성자 하나가 빠져나가는 그때 나오는 대량 에너지를 이용하는 것이 핵융합의 원리이다.

45억 년 이상 빛을 발하는 태양, 그 무한한 에너지가 핵융합 에너지에 의해 이루어진 것이며 그 덕으로 인류를 비롯한 지구상에 생명체가 존재할 수 있는 원천이 되는 것이다. 태양의 수명이 45억 년 정도 남았다고 하며 태양이 소멸하면 우주는 암흑 세상이 되나, 사실 우리 인류와 45억 년은 아무런 의미도 없는 것인데. 앞으로의 10년이나 현명하게 생각하자!

지구상의 모든 생명체의 생명은 어떤 것이든 존귀하고 신비로운 것이다. 생명이란 생물이 살아 있다, 죽었다, 생명이 다했다에서, 생물이 살아 있는 상태를 생명이라 한다. 목숨은 생물 상태를 유지하는 기한을 말한다. 세포 상호간의 활동에 의한 생물의 생활 현상 일체에서 추출되는 일반적인 개념이다.

민주 국가에서는 모든 사람이 생명권, 생명이 불법적으로 침해당하지 않는 인격권을 보장한다. 그러나 민주 사회는 물론 인간 생명의 생명권이 보장되는 사회는 인간 역사에서 드물고 거의 없었다고 보아도 틀린 말은 아니다.

생명을 가진 생물은 생명을 유지하는 시간과의 싸움을 매 순간 숨을 몰아쉬며 그 상태를 유지하여야 한다. 생명은 한없이 강하기도 하고 질기기도 하지만, 한없이 약하기도 하다. 그런 점이 생명의 장점이기도 하고 약점이기도 하다. 매 순간 숨을 쉬어야 생명이 유지된다는 것이 생명의 조건이며, 인간 생명의 숨쉬기는 그리 길게 유지되지 않는다. 인간의 생명은 불가항력을 무력하게 바라보며 숨을 몰아쉬면서 존재한다.

그런데 보통 거의 모든 인간이 그런 생명의 조건을 망각하고 자신의 생명이 영원할 것처럼, 엄청 길다고 생각하는 듯 그냥저냥 대충 살아간다. 숨쉬기가 멈출 때까지……!

괴테는 "생명은 자연의 가장 아름다운 발명이고 죽음은 더 많은 생명을 얻기 위한 자연의 기교다."라고 말했다. 괴테는 자연에서 모든 것을 찾고 자연을 숭배한 인물이다.

생명이 태어나고 시작되면, 생명을 시기하는 위험은 즉시 작동한다. 워싱턴 어린이 병원의 소아암 환자부터 열 살 미만의 어린이 암 환자들이 많은 것을 보고 놀란 적이 있다. 그곳 복도에서 만난 여섯 살 정도 돼 보이는 여아의 파리한 얼굴에 비친 미소의 아련함이 생명의 아픔으로 가끔 기억된다. 참으로 세상은 불공평하구나. 어찌 그 아이처럼 때 묻지 않은 아름다운 생명에 몹쓸 암세포가 공격을 하는지⋯⋯! 혼자 뇌어 보았었다. 살아라, 살아남아라. 살아 있어야 기적이라는 희망이 있으니까.

신들은 인간에게 내일의 목숨(생명)을 결코 보장해 주지 않으며, 생명의 유한함으로 자신을 과시하며, 신이 있다고 믿으라고 강요한다. 우주는 인간의 생명에 대한 것들 DNA, 지능, 실존의 존재, 사랑, 생식, 부모 형제, 영혼 등에 아무런 관심이 없다. 그런 것들은 우주의 존재 과정에서 스쳐 지나가는 시간의 부산물 정도일 뿐이다. 그리고 우주는 말이 없다.

그렇더라도 살아 있는 생명들은 어떤 생명이든 다 존귀한 것이기 때문에 생명은 생명 그 자체로 신비로운 것이다. 모든 생명은 그 생명을 유지하기 위한 의식의 자아성을 가지고 있다. 본능적이건 실존적이건 각 종의 생명력은 경이롭고 아름다운 것이다. 그 생명이 미물이라 할지라도⋯⋯!

우주에 생명체가 존재할 수 있는 것은 탄소 원자가 탄소 이외의 다른 특질들의 조합을 이루기 때문에 생겨난 하나의 우연이며,

인간도 그 범주에서 생겨난 생명이다. 인간은 그것을 과학이라고 말한다. 우주의 대부분이 탄소 동화 작용의 영향을 받는다.

그러한 자연의 은정으로 태어난 유한한 목숨(생명)을 가진 인간은 무한한 욕망을 장착하여 하늘나라라는 것을 그려 놓고, 다시 하늘나라로 돌아가야 한다며 낙원에서 추방된 신의 백성이라 하고 있다. 그러나 신의 이야기로 만들어진 스토리의 종교는 생명에 대한 집착이며 애원이다. 인간계의 수많은 신의 이야기는 그런 인간 생명의 유한한 한계와 약점의 산물이다.

사람이 생명으로 이 세상에 뚝 떨어져 나와 무수한 우연과 적대관계, 위험 속에서 사람이 목숨(생명)을 부지한다는 것은 어렵고 힘겹고 죽기보다 힘든 일인데, 지금 이 순간 살아 움직이며 생명을 유지하고 있는 것은 기적 같은 일이다. 생명을 소중히 해라. 자연이 인류의 생명, 생존에 무관심할지라도……!

인간들은 인간이 만물의 영장이라 하지만, 인간은 자신의 생명에 해로운 것 해로운 곳을 잘 구분하지 못한다. 그래서 죽을 자리인지도 모르고 일을 벌이거나 뛰어들기도 하고 또 서로 다투며 같이 상처받고 피해를 본다. 인간 이외의 다른 식물, 생물들이 해롭고 이로운 것, 선과 악을 더 정확히 안다. 무슨 말인고 하니, 생물이나 식물 또한 자신에게 악한 곳, 약한 점을 철저히 피할 줄 안다. 식물은 자신에게 해롭거나 자라기 적합하지 않은 땅에는 절대 뿌리를 내리지 않는다. 각 생물은 자신이 살기 적합한 곳을 찾아 살며, 식물은 그런 곳에 뿌리를 내리며 생명을 이어 간다. 마치 지렁이는 마른 땅에 살지 않는 것처럼.

사실 근본적이고 기본적인 우주 섭리는 선도 악도 없는 것인데 높은 지능을 가진 인간의 변덕이 선과 악을 만들고, 선과 악을 창조했다. 그런 사실, 일을 제일 잘 아는 자는 여호와와 예수다. 인간은 그런 여호와와 예수의 영향으로 선과 악이 있다고 믿고 선과 악을 구별할 줄 안다고 하며, 알기 때문에 다른 생물보다 지적으로 우월하다고 한다. 또한 악을 행할 수 있기 때문에 악을 행할 수 없는 다른 생물보다 도덕적으로 열등하다고 마크 트웨인은 말하기도 했다.

좌우지간 생명은 아름다운 것, 니체도 생명의 영혼과 힘을 숭배한다고 말하며 생명을 예찬했었다. 로마 교황청이 갈릴레이에 대해 저지른 잘못을 시인하고 사과하는 데 350년이 걸렸다. 그런 불합리와 비이성적 외곡의 역사는 인간 사회 역사 대부분을 차지하고, 특히 기독교 문화권의 잔혹한 중세 역사는 그 시대를 산 사람들의 영혼을 구제하기보다 황폐하게 만들었다. 중세 서양의 기독교는 마녀사냥 등 민초들에게는 공포스러운 존재였다. 어쩌면 로마 교황청은 그 시절이 그리울지도 모르겠다.

인간이 인간의 노예가 되기도 하는 다른 생물의 세계에 비해 인간계의 모습은 어쩌면 지옥 같은 모습이기도 하다. 속이고 속고, 죽이고 죽고, 강한 자는 같은 인간을 노예로 부리고, 전쟁, 폭력, 위협, 협박이 난무하는 평온한 날이 거의 없는 인간계는 지옥과 같지 않은가 말이다. 나라나 집단의 위력으로 한 인간을 위협할 때 인간이 느끼는 그 공포감이 바로 지옥이다. 독재나 파쇼 권력에 의해 고문 협박의 폭력을 경험한 사람들은 알 것이다. 인간이 같은 인간에게 지옥을 경험하게 할 수 있다는 것을……! 지구상에 존재하는 생물 중에 인간은 스스로 만물의 영장이라고 자위하지만, 그 내면을 들여다보면 지구상에서 가장 저급하고 변칙적이며 천박한 하급 종이 인간이란 종이 아닌가 한다.

생물, 식물을 비롯한 모든 생명체는 자연의 상호 원리, 먹이 사슬의 진화, 자연법칙의 메커니즘에 의해 돌아가는데, 단 한 종 인간만이 그 자연법칙에서 벗어나 자연법칙의 메커니즘을 허물고 범하며, 만물의 영장이라 잘난 체하고 있다.

그 잘난 호모사피엔스 단 한 종이 평온한 지구를 개발하며 난장판으로 만들고 있다. 자연의 순리로 돌아가며 평온하고 평화롭던 지구는 인간이란 동물이, 그 인간들끼리도 서로 더 잘났다고 싸우며 지구를 온전히 보존할 수 없게 만들고 있다. 진정 인간은 지구의 파멸을, 지구의 종말을 원하느냐고 묻고 싶다……!

인간이 여타 동물과 다른 점은 본능적인 지능에 머문 동물과 달리 조금 높은 지능으로 자신의 존재를 인식할 수 있는 지구상 유일한 실존이란 점이다. 실존이란 자신의 존재를 인식할 수 있고, 명이 다하면 죽는다는 것을 알 수 있는, 인식하고 생각해서 행동하는 동물을 실존이라 한다. 즉 인간이 지구상 유일의 실존이다.

인간은 지능에 의해 사람에서 욕망이란 엔진을 장착한 무한 욕구의 포로가 되어 욕망과 욕구의 바다에 던져져 살아간다. 하나의 욕구가 해결되었다고 그것이 끝이 아니다. 하나의 욕구가 해결되면 또 다른 욕구가 발동된다. 그렇게 인간의 욕망, 욕구는 끝을 모른다.

그래서 각 인간, 각 집단, 각 나라는 서로의 욕구를 만족시키고자 늘 경쟁한다. 그러한 욕구의 갈구는 끝이 없다. 인간이 보리밥을 먹을 수 있는 상태가 되고 나면 쌀밥을 먹었으면 하는 욕구가 유혹하고 그다음엔 고기반찬을 원하는 욕구가 머리를 들고 나온다.

그렇게 인간은 큰 욕구부터 작은 욕구까지, 부족해서 생기는 욕구부터 더 발전, 성장하고픈 욕구로 이어진다. 큰 욕구, 작은 욕구, 생리적 욕구, 안전하고 싶은 욕구, 자아를 실현하고 싶은 욕구, 사회적으로 주목받고 싶은 존재가 되고 싶은 욕구, 존경받고 싶은 욕구, 복수하고 싶은 욕구 등 인간은 욕망의 바다에 던져진 존재라고도 할 수 있다. 인간이 생각하며 살아간다는 것은 끝없는 욕망, 욕구의 바다에 던져진 상태로 살아갈 수밖에 없다.

본능적인 지능에서 좀 더 발전한 지능으로 인해 인간은 그것이 장점만이 아닌 욕망, 욕구의 바다에 던져진 존재로 갈망, 갈등의 포로로 살아가야 하는 운명을 짊어지고 살아갈 수밖에 없는 존재다. 지구상 인간계의 끝없는 갈등, 전쟁, 반목 등이 그대로 그 사실을 증명하고 있다.

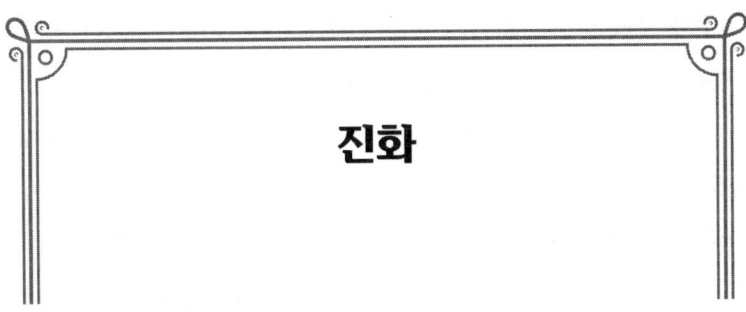

진화

다윈이 《종의 기원》을 발표한 지도 170년쯤 되었다. 그 이후 진화론과 창조론의 논쟁은 끊임없이 계속되어 왔다. 종교가 대세였던 중세 이후 종교의 창조론은 그대로지만, 진화론의 증거들은 그동안 많이 나오고 축적되어 왔다.

우선 지질 연대별 화석을 보면 점진적인 생물의 진화를 관찰할 수 있다. 말하자면 간단한 유기체로부터 차츰차츰 점진적으로 더 복잡한 생물로의 진화를 확인할 수 있다. 화석층으로부터 발견된 가장 확실한 진화의 증거는 최초의 생물 중 하나로 발견된 말이 600만 년 전에는 키가 50cm 정도였으나, 그 후 세월 따라 점점 커져 현재의 크기로 진화된 모습을 확인한 것이다. 화석층의 연대는 동위 원소 반감기 검증으로 매우 정확하게 그 연대가 측정되므로 화석층의 진화 증거는 확실하다 해야 할 것이다.

또 하나는 유사한 해부학상의 구조이다. 유사한 생물군들은 유사한 구조를 가지는 것인데 예를 들어 박쥐의 날개, 개의 앞다리, 물개의 물갈퀴, 사람의 팔은 똑같은 뼈의 구조로 유사하게 배열되어 있다. 또 한 가지는 태아기의 유사함이다. 어류, 닭, 사람의 태아기에는 꼬리가 있다는 주장이다. 다만 사람의 경우엔 태아기

8주가 지난 후부터 꼬리의 추골이 '세포의 예정된 죽음'이라는 과정을 통해 사라진다. 다른 예도 많이 있다.

다른 진화 증거로는 모든 생물이 그 구성의 기본 물질인 DNA와 RNA를 가지고 있어서 공통의 조상으로 진화되었다는 주장이다. 모든 종의 DNA 분자는 똑같은 구성 요소뿐 아니라 똑같은 암호 체계를 통해 정보가 전달된다는 사실이다. 또 모든 종은 20개의 아미노산을 기본으로 단백질을 합성한다.

이렇게 앞서 말한 증거가 아니더라도 우리 모두는 환경의 변화에 살아남기 위해서 진화라는 과정을 거치는 것을 실험과 경험으로 알고 있다.

지금 우리 인간이 살고 있는 지구 우주는 언제, 어떻게, 무슨 과정을 거쳐 왜 시작되었을까? 많은 과학자들은 우주가 대폭발(빅뱅)과 함께 시작되었고, 우리가 존재하는 기본적인 과정의 중요한 요소인 시간도 그때부터 시작되었다고 본다. 빅뱅이 일어났을 때 우주는 거의 무한대의 질량에 부피는 거의 없었다고 본다. 무한대의 질량과 0에 가까운 부피라는 게 이해가 안 될 것이고 나도 이해하기 어렵다.

우주에 있는 블랙홀도 무지무지하게 무겁지만 부피는 아주 작다고 한다. 지구가 블랙홀이 된다면 그 부피는 작은 구슬 정도밖에 안 된다. 믿어지지 않겠지만 빅뱅과 함께 우주가 시작되었다면 빅뱅 이전에는 무엇이 있었고 우주는 어떤 형태였을까? 과학자들의 수많은 이론을 들어 봐도 난해하고 알 수가 없다. 시간이란 개념도 빅뱅과 함께 시작되었으므로 그 질문은 의미가 없을 것이기도 하다. 시간과 우주가 빅뱅과 함께 시작되었다는 것은 아인슈타인의 상대성 이론이 예측한 바이다. 처음 '상대성 이론'(아인슈타인에 의해 확립된 물리학의 기본 이론)을 처음 접했을 때 정말 흥미로웠고 '와 아인슈타인 정말 똑똑하다.' 하며 놀라지 않을 수 없었다.

과학의 역사는 우주에서 일어나고 있는 모든 일들이 제각각, 제멋대로 일어나는 것이 아니고 일정한 순서와 법칙에 의해 일어나고 있음을 깨닫게 해 주는 과정으로 점철되어 있다. 이 순서와 법칙에 창조주가 간여하고 안 하고를 차치하고라도 20세기에 발견된 두 가지 큰 법칙은 아인슈타인의 특수 및 일반 상대성 이론과 양자 역학이다.

이 두 가지로도 우주에서 일어나고 있는 법칙을 설명하지 못하는 점에 대해 두 가지를 합한 통일장 이론 같은 것을 만들려고 많은 과학자들이 지금도 애쓰고 있지만 그것이 가능한 것인지는 아무도 모른다.

우주를 지배하는 순서와 법칙에 관한 가장 많은 연구와 기여를 한 사람은 루게릭병으로 몇 년 전에 타계한 영국의 호킹 박사이다. 그의 공로에 치하를 보내며, 명복을 기원한다.

현생 인류(사람)는 20만 년 전 아프리카 보츠와나에서 처음 태어났다고 하는 것이 정설이다. 사람의 원시 인류는 불확실성 속에 현상 유지에 편향된 연약한 동물이었다. 원시 인류는 사바니 초원에서 하던 대로 쭉 가는 것을 선호했다. 원시 인류는 연약한 동물이었고 안전을 제일 중요시했다. 하던 대로 안전이 보장된 일만 계속 반복하고 현상 유지를 금과옥조로 삼으며 살았다. 먹을 물도 먹던 물, 같은 연못의 물만 먹었다. 걸었던 길만 걸으며 살았다.

　그러다 의식, 생각이 조금씩 진보해 인류는 더 이상 사바나 초원의 연약한 동물이 아니라는 것을 천천히 깨달으며 조금씩 발전해 갔다.

　인류는 그런 과정을 거치고 거치며 발전해 왔지만, 다만 인간들의 사연에서 정의, 정리할 수 있는 것은 아무 것도 없었다. 그 이유는 각 인간이 제각각 태어난 장소, 조건, 시간이 다르고 태어난 곳의 문화, 사회 환경, 부모의 지적 수준 가족 구성원도 다르며, 거기에 더해 각 인간이 태어날 때 가지고 나오는 지능이 각각 다르기 때문이다.

　그로 인해 각 개인이 세상을 보고 이해하는 수준, 방향, 기초가 다를 수밖에 없다. 그렇기 때문에 인간사가 복잡다단한 것이다.

　그런데 단 한 가지 한마디로 정의할 수 있는 것은 인간의 모든 것은 잘났건, 못났건 수준이 높고, 낮건 간에 그 각각의 모든 것이 세뇌에 의해서 결정된다는 것이다. 100점짜리건, 30점짜리건 인간의 모든 의식 세계는 세뇌에 의한 것이라고 정의할 수 있다. 경험한 것을 기억하고 세뇌해 살아가는 데 도움이 되는 점은 장점이나, 반면 나쁜 것, 나쁜 면에서도 세뇌될 수 있는 약점도 있다. 예로 사기꾼, 사이비 종교, 공산주의 등에도 세뇌되어 많은 희생과 비극을 만들어 냈다.

　다윈의 《종의 기원》에 의한 이론으로 진화론이 널리 받아들여지기까지 앞으로 2~3백 년은 더 시간이 필요할 것 같다. 우리가 보고 확인한 그런 진화를 통해 수많은 동식물이 지구상에 존재하게 되었고, 각기 그 보존을 위한 자연법칙의 먹이 사슬이 형성되고 사람은 그 토대 위에 살아간다. 그렇게 각 생명체가 살아남기 위한 경쟁 보완의 상호 작용으로 질서 있는 먹이 사슬이 자연스럽게 형성되어, 개구리, 두꺼비는 파리같이 작은 벌레 등을 잡아먹고, 뱀류는 개구리 등 작은 동물을 먹이로 살아남는 식의 먹이 사슬이 상호 간의 균형을 이루고 있는 것이 자연이다.

그렇듯 개체 수 유지에 치명적이지 않는 범주의 질서로 초식 동물은 나뭇잎 풀을 뜯고, 육식 동물은 적당히 초식 동물을 잡아먹으며 생명을 이어 가는 구조가 오랜 세월 속에 톱니바퀴가 돌아가듯 순환하는 메커니즘이 자연의 순환 법칙이라 하겠다. 만일 육식 동물이 없고 초식 동물만 있다면 지구상의 풀과 나뭇잎이 남아나질 않을 것이다. 또 자연의 순환 고리에 적응하고 끼지 못하면 퇴화하고 도태되는 것이 자연의 법칙이다. 인간도 그런 자연법칙에 예외는 아니다. 자연에 적응 못 하면 인간도 도태되는 것은 당연지사다.

무한 우주 공간의 유일하게 생명체가 살 수 있는 지구. '인간은 과연 이 지구를 사랑하는가?' 최근 지구가 묻고 있는 듯하다……!

2022년 이 지구의 문제아는 인간이 아닌가 싶다. 무한대의 우주 공간에 던져져 수십억 년 동안 격동적인 굴곡을 견뎌 오고 안정기에 접어든 청록색의 지구. 절묘한 먹이 사슬이 완성되어 낙원이 형성되는 시점에 돌연변이종인 인간이 출현했다. 지능이 여타 동물보다 몇 십 정도 높게 진화한 인간은 본능적 동물의 범주를 벗어나 이 지구에 여러 가지 문제를 야기하고 있다.

그런 인간을 자세히 분석해 보면 인간은 가진 지능에 의해 세뇌, 기억, 인지, 자각하고 거기에 브레이크 없는 욕망이라는 무한 폭주가 가능한 엔진을 장착하여 경쟁, 꾀, 저주, 욕망의 달리기 딜레마를 가지고 있다. 욕망의 포로가 되어 그 욕망의 충돌로 서로 뒤엉켜 싸우고, 저주하고, 죽이며 스스로 통제가 불가능한 동물이 인간이다. 그래서 법이라는 것을 만들어 최소한의 질서라도 유지하자고 약속하지만, 거기에도 이런저런 사가 끼어 난망이다. 인간들 스스로는 인정하지 않겠지만 말이다. 인간은 통제가 안 되는 자신들이 야기하고 있는 심각한 폐해는 모른 체하며 접어 두고 알려 하지도 않는다. 그러면서도 평화를 말한다.

인간은 그런 동물의 범주를 벗어난 지능을 가진 자신의 모습을 강점만으로 알고, 자랑스러워하며 종당에는 스스로 '만물의 영장'이라고 뽐내고 자화자찬한다. 그렇게 나르시시즘에 젖어 깨어날 줄 모르고 있는 것이 정확한 인간의 모습이다. 아니 깨어날 수가 없다. 좀 높은 지능의 산물인 실존, 거기에 수반하는 욕망의 포로인 인간, 그것이 인간의 한계이기 때문이다.

광활한 우주 공간에 지구라는 작은 위성은 아름답고 고요한 파라다이스로 우주의 단 하나뿐인 낙원이 될 뻔했는데, 그 지구는 단 한 종, 인간이라는 돌연변이종에 의해 그 시련의 역사가 시작되고 현재 진행형이다.

인간에 의해 파헤쳐지고 변형되고 오염되었으며, 원자탄, 다이너마이트, 미사일 등 대량 살상 무기들을 머리에 이고 파멸로 가고 있다. 지구 곳곳에서 그러한 징후가 나타나고, 기후 이변 슈퍼 태풍, 가뭄 등 인간들은 무언가 심상치 않음을 문득문득 느끼고 있다. 자연은 무례한 인간들에게 화를 내며 반격을 시작한 것이 아닌가 하는 느낌 말이다. 정말 자연이 화를 내며, 슈퍼 태풍 등으로 공격하면 그 잘난 호모사피엔스 인간들은 앞다퉈 도망가는 것 외에는 방법이 없다. 삼십육계 줄행랑 말이다……!

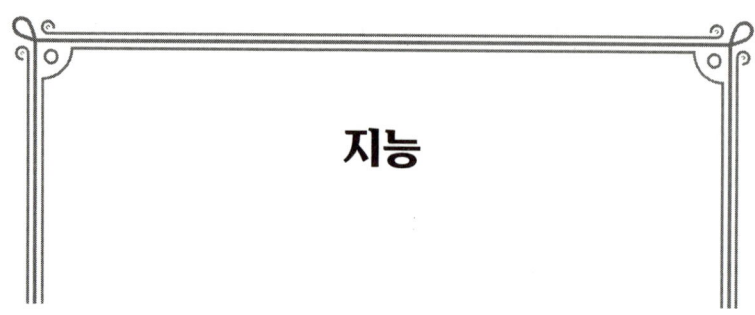

지능

　지능이란 모든 생물체 삶의 기초적인 도구이다. 동물의 본능적인 지능이든, 지능의 단계가 높건 낮건, 하등 동물이건 그 움직임이나 살아가는 방법의 기저에는 지능의 작용이 기초를 이룬다.

　그렇게 지능은 모든 생명체, 생물의 존재에 제1 조건이 되는 것으로 생물의 여러 기관 중의 중심이 되는 기능이다. 쉽게 말해 컨트롤 타워 역할을 하는 능력, 기능을 말하며 생물이 살아가고 살아남기 위한 절대 조건이 지능인 것이다. 사람이나 동물이나 지능에 의한 뇌의 지시에 따라 움직이며, 뇌가 잠자거나 기능이 정지되면 신체 모든 기능이 정지된다. 모든 사람이 행동하는 것은, 모든 일에 생각하고 느끼고 판단하여, 마음(인격), 경험, 행위에 대해 지능이 융화하여 조화를 이루어 내는 것이다. 그 행동, 행위의 옳고 그름과는 별개로 지능의 기능을 말하는 것이다.

　지능에 대한 국어적 정의, 기초적 설명은 두뇌의 작용이라 하고, 기능적으로는 생물체가 미지의 상태, 환경에 적응하는 능력이다. 또한 생활 속에서 적응, 판단, 분석 능력이 다 지능의 작용이다.

　예로 문장 작성 등의 작업에서 적응력, 판단력, 지혜와 재능은 근본적 도구인 지능에 의해서 진행되는 것이다.

컴퓨터, IT, 인터넷 시대인 지금은 고전이 됐지만 70년대까지만 해도 사람들의 사춘기 통과 대사 중 하나였던 연애편지를 상대의 마음을 흔들 만큼 잘 쓴다면 지능이 보통 이상으로 높은 편이라 하겠다. 60~70년대까지 만해도 남녀의 사랑, 연애의 시작은 연애편지로부터 대개 시작되었다. 그래서 사춘기에 연애편지는 남녀에게 이성에 대한 감정을 전달하고 표현하는 감성적, 초자연적 의식이었다. 사춘기든 아니든 연애편지를 써야 할 절대적 상황은 인간의 심각한 욕망과 순수한 가슴앓이의 시간이며, 심한 경우에는 상사병, 더 심하면 앓아눕기도 하며 목숨이 위태로운 경우도 있다.

이제는 시대에 따라 컴퓨터, 인터넷이 대신해 연애편지의 낭만은 고전이 되었고 박물관의 유물로 남았다. 60~70년대에 고등학교 학생이었다면 알 것이다. 고등학교 시절 연애편지를 잘 쓰는 친구는 반에서 인기가 있었고 대개 성적이 상위권에 있는 지능지수가 좀 높은 친구들이 그들이었다. 그래서 연애편지 대필 부탁을 종종 받으며, 연애편지를 대신 써 주는 경우도 있었다고 한다. 연애편지를 잘 쓴다는 것은 문장 작성의 지적 작업에 대한 적응 능력이 우수하다는 의미로 지능의 사고 작용이 탁월하다고 볼 수 있다. 여자 고등학교에서는 어땠는지 모르겠는데, 남자 고등학교에서는 사랑앓이를 하는 학생이 있으면 서로 도와주려고 했던 기억이 있다. 경험에 의하면 대개 반에서 공부를 잘하는 상위권 학생이 연애편지 대필자가 되는 경우가 대부분이고, 부탁하는 쪽은 문장이 대여섯 줄만 넘어가면 내용 장악력의 혼란으로 진행이 더 이상 어렵다는 지능 지수가 좀 떨어지는 친구들이다.

　사춘기 때 처음 겪는 이성 앓이는 이 세상에 태어나 처음 당하는 심각한 상황이고, 시간이다. 몇 줄 넘으면 무엇을 써야 할지 모르겠다고 징징대며, 도와달라고 떼를 쓰기도 하는 경험의 상황들이 연출되기도 한다. 사춘기 학창 시절 성장 과정에서 일어나는 일들의 한 단면으로, 지능이 좀 높고 낮음에서 파생 되는 사연들이다. 어쩌면 지금 IT 시대에서는 경험할 수 없는 낭만적이고, 꾸밈과 술수가 적고 이해에 물들지 않았던 시대의 청춘들의 아름다운 찬가가 아니었나 싶다.

　학교에서 주먹 쓰는 데는 상위권인 K가 같은 동네에 사는 여학교 학생에게 꽂혀 좋아하게 되었고, 이성 앓이가 시작돼 연애편지를 쓰려는데, 실제로 쓰려고 하니 무얼 써야 할지 모르겠다며 몇 줄 쓰다 만 편지지를 들고 공부 잘하고 작문 성적도 우수한 J에게 들고 와 도와달라고 매달린다. 그래서 J는 K가 들고 온 쓰다 만 편지를 본다.

　'영아 씨, 당신을 본 순간 전 영아 씨를 사랑하게 되었습니다. 저는 '사랑이란' 네 글자를 가슴에 안고 잠을 못 잡니다.' J는 웃음을 터트리며 "됐네. 하고 싶은 말은 다 들어 있으니 그대로 쭉 가면 되겠네." 하며 계속 웃었다. 그러자 K가 "정말……. 너 나 놀리는 거지. 남은 심각한데." 하며 주먹을 둘러멘다. "K야 근데, 사랑이 두 글자지 왜 네 글자냐……!" K가 대답한다. "사랑이란, 네 글자지 인마……." 손가락으로 '사랑이란' 손가락 네 개를 꼽으며 대답한다. J는 답답하다며 "와……. 사랑은 두 글자야 인마." K는 다시 "사랑이란, 네 글자 맞잖아." 한다. J는 이놈하고 따져 봐야

달걀이 먼저냐 닭이 먼저냐 꼴이란 생각에 "알았다, 알았어. 그래 내가 써 볼게. 근데 '못 잡니다'는 뭐냐, 이렇게 완료형으로 쓰면 안 돼 인마. 진행형으로 해야지, 한 장이면 되지?" 그러자 K는 정색을 하며, "진행형이고 나발이고 그런 거 다 알면 내가 너한테 부탁하겠냐. 좌우지간 두 장은 돼야지 성의 있어 보이게. 내가 짜장면 살게."라고 말했다. "알았다, 알았어. 내일까지 해 볼게." "오늘은 안 되겠냐?" "나 공부할 거 있어서 안 돼." "어휴……. 이 자식, 공부 공부 골치 안 아프냐. 너 내일까지 꼭 써 주라. 나 죽을 것 같다." "하하하 죽을 것 같으셔, 어이구 우리 반 박치기왕이 죽으면 안 되지……!" 이런 사연의 기저에는 지능이란 근본적인 기능 작용이 자리 잡고 있다고 하겠다.

인간의 지능에 범위는 IQ라는 측정 방법에 의해 파악된다. 아인슈타인의 지능은 180이었다는데. 그런 특별한 경우를 제외하고 인간 지능(IQ)은 대부분 60 정도부터 150 사이에 속해 있다.

지능이 90인 사람과 150인 사람의 사고 범위와 기능에는 많은 차이가 있다. 설명하자면 IQ 60에서 80 사이의 지능인 사람은 보이는 대로 믿고, 사고함에 있어서 영향을 받는 사람이나 주위 사람의 절대적 영향을 받는 범주에 속한다고 연구자들은 보고 있다. 인간의 지능이 동물보다는 현저히 높지만, 또 평균적으로 마냥 대단히 높은 것도 아니라는 것이다. 인간의 IQ는 사람에 따라 그 편차가 크며, 그 폭은 여타 동물들의 편차보다 크다고 한다. 쉽게 말해 동물 각 종의 전체 IQ 편차는 10~20 정도인 것에 반해, 사람 간에는 IQ 60~150으로 그 편차가 90이라는 큰 차이다. 그런 현상은 동물사적으로 볼 때 인간이 돌연변이에 속한다고 보는 연구자들도 있다. 사람 간 IQ의 폭이 넓은 것은 사고의 폭도 그만큼 크다는 것이 된다. 연구 기관 보고에 의하면 지능 지수가 가장 낮은 국가는 아프리카 짐바브웨로 평균이 61 정도라고 한다.

즉 IQ가 150인 사람의 사고 폭의 범주가 사방, 아래위, 육면체라면, IQ 60~80 사이의 지능을 가진 사람들은 앞에 보이는 한 면 내지 두 면 정도가 세상의 전부일 수 있다. 지구상의 인간 중 그 범주에 속하는 사람이 제일 많은 것으로 보고 있다. 거기에 IQ 85~90 정도인 사람군까지 합하면 지구상 사람의 대부분으로 대략 70~80% 정도가 그 범주에 속한다고 본다. 이 지능의 사람군은 사고의 능력이 다른 듯 거의 같은, 주위에 믿는 사람이나, 어떤 유혹이나, 선전, 선동에 잘 휩쓸리고, 그에 의해 거의 그들의 주의와 주장이 형성된다고 하겠다.

그리고 무언가 하나를 알게 되면 그걸 자랑하고 자랑스러워하며, 스스로는 자신이 똑똑하다고 믿기도 하고, 그러면서도 사고의 폭이 단순해 유혹이나 선동 혹은 의도된 세뇌에 취약한 계층의 사람들이 바로 이 계층의 사람들이다. 인류 역사에서 독재자들의 명분, 목적 선동, 종교적 유혹 등에 잘 넘어가고, 확신하며, 추종하는 욕구와 욕망에 빠져들면 그 길 외에는 다른 경우의 사고는 하지 않는다. 않는 게 아니라 사고할 지능의 여백이 없다고도 볼 수 있다. 사고할 수 있는 지능적 지혜가 어느 선을 넘을 수 없는 한계로 결핍된다. 여러 경우를 생각해 판단할 수 있는 지능 여백이 결핍된 이 계층의 사람들, 그러나 스스로는 개념 있는 인간이라는 자존적 확신이 충만하기도 한 부류라 하겠다.

그러나 인류 역사에서는 그들을 누가 어떻게 움직일 수 있느냐에 따라 승패가 결정되어 왔다. 그들을 선동하던, 믿게 하던, 유혹하던 그들을 움직일 수 있는 자가(그룹이) 세상을 주도하고 역사의 주인이 되어 왔다.

대부분의 혁명가나 역사 속에서 이런저런 사연들에 앞장섰던 자들은 천재나 IQ 140 이상의 명석한 두뇌의 소유자들이 아니라 아주 단순하지도 아주 명석한 사고적인 인간도 아닌, 대부분 가장 흔한 보통의 지능을 소유한 계층에 속하는 사람이 때를 만나 시류에 잘 적응하고, 시류를 잘 이용한 사람 중에서 선택받은 자가 역사 속 주인이 되었다. 그리고 아주 지능이 높은 명석한 두뇌의 소유자들은 생각이 만혹, 사고의 경우가 너무 복잡해 선동가나, 혁명가에는 적합하지 못하다. 인간은 사회적 동물이라는 말과 같이 어떤 평범한 인간이 사회적 현상에 의해 조명받게 되면 그 사람이 달라 보이게 된다.

예로 2차 대전 전범인 히틀러, 무솔리니, 일본의 도조가 명석한 두뇌를 가진 천재나 아주 아둔한 인간도 아닌 보통 지능의 두뇌를 가진 인간 부류로, 사람은 사회적 동물이라는 말이 정의한 것처럼 사회 격변기의 상황에서 그 자리에 있었고, 시류에 요령 있게 편승하여 운 좋게 조명받게 돼 한때 성공한 선동가가된 것이었으며, 민초들은 시대 상황에 따라 동조하거나 그냥 거기에 있어 휩쓸려 가는 것이었다. 영웅, 위인, 독재자는 시대가 만들어 내는 것이지 그들이 보통 알려진 것처럼 특출해서도 뛰어나서도 아니다. 보통 사람도 단 위에 올려놓고 사람들이 와, 와 박수치며 선동하면 그 사람이 달라 보이는 법이다. '인간은 사회적 동물'이란 말이 설명해 준다.

인간은 어떤 상황이던, 어떤 방향이던 세뇌될 수 있는 여백의 지능을 가지고 있기 때문에 학문, 지식이던, 선동, 유혹이 뇌에 입력되는 것이고, 어떤 것이든 세뇌될 수 있어서, 그 세뇌된 것을 바탕으로 자각, 지각, 생각, 사유해 행동하는 것이다.

인간과 달리 동물에게 지식이나, 수학을 알려 주며 입력을 시도해도 그것을 받아들여 저장, 기억, 사유할 수가 없다. 동물의 지능 수준은 그런 지능적 여백이 없다.

인간은 세뇌로 뇌에 저장할 수 있고 그 지식, 상식, 방법 등으로, 자각, 생각, 확인하며 사유해 그 나름 합리적, 이성적으로 사안에 따라 반응하는 것이다. 때로는 비이성적으로 반응하기도 하지만 말이다.

태어나서 하루하루 보고 익히고 느끼고 교육으로 축적되는 세뇌와 경험 속에서 생각하고, 받아들이고, 자각하고, 세뇌하여 이성적, 합리적 관계를 설정해 그 토대 위에 행동하게 된다. 그렇게 인간은 경험을 통해 얻어지고 세뇌하는 경험, 지식으로 사유되어 가며 자기의 세계를 만들어 가는 것이다. 그렇게 이 세상을 살아가면서 부모 형제, 친척들과의 관계를 만들고, 친구, 주위 사람, 사회생활에서의 관계자들과 알음을 만들고 유지하며 산다. 그 과정에서 어떻게 조화를 이루어 가느냐를 통해 사람(인간)의 자아가 자라 가는 것이다. 지능과 경험이 조화를 이루는 그 과정이 어떤 성향, 어떤 방향으로 진행되느냐에 따라 각 인간의 성향, 지성, 반지성, 인격, 도덕, 개념 등이 형성되고 각 사람의 됨됨이 수준이 결정되는 것이다.

그렇게 인간은 자각, 자아하며 무한 세뇌되는 기능이 동물과 다르며, 자라면서 그런 경험, 세뇌로 자아, 사유에 의해 지적으로 성장하는 것이다.

또 동물은 고정된 사고, 본능적 세뇌만으로 정체되어 있지만 인간은 다르다. 인간은 어디까지나 노력에 따라 무한 세뇌의 지능을 가지고 있어 사유에 있어서 유동적이며, 한 가지 사고나 사유에 얽매이는 것을 본능적으로 거부하거나 안 좋아하는 특성을 가지고 있다. 가능하면 구속, 간섭, 통제받는 것을 좋아하지 않는다. 그렇게 인간은 속박이나 간섭에서 벗어나려는 습성을 가지고 있다. 하지만 위력이나 힘, 이해관계로 구속이나 간섭에 수동적으로 행동할 수밖에 없는 경우가 인생을 살아가며 종종 있다. 그런 면이 이성적 실존의 한계이며 인간 사회, 인간의 양면성이다.

예로 자유스러운 환경에서도 위에 사람이나 선생님의 비합리적 명령이나 부당한 권위에 순종하고 맹목적으로 따르는 속성을 가지는 것은 실험으로도(100%는 아니지만) 대부분의 인간들의 그런 속성을 확인할 수 있다고 한다. 그러한 맹목적인 복종은 대부분의 사람들이 갖고 있는 보편적인 속성이다.

그래서 부당한 지시, 명령인 줄 알면서도 순종하는 것은 물론, 일부는 명령자의 의중과 심기를 헤아려 자발적으로 먼저 행동에 나서기까지 한다. 그런 종류의 복종을 우리는 일상 속에서 어렵지 않게 목격할 수 있고, 독재자들은 이런 인간의 속성을 이용해 자라며, 독재 국가에서는 그 기간이 길수록 그런 인간의 불합리한 속성이 온 사회를 뒤덮는다. 이런 유의 복종을 적극적 복종이라고 한다면, 침묵과 외면은 소극적 복종이라 할 수 있다. 이런 인간의 속성은 지구상에서 독재나 파쇼 권력, 불의한 권력 집단이 생명력을 이어 가며 끊이지 않는 토양이 된다.

여기서 아주 명석한 지능의 소유자 부류는 생각이 많고 여러 경우나 사회 현상을 대부분 사고할 능력이 있다. 그것이 오히려 갈등과 짐이 되어 위험 부담이 있는 선동가나 혁명 같은 것에 앞장서지 못한다. 그렇게 인간의 지능은 많은 문제점과 모순을 내포하고 있다. 또 불완전하다. 인간의 지능이 동물보다 조금 높아 생각하고, 판단하고, 의식해 여러 가지 엉뚱한 행동이나 꾀를 낼 수 있는 것 외의 동물과 다른 게 무얼까……?

사실 인간은 아무것도 확실한 것이 없는, 정의할 수 없고, 순간순간 상황에 따라 행동이 변하고 매 순간 다르게 움직이는 불완전한 존재이다. 럭비공은 어디로 튈지는 모르지만 그 방향의 개수는 셀 수 있는 정도지만, 지능에 의한 인간 마음의 변화, 그 갈래의 개수는 셀 수 없어 그 속성을 확인하는 것은 불가능하다고 한다. 불가의 고승, 옛 선인들도 인정해 온 이야기인 것이다.

어째서 지구상의 수많은 생물, 생명체 중 인간만이 본능적인 범주의 지능에서 벗어나 지금의 특이한 지점에 지능이 이르게 됐을까? 그게 불가사의다. 인간의 지능은 사고하여 행동하지만 완전하지 않고, 불확실성과 갈등 욕망이 부딪혀 여러 문제가 야기되는 지점에 이르게 됐을까? 그게 의문이다……!

여타 동물과 같이 인간도 본능적 지능에 머물렀다면, 우리의 지구가 이렇게 복잡하고 갈등, 경원, 대결 같은 서로 상처 주며 골치 아픈 일 없이, 여타 동물처럼 먹을 것을 찾고 가족, 주위 사람들과 평화롭게 산다면 온화하고 화평한 지구 본래 모습 그대로였을 것이 아닌가 하고 또 한 번 생각해 본다. 지금 같은 돌연변이종 인간이 이 지구에 없었다면, 지구의 자연은 자연법칙의 먹이 사슬로 돌아가는 갈등 없는 지구의 본모습대로 아름답고 고요한 땅이었을 텐데 말이다.

아니면 인간의 지능이 모두 이 세상에서 일어나는 일, 상황, 갈등, 모든 사연, 모든 결과를 손금 보듯이 다 알 수 있고, 예측, 판단이 정확히 가능한 정도의 지능으로, 모든 인간의 지능이 150 이상이던, 200~300이던 갈등하고, 싸우고, 공격해 봤자 서로 얻을 것 없는 결과들이 뻔히 보여 인간과 지구에 독이 될 뿐이라면, 그냥 갈등 없이 타협하고, 지혜롭고 평화롭게 모두가 그렇게 살아갈 수 있는 수준의 AI를 능가하는 지능이었다면 지구는 지금보다 평화로운 낙원이 될 수 있지 않았을까 혼자 엉뚱한 생각을 해본다.

"인간 지능은 신이 인간에게 선사한 축복이다." 나는 재앙이라고 하고 싶다.

"인간의 지능은 인간의 족쇄다." 맞다.

"인간의 지능은 인간의 슬픔이다." 의미가 있는 것 같기도 하고, 어떤 쪽일까?

"인간의 지능은 인간에게 저주다."

인간의 생은 실존이라는 자신의 존재를 알고 느끼며 살다가 때가 되면 죽는다는 것을 알 수 있기 때문에 삶을 이어 가는 과정이며, 삶이라는 것은 정직하게 말해 살아남기 위한 처절하고, 슬픈 몸부림의 연속이다. 그 몸부림이 끝나는 지점은 죽음이다. 살아가면서 움직이는 몸짓들은 깊이 철학적으로 들여다보면, 그 몸짓들은 무겁거나 가볍거나 모두 슬픔들이다.

인간처럼 우스꽝스러운 동물은 어떻게 생겨난 것일까. 참 요령부득이고 난해한 동물, 인간이다……!

인생은 생존 경쟁이라는 말이 시사하듯, 그렇게 인간의 삶이란 처절한 투쟁이다. 또 인간 지능의 특성은 삶을 선천적으로 이해할 수 없다는 것이다.

인간이 신의 작품이라면 신은 인간에게 큰 죄를 진 것이고, 인간이 신의 놀잇감, 신의 과시용이라면 더더욱 용납할 수 없는 실수를 한 것이며, 그러한 신을 나무라고 벌해야 하지 않을까 하는 것이 나에 생각이고 바람이다.

인간계의 난마처럼 얽힌 갈등과 많은 사건, 사연들은 여타 동물보다 조금 높은 지능으로부터 시작된다. 동물보다 조금 높은 지능으로 생각하고 꾀를 내어 수많은 사건과 갈등을 만들어 낸다.

오늘날 돈이 가치의 전부가 되어 버린 복잡한 혼돈의 현대, 그렇지만 돈을 차지한 소수라고 행복한 것도 아니라 한다. 현대의 변하는 룰에서 승자들도 엄청난 스트레스에 시달리고 있단다. 너무 빠르게 급변하는 사회, 거기에 돌발 변수로 시스템의 붕괴는 승자들에게도 두려운 스트레스다.

'초가치'에 속한 승자들까지도 '있어빌리티'하는 지금 세상이 고장 나고 잘못되어 간다고 느끼면서 점점 경쟁이 심화된 현대 사회는 서로가 서로를 밟고 넘어서야 하는 살벌한 경쟁 사회이다……!

인간 한 종을 제외한, 모든 종이 태초부터 이어 온 자연 질서의 먹이 사슬에 의해 원초적 룰을 지키며 살아간다. 단 한 종 인간만이 '만물의 영장'이라며 자연의 섭리, 자연의 법칙, 먹이 사슬을 허물고 범하며 기고만장하여 왔다.

그 잘난 호모사피엔스 태초부터 이어 온 자연의 룰을 범하고 부수고 유린한 지금, 그 후유증의 대가를 감당해야 할 것 같은 느낌에 인간들은 당황해하고 있다.

산업화의 시작으로 장밋빛 미래를 낙관하던 신자유주의가 2백 년도 안 된 지금 지구와 인류는 그 후유증을 심하게 앓고 있다.

인간의 지능도 여타 동물 수준에서 진화가 멈췄다면 지구는 어떤 모습으로 어떻게 되었을까? 아마 신들과 선인들이 말하는 새소리, 동물 소리, 물소리, 바람 소리가 하모니를 이루는 아름다운 낙원과 자연의 섭리대로 돌아가는 파라다이스가 펼쳐지고 있을 것 같지 않은가 말이다.

인간은 지능이 여타 생명체들보다 조금 높아 자신의 존재를 의식하고 실제 자신이 존재한다는 것을 스스로 느끼고 알고 있다. 그로 실존이며 만물의 영장이라고 조그만 머리를 굴리며 좋아한다. 그러나 그 인간의 지능이 궁극에는 재앙처럼 아주 해로운 쥐약 같은 것이라는 것을 모른다. 인간의 재능이 아주 애매한 지점에서 많은 문제점을 야기하고 수 없이 많은 사건, 사연을 만들어 내 인간 사회는 아주 복잡하고 난마처럼 얽혀 있다. 그렇게 복잡하고 혼란스럽게 만들기는 하지만 해결책은 모른다. 인간들이 별별 요상한 많은 사건과 문제를 만들기는 하지만 해결책이나 해결할 능력은 없다.

인간의 지능이 그렇게 애매한 지점에 세팅되어 있어, 그 지능의 수준으로는 인간이 만들어 내는 문제점들을 해결하고 풀 수 있는 충분한 지능까지는 도달하지 못한 지능에 머물러 있다. 그러한 지능은 오히려 인간에게 독이 되고 있는 것이 인간 지능의 한계이며 수준이다.

그러나 인간들은 인간의 지능이 인간에게 얼마나 해악을 끼치는지는 생각도 못하고 안하며, 동물은 내 발아래 있고, 우리 인간은 만물의 영장이라고 좋아하고 있다. 인간들이 그 대단한 지능으로 벌이는 사건과 전쟁 등으로 사람들은 이리저리 치이고 아등바등하면서 그 속내는 볼 능력도, 볼 지능도 없다는 것도 모른 체 만물의 영장이란다. 제1차 세계대전, 제2차 세계대전, 한국 전쟁 등 지난 1세기만 돌아보아도 인간들끼리 죽이고 죽고 수억 명이 이름 모를 산하에서 피를 흘리며 죽어 갔다.

인간의 역사는 같은 종끼리 전쟁 등으로 죽이고 죽고 하는 비극의 연속이며, 그 원인은 동물보다 조금 높은 지능에 의해서다. 인간의 지능이 인간에게 얼마나 해로운 일들을 만들어 내는지는 인간 지능의 능력 밖이라는 듯 까맣게 모른다.

또한 인간의 지능이 얼마나 허접한지는 '세뇌'에 아주 취약한 지점에 머물러 있는 것으로도 알 수 있다. 예컨대 독재자, 사기꾼, 약장사, 종교(사이비 종교) 등에도 쉽게 세뇌된다. 대부분 인간 80~90%의 지능 수준은 세뇌에 아주 취약한 정도에 머물러 있다. 종교 지도의 현실만 보아도 사우디아라비아, 이라크, 이란 등에서 태어나면 이슬람에 세뇌되어 이슬람교도가 된다. 태국, 미얀마 등에서 태어나면 대부분이 불교도가 된다. 필리핀, 남미 대륙에서 태어난 사람들은 거의가 가톨릭교도가 된다. 그들이 스스로 코란, 불경, 성경을 읽고, 이해하고, 사고해 이슬람교도가 되고,

불교도가 되고, 가톨릭교도가 된다고 보긴 어렵다. 태어난 곳에서 자라며 주위 모두가 이슬람교도이고, 불교도이고, 가톨릭교도이다 보니 환경에 휩쓸려 그렇게 세뇌되는 것이다. 아마 프란치스코 교황이 태국에서 태어나 자랐다면 불교도가 되었으리라 나는 장담한다.

그런 점이 인간 지능의 취약점이고 한계이다. 인간 지능을 좋다고만 하는 인간들의 모습을 그럴 수 있다고 이해는 하지만, 지능이 인간에게 끼치는 해악의 뒷면, 어두운 면을 인간들은 사고해 보려고도 하지 않는다. 않는 것이 아니라 그럴 지능까지는 도달하지 못했으며 앞뒤 모든 면을 살펴 사고할 지능까지는 없다.

'인간은 만물의 영장이다'를 외치며 좋다고만 하면서 세월을 죽이고 있다면, 인간계는 더욱 복잡하고 난마처럼 얽혀 그 난해함에 서로를 경계하며 아등바등할 뿐 희망이 없을 것이다.

2022년 봄, 러시아의 푸틴이란 망상가 한 명이 벌이고 있는 장난질에 천만 명이 넘는 민초들이 고향과 삶의 터전을 잃고 타국에서 유리걸식하고 있다. 이런 한심한 짓거리를 하며, 무언가를 막 주장하고 있는 것이 인간들이 벌이고 있는 짓이다.

인간들이 만들어 내는 많은 문제들 중에 아주 중요한 것 하나는 인간에 의해서 지구 환경의 균형이 무너져 간다는 것이다. 인간 지능은 환경을 파괴하고 오염시키는 원인을 제공하는 시발점으로 환경 파괴의 주범이라고도 할 수 있다.

지구상에 살아 숨 쉬고 움직이는 포유류, 파충류, 양서류 중 인간을 제외한 모든 종이 태초부터 이어 온 자연 질서의 먹이 사슬에 의해 원초적 질서를 지키며 살아간다. 그런데 그 잘난 호모사피엔스 인간만이 자연의 섭리, 자연의 법칙, 수십억 년을 지나오며 자리 잡은 먹이 사슬을 허물고 범하며, 지구를 난장판으로 만들고, 종당에는 멸망을 보고야 말겠다는 듯 진정 지구의 멸망을 재촉하고 있다. 그러면서도 지구의 주인은 인간이라며 목청을 높이고 있다. 이 얼마나 가소롭고 한심한 공허함 인가……!

인간계가 여타 생물들과는 다른 지능으로 인해 수많은 사건, 사연을 만들어 내며 이어 온 것을 우리는 역사라고 한다. 그러한 인간 역사의 기록에서 세계사는 대부분이 정치적 담론과 힘의 역학 관계로만 알려지고 판단되어 왔는데, 사실 역사 격랑의 많은 사건, 전쟁 등에 실제 주인공과 피해자는 일반 국민 민초들이었다. 그런데 그런 민초들 개인의 이야기 사연으로 역사적 사건들을 조명하고 기록된 것은 거의 없었다.

요즘 현대에 와서 미디어의 발전과 스트리밍 서비스 덕분에 사건 사연들의 실제 모습을 우리는 진실과 함께 볼 수 있게 되었다. 전부라고는 할 수 없지만 그래도 모두가 위선과 정략에 의해 왜곡된 담론에 세뇌되어 바보가 되는 일은 많이 개선되었다고 할 수 있다. 인간 지능의 약점으로 더는 우리 인간이 불의의 희생양이 되지 않기를 바랄 뿐이다.

다윈의 《종의 기원》에서 심각하게 고민한 것은 성 선택의 권한이 암컷에게 있다는 부분적 사실에 대한 것이었다. 다윈이 관찰한 것 중에 개미와 공작에 관한 것이 있다. 공작은 암컷에게 선택받기 위하여 위험을 감수해 진화했다. 개미는 무엇을 위해 혼신을 다하여 일하는 희생을 감수하느냐는 것이었다. 다윈 같은 선지자, 노력, 지성, 지식이 없으면 무언가를 창조해 낼 수 없다. 사회 발전도 없거나 늦어질 수밖에 없다. 한국이 창의적으로 발전할 수 있었던 것은 상식, 도덕, 정의, 지식을 소중히 여기는 정신을 가지고 있었기 때문이다. 거기에 세종대왕 같은 성군에 의한 우수한 문자 한글이 있어 서로의 의사소통을 자유롭게 할 수 있고, 국민 모두가 신문, 책, 모든 정보를 쉽게 접근할 수 있어 그러한 환경이 밑바탕이 되어 창의적인 발전이 가능했다. 지난 백 년은 기술 개발이 급속도로 발전한 한 세기였다. 그러나 인간의 기술 개발이 인류 멸망을 재촉한다고도 한다. 급속한 인류 발전은 아이러니하게도 인류 멸망의 과정인 것이란 말이 나온다. 우리는 그 서곡, 인류 멸망의 시작점에 서 있는 것이라고. 어차피 우주는 다음 세대로 가고 있다. 태양도 45억 년 후면 다 타고 소멸한다. 사실 우주는 인간의 갈망, 소원, 아픔에 아무런 관심이 없다. 인간의 역사는 수소와 탄소가 다른 물질의 작용에 의한 우주에서 일어나는 변화 중에서 잠깐 동안의 해프닝에 지나지 않는다. 우리 인간이 우주의 다양한 사실 원리를 알아내고 알고 있는 것은 부분적인 것에 불과하다. 또한 인간을 비롯한 다양한 종의 동물과 생물들도 우주의 존재 과정에서 잠깐 스쳐 지나가는 시간의 부산물일 뿐이다. 지구상에서 존재하는 인간들과 여타 생명들에게는 절실한 문제이지만 우주는 무관심하다. 빛과 물, 공기의 은정, 작용으로 그렇게 존재하다 스러져 가는 것일 뿐이다.

 생명에 가장 필요한 것 중 제일 중요한 요소는 빛이다. 태양 빛, 그 빛의 원천은 수소다. 태양의 빛 에너지는 핵융합으로부터 오며 핵과 원자로 이루어져 있다. 핵에는 가벼운 수소부터 무거운 우라늄 같은 핵으로 이루어졌다. 그것들은 다양한 무게의 핵으로 이루어지며, 핵들이 서로 융합해서 수소 같은 가벼운 원자핵의 융합으로 헬륨 원자핵으로 바뀌는 핵융합 반응이 태양 에너지의 원천이다.

수소에는 동위 원소가 두 가지 있다. 중수소, 삼중수소가 헬륨으로 융합할 때 중성자 하나가 빠져나가는데, 그때 발생해 나오는 대량 에너지를 이용하는 것이 핵융합의 원리이다. 50억 년 이상 빛을 발하는 태양. 그 무한 에너지가 핵융합 작용에 의해서 이루어지는 것이다.

최근에 만들어진 아주 비싼 허블 우주 망원경으로 인류 최초로 촬영했다는 7,000광년 밖에 있는 '창조의 기둥'이란 별의 사진을 공개했었다. 별은 동그랗게 반짝이는 모양이라는 관념을 무시하는 막대기 두 개가 엇갈리게 서 있는 모습이었다. 7,000광년 그 거리는 인간과 전혀 매치가 되지 않는 거리다. 광년, 거리의 단위인데 1광년(빛이 일 년 동안 가는 거리를 광년이라고 함)이 얼마나 멀까?

지금 미국에서 개발하는 비행체가 마하 24 정도 속도라고 한다. 마하는 알다시피 소리의 속도. 소리의 속도와 빛의 속도는 천지 차이이다. 좌우지간 마하 24의 비행체가 만들어졌다 치고, 마하 24의 속도로 1광년을 가려면 얼마나 걸릴까. 오래전에 물리학 박사 후배에게 물어본 결과 1광년의 거리를 가려면 2억 년도 더 걸릴 것이라고 했던 적이 있다. 세종대왕이 살던 때가 6백 년 전인데, 백만 년, 천만 년, 억만 년이란 인간과 무관한 세월이다……!

인간이 이런 것들을 말하고 알고 따지고 하는 것도 모두 인간 지능에 의해서다. 인간 지능이 20~30 정도의 동물 수준이라면 알 수 없고 신경 쓸 필요가 없는 것들이다. 그래서 나는 인간사 모든 일, 사연, 사건들은 인간 지능이 만들어 내는 지능의 장난이라고 하고 싶다.

"우리는 지능을 우리의 신으로 삼지 않도록 조심해야 한다. 지능엔 강한 힘이 있지만 인격이 없다."(아인슈타인)

인간의 본성

고대 중국의 현자요 석학인 맹자는 인간은 태어날 때부터 선한 본성을 가지고 태어난다는 '성선설'을 주장했다. 맹자의 스승인 공자도 어질고, 옳고, 예의 바르고 지혜로운 것은 사람의 본성이라 했다.

이에 비해 또 다른 중국의 맹자급의 현자요 석학인 순자는 성악설을 설파하며, 인간은 날 때부터 악한 성품을 갖고 태어난다고 주장했다. 인간의 본성은 악이며 항상 욕망에 의해서 쟁란을 일으키는 존재라고 보았다. 날 때부터 이익을 구하고 서로 질투하고 미워하기 때문에 그대로 놔두면 싸움이 그치지 않는다는 것이다.

그러나 범부인 나의 생각은 다르다. 사람은 이 세상에 나오면서 아무 것도 가진 게 없는 백지상태라고 본다. 사람이 태어날 때 성선설 적인 것도 아니고 성악설 적인 것도 아닌, 그림이 그려지지 않은 백지(도화지) 상태의 사고 여백을 가지고 태어난다고 본다. 사람은 태어난 순간부터 시간이 흐르고 자라면서 보고 느끼고 경험하고 익숙해진 것을 세뇌되는 알음으로 마음의 여백을, 생의 여백을 차곡차곡 채워 가며 크는 것이 인간의 생애 여정이다.

아이가 태어난 순간부터 세뇌 작용이 작동한다. 한 심리학자에 의하면 갓 태어난 지 얼마 안 된 아기도 엄마가 살을 맞대며 안고 있을 때 표정하고, 다른 사람이 살을 맞대어 안고 있을 때 표정에 차이가 있고, 안정감에서도 차이를 보인다고 한다. 아직 말은 못해도 감각의 세뇌로 이미 엄마와 다른 사람을 구분하고 있다. 태아 때부터 엄마와 소통의 세뇌가 작동하고 있다는 것이다.

그렇게 갓난아이 때부터 도화지에 무엇을 보고, 느끼고, 익히고 어떻게 세뇌돼 채워 가느냐에 따라 각 인간의 성향이 결정된다. 보고 느끼고 익히고 세뇌된 알음이 어떤 방향이냐에 따라 각 인간은 착한 인간도 되고, 악한 인간도 되고, 좋은 인간, 훌륭한 인간, 나쁜 인간 등 여러 성향의 인간이 되어 가는 것이다.

인간이 세뇌되어 가는 현상의 갈래는 예측이 불가능하고, 어떤 방향이건 한 번 세뇌되어 고정 관념으로 자리 잡은 채 성인이 되면 그 현상이 그 사람의 고정 관념화해 그의 정신 성향을 지배하게 된다.

그래서 사람에게는 인성을 바르게 심어 줄 인본 교육이 중요하다. 중국의 고사에 '맹모삼천'이라는 이야기가 있다. 앞에서 언급된 중국의 석학인 맹자의 어머니가 맹자의 어린 시절 교육을 위해 좋은 환경을 찾아 세 번의 이사를 했다는 이야기다. 그런 맹모의 헌신으로 맹자는 동양 인문학을 대표하는 학자로 클 수 있었던 것이다.

상여막 아래 산동네에 그대로 살았다면 맹자는 아마 상여꾼이 됐을 수도 있고, 대장간이 있는 시장통에 살았다면 대장장이나 장사꾼이 됐을 것이다. 학구열이 충만한 서당 근처로 이사하였고, 맹자는 원래 총명하여 아이들이 서당에서 글 읽는 것을 보고 듣고 그 내용을 스스로 익혀 뜻을 이해했다고 한다. 맹자 어머니는 그런 맹자를 보고, 맹자를 서당에 보내 학업에 정진하게 하여 동양 철학을 대표하는 인물이 되었던 것이다.

교육이라고 하면 흔히 학교 교육을 생각하는데, 학교 교육은 아무래도 지식을 익히는 데 치중되어 있다. 거기에 더해 또 하나의 교육은 가정 교육, 밥상머리 교육이라고 하는 것도 인문학적인 면에서 중요하다. 사회생활에서 보고 느끼는 것도 인간의 가치관을 결정하는 데 꼭 필요한 교육이라고 할 수 있다.

그렇게 교육이란 보고, 느끼고, 배우고, 듣고, 경험하고, 이해해서 세뇌 과정을 거쳐 사람의 지식과 가치관을 형성하는 과정이다. 인간이 살면서 교육이던 경험이던 어떤 것을 배우고, 어떤 것을 보고, 어떤 것을 익히고 간에 그런 과정들이 세뇌된 의식, 자아의 가치관의 성향에 따라 각 인간의 정신세계, 성향이 결정되는 것이다. 인간이 태어나서부터 보고, 경험하고, 익히고 세뇌한 그 기억과 앎들을 바탕으로 성장해 가면서 각 인간의 정신세계가 형성된다는 뜻이다.

그런 과정을 거쳐 성장한 인간들은 자신의 지식, 앎을 가지고 무언가 자신에게 의미를 부여하고 존재를 나타내려 애를 쓴다. 하지만 지구상의 수많은 생물들, 동물이나 식물이나 인간의 삶이나 자연의 법칙으로 보면 크게 다른 의미로 구분되는 것은 아닐 수 있다.

사실 인간에 있어서 분명한 것은 태어나 살고 명이 다하면 죽는 것, 존재하다 존재하지 않는 것, 있다가 없는 것, 있다가 자연으로 돌아가는 것 그것뿐이 진실인 것이다. 인간들이 이거다 저거다 이렇다 저렇다 인간에게 의미를 부여하고 싶어 하는 것은, 인간은 여타 동물과 다른 의미가 있다 생각하는 것일 뿐, 인간도 다른 동물, 생명체와 마찬가지로 이 세상에 그냥 있다가 없는 것, 존재하다 존재하지 않는 것, 그렇게 자연법칙과 생명의 주기에 따라, 있다가 자연(땅)으로 돌아가는 것, 그것만이 진실이며, 인간이나 여타 생물체나 같다.

그리고 자연의 주기에 따라 다음 세대가 또 있다가 없는 것 그렇게 자연에 속한 자연법칙에 따라 순리대로 살아 있으면 존재해 있는 것이고, 죽으면 없는 것이다. 인간은 자신이 존재한다는 것을 느끼고 있다는 것이 다를 뿐, 무언가 다르고 대단하지 않느냐고 외치지만, 궁극적으로 여타 생물의 삶이나 인간의 삶이나 크게 다를 바가 없다는 것이 진실일지 모른다는 것이다. 이 말의 뜻은 인간의 삶이란 산다 '있다', 죽었다 '없다', 하루살이가 오늘 '있다', 내일 하루살이가 '없다' 진실은 그것뿐이라는 것이다.

그 잘난 호모사피엔스 "나는 생각한다, 고로 존재한다."라고 자부하는 똑똑한 인간들, 그래서 뭐, 그 '생각한다'로 자신이 존재한다는 것을 아는 것까지는 대단하다. 그래서 실존이요 인간이라는 별칭으로 동물과 구분했으니까! 그런데 인간들의 그 생각한다는 것이 어떤 수준이냐는 것이다. 어떤 바람직한 것이냐 하는 것이 문제다.

중국 전국 시대 송나라 저공(狙公)의 이야기며, 데카르트의 이야기며, 2017년 노벨 경제학상 상을 받은 '똑똑한 사람들의 멍청한 선택' 《넛지》의 저자 리처드 탈러 교수의 이야기들은 인간의 일상에서 늘 일어나고 있는 이야기들이다. 그러니까 인간 모두가

다 현명한, 가장 바람직하고 정확한 판단을 할 수 없다는 것, 그런 점에 대한 문제가 인간의 문제라는 것, 그것이 인간의 진짜 모습이고, 그것이 인간에게나 자연에게나 독이 된다는 것이다.

단편적인 예로 역사 속 제2차 세계대전 같은 참상, 몇몇 망상가의 선동에 많은 사람이 넘어가 엄청난 비극적 사건을 만들어 내기도 한다. 게르만 민족은 위대하다는 히틀러의 선동, 레닌, 스탈린의 모든 사람이 똑같이 먹고, 똑같이 나누고, 똑같은 계급장을 단 지위 고하가 없는 세상을 만들겠다는 이야기. 지금 생각해 보면 참으로 한심하고, 우스꽝스럽고, 길거리 약장수의 입에 발린 거짓말보다 허망한 공산당 선동에 수많은 인간들이 현혹되어 2억 명이 넘는 사람의 희생과, 여러 나라의 삶의 터전이 잿더미가 된 끔찍한 비극을 만들어 내기도 한다. 그게 인간의 참모습이다.

인간이 동물보다 지능이 3~50 정도 높아 실존이라는 것, 꾀를 내어 이런저런 요상한 일을 벌일 수 있는 데서 오는 비극이다.

지구의 인간을 포함한 모든 생명체 생물은 수십억 년의 진화와 다섯 번의 멸종기, 빙하 시대 등의 시련 후, 자연의 섭리로 크고 작은 각종 여러 생명체가 먹이 사슬로 연결되어 살아가고 있다. 그것이 자연의 섭리요 상호 보완의 생존 방법(메커니즘)이며 자연의 신비다. 그런데 인간이란 돌연변이종이 그런 지구의 질서를 파괴하고 무너뜨리며 '나는 만물의 영장'이라며 자랑질에 여념이 없다.

산업화와 과학이 가져다줄 장밋빛 미래, 제2차 세계대전 이후 급속한 산업화에 장밋빛 미래만 있을 거라는 신자유주의, 낙관주의에 매몰되어 열을 올렸지만, 과연 그 장밋빛 미래는 바람대로 인간 사회에 도래해 있었나. 그건 환상이었을 뿐, 인간의 역사는 반복되며 장밋빛 미래는 인간 사회에 없었다. 사유의 착종, 감정의 착종 인간이란 서로 뒤섞여 각자의 입장만을 생각하고 주장하며 서로서로 목청만 높였다. 개인이건 사회건 나라건 그로 인해 세상은 점점 혼란스럽고 복잡하고 소란스럽게 변하며 정의, 상식, 예의에 기준조차 모호해져 갔다. 그리고 산업화의 후유증인 공해에 어쩔 줄 몰라 허둥댔다.

지구의 나이는 45억 년이라는데, 거기에 비하면 인간, 인류문화의 나이는 1만여 년밖에 안 된다. 그 짧은 연혁의 문화밖에 안 되는 인간들이 종당에는 그 긴 세월 시련을 견디며 버티어 지나온 지구를 말아먹겠다고 개발, 개발을 외친다. 한 줌의 이익을 차지하겠다고……!

그런데 인간 중에 개념 있는 사람들이 지구가 병들어 가고 있는 낌새를 느끼고 인류가 막다른 길로 가고 있다고 경고를 한다. 환경을 걱정하는 학자며 사람들이 이대로는 안 된다고 적극적으로 목소리를 내고 있는데, 눈앞의 이익과 탐욕에 눈먼 자본은 권력과 결탁해 MY WAY다.

전 세계 상공의 이산화탄소량이 400PPM이 넘으면 지구 온도는 2~2.5도 상승하고 그것은 지구 종말의 시작이라 할 수 있다고 한다. 그런데 지구 대기의 이산화탄소(CO_2) 위험 선인 400PPM을 곧 돌파할 거라는 경고가 나왔다. 비교적 청정 지역이라고 하던 한국 서해 섬 상공의 이산화탄소량이 401PPM 넘게 측정된 적이 있다. 중국의 베이징을 비롯한 대도시 상공은 자주 400PPM을 돌파하고 있다고 한다. 이대로 대책 없이 그대로 가면 백 년, 2백 년도 아니고 한 50년 후면 지구는 사람이 살기 적당한 곳이 아닐지도 모른다는 이야기다. 바로 2021년에 어른으로 살고 있는 우리들 자식 세대의 이야기인데, 그대로 갈 것인가는 지금 세대의 선택에 있다.

이런 시대 상황 속에서 인간들의 생은 실존이라는 자신의 존재를 느끼고, 처지를 알고 있다는 것이 다행인지 불행인지 삶을 이어 가는 문제, 과정, 인간이 살아가면서, 부닥치는 어려운 여러 문제 속에서도 이어져 갈수밖에 없는 생이라는 것 그래서 '인간은 사회적 동물'인가 보다.

끝없는 욕망의 폭주 갈등 속 그 주인공인 인간들로 인해 이 지구가 얼마나 참혹한 곳이 되어 가는지 역사가, 인간계 인간 사회가 말해 준다. 인간이 있는 곳이면 어디나 지구 곳곳에서 인간과 인간이 서로 죽이고 죽어야 하는 이유 갈등을 만들며, 전쟁이란 이름으로 끊임없이 경원하며 서로 죽이고 죽는다. 오랜 인간 역사 속에서도, 이 순간에도 증오의 스토리를 만들어 내, 서로에게 가할 끔찍한 일들을 곳곳에서 벌이고 있는 곳이 바로 지구 위의 인간 사회다. 나는 감히 인간은 지구상의 동물 중 가장 하등하고 저급한 동물이라고 말하고 싶다.

사람들이 우리가 살고 있는 이 지구 위 곳곳에서 매일 일어나고 있는 일들을 모두 보고, 듣고, 사실 대로를 알 수 있다면, 그 참혹함에 대부분의 사람이 정신이상자가 되어 버릴지도 모른다. 보이지 않고, 모르고, 알지 못하니까 맨정신으로 살 수 있는 것이다.

인간 사회가 여타 동물들처럼 하늘의 법칙, 자연의 법칙, 땅의 순리대로 이루어지고, 이어져 왔다면, 인간계는 형이상학적으로 인간이 꿈꾸며 바람이었던 것처럼 이 지구는 이상향이었을 것이다.

인간과 인간 간의, 사람과 사람 간의 윤리, 상식, 정의, 도덕 기준은 신이 아닌 인간의 이성과 자연의 법칙으로부터, 느껴지는 감성으로 형성되는 것이 가장 자연스럽고 바람직한 것이다. 예로 자연 그대로의 느낌, 모습, 감동, 즉 아름다운 꽃을 보면 예쁘다 하는 느낌으로 마음이 환해지는 감정을 갖게 된다. 반대로 오물이나 시궁창의 악취 같은 더럽고 불결한 것을 대하면 얼굴을 찡그리게 되고 기분이 나빠진다. 그런 자연스러움은 꾸밈없고 정직하다. 거기서 가장 이상적인 도덕, 윤리, 정의를 정리할 수 있고, 그로 인간의 오염되지 않은 이성과 자연의 순리를 따른다면 바람직한 윤리, 정의, 상식, 도덕 기준을 가질 수도 있을 것이다.

그러나 원초적인 욕망과 탐욕으로 이미 지구는 인간이 노력하고 통제하여도 안전한 곳으로 만들 수 있는 선을 넘어 선듯하다. 인간의 역사를 쭉 훑어보면 마치 지구의 종말을 재촉하며 달려온 열차와 같은 느낌이다. 알면서도 멈출 수 없는 열차, 인간의 이기심이 순간순간이기를. 쫓아 달려가는 신기류, 신기류 열차……!

유엔 기후 변화 대응 프로젝트가 시작된 1988년 이후 2015년까지 근 30년 동안 산업 활동으로 인한 온실가스 배출량과 같은 수준으로 향후 30년 동안 같은 비율로 화석 연료가 생산, 소비된다면, 세계 평균 기온이 금세기 말쯤, 아니면 더 빠른 시일에 지구 기온이 4도나 올라가게 된다고 한다. 이는 많은 생물종의 멸종과 식량난, 기상 이변과 재해 등 재앙적 결과로 이어질 것이라고 한다. 이런 결과에 이른다면 그 책임은 분명 인간에게 있다. 그것은 인간이 신의 축복을 받은 지구 위 생물 중 만물의 영장이 아니라,

지구 위 생물 중 가장 하등 동물로, 지구의 저주, 지구의 폭탄이라는 사실이 증명되는 것이다. 그리고 지구의 가장 심각한 공해는 뭐니뭐니 해도 인간이라고 증명되는 것이기도 하다.

영국 런던에 본부를 둔 탄소 공개 프로젝트(CPU)는 환경 단체 기후 책임성 연구소(DB)와 공동으로 펴낸 2017년판 주요 이산화탄소 배출원 데이터베이스에 의하면, 1854년 산업 혁명 이후 2015년까지 160년 동안 산업 활동으로 배출된 이산화탄소와 메탄가스 등 온실가스 총량은 923기가톤 상당량이라고 한다. 1기가톤은 10억 톤을 뜻 한다. 산업 혁명 이후 160년 동안 배출량 절반 이상의 화석 연료를 100여 개의 기업이 생산했고, 지난 30년 동안 세계 온실가스 배출량의 71%를 겨우 100여 개 기업에 책임이 있다고 발표했다. 과거 100대 기업이었으나 지금은 더 큰 기업에 흡수됐거나 사라진 기업으로 확대하면 더욱 늘어난다고 한다. CDP가 이런 통계 자료를 낸 것은 화석 연료 생산, 소비하는 소수의 대형 기업에 압박을 집중해 온실가스 배출 감축 노력을 효율적으로 하기 위해서라고 한다.

문제는 지구상에서 일어나는 모든 문제는 인간에 의해서 저질러지고 그 주체가 인간이므로 인간이 해결하기가 어렵다는 데 있다. 바로 인간이 문제를 만들고, 인간이 문젯거리이기 때문이다. 지구의 종말, 참 무서운 이야기이다. 실제로 지구의 종말이 오면, 고향 뒤 산자락 양지 바른 곳에 있는 아담한 내 아버지 어머님의 무덤은 어떻게 되나, 지구 종말이라는데 웬 무덤 걱정, 웃기지. 그런 끔찍한 사건에 무슨 생각을 하나 다를 게 무엇인가……! 그냥 숨이 붙어 있을 때까지 아무 말이나 지껄이는 거지 뭐……. 아니면 태워지거나 부서지고 재가 되어, 만고의 진리 질량 불변의 법칙에 의해, 내 몸을 구성했던 질량은 그대로인 채 우주 공간 어디엔가 미세먼지 같은 원자가 되어 떠돌겠지. 이런 엉뚱한 생각을 하다가, 그래 질량은 불변이지 하며, 순간 잠시 위안을 느끼기도 하는 인간의 감정이라는 것이 참 우스운 것이구나 느껴 본다. 생각, 인식, 의식이라는 장치를 가진 인간의 감정이란 그런 것인가, 그런 것인가 보다.

그렇게 인간은 우스꽝스러운 감정으로 순간이나마 위안받기도 하고, 받으며 살아가고, 그런 감정의 위안마저 잃어버려 우울증에 빠지고……. 영겁의 세월에 비유하면 잠시 한순간 존재하는 생인데, 그 짧은 생마저 견디질 못하고, 생을 내던져 자살이라는 것을 하는 사람도 있으니 인간의 이야기는 너무 난해하고, 슬픔이다. 조용히 생각, 명상에 잠겨 보면 인간의 인생이란 연민이요 슬픔이다……!

사회 규범, 상식, 예의, 법 같은 것 그리고 귀족, 천민, 왕, 대통령, 하나님, 예수, 부처 그리고 셀 수 없이 많은 신 등 그런 것도, 사람이 동물보다 조금 높은 지능의 작용에 의한 생각하는 상상력의 산물, 사람이 지어낸 것이다. 원래부터 그런 것들이 있었던 것도 아니고, 하늘에서 내린 것도, 수많은 종교에서 말하는 신의 계시도 아니다. 실존이란 인간에 상상력의 지능이 그런 것들을 그려 만들어 내기도 하고, 그런 것들에 세뇌, 설득돼 빠지기도 한다. 그런 것이 만물의 영장이라는 인간 지능의 수준이고, 작용이고, 아픔이다. 그런 점이 인간의 장점이기도 하며, 약점이기도 하며 문제점이다. 동물과 다른 점, 동물보다 지능이 높은 점이 좋은 것, 대단한 것만도 아니다. 그런 인간의 적당히 어정쩡한 지능 수준이 오히려 인간의 아픔이요, 이런 모든 인간에게 연민의 서글픈 모습들을 만들어 내는 것이 인간임을 인간만 모르는 것 같다.

동물 수준보다 조금 높은 지능은 정의롭고 완벽하지 못함에 인간들은 사기꾼 사제의 면죄부 같은 것을 팔고, 사기도 하고, 히틀러, 레닌의 선동 같은 것에 넘어가 저 죽을 수도 있다는 것도 모르고 쫓아 다니다가 이름 모를 산하에서 불귀의 객이 된 2억 명이 넘는 영혼들, 아무도 책임지지 않고 잊혀 갔다.

또 그렇게 미완의 지능을 가진 인간들은 무언가에, 자신에게, 어떤 자에게, 어떤 것인가의 의미를 두고, 부여하기를 좋아한다. 한때 유럽의 유명한 지식인 학자들은 니체의 시적 문장에 홀라당 매료되어 무오류의 존재로 못 만들어 난리치던 학자, 문장가라는 사람들, 비판자에 대해서 그들이 쓴 문장 하나하나에 더러운 마초 본성과 여성 혐오를 증명할 만한 문구와 문장들을 찾아내 지적하는 일에 몰두한다. 페론, 히틀러, 스탈린도 구국의 영웅이기도 했고, 유효 기간이 지난 뒤에는 흉한 파시스트로 매도되기도 했다.

그렇게 인간들은 무언가를 주장하고, 추종하고, 의미를 부여하며, 세뇌되어 확신하며 그들 나름의 가설을 만들고, 의미를 부여하는 것을 좋아한다. 약삭빠른 자나 시류에 밝은 자들은 그러한 인간의 허점을 이용해 자신의 야욕에 이용하고, 인간들은 자신의 생각이 옳았다며 거기에 도취돼 미쳐 가기도 한다. 또 인간은 자기 앞에 10명만 모여도, 이 얼마나 내가 대단한가 하며 자랑하고 과시하고 싶어 한다. 그런 점이 인간의 진짜 모습이고 슬픈 단면이다.

인간들, 이 시대는 생각, 사고하지 않고도 살 수 있는 여건이 조성되어 있는 시대다. TV, IT, AI, 인터넷, 스포츠, 음악, 게임, 자동차 등 생각, 사고 같은 것을 할 여유도, 할 필요 없이 하지 않아도 되게 되어 있고, 심심치 않게 한다. 생각, 인문적 소양, 사고하지 않는 삶이란 인간을 단순하게 만든다. 또 이 시대는 신노예 시대다. 자본의 노예 시대, 스스로 노예인지 의식하지 못하는 노예 시대다. 사람들은 사고하지 않고, 자본의 조금의 은정으로 스포츠, 음악, 섹스, 게임 등으로 자신을 잊고 산다. 그렇게 거대 자본은 인간들을 옴짝달싹 못하게 옭아 매 노예로 만든 지 오래다.

옛날 지주들이 하인, 노예나 소작인들을 다루는 방법은 배 불리 풍족하게 먹이지 않고 딴 생각을 할 여유를 주지 않는 것이다. 인간은 배가 뚱뚱하게 부르면 또 하나를 원하게 되고, 여자 생각, 딴 생각을 한다고 해서다. 그래서 뱃가죽이 등가죽에 붙지 않을 만큼의 허기를 면할 정도만 먹을 수 있게 하는 수준을 유지한다. 그렇게 열심히 일을 해야 배고픔, 허기를 달랠 다음 식사를 할 수 있다는 생각을 하게 만들어 하인이나 노예를 다룬다. 현대의 거대 자본, 대기업도 그와 같은 방식이다. 근근이 생활할 수 있는 정도의 은전으로 묶어 두고, 조금의 차별화된 보너스나, 혜택의 은전으로 현대판 노예를 만들어 노예들을 다룬다. 그렇게 인간의 대부분은 예나, 지금이나 노예이긴 마찬가지다. 그런 그 은전이 조금 많고 적음에 일희일비하며, 자신을 그 범주에 던져두고 사소한 것에 목매고 산다. 그게 인간의 리얼한 모습이다.

인간은 너, 나 없이 그 모습을 자세히 들여다보면 모두 광대다. 어느 쪽으로나, 무엇으로나 세뇌될 수 있는, 세뇌의 비극의 주인공이다. 자신이 좋아하는(세뇌된) 스포츠 팀이 오늘 경기에서 이겨, 오늘 밤 기분 좋게 잠잘 수 있다고 한 놈은 실실 웃고, 다른 한 놈은 자신이 좋아하는 팀이 져서 기분 더럽다며 내일 일하러 갈 기분이 아니란다. 이 시대의 노예들은 자본의 은전, 이런저런 사소한 것들, 스포츠, 게임, 술, 여자(남자) 등 보통의 현대인은 복잡한 세상, 사소한 세뇌로 자신이 무얼 하는지, 자신이 무엇으로 사는지, 사고해 볼 여유도 없이, 잊은 채, 그렇게 하루, 한 달, 한 해를 죽이며 살아간다.

하긴 살아 있다는 그 자체는 대단한 것이고, 지금 이 순간, 이 시간에 존재하고 있고, 살아 있다는 것, 내 실존의 시간은 지금도 존재하고 있는 것 이니까, 그것만으로도 대단하다. 살아 존재한다는 것만 해도 얼마나 대단한 것이냐. 나는 실존이다. 나는 내가 지금 살아 있다는 것을 스스로 알고, 느끼고 있으니까 그거면 됐지. 현대인은 명상, 사고하지 않는다고. 인문적 지식이 열악하다고 비난하지 마. 하긴 사고, 상식, 명상, 이상을 회고해 봤자 인간의 한계는 다 드러나 있는 거 아닌가……!

그런 인간에게 의미를 부여하고 싶어 시비를 거는 것이 더 우스운 것 아닌가……! 맞다, 맞아. 그런 거야. 웃자. 인간의 지능의 한계가 그런 것 이니, 그냥 히죽 웃으며 사는 거지 뭐. 죽을 때까지만 견디면 되는 거지 뭐……!

"인간, 만물의 영장은 진정 무엇으로 사는가? 너는, 나는, 사람들은……!"

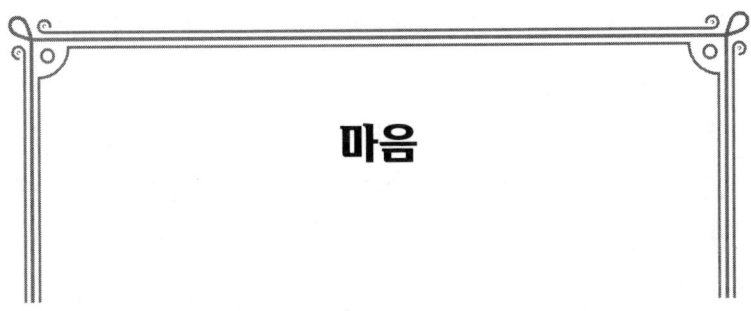

마음

 마음이란 무엇인가? 이 물음에 시원스러운 대답을 한 사람이나, 할 수 있는 사람은 역사 속에서도 지금도 없다. 그렇게 사람(인간)의 마음이란 극도로 미묘하고 복잡하기 때문에 한 가지 말로 표현이나 설명할 수도, 정의할 수도, 생각으로 깨달을 수도, 수학이나 통계학적으로 답하거나 말할 수 있는 것도 아니다.
 마음의 사전적 의미는 그 복잡성만큼이나 한마디로 설명할 수 없는 듯, 다른 낱말들의 뜻보다 길고 복잡하다.
 사람의 지(智), 정(情), 의(意)의 움직임. 또 그 움직임의 근원이 되는 정신적 상태의 총체, 감정, 시비, 선악을 판단하고 행동을 결정하는 정신 활동, 사려 분별, 기분, 감정, 의사, 의향, 도량 같은 겉으로는 알 수 없는 마음 본래의 상태, 본심, 천성, 이렇게 다양하게 그 의미를 정의하지만, 무언가 아직도 부족한 느낌이 있다. 내 짧은 소견으로도 산뜻하게 다 채워진 것, 다 설명이 부족할 수밖에 없는 것이 마음이란 놈이 아닐까……!
 당신의 마음을 당신은 아십니까? 안다고 하신다면 당신은 신보다 윗길이거나, 아니면 아주 멍청하거나 둘 중의 하나일 것입니다.
 인간의 마음이란 이 지구상의 인간 숫자만큼이나 제각각 다르고, 오락가락하기도 하고, 그때그때 달라지는 것뿐 아니라, 시시각각 변화무쌍하기도 하다. 각각의 사람마다 어디서 태어나 어디서 어떻게 자랐느냐에 따른 문화, 교육, 지역, 나라, 관습, 자연환경, 그리고 지능에 의한 지적 수준 등 셀 수 없이 많은 다양한 조건의 영향을 받는다. 그런 다양한 현상 속에서 형성되는 기본적인 시간, 기후, 주변 사람에게서도 영향을 받고, 그로 인해 다양하게 변하고, 움직이고 왔다 갔다 하는 것이 인간의 마음이다. 그런 그 요상한 인간의 마음을 누가 감히, 누가 어찌 한마디, 한 문장, 한 권의 책으로 정의할 수 있겠는가. 하물며 나 같은 소시민 범부가 마음을 이야기해 보겠다고 대드는 것이 가당키나 하고 우습지 않은가 말이다.

그래서 지금도 지구상의 많은 사람들은 자신의 영욕의 마음과 갈등하고 싸우며 살아간다. 사람은 누구나 마음속에 천사와 악마, 욕망, 선함과 악함 그리고 변덕, 돼지와 테레사 수녀가 들어 있다.

그런 것들이 마음속에서 오락가락 왕성하게 운동하고 부딪치고 있어, 사람의 마음은 한 가닥 바람에도 흔들리는 갈대요, 럭비공처럼 어디로 튈지 모르는 특성을 가지고 있다. 유행가 가사에도 있는 '내 마음 나도 몰라'라는 대목이 말해 주듯, 인간의 마음은 자기 스스로도 알 수 없는 것이기도 하다.

그런 요상한 마음의 영욕을 제압하고 마음의 욕망과 갈등을 넘어 마음의 평화를 가졌다는 사람, 인생사 모든 일, 사연에 대해 하나의 마음, 한 마음이라는 사람, 단 한 사람 석가모니 부처가 있을 뿐이다. 예수나 알라도 아니다. 왜냐하면 자기편에서 다름에 대해 분노하고 복수를 말하기 때문이다. 그런데 석가모니도 어떻게 하면 마음에서 영욕, 욕망과 갈등의 굴레를 극복하고 마음의 평화를 가질 수 있는지 답을 준 것은 아니다. 각각의 인간이 알아서 선한 마음으로 스스로 명상, 정진하여 마음의 고뇌를 털어 버리고, 평화를 얻을 수 있다는 시범을 보인 것일 뿐, 방법을 제시해 주지는 못했다. 정확히 말하면 못한 것이 아니라 않았다. 왜냐하면 그것은 수단이나 방법으로 해결해 얻을 수 있는 문제가 아니기 때문이다. 그래서 수양과 선의 높은 경지로 가고 있는 참선 수양 중인 승려들에게 부처는 신이 아니라 선의 경지를 먼저 개척 도달한 시범자일 뿐이다. 인간으로서 인간의 영욕의 번뇌를 넘어서 해탈한, 먼저 마음의 평화를 얻은 부처는 시범자요, 모범자이다. 돌중, 직업중(생활의 방편으로 중이 된 자들), 평범한 아저씨 아줌마에게는 부처가 신으로 존재하지만 말이다.

사람의 마음이란 인간이 지능에 의해 자신의 존재를 스스로 느끼고 알 수 있는 실존이란 것에서 출발한다. 자신의 존재를 인식하고, 지금, 이날, 이 시간에 실제 내가 존재하고, 살아 존재하다가, 명이 다하면 죽는다는 것을 인식, 의식하는 동물이 인간이다. 그래서 인간은 실존이다. 인지, 의식, 인식하고 생각하고 꾀를 내어 동물 중에서 인간만이 스스로 자신의 존재를 알며, 생각하는 마음이란 그릇을 가지고 있다.

왜 마음이 그릇이냐면, 마음에는 사랑, 미움, 정, 은원, 좋고 싫은 마음 등 한 가지가 아닌, 많은 것을 담을 수 있고 담아야 하기에 나는 마음을 그릇이라고 본다. 한 가지만이 아니라 어떤 것이든 많은 것을 담을 수 있는 그릇 말이다. 사람들은 군자나 덕이 있는 사람, 포용력이 있는 사람을 가리켜 그릇이 큰 사람이라고 하고, 똘똘하고 싹수가 있어 보이는 어린이나 학생을 보고 장차 큰 그릇이 될 녀석이라고도 한다. 마음이 무슨 그릇이냐고 어깃장을 놓고 싶은 사람은 그러던지, 지 맘이니까……! 나는 마음이 철학적인 의미와 함께 이런저런 마음을 담는 그릇이라고 생각한다는 이야기다.

본론으로 돌아가서, 여타 동물들도 자신을 향해 공격하는 것이 있으면 으르렁 대며 방어하고, 머리를 쓰다듬어 주면 꼬리를 흔들며 친밀함을 표하고 화답한다. 또 새끼를 극진히 돌보고, 때가 되면 먹을 것을 찾는 행동을 보면, 동물도 마음이란 걸 가지고 있다고 하겠지만, 그것은 어디까지나 본능적인 범주에 한정돼 있어 진정한 의미의 마음이라 할 수 없다. 그렇게 동물의 지능은 본능적인 것에서 벗어나지 못하는 것에 머물러 있다.

사람의 마음은 여타 동물과 달리 본능적인 마음, 경험적인 마음, 지식적인 마음, 철학적인 마음 등 무엇이든 다양한 인식, 생각, 지혜를 담아 두고 쓸 수 있는 것이 동물과 다르다.

자신의 존재를 인식하는 것도 마음에 담고 있는 연민의 한 조각이다. 그로써 인간은 지구상의 유일한 실존이다.

사람이 태어나 자라며 어머니를 느끼고 알아보고 기억하는 것으로부터 주위의 사물과 가족을 익히고 배우며 머리로 기억, 세뇌하고 자신의 앎과 기억을 담아 두는 곳이 마음이다. 대개 마음은 처음 따뜻함을 지닌 하얀 여백이 많은 포근함으로 표현할 수 있을 것 같다. 사람은 처음부터 마음이 악하자고 작정하는 경우는 많지 않다. 하지만 세상사에는 마음을 흔들고, 혼탁함과 악함으로 데려가려 하는 상황들이 도사리고 있다. 사람들은 대개 선하려고 하지만, 사람의 마음에는 항상 그림자와 악마가 따라붙는다. 그래서 현인들이 말하기를 선하거나 악하게, 불행하거나 행복하게, 부유하거나 가난하게 만드는 것은 마음이라고 한다. 선하고 결백한 마음씨를 갖추면 칭송과 명성은 저절로 따라온다고 옛 성현들은 말하고 있다.

세상에 태어나서 보고 경험하고 배우고 익히고 세뇌하여 판단하고 사유한 것을 통틀어 인간의 마음이라고 한다. 물론 마음에 사유한 인식은 각자 다르겠지만 그런 현상, 생각을 통틀어 마음이라 하는 것이다.

그런 의미로 보면 광의의 마음은 인간의 의식(개념, 판단, 추리, 세뇌 작용을 포함해서), 사유한 인식(기억 사유에 이르기까지의 의식 작용)의 모든 것을 담는 그릇이다. 마음이란 그릇은 광대하고 선하고 밝으며 온갖 이치를 모두 갖추고, 담을 수 있으며, 그 반대일 수도 있다. 여기까지의 이야기는 마음의 철학적인 내용물에 대한 정의가 아니라, 마음이 움직여 담기는 용기 즉 쉽게 말해 포장되는 과정, 마음의 그릇 작용에 관한 이야기다. 성인군자들, 석가모니가 마음이 무엇인지 알아보려고, 마음을 포획해 보려고 정진에 정진을 거듭해 철학적인 내용물에 관한 이야기나, 정의가 아니라는 이야기…….

마음에 대한 기초적인 출발은 사람의 감정, 욕망, 얻고, 추구하고자 하는 기호에서부터 마음의 본질이 시작되는 게 아닌가 한다. 마음의 산란함은 사람의 감정에 늘 변덕이 따라다니기 때문이기도 하다. 그 감정에 이웃하고 있는 변덕으로 사람의 마음은 늘 흔들리고 이리 갔다, 저리 갔다, 이리 갈까, 저리 갈까 산란하다. 그 마음의 변덕을 다스릴 수 있고, 없애 버릴 수만 있다면 가슴속 마음은 늘 훈훈하고 부드러운 기운으로 가득해 편안할 것이다. 사람이 너그럽고 선한 마음을 가지면 욕망의 감정의 변덕이 싫어하며 한두 발 뒤로 물러설 것이다. 가난을 쫓아내거나 어찌할 수는 없지만, 가난을 걱정하는 마음을 쫓아내 버린다면 마음은 항상 안온한 집에서 살 수 있다. 그러나 마음을 다스리는 일은 쉬운 일이 아니다.

1960년대 중반 한국 강원도 설악산 자락에 있는 백담사 오세암에서 한 스님이 자살한 일이 있었다고 한다. 그는 인테리 스님으로 전라도 J대학을 나오고 중학교에서 교편을 잡고 있었다. 평범하지만 대학 진학률이 5%밖에 안 되던 그 시절로는 최상위 지식인이었다.

그런 그가 사고로 딸을 잃고 부인마저 병을 얻어 친정으로 가는 일련의 불행을 겪으며 방황하다 도대체 자신을 괴롭히는 마음, 갈피를 잡지 못하고 떠도는 그 마음이 무언지 지식인다운 고민을 하며 그 마음과 혼자 싸움을 하였다. 그러다 어느 날 그 마음이란 놈이 무언지 좀 알아봐야겠다 작정을 하고, 절로 들어가 참선 스님의 길로 들어섰다. 그렇게 작정하고 마음과의 진짜 싸움을 시작했다. 전국 유명 사찰 큰스님이란 사람들과 법문도 하고, 고행 정진하는 수도승으로 열중한 지 십여 년이 흐른 어느 날, 공양할 양식을 전해 주려 암자에 들린 원주스님(절에서 예불을 담당하는 스님)과 차를 마시며, 그 스님이 원주스님에게 하소연을 했다고 한다. '내가 배울 만큼 배웠고, 불가에 입적해 십여 년 넘게 법문 참선 정진해 가며, 마음이 무엇인가, 마음을 다스려 보려고 제 딴에는 수행, 고행을 했다고 했는데, 날씨가 화창하면 마음도 밝은 것같이 개운하고, 날씨가 찌뿌둥하게 흐려 회색 구름이 하늘을 덮고 있으면 내 기분도 어두워지니, 아직 날씨 맑고 흐림에 오락가락 흔들리는 마음을 가지고 있으니 수행을 했다는 십 년 세월이 무망한 것 같아 심난합니다.' 하였단다. 그리고 삼 년이 지난 늦가을 어느 날 그는 스스로 사바세계를 떠나갔다. 그가 묵었던 암자 방을 보니 종이란 종이, 신문지까지 한쪽 벽을 가득 메운 종이 앞뒷면에 붓으로 정성껏 마음 심(心) 자 딱 한 자가 가득 써 있더란다.

그렇게 어떤 분은 인간의 마음이 무언지를, 그 마음을 스스로 다스려 보려고 염원했었다. 영욕의 마음에 유혹을 넘어 마음의 평화를 얻을 수 있는 길은 없을까 고심했었다. 혹시 글자 속에 길이 있지 않을까, 글자를 정성 들여 쓰면서 그 의미를 깨달을 수 있지 않을까 하며, 고심 속에서 마음 심(心) 자를 수없이 쓰고 또 쓰다 결국 좌절하고 스스로 이승과 등졌다고 하는 사연. 그렇게 인간의 그 마음이란 놈은 요상한 요물이며, 동서를 막론하고 지구상의 많은 인간들이 그런 마음의 변덕에 오락가락 시달리며, 죽을 둥 살 둥 오늘도 그렇게 살아가고 있다.

그래서 사람들은 그러한 마음의 갈등, 생존의 어려움 무기력함 등에서 탈출하고 싶어 한다. 스포츠, 취미 생활이나 봉사 활동 같은 것을 통해 마음의 갈등, 무기력해지는 삶을 일으켜 세우고 활력을 불어넣으려는 사람들을 우리 주변에서 쉽게 만날 수 있다. 그리고 한 연구자에 의하면 투병 중인 배우자나 가족, 어려움에 처한 이들, 돌봄이 필요한 아기와 어린이, 말 못 하는 동물과 식물을 키우거나 돌보는 사람들이 그렇지 않은 사람보다 책임감과 자존감이 높고 더 오래 산다는 연구 결과도 있다. 그럼 악행은 어떨까? 남을 괴롭히고 상처를 주고 해치는 일도 마음에 삶의 활력을 불어넣을까? 일정 부분 그렇다고 한다. '흰곰 효과'(흰곰을 생각하지 말라고 한 순간 흰곰을 더 많이 생각하게 되는 현상)로 유명한 미국의 사회심리학자 대니얼 웨그너는 《신과 개와 인간의 마음》이란 책으로 '마음은 무엇인가'라는 거대한 주제를 다룬다. 노학자가 마음에 집중한 이유는 그것이 인간 혹은 인간에 준하는 존재로 취급될 수 있는지의 여부와 직결돼 있기 때문이라 한다. 인간으로 분류된 자, 즉 사람 마음이 있는 것으로 여겨지는 존재들의 모임을 '마인드 클럽'이라 부른다.

  마인드 클럽의 회원 자격이 중요한 이유는 그것이 지구에 존재하는 생명체 중에 분명한 특권과 특별함이 연관되기 때문이다. 마음이 있는 존재에게는 존중, 책임, 도덕적 지위가 인정되는 반면에 마음이 없는 존재는 무시와 파괴 대상 혹은 사고팔 수 있는 소유물로도 전락한다. 역사적 사례를 돌이켜 보면 노예 제도를 정당화하기 위해 사람들은 노예가 다른 종류의 마음을 가지고 있다고 주장하기도 했다.

  저자의 관심은 마음이란 궤도에서 좀 벗어난, 좀 비켜서 '어떻게 하면 마음을 갖출 수 있는가'보다 '어떻게 하면 마음이 있는 것처럼 보이는가'에 쏠려 있다는 게 이 책이다. '마음은 지각될 때 비로소 존재하는 것'이란 확신 위에서 2,499명을 대상으로 온라인 설문 조사를 실시했다. 응답자들의 마음 판정 기준은 상이했지만, 연구진은 한 가지 공통점이 있다는 것을 알아냈다. 사람들은 경험과 행위로 마음의 함량을 판단한다는 것, 경험은 감각하고 느끼는 것, 즉 입력 '세뇌이고' 행위는 입력 세뇌된 것으로 생각하고 행동하는 것, 즉 출력에 속한다.

이 기준에 따르면 전지전능한 신도 마인드 클럽의 회원 자격 심사에서 입회냐, 탈락이냐로 놓고 볼 때 아슬아슬하다. 신은 배고픔이나 수치를 느끼지 않는 것으로 간주되므로 경험 능력에서 열등하다고 볼 수 있고, 툭하면 원망의 대상이 되는 것이 그 증거로 신은 사실 그다지 존중받지 못하고 있다. 그래서 능력만 가지고 있는 신은 마음이 열악한 에고 같은 두려움의 대상일 뿐이라는 것으로 사람들 마음에 인식되고 있는 것이 아닌가 한다.

다시 처음의 이야기로 돌아가 악행과 선행을 하도록 유도된 집단 모두 2.2kg의 추를 드는 실험에서 아무 것도 하지 않은 집단에 비해 더 오래 버텼다. 악행도 활력이 된 것이다.

1785년 작품으로 D.A.F. 드 사드의 《소돔의 120일》이라는 소설이 있는데 한마디로 인간(인류) 욕망의 선구적인 작품이다. 나라마다 금서의 경계를 넘나들기에, 그 나라 문화 개방성을 가늠하는 척도로 사용되기도 하며 지구상의 소설 중 가장 문제작으로 꼽힌다.

235년 전에 쓰인 《소돔의 120일》에는 지금도 인간이 생각할 수 있는 거의 모든 변태적인 욕망이 적나라하게 표현되어 있다. 세계 문화예술 중 가장 끔찍한 것이었다고 할 수 있고, 실제 본문을 끝까지 읽은 사람을 찾아 보기 힘들며, 누구나 문학을 안다는 사람들이 언급은 하고 있지만, 실제로 읽은 사람은 그 언급을 피하려 하는 책이다. 훗날 가학성을 의미하는 사디즘(SADISM)으로 명명된 책이기도 하다. 폼페이의 최후, 소돔과 고모라의 그 시절 사회권력층, 기득권층들의 극에 달했던 타락상이 낳은 책, 아니면 고발하는 책이라고 하는 사람도 있다.

이 책에는 성적인 장면이 천 번 정도 있는데, 보통 사람이 생각할 수 있는 성애 장면은 단 한 번도 등장하지 않는다. 오히려 보통의 성관계를 아무 의미 없는 것으로 무시한다. 대신 주인공들은 상상하기 힘든 것에서 극도의 성적 흥분을 느끼며 그런 것만 집착하고 찾는다. 인간은 같은 인간을 괴롭히고 가학하는 데서 쾌감을 느낀다고 한다. 독재, 파쇼 정권의 고문 기술자들이 고문을 하면서 쾌감을 느낀다고 하는 것도 그렇다.

사회 상류층이자(권력자) 극악무도한 네 명의 탕아들은 각자의 부인, 어머니와 딸을 살해하거나 강간했으며, 서로의 딸을 교환해 결혼시킨다. 이들은 권력으로 사람들(힘없는 서민, 노예, 점령국 포로 등)을 외딴성에 감금하고 120일간 각종 변태, 가학적 방법으로 성적 욕망을 채우다 결국 대부분의 사람을 고문해서 죽인다. 이들은 고문으로 성적 흥분을 느낀다. 콧물, 귀지, 침, 상처의 고름, 방귀, 배설물 등은 전부 더할 나위 없는 성적인 대상물이 되고, 대소변은 거의 핵심 소재이며, 마지막에는 신체 고문과 음독, 신체 절단, 시체 모독이 주가 된다. 각종 유희 악행을 미친 듯이 즐기던 주인공 넷은 마지막으로 사람들을 학살한다. 우리가 요즘 변태라고 하는 정도는 변태 축에도 못 낀다.

여기서 타락이 극에 달했던 사회상의 고발일 수도 있는 '사드'는 최고 권력자 중 소수 그룹의 욕망을 위해 모든 것이 희생될 수도 있었던 시대의 타락상이다. 주인공들은 남녀노소와 불구자, 장애인, 임신부 시체도 능욕한다. 상상 이상의 모든 인간의 상태는 전부 그들의 들끓는 욕망의 대상이 된다. 남성은 성기 크기로 분류되고, 여성은 숫처녀 아니면 창부로 이분된다. 자신들의 권력과 힘으로 누를 수 있고 약한 존재라면 무조건 짓밟으며, 순결을 잃어버린 여성은 입에 담을 수도 없는 불결한 존재로 낙인찍는다.

이 인권적 접근이 불가능한 것임에도 지적하는 이유는, 이 금지된 원초적 욕망의 시도는 지극히 남성 일변도의 시선을 띠고 있다는 것이다. 또 이러한 변태와 타락이 발산되는 근원은 마음이다. 악마의 마음도 어차피 마음이다. 익히 알려진 소돔과 고모라의 타락상, 그 시대상이 그렇듯 여성은 이성 욕망을 가진 존재가 아니라 거의 무생물 정도로 취급된다. 자기보다 약한 것이라면 모두 짓밟고 쟁취하고 범하고 싶은 인간의 욕망, 인간의 존엄을 더 많이 범하고 살육하려는 욕망, 작중 주인공은 희생자들을 모아 놓고 이렇게 선언한다. 우리의 욕망이 그대들의 유일한 법이 되어야 한다고 말이다.

내 마음의 욕망으로 남의 욕망을 지배하고자 하는 갈망은 태초부터 인간의 점유물이며, 남성 우위의 옛날 제도하에서 남성의 전유물이 아니었을까 생각해 보지 않을 수 없게 만든다.

소돔과 고모라 시대의 타락상, 귀족들의 권력과 금욕을 독점하고 시민, 노예, 포로, 로마·아테네에 복속된 부족들 위에 군림하며 권력과 금력으로 무엇이든지 마음대로 할 수 있다는 인간의 마음, 세상을 지배하던 로마 권력의 비대함, 그런 환경 속에서 더 자극적 쾌락을 쫓게 된 인간 심리의 타락상이 어디까지인가를 측정하고자 내기를 하는 것 같던 시대상에서 비롯된 작품이 아닌가 한다.

시대를 앞서간 변태로 기억되고 있지만 지금 시대에 읽어도 내용은 충격적이다. 아마 인간 존엄이 완벽하게 소멸된 아노미가 오지 않는 한 《소돔의 120일》이 한 문장이라도 실현되는 시대는 앞으로 오지 않을 것이다. 텍스트만으로도 가슴이 불쾌하게 뛰고, 한참 기분이 이상해지며, 읽으면서 내가 살고 있는 세상과 현실, 인간을 전부 역겹게 만든다. 터무니없는 인간 마음의 욕망에 대한 욕지기가 나오려는 거부 반응이다.

사람들에게 말한다. 아무리 심장이 두껍고 튼튼한 사람이라도 행여 《소돔의 120일》은 보지 말라고. 보려거든 지금까지 지키고 다져 온 마음의 가치를 다 버리고 난 뒤에 보라고 권한다.

품페이에 최후의 날이 왔을 때 그 시대의 성적 타락, 성적 환락과 문란한 사회상에 대한 신의 심판이라고 했던 것을 보더라도 그 타락상이 극에 달했던 것은 분명했던 것 같다.

다시 원점으로 돌아와서, 선행이든 악행이든 마음이 활동하고 세뇌 입력으로 자각, 지각, 생각하는 것은 같은 메커니즘으로 마음의 부피에 작용하는 것은 같다. 마음의 함량이 비슷하더라도 악행과 선행의 마음이 갖는 만족감은 다르며 큰 차이가 난다는 것이 현실 사회 현상에서 뚜렷하게 대칭적으로 나타난다. 선행은 마음에 성취감과 평화를 갖고, 악행은 마음에 가면적 갈등을 갖는다는 것이 다르다고 볼 수 있다. 웨그너의 이런 실험적 시도는 높이 살 수 있지만, 마음이란 것은 어떤 한 주제를 가지고 판단해 정의하고, 알 수 있는 것이 아니라는 것을 놓치고 있다. 쉽게 말해 '마음의 정체'를 알기 위해 한 주제를 가지고 실험을 시도한다는 것이 언어도단이란 이야기다. 인간의 마음의 주제가 되는 갈래는 셀 수 없이 다양하고 많다고 한 부처, 석가모니의 말에서도 알 수 있듯 순진한 발상이고 어리석은 시도라고 볼 수 있다. 인간의 마음의 갈래는 숫자로 셀 수 없는, 억겁(겁이란 동양 철학, 불경에 나오는 숫자의 맨 마지막 단위)으로도 셀 수 없다고 불가에서는 말한다. 알기 쉽게 말해 변소에 들어갈 때 마음과 나올 때 마음이 다르다는 것으로 표현되는 것이 인간의 마음이다.

또 다른 심리학자는 여자가 남자의 마음을 알기도 어렵지만, 남자가 여자의 마음을 알기란 정말 어렵고, 아니 어려운 정도가 아니라 거의 불가능하다고 말한다. 한 여자의 변화무쌍한 마음의 갈래를 다 경험하려면 사람의 1생으로는 시간이 부족하고, 여자의 시시각각 요동치는 수억의 마음의 빛깔, 변덕을 다 경험하고 알려면 280년 정도는 경험해야 알 수 있을 거라고 말한다. 그것도 한 여자를…! 그러니까 요즘 수명이 늘었다 치고 3생 넘는 기간 정도는 한 여자의 마음을 경험해야 여자의 마음의 내면을 어느 정도 알 수 있을 거라고 하는 이야기다. 시쳇말로 '앓느니 죽지'라는 말이 있다. 딱 맞는 표현이다. 그러니 포기하고 그냥 마음 편히 먹고, 여자와 다투지 말고, 이기려 하지 말고, 왜 그러냐는 말을 하지 말고, 져 줘야 된다. 그게 자존심 상하면 져 주는 척하고, 그냥 살살 달래며, '알았나이다'로 환심 사 실속 차리는 것이 상수라는 결론이 요지다. '알았나이다'로 환심 사면 생각했던 것보다 더 많은 것을 챙길 수 있고, 여자가 기분 풀리면 남자보다 더 통 크게 막 던진다는 것도 경험하게 될 거라는 이야기다. 남자

중의 진짜 진상은 여자한테 이기겠다고 목청 높이고 이마에 핏줄 세우며 바득바득 열 올리는 사내대장부, 사내대장부는 뭐든지 이겨야 사내대장부지 하는 놈, 그런 스타일이다.

 인간의 마음이란 어떤 한길로 정의할 수 있는 것도, 쉽게 말할 수 있는 것도 아니라는 것. 그 오묘한 빛깔을 다시 한번, 매번 느끼게 하는 것이 인간의 마음이다. 사람들이 마음을 표현할 때 그게 내 마음이지만, 내 마음속에 들어 있는 마음은 여러 가지이고, 또 시시각각 변하기 때문에 말한 순간에 표현한 것이 내 마음의 전부가 아니라는 말이다.

 사람마다 마음이란 그릇, 거기에 무엇을 담느냐에 그 사람의 성향, 학식, 소양, 정신세계, 수준이 달라진다. 여러 가지 방향이 있고, 형태, 사상, 지식수준, 선함과 악함 등 마음이란 그릇에 담기는 게 다양하며, 교육수준, 위치, 환경, 시대, 인과 관계 등에 따라 각 인간의 마음의 성향, 수준, 장래가 결정되는 것이다. 우리가 흔히 보수, 진보라고 하는 것도 마음이란 그릇에 담긴 각기 다른 사람들의 대칭적인 마음의 한 조각이다.

 이제까지의 수많은 학자, 정치인, 철학자, 각 종교인 등의 정의는 그저 마음이란 그릇에 담겨 있는 한 조각을 정의한 것이거나 한 빛깔일 뿐이다. 이야기한 사람, 그 사람이 살았던 시기, 그 사람의 위치에서의 경험, 익힌 지식을 가지고 관념적으로 믿는 바를 이런 것이 마음이라고 주장하는 것에 지나지 않는다. 수없이 많은 사람이 마음을 이야기한 것 중의 하나인 것이다.

 그렇게 인간의 마음에 대한 이야기, 논쟁, 정의, 성리학, 심학, 공자, 맹자, 서양 철학에서 말하는 것들도 결국 그 시대, 환경, 가치관, 상식, 과학 등 각자의 지식, 상황에서 어떻게 세뇌되어 지적 관념이 형성되었느냐 하는 것이다. 사람이 유식하건 무식하건 마음의 갈래는 인간의 세뇌 현상에서부터 시작되는 것이다.

사람이 태어나 이지에 눈뜨며 하루하루 보고 익힌 것들의 세뇌 현상으로부터 인간의 마음은 형성 좌우된다. 인간의 세뇌 현상이 어떤 방향이든, 어떤 것이든 세뇌된 그 영향에 의해 자각, 지각, 자아, 지식, 생각으로 정의하고 주장하는 것이 그 순간 그 사람의 자아이고 마음이며 그것이 곧 그 인간, 그 자체가 되는 것이다.

그러한 기초적 세뇌 작용이 없다면 머리로 인지하고 받아들인 것도, 마음에 담기는 것도 없는 것이다. 동물과 같은 상태로 그때그때 마려우면 싸고, 배고프면 먹을 걸 찾고, 암내 맡으면 종족 보존의 본능으로 교미하는 상태로 본능적인 수준에 머무는 것이다. 마음이 어떻고, 상식, 심학, 성리학, 철학이 어떻고 그런 것도 존재하지 않는다. 근본적인 것은 실존에서 출발하고, 실존이란 인간의 지능에 의한 세뇌 현상에서 출발하는 것이다. 그리고 마음이란 것도 실존에서부터 존재하게 되는 것으로, 간단하게 말해 마음이란 실존에 따라 붙는 내용물인 것이다.

마음이란 그릇에 담겨 있는 지식, 지혜, 개념, 도덕, 지성, 자존적으로 갈고 닦은 품격에 따라 각 인간의 가치가 갈리고 결정되는 것이다. 마음에 담겨 있는 가치관과 자아가 고결하고 지혜로우면 품격 있는 인간이 되는 것이고, 그 반대로 음모, 흉계, 사기성 같은 가치관으로 채워져 있으면 사악하고 천박한 인간이 되는 것이다. 나는 수도하는 성직자가 아닌 보통 사람 중에서 마음이 아름다운 사람을 좋아한다. 풍진 세상에 살면서 아름다운 마음의 영혼을 다듬어 가지고 있다면 보통 사람으로는 그보다 더 대단한 것은 없다고 생각되고 최고가 아닌가 싶다.

'고요할 때 마음을 허공에 두지 않으면 활동할 때 쓸모가 있고, 고요할 때 생각이 매우 맑으면 마음의 참모습을 보고, 한가할 때 기운의 상태가 조용하면 마음의 참된 활동을 알며, 담담한 가운데 취미가 깨끗하면 마음이 참된 맛을 누린다. 마음을 살피고 도를 깨닫는 데는 이 세 가지보다 나은 것은 없다.'《채근담》이라는 고서에 나오는 말이다.

군자는 일이 닥치면 비로소 마음이 나타나고 일이 지나가면 거기에 따라 마음도 비워지게 된다고 했다. 군자의 마음가짐은 푸른 하늘과 밝은 해처럼 드러내야지 남들이 몰라보게 해서는 안 된다.

귀로 듣고 눈으로 보는 것은 바깥의 도둑이요 욕망과 물욕은 내부의 도둑이다. 다만 주인의 본심이 잠들지 않고 맑은 정신의 마음으로 홀로 안채에 앉아 있다면 마음의 도둑들이 할 일이 없으니 스스로 물러갈 것이다.

군자는 취미에 빠져 뜻을 잃지 않으며, 고상한 경지를 빌려 마음을 항상 조절한다.

기후가 늘 변하는 것은 털끝만큼 걸린 데가 있기 때문이고, 하늘이 늘 변하는 것은 털끝만큼 막힌 데가 있기 때문이다. 사람의 마음도 그 본질은 역시 그와 마찬가지일 것이다.

내 마음의 변덕을 없앨 수만 있다면 가슴은 훈훈한 기운으로 가득 차고, 가는 곳마다 봄바람이 불 것 같다. 마음이 넓으면 어마어마한 재물도 질그릇처럼 하찮아 보이고, 마음이 좁으면 주위의 호의도 마땅찮게 느껴진다. 모든 병은 마음에서 생기고, 마주 보고 대화하는 사람들의 마음속은 천 리나 떨어져 있다.

 사나운 맹수는 사람의 꾀와 수단으로 굴복시킬 수 있지만 사람의 마음은 굴복시키기 어렵다. 그렇게 마음이란 누구도 쉽게 다루기가 어려운 것이다.

 깊은 밤 모두가 잠들어 고요할 때 홀로 깨어 마음을 들여다보며, 명상을 하면 헛된 생각 헛된 마음보다는 참된 마음이 홀로 나타남을 사람들은 비로소 깨닫게 된다. 그럴 때 인간은 되게 커다란 인생의 진리를 얻게 된다. 사람됨에는 한 조각 순수한 마음이, 사람에 대한 정이 무엇보다 꼭 필요하다. 사람의 마음은 극도로 미묘하기 때문에, 말로 설명할 수도, 생각으로 깨달을 수도, 경험으로 정의할 수 있는 것도 아니다. 각 사람의 얼굴은 알 수 있어도 각 사람의 마음은 알 수 없고 모른다. 선하거나, 악하거나, 불행하거나, 행복하거나, 부유하거나, 가난하게 만드는 것은 마음에 달렸다는 것이 옛 성현들의 말이다.

 이 세상에서 인간에게 제일 어려운 것은 깨끗한 마음을 갖는 것이다. 그와 같이 이 세상에서 가장 더럽고 요상한 것은 인간의 마음이 아닌가 싶다. 사리사욕에 병든 마음을 가진 사람은 세상에 널려 있으며, 정의에 바탕을 둔 마음을 가진 사람은 극히 드물다. 우리나라 속담에 열 길 물속은 알아도 한 길 사람 속은 모른다는 말이 있다. 그렇듯 사람의 마음이란 그 속을 알 수가 없고, 자신의 마음조차 스스로 어찌 변할지 알지 못한다고 한다. TV나 신문의 대담 프로에 많은 유명 인사, 학자들이 출연하는데, 자신이 거짓말을 할 줄 모른다는 사람을 종종 본다. 나는 거짓말을 안 한다거나, 할 줄 모른다는 사람을 보면 인간에 대해 절망감과 회의를 느끼며 연민한다.

　심리학자에 의하면 인간은 하루에 백오십 번 정도의 거짓말을 한다고 한다. 도저히 믿을 수가 없는데, 설명을 들어 보면 그럴 것도 같다는 수긍이 간다. 거짓말에는 여러 종류가 있는데, 치명적인 거짓말, 선의의 거짓말, 위로의 거짓말, 사기성 거짓말, 상황 모면의 거짓말 등이 있으며 스스로에 대한 거짓말도 있다. 거짓말의 영역은 인생사, 인간 사회의 전반이며, 거짓말이 없으면 인간 사회가 정상적으로 돌아갈 수 없는 난장판이 될 것 같다는 생각이 든다. 인간은 사실 자신에 대한 스스로의 거짓말을 제일 많이 하는 것 같다. 예를 들어 뻔히 할 수 없는 것을 알면서 '나는 할 수 있어'라던가, 싫으면서 '아 괜찮아요', 밥 먹었냐는 물음에 '먹었어요', 노름꾼이 다시는 노름 안 한다는 등등 거짓말의 가짓수도 많다. 인간들은 서로 또는 스스로에게 늘 거짓말을 한다. 그러고 살아가는 것이 인간이요, 인간 사회인 것 같다.

　한 개그 프로그램에 출연한 코미디언이 자신은 거짓말 안 한다고 하니, 다른 코미디언이 나는 아직 거짓말이 무언인지도 모른다고 너스레를 떤다. 그러니까 먼저 말했던 코미디언이 '아이고 형님 잘못했습니다. 앞으로 형님으로 모시겠습니다.'라고 한다. 그러고는 옆의 또 다른 코미디언에게 속삭인다. 혹시 저 형님처럼 거짓말이 무언인지도 모른다는 사람을 만나면 생각할 것도 없이 잘못했다고 말하고 '항복'해라. 저런 강적을 만났을 때 대거리하는 것은 어리석은 짓이다. 왜냐하면 그런 사람이 하는 거짓말은 거짓말이 아닌 것이다. 그 자는 거짓말이 무언인지도 모르기 때문에 그가 하는 거짓말은 거짓말이 아니게 되는 거니까…!

 사람들아, 인생살이가 어렵고 힘들더라도 아름다운 영혼의 마음을 다듬어 간직하려는 노력을 하며 살아라. 아름다운 마음의 영혼을…….

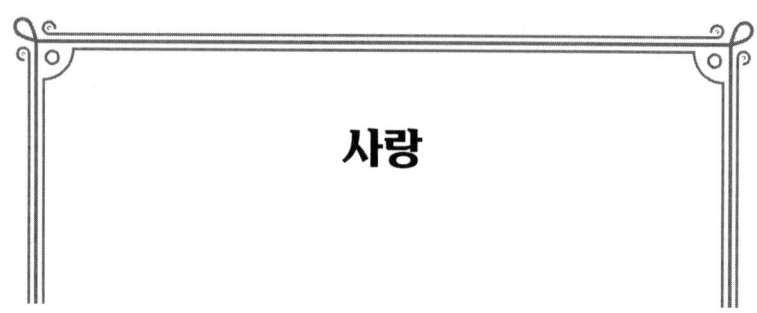

사랑

　사람이 세상에 태어나고 자라나 철이 들면서 신경 쓰이고 흥미가 가고 묘한 매력을 느끼게 하는 단어가 '사랑'이란 두 글자다. 형, 누나, 친구들의 사랑 타령, 부모 사랑, 나라 사랑, 학교 사랑, 친구 사랑, 나무 사랑, 동물 사랑 등 그리고 제일 호기심 가는 남녀 간의 사랑 이야기는 최고의 흥밋거리다. 사랑 이야기는 유행가 가사가 되고 영화, 드라마, 소설의 단골 소재가 된다. 그렇게 우리가 가장 많이 접하고 귀가 쫑긋 열리는 단어가 '사랑'이란 단어가 아닐까 한다.
　너무 흔하고 지천해서 통속적일까 걱정되는, 그럼에도 그냥 지나치지 못하고, 지치지도 질리지도 않고 숨쉬기처럼 이어지는 끈질긴 호모사피엔스의 사랑이야기, 사랑 타령을 어떻게 정의하고 이해해야 할까. 좌우지간 그 끈질기고 장한 사랑이란 생명력에 우선 경의를 표한다.
　성 아우구스티누스《고백록》의 사랑, 시간에 대해 다 안다고 생각하고 있지만, 누군가로부터 사랑, 그것에 대해 질문을 받고, 그것에 대해 설명하려고 하면 더 이상 그것이 무엇인지 어떻게 설명해야 할지 알지 못하는 것이 사랑이란 것이다. 그 오묘함에, 사람들이 잘 모르기 때문에 예술이 되고, 잘 모르기 때문에 소설이 되고, 잘 모르기 때문에 드라마, 영화 소재로서 생명력을 지닌다.

남자건 여자건 그 사랑의 감정에 자유로울 수 없는 호모사피엔스의 태생적 메커니즘이 사랑의 끈질긴 생명력인 것 같다.

유명인들이 사랑에 대해 한마디씩 한 것을 보면 사랑은 유명인들에게도 어려운 숙제였던 듯하다.

"사랑은 악마다. 사랑 이외에 다른 악마는 없다."(셰익스피어)

"사랑에서 유일한 승리는 도망치는 것이다."(나폴레옹)

"사랑은 끝없는 신비다. 아무것도 사랑을 설명할 수 없기 때문이다."(타고르)

"복수와 사랑에서 여자는 보다 야만적이다."(니체)

"내가 보기에는 도스토옙스키는 남을 사랑할 능력이 없는 사람이다." 도스토옙스키의 부인 등에서만 보더라도 생각 속의 사랑에 달콤한 느낌처럼 실제 사랑이란 환상적인 것이 아니고, 골 때리고 어려운 숙제 같은 것인가 보다. 셰익스피어는 사랑에서는 재미를 못 보았거나 실연을 된통 당했는지 많은 말을 남겼는데 "대부분의 우정은 위장이고 대부분의 사랑은 어리석은 것이다."라고도 말했다. 좌우지간 사람 사는 세상에서 사랑이란 아이템이 없었다면 세상이 참 무료하고 건조했을 것 같다.

〈사랑의 추구와 발견〉은 〈오르페우스와 에우리디체〉의 비극적 사랑 신화를 독일에서 현대적으로 변용해 만든 영화이다. 작곡가 미미와 가수 지망생 비너스가 첫눈에 사랑에 빠지며 시작한다.

(비너스) 우리 이제 사랑하는 거죠, 항상 그리고 영원히?

(미미) 항상 그리고 영원히…!

미미는 자신의 모든 예술적 정열을 쏟아부어 비너스를 최고의 오페라 가수로 만들지만, 두 사람의 사랑은 대개 사랑이 그러하듯 파국을 맞는다. 상실의 아픔과 공허함에 미미는 자살하고, 뒤늦게 진정한 사랑을 깨달은 비너스는 '오르페우스의 길'을 택해 하데스의 세계를 찾아 나선다. 명계를 울리는 혼신의 노래로 되찾은 사랑은 이번에도 신화의 그것처럼 두 사람의 어이없는 말다툼으로 비극적 종말을 맞는다.

신화처럼 위대한 사랑도 사소한 의견 차이로 끝나 버릴 수 있는 것이 사랑의 취약성이다. 사랑이란 청명하고 아름다움과 선함, 행복, 완전함 영원 불멸성과 같이 특성을 동경하게 하지만, 거꾸로는 맹목적, 무조건적 추종, 환상과 도취이기도 하다. 사랑이란 무모한 환영의 모순이 존재한다. 그 모순성이 현실에서 하나둘 느껴질 때 사랑의 환상은 깨어진다. '혹시 사랑은 독이 아닐까? 그 질과 양이 얼마냐에 따라 가장 큰 축복이 되기도 하고 재앙이 되기도 하는 그런 독 말이다.'

남자는 대개 리즈너블하면서 가벼울 수도 있는 사랑을 선호하는 경향이 있다. 남자의 사랑은 쾌락의 교환 같은 방식으로 사랑을 느끼기도 하지만, 여자는 대개 남자의 모든 것을 전유하고자 한다. 카사노바처럼 부유하는 정념의 남자와 남자의 모든 것을, 영혼을 독점하려는 여자의 욕망과 사랑의 어긋남에서 모순성이 부딪칠 때 활화산 같던 사랑은 재가 되어 흩어진다. 항상 환상적으로 꿈꿔 왔던 사랑은 불가능하며 그런 사랑은 영화 혹은 소설에나 있는 것이다. 이미 겪어 왔고 겪어 보며 늘 아니었다고 부정하지만, 인간들은 언제나 사랑에 목말라하며 '꿈같은 사랑을 만날 수 있지 않을까'라는 등 그런 사랑을 겪게 된다면 죽어도 좋다고 이상을 좇는다. 그리고 그것이 사랑이 아니겠냐고 말한다. 세속적 사랑의 모순성과 초월적 의미는 신화적 이상 속의 사랑이다. 사람들은 그 엇갈리는 욕망의 괴리를 인정하지 않으려 하며, 그 다름을 인정하고 싶지 않아 한다. 아니면 애써 외면하는지도 모른다. 그래서 영화나 소설에서 현실 속에서 불가능한 사랑 이야기를 만드는 것이 아닌가. 환상은 환상으로 영원할 뿐인데.

그런 사랑의 난해함이 우리의 사랑에 대한 집착의 원동력인지도 모른다. 그것이 사랑을 갈구하는 호모사피엔스의 운명인지도 모르겠다. 다른 사람을 잘 알고 이해한다는 것은 그를 사랑한 다음에 미워한다는 의미이기도 하다.

현실 속에서 남녀가 만나 처음에는 서로 좋은 것만 보여 주고, 사랑한다고 믿어 결혼에 골인한 다음에 많은 하객 앞에서 백년해로하겠다고 선서를 하고, 행복을 꿈꾸며 신혼여행 길에 오른다. 백년해로의 출발이다. 공항에서 비행기 시간을 기다리며, 커피 마시자고 커피 전문점으로 손잡고 다정히 간다.

신랑이 '에스프레소 둘이요.' 하면 신부가 '아니 난 아메리카노 마실래.' 하며 말을 주고받는다. '커피는 에스프레소지. 촌스럽게.' 아메리카노는 촌스럽다는 말에 심한 콤플렉스를 가지고 있던 신부가 발끈한다. '뭐가 촌스러운 건데. 아메리카노 마시면 촌스러운 거니?' 높은 옥타브의 반말이 튀어나온다. 신랑은 아들을 위한다며 한껏 기를 키워 준 엄마 덕에 남자는 권위를 가져야 하다고 생각한다. '여자가 교양 없이 신랑한테 반말하고 대들고…. 나 참.' 촌스럽다에서 열받아 있던 차에 교양 없이는 폭발의 기폭

제였다. '야, 넌 얼마나 교양 있는데? 상대 의사도 무시하고 제멋대로 구는 게 교양 있는 거니? 내가 너 그런 인간인 줄 미처 몰랐네.' 신부의 속사포에 '야~ 어디서 하늘 같은 남편한테 기어오르니? 나 참 한심하긴.' 그렇게 상승에 상승하며 독한 말을 주고받다 최후에는 서로 결정적인 폭탄을 투척하며 각자 집으로 돌아간다. 앞의 신화적 사랑에서 그랬듯 검은 머리가 파뿌리 될 때까지 함께한다는 맹세도, 성대한 결혼식을 한 것도, 꿈같은 신혼여행도, 백년해로 선서도 티끌만 한 자존심 앞에선 고려 대상도 못된다. 대개 사랑의 종말은 사소한 의견 차이, 남녀의 태생적 엇갈림의 작은 다툼으로 시작된 자존심 게임에 의해 끝나 버리는 경우가 많이 있다. 위의 예는 드문 경우의 샘플로 사소한 것이 원인이 되어 사랑이 파국을 맞는 경우가 있다는 설명이다. 자존심 그거 인간에게 정말 중요한 것이다. 자존심 없는 인간, 그거 정말 고무줄 없는 팬츠요, 앙꼬 없는 찐빵이다. 인간에게 꼭 있어야 하는 게 자존심이다. 그런데 그 자존심을 어디다 쓰고, 세우느냐 그것이 문제다. 정말 자존심을 세워야 할 중요한 것에는 그냥 지나치고, 맨날 자기감정 어루만지는 데만 자존심 남발하는 것이 문제다. 그런 점이 호모사피엔스의 약점이요, 사랑의 취약성이다.

  대개 사랑이 너무 깊으면 시간이 지나면서 부담이 되고 도리어 원수가 되는 수가 있다. 또 무조건적인 사랑은 짐이 되고 배신을 당하기 쉽다. 왜냐하면 사람이 사랑만으로 살 수 없기 때문이다. 남녀가 부딪쳐 스파크가 일어나고 불이 붙어 비비적댈 때는 '오~ 사랑아' 하며 영원할 것 같지만, 열이 식고 현실의 삶에 부닥치다 보면 사랑이 고통과 기쁨, 의무와 이기주의가 항상 부딪치고 싸우며 갈등한다. 그래서 사랑의 법칙은 정답이나 원칙이 없다. 모범 답안도 없다.

참 오래된 안타까운 사랑 이야기가 있다. 컴퓨터, IT 시대에서는 영원히 다시없을 한국 현대사에 남은 순애보 한 토막.

1926년 8월 일본 시모노세키에서 출발해 부산항으로 향하던 관부연락선 도쿠주마루호에서 한 쌍의 젊은 남녀가 부둥켜안은 채 현해탄 바다로 몸을 던졌다. 남자는 그 시절 인테리 극작가 김우진이고, 여자는 성악가 윤심덕이다. 1897년생으로 향년 29세의 젊은 두 사람은 연인 사이였다. 김우진과 윤심덕의 정사(情死)는 당시 조선 사회 전체에 커다란 센세이션을 불러일으켰다. 한마디로 전국을 발칵 뒤집어 놓았다.

한국 최초의 여류 성악가이며 가수인 윤심덕은 오늘날 이바노비치의 〈다뉴브강의 잔물결〉을 편곡한 〈사의 찬미〉라는 한국 최초의 대중가요 가수로 대중에 알려져 있었고, 김우진은 일반인들에게 윤심덕보다는 덜 알려져 있는 인물이었다. 그러나 김우진은 한국의 근대적 공연 예술의 기초를 닦은 인물이다. 김우진을 통해서 한국의 연극은 신파를 벗어나 세계 연극계에 명함을 내밀었다. 〈정오〉, 〈난파〉, 〈산돼지〉 등 희곡 다섯 편을 비롯해 〈이광수류의 문학을 매장하라〉 등 평론 30여 편, 시 40여 편, 편지, 일기 등 다수의 글이 있다. 김우진의 유고가 완전히 세상에 공개된 것은 1983년에 이르러서다. 김우진의 극적인 죽음과 관련해서 전라도 최고 거부이자 명문가인 본가는 급작스러운 장손의 죽음과 그에 대한 온갖 풍문들이 그의 작품과 삶에 대한 온전한 해석을 가로막고 왜곡되는 것을 염려했기 때문이었다. 그때 공개된 일기의 어떤 부분은 유교적 전통의 가부장이었던 아버지에 대해 원망과 반항 의식을 드러내, 언뜻 카프카의 〈아버지에게 보내는 편지〉를 연상케 하기도 했다.

전남 장성의 만석꾼인 대지주의 아들로 태어난 김우진은 와세다대학교 영문과에 다니며 극예술협회를 조직했고, 1921년 이 예술 단체의 순회공연 중에 평양 출신의 일본 유명 도쿄음악학교 학생 윤심덕을 만났다. 그때 김우진은 이미 결혼한 상태였다. 결혼하기 전에는 유학을 허락할 수 없다는 유교적 가부장인 아버지의 강권에 마음에도 없는 결혼을 하고 유학길에 올랐던 것이다.

김우진과 윤심덕은 서로의 재능과 사람됨을 같이 느끼고 사랑하는 사이가 됐지만, 그 시절 도덕적, 윤리적 잣대로는 용납이 안 되는 유부남과 처녀의 사랑이다…. 그 둘은 그 시절 고전적 세상 편견과 도덕적 잣대에 맞설 뻔뻔함과 맷집이 부족했던 것 갔다. 2000년대였다면 그런 비극적 사랑의 결말은 없었을 텐데 말이다. 시대에 따라 사랑에 대한 제약, 통속적 시각, 도덕적 기준이 달랐던 유교적 관습은 개인으로는 어쩔 수 없는 사회상으로, 이런 사랑의 비극적 결말은 1900년대 초의 시각에서 어쩔 수 없는 결말이 아니었나 싶다.

자유와 자유연애가 사회로부터 존중받지 못하던 시대의 젊은 청춘들의 사랑은 많은 아픔을 간직할 수밖에 없었다. 〈로미오와 줄리엣〉의 사랑이 그랬고, 〈카츄사〉 등 시대상에 의한 좌절과 비극적 결말의 사랑 이야기는 셀 수 없이 많다. 아마 지구상 모든 사람들의 아픈 사랑 이야기는 우리가 몰라서 그렇지 사람 숫자만큼이나 많을 것이다.

중년의 사랑 또한 젊은 청춘들 못지않게 뜨겁고 많은 사랑 이야기를 남겼다. 《채털리 부인의 사랑》, 《테스》, 세기의 미인 엘리자베스 테일러와 리차드 버튼의 염문 등. 엘리자베스 테일러는 사랑 마니아인 듯 여덟 번의 결혼으로 사랑 없이 살 수 없는 여자라는 꼬리표와 유명인 중 결혼을 제일 많이 한 여자라는 타이틀을 가졌다. 마돈나도 사랑에 관해 빼놓을 수 없는 적극적인 사랑 마니아라고 할 수 있을 것 같다.

중년의 사랑 중 정말 센세이션한 세기의 사랑이라 할 수 있는 대영제국의 에드워드 8세와 심슨 부인의 이야기가 있다. 대영제국의 왕관을 유부녀와의 사랑과 바꾼 에드워드 8세와 유부녀인 심슨 부인의 사랑이 바로 그것이다.

그 시절 영국은 해가 지지 않는 나라로 불리며, 세계를 호령하고, 지구상 지도의 5분의 1 정도를 품으며 그야말로 나라의 세가 강성했던 시절이었다. 그런 대영제국의 왕관을 미련 없이 내려놓고 유부녀인 심슨 부인과의 사랑을 선택한 세기의 사랑은 메가톤급의 충격이었다. 그것도 상대가 한 번 이혼 경력이 있는 유부녀라는 게 더 화젯거리였다. 심슨 부인은 런던 사교계의 프리마돈나로 그 시절 사교계의 내로라하는 남성들의 손을 타고, 존 F. 케네디 대통령의 아버지인 조지프 P. 케네디와도 몇 번의 정사가 있었다는 소문이 있는 등 그리 정숙한 여인은 아니었다고 하니 더 충격적인 사건이었다. 재클린 케네디와 선박왕 오나시스의 사랑도 비싼 것이었다지만 영국의 에드워드 왕관에 비할 바는 못 된다.

그 사랑의 값은 얼마였을까? 아마 지구상 사랑의 대가 중 가장 비싼 대가를 지불한 사랑이 아닐까 한다.

에드워드는 조지 5세의 왕세손으로 군 보병장, 총사령관과 내각의 재무, 내무장관 등에서 미래 국왕으로서 갖춰야 할 다양한 이력을 쌓은 뒤 1936년 1월 영국의 왕으로 즉위했다. 미혼이던 에드워드는 1931년 한 파티에서 심슨 부인과 사랑에 빠졌다. 처음 사람들은 그 연애를 그렇게 진지하게 생각하지 않았다. 훤칠한 키, 당당한 체격의 미남인 에드워드는 그 전에도 연인들이 더러 있었고 상대가 유부녀인 데다, 먼저 미 해군장교와 10년의 결혼 생활 후 이혼한 경력까지 있었기에 한때의 유희겠지 싶었다. 그러나 에드워드의 행보는 예측과 달랐다. 에드워드는 즉위 직후부터 결혼을 추진했었다. 그 시절 영국 왕실의 권위, 전통의 반대에 부딪치자 결혼은 하되 심슨의 신분을 결혼 전 상태로 유지해도 좋다는 에드워드의 귀천 상혼(Morganatic marriage) 제안도 어머니(조지 5세 부인)의 반대와 내각 총사퇴까지 거론되자 1936년 12월 11일 에드워드는 양위를 선언하고 왕관을 내려놓았다. 심슨 부인의 이혼 절차가 끝난 뒤 그러니까 두 번의 이혼 경력인 심슨 부인과 다음 해 프랑스의 한 성에서 결혼식을 올리고, 에드워드와 심슨 부인은 프랑스에서 여생을 보냈다.

에드워드 8세가 심슨 부인과 결혼하기 위해 지불한 그 대가가 대영제국의 왕관이라는 데 지구촌 사람들은 깜짝 놀랐고 진정 센세이션한 뉴스였다. 그 결혼이 왕관을 넘어선 결합이어서인지 유부녀와의 사랑, 분명 불륜임에도 다른 불륜과는 다른 느낌으로 사람들에게 비쳐졌고 또 신선한 충격으로 다가왔으며, 진정한 사랑, 아름다운 사랑으로 보였던 것 같다.

영국의 엘리자베스 2세 여왕도 그 사랑 이야기 덕에 조지 6세의 뒤를 이어 여왕으로 등극하게 되었고, 왕관을 쓰게 되었다. 에드워드 8세의 사랑이 없었다면 필립 공의 조강지처로 평범하게 살았을지도 모른다.

사르트르와 보부아르의 사랑 이야기도 특별하다고 하겠다. 사르트르가 사망했을 때 보부아르는 '사르트르와 자신은 죽음이 자신들을 갈라놓기 전에는 서로 배신하지 않을 것을 굳게 믿었었다.'라고 말했다. 멋있는 이야기다.

결혼하지 않고 평생 동거로 서로를 인격체로서 존중하며 함께해 온 사르트르와 보부아르는 두 사람 다 몇 년간 외도로 생에 다른 길을 모색해 보기도 했지만 결국 서로의 사랑과 필요를 확인하고 다시 뭉쳐 평생을 같이했다. 학문적, 철학적 지성과 창의성을 서로 존중하면서 두 사람은 작품과 학문에 있어 어느 철학자, 작가에 못지않은 괄목할 만한 큰 족적을 남겼다. 현실의 부조리에 저항한 자유인 사르트르는 실존주의 철학을 대표하는 학자와 작가, 철학자로 자유의 구속을 염려해 노벨문학상 수상자로 선정되었으나, 노벨상 수상을 거절하기도 했다. 보부아르의 저서 《제2의 성》은 여성해방운동의 경전으로 통하며, 여성의 지위 향상에 기여했다는 평을 받는 등 많은 문제적 좋은 작품을 남겼다. 특히 《제2의 성》은 1950~1960년대 유럽 사회에 상당한 충격파를 던졌다.

제2의 성이란 실제 존재하지 않는 가공의 성이다. 인간 즉 남자와 여자는 같은 실존으로 실체적, 형이하학적, 학문적으로도 제1의 성이다. 그런데 유럽 즉 기독교 문화권에서의 여자는 남자

사랑 | 123

와 같이 동등한 제1의 성이 아니라 남자 뒤에 서는 제2의 성이라는 선언으로, 책 제목을 《제2의 성》이라 한 것이었다. 기독교 문화권에서 여자가 얼마나 차별과 멸시 속에 남성들의 성적 착취의 대상으로, 성적 학대와 남자 뒤에 선 그림자, 장식품으로 살아가야 하는지를 적나라하게 고발하면서 충격과 센세이션을 불러왔었다.

《제2의 성》이 출간되었을 때 바티칸은 당황했고, 《이방인》의 저자 알베르 카뮈는 책을 폐기해야 한다고 말하기까지 했다. 1986년 그녀가 생을 마감한 후, 미국의 《TIME》에선 20세기에 인간의 삶과 정신을 바꿔 놓은 10대 논픽션 저서 중 한 권으로 《제2의 성》을 선정하기도 했다. 그녀는 그 외에도 문제작 다수를 남겼다.

그렇게 사르트르와 보부아르 두 사람은 특별한 사랑을 완성했고 유럽을 대표하는 남녀 지성인으로 존경받았다.

5피트의 작은 키와 비만에 사팔뜨기인 사르트르와 훤칠한 키에 전형적인 프랑스 미녀인 보부아르의 조합은 언뜻 안 어울릴 것 같지만, 지성으로 서로에게 다가선 그들의 사랑에 외모는 문젯거리가 아니었다. 사랑은 그렇게 인간 누구에게나 세상 어디에나 존재한다.

"사람은 누구나 가난, 사랑, 전쟁을 알기 전에는 인생의 맛을 전부 맛보지 못한 것이다."라고 오 헨리는 말했다. 사랑은 그렇게 사람의 인생에서 빼놓을 수 없고, 또 없어서도 안 되는 아이템이다. 그리고 그 사랑에는 꼭 섹스가 따라붙는다. 섹스 없는 사랑, 사랑 없는 섹스 둘 다 무언가 많이 어색하다. "남녀가 서로 사랑하여 성교하는 것은 자연스러운 것이다. 성교가 없는 사랑은 현실이 아니라 공상이다." 쿠니키다 돗포라는 일본인의 말이다.

일본인들은 성에 대해서 상당히 관대한 자세를 가지고 있다. 그렇다고 아주 문란한 것도 아니다. 일본 여성의 사랑에 대한 의식은 여타 국가와 크게 다르지 않지만 조금 리즈너블한 면은 있는 것 같으며, 언뜻 정숙하고 여성다운 현모양처의 이미지도 가지고 있다. 조금은 상반된 두 이미지가 엄연히 존재하는 일본 여성의 두 얼굴이다.

일본의 신화도 성애의 이미지가 있어 특이하다. 남신인 이자나기가 여동생 이자나미에게 '너의 몸은 어떻게 생겼느냐?'라고 물었다. 그녀는 '나의 몸은 이뤄졌지만 아직 모자란 곳이 한 군데 있습니다.'라고 대답했다. 그러자 이자나기는 '나의 남는 부분을 너의 모자란 곳에 집어넣어 나라를 세우려고 하는데 어떠하냐.'라고 다시 물었다. 그렇게 두 신은 성교를 해서 일본 열도의 여러 신들을 탄생시켰다. 얼핏 들으면 성에 대한 음담이나 유머 같은 이 이야기는 일본의 창세기 신화다. 성에 대해 관대한 일본인들의 태도는 이러한 일본 신화에서 비롯된 것인지도 모르겠다.

2012년 74세의 할리우드 배우 제인 폰다가 젊게 사는 비법으로 만족스러운 성생활을 꼽아 화재와 눈길을 끌었다. 폰다는 2012년 7월 영국 일간지 《더 선》과의 인터뷰에서 남자친구인 리처드 페리(당시 70세) 덕분에 육체적 건강과 정신적 행복을 찾았다고 고백했다. 폰다는 '페리를 만나 죽기 전에 꿈꿔 왔던 만족스러운 성생활을 경험했다.'라며 '그와 함께 있으면 마치 30년 전의 젊은 시절로 돌아 간듯하다.'라고 말했다.

폰다는 2009년 무릎 수술을 받고 힘들었을 때 음악 프로듀서인 페리를 만나 동거에 들어갔다. 유명한 배우 헨리 폰다의 딸인 제인 폰다는 영화감독 로제 바딤, 정치인 톰 헤이든 그리고 언론 재벌 테드 터너와 세 차례 결혼했었다. 폰다는 지금 생각해 보면 20~30대 때 자기가 경험한 섹스는 유희 같은 것으로 정말 성이 어떤 것인지도 제대로 몰랐던 것 같다며, 이제 비로소 성의 만족감이 무엇인지 경험하고 있다고 말했다.

또 유명한 케이블 방송에 성에 대한 토크쇼가 있는데 주로 유명 여성 연예인, 방송인, 여류들이 출연한다. 그런데 여자 사회자의 제일 첫 질문이 좋아하는 체위가 무엇이냐는 거다. 출연자들은 황당한 표정으로 사회자에게 '알 유 씨리어스?'라고 하였는데, 차츰 소문이 나고 익숙해지다 보니 출연자들도 적응하고 프로그램은 인기가 생겼다.

제인 폰다도 출연해 그 질문에 대답했는데 특정한 무엇이라고 한 게 아니고 '모든 체위를 자유스럽게 즐긴다.'라고 했다. 그리고 '아무래도 섹스는 남자가 주도적으로 리드하는 편이니까, 자신은 상대가 원하는 대로 같이 호응하는 편이다.'라며 아주 편안하고, 즐겁게 호응했었다고 했다. 의학적으로 사망 선고를 받은 말기 암 환자도 성욕을 느낀다고 하며 대다수 말기 암 환자들도 성생활이 가능하다고 한다. 생명이 갖는 인간의 자연스럽고 기본적이 욕구지만, 의료진은 물론 사랑하는 아내나 남편조차 쉽게 받아들이지 못하는 게 현실이다. 그런 사실을 이해한다고 해도 어려운 문제다. 곧 장례를 치를 배우자가 성욕을 느낀다는 사실을 꿈에라도 생각했겠는가…! 그런 낌새를 보이면 역겨워하거나 노여움을 표하는 경우도 흔하다. 하지만 죽음이 얼마 남지 않았다는 것이 성욕, 성생활을 포기해야 하는 이유가 될 수 있다고 누가 감히 단정적으로 말할 수 있겠는가? 성은 생명의 원천이요, 생명의 근원이요, 생명의 신비다. 내가 인간의 임종을 목격한 경험담이 있다. 큰고모부께서 병고 끝에 상당 기간 혼수상태였고, 그 병문안을 갔었다. 사실 속내는 병자의 병문안보다 오랫동안 남편 병간호하는 고모를 위로하고픈 마음이었다. 고모와 사촌과 이런 저런 이야기를 하고 있었는데, 몇 주 동안 혼수상태라던 고모부가 눈을 뜨고 주위를 둘러보려는 듯 눈동자를 움직였다. 그때 그 표정이 정말 맑아 보였다. 고모께서 손을 잡으니, 알아보는 듯 희미하게 미소를 짓고는 2~3초 후 눈꺼풀에 힘이 풀리며 운명하셨다. 나중에 고모께 들은 이야기는 '여보' 하며 고모부의 손을 잡았을 때 미약하지만 힘을 주려는 감을 느끼셨다고 했다. 그 후 의사인 후배에게 그 이야기를 했더니, 중병 환자들이 임종하기 전 잠깐 맑은 정신이 들어오는 경우가 있다고 한다. 그래서 생각해 보았다. 결론은 생명의 마지막 불꽃이 아니겠는가. 마지막 혼신의 힘을 다한, 맹렬히 타오르는 생명의 마지막 불꽃…!

일본 호스피스센터에서 일하는 전문의가 인터뷰에서 들려준 이야기다. 뇌병변장애가 있는 다케다 요시조(69세) 씨는 산소호흡기를 달고 다니는 1급 신체장애인으로, 그는 목에 구멍을 뚫어 산소를 공급받는다. 그는 요양원의 간호사에게 사랑을 느꼈지만, 20년 동안 고백을 못했다고 했다. 또 다른 뇌성마비의 60세 환자는 정부에서 받은 연금 중 필요한 지출 외엔 절약하여 몇 달에 한 번씩 꼭 성적 마사지센터에 간다고 한다. 스스로 몸을 움직일 수는 없지만 성적 감각은 살아 있는 생명에 신비를 느끼기도 한다고 의사는 말하고 있다.

'한 주에 몇 번씩 만나지만 번번이 이 본질의 유혹을 막을 길이 없다. 관계가 거듭될수록 점점 더 좋아지기만 한다. 우리는 점심을 먹고 영화관에 갔다가 마도의 집으로 들어간다. 그리고 게걸스럽게 육체를 불사른다.' 프랑스 공립학교 교장과 시의원으로 지낸 아흔 살 마르셀 마티오의 일기 중 한 구절이다. 마도는 여든둘의 할머니로 일곱 살 많은 마르셀의 애인이다. 마르셀이 2004년 아흔넷의 나이로 타계하기 전까지 쓴 일기가 지난 2006년 프랑스에서 출간됐고, 마르셀의 책은 베스트셀러에 올랐다. 한국에서도 《아흔 살, 애인만 넷》이라는 제목으로 번역돼 나왔고, 그 책은 베스트셀러가 되었다. 프랑스 《르 몽드》는 이 책을 '노년에 대한 희망을 꿈꾸게 한다.'라고 평했다. '섹스는 가볍고 부담 없이, 결혼은 진지하게' 밀레니얼 세대의 사랑에 대한 생활 사고방식이다. 과거에는 결혼은 성인이 되는 첫걸음이었지만 지금 세대에서 결혼은 마지막 단계가 되었다. 밀레니얼 세대는 모든 생활이 안정된 후에 결혼을 하는 경향이 있다. 인류학자이자 컨설턴트인 헬렌 피셔는 밀레니얼 세대의 그런 성향을 '빠른 섹스 느린 사랑'이라는 말로 표현했다.

쉽게 데이트 상대를 만날 수 있는 틴더(TINDER) 앱이라던가 후킹 업(HOOKING UP), FWB(FRIENDS WITH BENEFITE, 연애 감정 없이 편하게 섹스할 수 있는 친구) 같은 앱과 단어를 만들어 낸 밀레니얼 세대의 섹스는 가볍고 부담 없이 여기는 제너레이션이다. 그러나 평생을 약속할 사랑 같은 진지한 관계에 대해서는 굉장히 보수적이고 조심스럽게 진행하며, 그 기간이 상당히 길다고 연구자들은 말한다. 자신의 안정에 힘쓰고, 파트너에 대해서 더 알려고 노력해 이혼하지 않는 결혼 생활을 목표로 한다. 밀레니얼 세대의 사랑은 전적으로 자신의 책임하에 있는 경우가 대부분이기 때문에 더 진지하고 신중하게 서로 더 많이 알아 가느라 연애 기간이 상당히 길어지는 경향이 있다. 5~6년 길게는 10년의 연애 기간을 갖기도 한다.

사람마다 사랑이란 말만 들어도 가슴이 뛰던 시절이 있을 것이다. 사람이 사랑에 빠지는 것은 감각적 마비 상태에 빠지는 것과 같다. 즉 보통 남자를 왕자님으로 보이게 하고, 보통 여자를 변소도 안 갈 것 같은 천사로 착각하게 하며, 때로는 눈에 콩깍지가 끼었다는 말로 표현되는 장님으로 만들기도 한다. 그래서인지 사랑의 깊이는 이별의 시간이 와야 비로소 알 수 있다고도 한다. 좌우지간 사랑은 지구상의 남자건, 여자건 모든 사람을 유혹할 수 있는 힘을 가지고 있는 것이 분명하다.

사랑이 있었는지는 모르지만 낙원에서 남자를 끌어 낸 사람이 여자라면 낙원으로 다시 데리고 들어갈 수 있는 사람도 여자라고 생각한다. 그리고 어리석은 여자도 남자를 조종할 수 있지만 바보 같은 남자를 조종하려면 여자가 매우 영리해야 한다고 한다. 그러나 그 말은 영악하고 흔한 여자들에게 해당하는 말이고, '진짜 착하고 괜찮은 여자'와 '미인박복'이라는 말이 있듯이 두 종류의 여자들은 대개 박복하게 사는 경우가 많다.

첫 번째 착한 여자는 사람을 좋아하고 순수하게 대하며, 사랑에 약하다. 그래서 매번 남자에 잘 속는다. 좋은 여자는 영악하지 못하고 모질지도 못하다. 착하고 순하고 남을 의심하지 않는 마음이 여린 여자는 남자에게 잘 속는다. 또 우주 섭리는 공평해서인지 좋은 여가가 좋은 놈 만날 확률이 상당히 적고 드물다. 또 나쁜 여자가 나쁜 놈 만나는 경우도 서로 알아봐서 그런지 거의 없다. 그래서 좋은 여자는 나쁜 놈, 사기꾼, 양아치 같은 놈들과 잘 만난다. 그리하여 이리저리 휘둘리고 치이고 차인다. 그렇게 나이 먹고 단물 빨려 차이면, 더 한심한 놈 차지가 되는 경우가 많아 그게 인생인가 보다 하며 체념하고 산다. 그것이 착하고 괜찮은 여자의 운명이다.

두 번째, 옛말 틀린 것 없다고 '미인박복'이란 말은 조금 근거가 있는 말이다. 왜냐하면 미녀는 모든 남자의 눈길을 끌고 관심을 받게 된다. 괜찮은 남자, 능력 있는 남자, 양아치, 사기꾼, 협잡꾼, 조폭 등 다양한 남자들이 저마다의 방법으로 미녀를 차지하기 위한 레이스가 시작된다. 괜찮은 남자, 능력 있는 남자는 원래 양심, 예의, 자존심, 품위를 지키며 점잖게 접근한다. 사기꾼, 협잡꾼, 양아치, 조폭 같은 부류는 지킬 자존심, 양심이 있을 리 만무하니 저돌적으로 거짓말과 부도수표를 마구 남발하며 대시한다. 사실 허우대는 사기꾼, 협잡꾼, 브로커들이 대개 준수하다. 이들은 거짓말과 부도수표가 탄로 난들 손해 볼 것도 없다.

그런데 미녀 입장에서는 콧대는 높아졌겠다, 어느 놈이 사기꾼, 협잡꾼, 양아치인지 또 누가 진국에 좋은 놈, 괜찮은 놈인지 당장 모르는 상태이다. 멀쩡한 허우대로 저 하늘의 별도 따다 주겠다는 놈, 홍콩에서 곧 다이아몬드 실은 배가 부산항에 들어온다며 '오 나의 태양, 사랑스러운 그대여' 하며 적극적으로 대시하는 놈 사이에서 자존심과 품위를 지키며 점잖게 '차라도 한잔하게 시간 내줄 수 있으십니까' 하며 접근하는 괜찮은 놈이 눈에 들어올 리가 없다. 그렇기 때문에 미녀는 '자신을 차지하려면 죽기 살기로 덤벼야지' 하며 수단과 방법을 다해 사기 치며 덤벼드는 놈 중에서 한 놈을 선택할 확률이 거의 99%다. 그래서 사기꾼, 양아치, 협잡꾼, 조폭 중 그들이 내민 부도수표 목록을 검토한 후 그중 한 놈을 선택했다고 치자. 그 미녀는 일주일, 혹은 한 달 후쯤부터 인생의 진흙탕 속을 헤매게 된다는 것이 오랜 역사가 증명하는 '미인박복'이란 어록이 존재하는 이유다.

그런 것이 비교적 공평한 사랑이란 공식으로 벌어지는 이야기가 아닌가 싶다. 요즘은 IT, 인터넷 정보의 시대라 입력 한 번으로 모든 것을 파악할 수 있어 거의 고전이 되어 가고 있지만 30~40년 전만 해도 그랬다.

카사노바 우주의 모든 여자를 사랑하는 남자. 예수도 세상 여자 다 사랑했고, 남자도 사랑했는데, 좌우지간 여자라면 다 사랑하는 남자. 문제아이기도 하지만 본능에 충실해 솔직하게 사는 놈. 알 것 같은 데도, 알 것 같으면서도 발딱발딱 자빠지는 여자들. 그러니 카사노바 같은 바람둥이만 나무랄 수 없는 게 세상 이치 아니겠는가! 알면서도 속아 주듯 넘어가는 불가사의. 여자들은 이 사람은 다르고 나는 예외라고 생각한다. 카사노바가 괜히 카사노바가 아니다. 예의 있는 듯 여자 후리는 노하우와 기술이 훌륭하다. 아주 꽃미남은 오히려 결격사유다. 인물은 중상 정도에 사회 상식이 밝고, 말발 좋고, 여자 앞에선 처음에 수줍어하는 듯 인간미 있는 모습으로 다가간다. 그러다 찬스가 오는 순간에 낚아채는 것이 카사노바의 기초적인 기술이다.

그래서 오늘도 남자, 여자의 사연은 지속된다.

마지막으로 세기의 미녀라는 고대 이집트의 클레오파트라와 중국의 양귀비를 빼놓을 수 없다. 클레오파트라는 이집트의 공주로 이집트의 파라오 프톨레마이오스의 딸로 태어나, 남동생을 제거하고 자기가 스스로 이집트 파라오가 된 여자다. 미모가 눈부셨다고 한다. 그런데 로마 제국과 전쟁 중에 로마 제국의 장군 안토니우스와 사랑에 빠졌다. 그 로맨스는 세기의 사랑이라고 불릴 만큼 유명한 이야기임에는 분명한 사건이었다. 당시 그 로맨스로 인해 로마 제국이 한때 혼란에 빠지기도 했다니 말이다. 사랑의 위대함, 세계를 호령하던 대제국의 운명보다 위에 있던 사랑의 힘…!

후에 프랑스 철학자 파스칼은 '클레오파트라의 코가 조금만 낮았더라면 세계의 역사가 크게 달라졌을 것이다.'라고 말하였으니 그녀가 얼마나 아름다웠는지를 짐작할 수 있을 것 같다.

현대의 사랑은 속살이 다 들어난 나신처럼 모든 것이 공개돼 있는 모습이다. 사랑이란 담론부터 기술, 방법, 요령 등 인터넷 클릭 한 번이면 사랑에 대한 기술자가 될 수도 있는 시대에 우리는 살고 있다.

그러나 사랑의 단상은 지극히 소외되고 외로운 처지가 되어 있다. 사랑이란 단어가 많이 언급되고 난무하지만 인간의 심연에 새겨진 의미와는 동떨어져 보호받지 못하고 가볍게 지나가는 미풍 같은 존재로 전락한 것이 아닌가 싶다. 너무 흔해서일까, 나와 관계되지 않아도 사랑이란 명제를 늘 접할 수 있어서일까…!

자유연애, 자유로운 사랑 그 참모습은 나르시시즘에 뿌리를 둔다. 결국 사랑은 자기애다. 거기에는 상대를 자기처럼 사랑하는 이타적인 의미까지도 포함한다. 어느 순간까지는! 사람들은 어느덧 그러한 나르시시즘에 포로가 되어 있다. 이타적인 행동인 것 같은 몸짓마저 오로지 자신의 즐거움으로 승화해야만 직성이 풀리고 만족할 수 있는 나르시시즘이 사랑의 전부인 것으로 믿는 듯하다.

그러나 사랑이란 미로는 어느 시대나 명쾌한 해답이 없다는 것을 현대인들도 잊지 말아야 한다. 아름다운 자유, 달콤한 사랑은 항상 위태로움을 감추고 있다. 그 사실은 그 모습을 드러낼 때까지 알기가 어렵다.

난 너를 사랑한 것이 아니라 너에게 비춰진 나를 사랑한 것이다. 나를, 자신을 진정 사랑할 줄 아는 사람은 타자도 사랑할 수 있고, 그런 사람만이 타자를 사랑할 수 있다.

만해 한용운은 주는 사랑에 익숙하고 사랑을 희생으로 승화하던 시대의 사람이라 그런지 〈복종〉이란 시에서 "남들은 자유를 사랑한다지마는 나는 복종을 좋아하여요. 자유를 모르는 것은 아니지만 당신에게는 복종만 하고 싶어요. 복종하고 싶은데 복종하는 것은 아름다운 자유보다 달금합니다." 이렇게 말한다. 지식인들 사이에서 자유연애가 유행하던 시절에 만해는 복종을 찬미한다.

봉건적 아니면 유교적 사랑관을 무조건 옹호하려는 것은 아닌 듯, 어설픈 자유연애에 가려진 참된 사랑에 가치를 드러내고 싶었나 보다. 자유연애의 문제점이 사랑을 위해 선선히 자기 자유를 제약하지 못한다는 데 있다고 보았던 것 같다.

자유연애의 참모습은 나르시시즘이다. 에고이즘과 구분되는 자기애다. 타자를 자기처럼 사랑하는 이타적인 모습까지도 포함한다는 점에서 나르시시즘은 협소한 에고이즘과는 구분된다. 우리는 어느덧 이런 나르시시즘을 신봉하고 있다.

이타적인 행위 행동마저 오로지 나의 즐거움으로 환원해야만 직성이 풀리는 나르시시즘이 사랑의 전부인 줄로 알고 있다. 우리는 아름다운 자유보다도 적당히 달콤한 사랑을 잘 모른다. 현대인의 사랑에서 그런 점의 무지는 위태롭고 여운이 부족한 것 같다.

만해 한용운은 〈'사랑'을 사랑하여요〉에서 "나는 당신의 '사랑'을 사랑하여요"라고 노래한다. 당신을 사랑한다고 말하는 것이 아니라 당신의 사랑, 즉 당신이 사랑할 수 있는 마음, 그 사랑의 씨앗을 사랑한다고 말하고 있다. 만해에게 나와 당신은 그저 사랑이 싹틀 수 있는 빈 사랑의 밭(마음)을 말하며 사랑할 자격이 있다 말한다. 그리고 어떤 경우든 사랑받을 만한 가치가 있다 말한다.

어쨌거나 사랑의 담론은 지극히 난해하고 외로운 처지다.

"내가 너희를 사랑한것 같이 너희도 서로 사랑하라"(요 13:34)
좋은 이야기다. 아 사랑아.

인생

　세네카의 '예술은 길고 인생은 짧다.', 히포크라테스의 '예술은 길고 인생은 짧다.'라는 말이 있다. 이 말에 주인공의 다툼이 있다. 두 사람은 기원전 4세기 동시대 사람으로 한 사람은 철학자, 한 사람은 의학의 아버지이다.
　괴테도 '예술은 길고 인생은 짧다. 판단은 어렵고 기회는 지나간다.'라는 말을 했다. 이 말들은 아마 거의 모든 사람들이 들어보고 알고 있는 명언일 것이다. 세네카와 히포크라테스가 먼저 살다 간 사람이니 괴테가 표절한 걸까. 아무튼 지금 그게 중요한 게 아니다.
　표준국어대사전에 '인생'은 '사람이 세상을 살아가는 일', '사람이 살아 있는 기간'이라고 되어 있다. 이건 인생이란 단어의 사전적 뜻이고, 지금 현재 지구 위에 살고 있는 81억 명의 살아가는 모습과 삶을 인생이라고 한다. 어느 하나 똑같은 의미, 똑같은 사연의 인생이란 없을 것이다. 어찌 인생이란 그 의미를 감히 함부로 말하고 정의할 수 있겠는가. 그저 이런 게 아닌가 하고 생각해 볼 뿐이다.
　지구 위 81억 명의 사람들은 저마다 각기 태어난 나라, 태어난 시간, 태어난 곳이 다르고, 또 각자 제 나름의 사연과 앎을 만들며 인생을 살아간다. 그리고 그 인생의 바다를 건너 여정을 다한 사람은 영원으로 떠나가고, 새로 태어나는 생명은 세상에 왔다는 큰 울음소리를 시작으로 인생 여정에 합류한다. 그렇게 출생과 죽음, 그 사이를 살아가는 과정을 우리는 '인생'이라고 한다. 진정한 인생의 정답은 그것뿐이다. 그렇게 인생이란 잠시 있다가 없는 것, 잠시 이 세상에 살았다가 없는 것, 잠시 존재하다가 가는 것, 존재가 끝나는 것. 인생이란 그것뿐이다.

인생의 목적은 무엇일까? 인생에 목적이라는 것이 있을까?

학창 시절 친구 중에 먹고살 걱정 없이 꽤 잘사는 집에서 태어났기 때문인지 '쉽게 살자'라는 말로 골치 아픈 일은 피해 가는 친구가 있었다. 그 친구가 가끔 툭툭 내뱉는 말이 정곡을 찌를 때가 있다.

하루는 좀 심난한 일이 있어 그 친구에게 '인생의 목적은 뭘까? 야 넌 인생의 목적이 뭐냐?'라고 물어보니까 '목적은 무슨 얼어 죽을. 태어났으니 그냥 사는 거지.'라고 한다. 그 또한 하나의 정답인 것 같다. 인생 궁극의 목적은 사는 것, 목숨이 다할 때까지 살아 존재하는 것이다. '무엇을 할 것이다, 학문, 성공, 값어치 있는 일을 할 것이다' 등은 살아 있는, 살아 존재하는 것에 포함되는 것이다.

모든 사람들은 살아서 존재하며 희망을 품고 살아간다. 그러나 인생의 결말을 미리 알 수 있다면 아마 사람들은 실망하여 주저 않거나, 자살할지도 모른다. 다행인 것은 내일은 알 수 없고 불확실성의 연속이기에 사람들은 내일을 기약하며 희망으로 살아갈 수 있는 것이다.

　프랑스 작가 뒤마는 '하느님에게 인간의 삶을 살아야만 된다고 하면 그는 자살할 것이다.'라고 말했다. 인생길이란 험하고 힘들고 고단하고 아픔이 많다는 것을 은유적으로 표현한 것 같다. 또 인간이 하느님보다 강하다는 말로 해석할 수도 있다. 하여간 인생이란 모든 사람의 일이다 보니, 사람들은 인생에 대한 관념을 학식과 관계없이 적어도 한두 번쯤은 이야기해 본 적이 있을 것이다.

　인생은 나그넷길, 인생은 무상한 것, 인생은 연극, 인생은 공수래공수거(빈손으로 왔다가 빈손으로 가는 것), 인생은 남가일몽(인생은 꿈과 같이 덧없는 것), 인생은 있다가 없는 것 등과 같은 말들 말이다.

　공수래공수거는 불교의 석가모니 말씀에 나오는 말이다. 석가모니의 인생에 대한 화두는 '고해'다. 인생의 고해란 고통의 세계란 뜻으로 욕망과 고민, 갈등, 번뇌의 연속이란 말이다.

　나는 인생이란 행복할 수 있다는 전제는 존재하지 않고 죽을 때까지 견뎌 내야 하는 시련이라고 생각한다. 행복을 꿈꾸기도 하지만 꿈일 뿐, 이루어질 수 있는 꿈은 진정한 꿈이 아니다. 꿈으로만 있을 때 그것이 진정한 꿈이다. 사실 인생은 승산이 별로 없는 게임으로, 확실하거나 예측 가능한 것이 아니며, 내 의사와 관계없이 이 세상에 태어나 사회적 동물로서 그 소속된 사회 환경에 휩쓸려 살다가 가는 것이다. 맥도날드에서 햄버거 먹고 있다가 미친 또라이가 총 들고 들어와 총질하는 바람에 졸지에 저승으로 간 사람도 있으니, 인생을 말해 본들 무슨 의미가 있겠나.

안전한 좋은 환경의 나라에서 태어난 사람들은 비교적 안정되고 안락하게 인생을 살아갈 수 있는 것이고, 예멘, 중앙아프리카, 소말리아 같은 전쟁 등 사회 환경이 불안한 나라에서 태어난 사람들의 인생은 먹을 것도 제대로 못 먹고, 목숨 부지하기도 힘들고, 내일은 무슨 일이 일어날지 두려움에 떨며 인생을 살아가고 있다.

간혹 어느 사회나 행복하다는 사람들도 있다. 허명을 얻었거나, 분에 넘치는 감투를 쓰고 있는 사람들 중에 라디오나 TV에 나와 행복하다며 행복은 이런 것이라고 하는 사람들이 있는데, 그런 사람들을 보면 난 왠지 가슴이 답답해지고 연민의 정을 느낀다. 왜 그런지는 나도 잘 모르지만 그렇다.

그런데 영국의 석학 토인비의 행복에 대한 정의는 인생의 시련 중 그 시련이 좀 덜하거나 불로소득이 생기거나 했을 때, 사람들이 '아, 이게 행복 아닌가' 하고 잠시 착각하는 것이라고 했다. 진정한 행복이란 존재하지 않는다고. 좀 너무한 거 아닌가 하는 생각도 들지만, 아무튼 그랬다. 석가모니, 부처가 이뤘다는 해탈함으로써 욕망과 갈등을 극복해 마음의 평화를 이루고, 마음이 하나로 통하였다면 행복을 말할 수 있겠지만 말이다.

알렉산더대왕이 죽었을 때, 주위 사람들은 온 세상을 차지해도 만족하지 못할 그에게 '이제는 무덤 하나면 충분하다'라고 묘비에 적었다고 한다. 인간의 욕망은 끝이 없다는 것을 잘 설명해 주는 해프닝이 아닐까. 하긴 그 불타는 욕망이란 연료, 에너지 덕에 인간이 주저앉지 않고 살아가는 것이긴 하지만…!

아무튼 인간의 인생에서 확실한 것은 단 한 가지, 사람은 누구나 반드시 죽는다는 것. 인간의 인생은 누구나 할 것 없이 거기까지라는 사실뿐이다. 한국에서 돈 제일 많다고 돈병철이란 별명이 있는 이병철 회장의 사망 소식에 '어휴 그 많은 돈 아까워서 어떻게 죽었다냐….' 하는 동네 아줌마의 애도가 진정 진실된 것인지도 모른다.

중국의 중원을 평정하여 거대 제국을 건설한 진시황제는 어마어마한 규모의 화려한 궁전을 짓고, 전 중국에서 뽑아 모은 미녀 궁녀 2만 명을 거느렸지만 단 한 가지 걱정거리는 죽는다는 것이었다. 그래서 풍문으로 들었던 불로초(늙지 않고 영원히 살게 해준다는 영험한 약초)를 구해 오라고 똘똘한 놈 수백 명을 선발해 세계 각지로 보냈다는 이야기가 유명하다. 공상 속에 떠도는 약장수들의 불로초 이야기에 혹시나 했던 것 같다.

옛날 이 지구상에는 참 허무맹랑하고 황당한 사연들이 많이 있었다. 유럽의 15세기 전 약 1천 년을 중세의 암흑기라고 한다. 그 시대에 종교 권력이 비대해져 기승을 부리고, 무소불위의 권력이 되어 로마 교황의 말은 무조건 옳은 것이 되었으며, 사제들이 사람의 생사여탈권을 행사해 종교재판과 고문으로 사람을 죽이고, 죽은 사람의 재산을 몰수해 교회는 점점 부자가 되었다. 그래서 유럽의 많은 토지와 재화가 교회의 소유였다. 프랑스 혁명 직전까지 프랑스의 토지 대부분이 사제들 소유였다. 면죄부 장사가 시작된 사연도 정말 웃기다.

대주교가 되기 위해 독일의 한 주교가 뇌물로 돈(중세 암흑기에 주교, 사제가 되려면 돈으로 사야 했다고 함)을 너무 많이 써서 빚쟁이가 됐다. 그 대주교는 많은 빚 때문에 잠을 설치며 어떻게 빚을 갚을지 고민했다. 궁리 끝에 드디어 면죄부 장사 아이디어를 냈고, 무릎을 탁 치며 쾌재를 불렀다.

　대주교는 면죄부 장사 자료를 준비하여 교황에게 면죄부를 팔게 해 달라고 간청했다. 커미션을 바치겠다는 약속과 함께 면죄부 장사 허락을 그 시절 하느님의 대리인이던 교황으로부터 받아 냈다. 그리하여 역사의 한 페이지를 장식한 면죄부가 시작됐다고 한다. 대주교는 면죄부가 천당으로 직행하는 티켓이라며 면죄부를 팔았다. 그런데 면죄부 장사가 예상했던 것보다 너무 잘돼서 대히트 상품이 되었다. 그래서 그 대주교는 빚을 빛의 속도로 갚고 떼부자가 됐다. 면죄부 장사가 잘된다고 소문이 나자 다른 주교, 사제들까지 면죄부 장사에 뛰어들었고, 교황은 커미션을 여기저기에서 받아먹다 한 발짝 더 발전해 죽은 자의 면죄부도 팔기 시작하였다. 할아버지든 아버지, 어머니든 죽은 자의 면죄부를 사 주면, 지옥 간 연놈 누구든지 지옥에서 주소지가 바로 천당으로 이전된다며 팔아먹었다.

　중세 암흑기 교회 권력의 우민화 정책으로 전능하다는 신 외에는 생각하고 말하는 것 자체가 죄가 되어 다른 책을 본다거나 가지고 있는 것만으로도 끌고 가 상상을 초월한 어마 무시한 고문을 가했다. 고문하다 죽으면 죽은 자의 재산을 몰수해 교회에 귀속시켰다. 교회는 고문 건수, 트집 건수가 많을수록 이득을 봤다. 그래서 사람들은 다른 생각 안 하고 죽기 살기로 열심히 일해서 죽은 자 면죄부까지 샀다. 요즘 한국 사람들이 강남에 아파트 사는 게 꿈이듯 그 시절 사람들의 꿈은 면죄부를 사는 것이었단다. 참 인간이란 어느 정도의 동물인지 가늠하기 불가능한 최하의 저급한 동물이 아닐까 한다.

여호와를 포함해 예수 그리고 여타 신들이 인간들 정말 강적이라며 두 손, 두 발 들고 할 말을 잊었을 것 같다. 그래서 사람들 웃기며 일찍 철든 채플린은 '인생이란 가까이서 들여다보면 비극이요, 멀리서 바라보면 코미디 같다'라고 말했다. 맞는 말인 것 같다. 사람의 인생이란 내가 주문해서 온 것도 아니고, 어느 날 세상에 뚝 떨어져 나와 그저 살다 가는 것 인데, 인간들은 왜 거기다 (인생에) 의미를 부여하고 싶어 안달인지 참 딱하다는 생각이 든다. 의미를 부여해 본들 그 의미가 모든 인간이 동의하는 것도 아닐 테고, 진정 마음으로 느끼며 모두 행복해지기나 할까…!

'행복하다, 신난다, 너 대단하다, 나 대단하지, 나 잘났다' 폼 잡은 뒤엔 오히려 더 허전해지는 것을…. 부질없는 짓이다.

주위 친지들과 소소한 일상을 즐기며 살다가, 때 되면 시집, 장가가서 자연의 섭리대로 아들딸 낳고, 나이 들어 마누라와 지지고 볶으면서 사는 거지 뭐. 그게 신수 편하고 복 있는 인생이 아닌가 싶다. 나이 들어 아들딸 시집, 장가보내고 나면 관 짤 널빤지(옛날에는 준비 없이 객사하는 것이 인생의 가장 불행으로 여김) 마련해 마루 밑에 두었다가 관짝 필요한 날 그 안에 드러누우면 그만인 것이 인생이고, 그게 복 있는 인생이다. 그렇게 소소한 내 분수의 일상을 나누고 즐기고 웃고 화내기도 했다가 때 되면 가는 그런 인생이 제일 탈 없고 안온한 인생이자 복 있는 인생 아닌가. 사실 출세하여 높은 자리에 있던 사람 중에 말년을 처참하게 마감한 인사들이 역사 속에 부지기수다.

인생사 사실 마음먹기에 달렸는데 욕망을 줄여 마음 돌리기가 쉽지 않다. 그 유명한 록펠러재단을 만든 록펠러도 젊어서 돈에 귀신 쓰인 놈처럼 악귀같이 돈 긁어모으고, 협박에 사기도 치며 남의 회사 빼앗고, 먹어 치우고, 돈독이 올라 죽을 둥 살 둥 정신 없이 살았다(록펠러는 젊어서 돈을 벌 때 착한 놈이 아니었다).

그러던 어느 날 록펠러는 문득 이러다 제명에 못 살고 죽겠구나 하는 생각이 들고, 의사에게서도 오래 못 살 것 같다는 소리를 들었다고 한다. 그래선지 돈더미 쳐다보는 것도 젊었을 때처럼 신명 나지 않았다. 거울 속에서 걱정거리로 일그러진 얼굴에 비쩍 마른 몰골의 중년 사내를 보고는 새삼 놀라며, '자신이 기를 쓰고 쌓아 둔 돈이 행복이긴커녕 걱정덩어리구나. 저게 없어지면 걱정 거리가 없어질지도 모르겠어.' 하는 생각이 번득 머리를 스쳤단다.

그래서 록펠러는 마음을 확 바꿔 먹고 전 재산을 사회에 환원하기로 결심했다. 록펠러재단을 만들어 이제까지와는 다른 생활을 하며 인생관을 바꿨다(록펠러의 스탠더드 오일은 미국 전체의 80%가 넘는 독점기업이었다. 미국의 독점금지법이 록펠러 때문에 시작됐다).

그 후로는 밥도 잘 먹고, 잠도 잘 잤으며, 의사도 오래 못 살 것 같다 비관적이게 말했던 록펠러는 90살을 넘게 살았다. 우연인지는 몰라도 교훈적인 의미가 있다. 재벌이, 돈 많은 사람들이 행복한 삶을 살지 못한다는 이야기를 여기저기에서 많이 듣는다. 돈 많은 집안 중 재산 때문에 자식, 부모, 형제간에 다투고, 법정으로 가고, 가족구성원끼리 척을 지기도 하는 경우를 더러 본다. 사실 효자, 효녀는 가난한 집에 있지, 부잣집에는 없다고 한다.

사람 사는 인생사에 정답은 없으나, 인생은 첫째도, 둘째도 마음이 편해야 병도 덜 들고 제명까지 산다. 의학적으로도 어느 정도 증명되었기에 건강한 인생을 위한 한 가지 분명한 사실인 것 같다. 재벌이나 대기업 오너가 몇백만 불을 번 후 기분이 좋아 코냑 한잔하며 껄껄 웃는 웃음과, 구멍가게 주인이 하루 장사가 평소보다 잘돼 더 번 몇만 원으로 싼 막걸리 한잔하고 기분이 좋아서 껄껄 웃은 웃음, 둘 중 어느 웃음이 더 진하고, 더 부피가 크고 기뻤을까? 돈으로 따진다면 재벌의 웃음이 더 크겠지만, 웃음의 만족감으로는 재벌의 것이 더 크지는 않을 터. 누구의 웃음이 더 진하고 만족감이 컸는지는 알 수 없는 것이다. 구멍가게 주인의 웃음이 더 진하고 기분이 더 좋았을 수도 있지 않겠나. 돌팔이 중(스님)의 '적게 먹고 적게 싸는 게 마음 편하고 제일 행복한 인생이다'라고 하는 개똥철학이 진실인지도 모른다.

   나이 들고 보면 인생의 회한과 후회가 남는 법인데, 평범하게 산 소시민으로 큰 굴곡 없이 살아온 사람들이 후회가 적다고 한다. 반면 출세하고 권력 같은 것을 가졌던 사람들이 끈 떨어지고 은퇴하고 나면 후회가 많고 상실감에 정신적 공황 상태가 심하다고 한다. 출세, 권력은 마약보다 중독성이 강해 그 뒤에 오는 후유증이 크기 때문이다. 그래서 큰 권력을 쥐고 있던 자리에서 내려와 실업자 신세로 집에 앉아 있으면 '아 옛날이여' 하며 신세가 초라해지는 강박에 시달리다 이상한 병에 걸리기도 하고 의기소침해 시름시름 앓다가 저승길로 빨리 가는 경우가 있다고 한다. 물론 록펠러처럼 잘 극복하는 사람도 있겠지만 말이다. 그래서인지 평범한 소시민의 인생이 철학적으로 보면 성공한 인생이라는 말이 설득력 있는 것 같다는 생각이다. 있는 그대로의 자신을 사랑하고, 내 인생이 어때서 하는 마음으로 주위 사람들과 정을 나누고 마음 편히 사는 게 지혜로운 인생이 아닌가 싶다.

서구 선진국일수록 출세나 권력을 가지려 다투고 애쓰거나 집착하지 않는 것 같다. 자신의 위치에서 가족, 친구, 주위 사람들과 정을 나누며 여행, 스포츠, 예술 같은 것을 즐기고, 물론 연애에서는 중요하게 적극적으로 신경 쓰지만, 인생이 특별하고 대단해야 하는 것이 아니라는 것을 알고 있는 듯 인생을 관조하며 자기에게 주어진 것들을 즐기며 여유를 가지고 사는 것 같다. 그러나 불의에는 분명히 일어나고 거부하며 행동한다. 내 눈에도 보기 좋아 보이고 부럽기도 하다.

권력이 뿜어내는 마력에 현혹되지 않고 흔들리지 않는다는 것은 감정과 욕망의 인간에게 쉬운 일이 아니다. 사회 분위기가 그런 정신을 끌어가는 것 같기도 하다. 뭐 유럽 전체가, 유럽사람 모두가 그렇다는 것은 아니고, 스칸디나비아 삼국을 위시한 몇몇 국가의 분위기가 그런 것 같다. 그곳 사람들 대부분이 인생에서 권력이 중요한 것이 아니라는 것, 권력의 마력으로 권력을 휘둘러 거기서 인생의 성취감을 찾겠다는 감정의 유혹에 비교적 초연한 것 같은 분위기라는 것, 권력, 공권력을 가진 사람들의 공정한 공권력 행사를 하는 데서도 확인할 수 있다. 세계 전체의 민주적 공정한 사회 평가에서 스칸디나비아 삼국이 늘 1~5위 안에 있는 것으로도 확인할 수 있다.

사람이 이 세상에 태어나 공정하고 탄압 없는 민주사회에서 살 수 있는 것도 큰 행운이 아닐 수 없다. 작금의 현실에서도 볼 수 있듯 시리아, 이스라엘, 팔레스타인, 이라크, 소말리아, 중앙아프리카, 콩고 등 대부분의 아프리카 국가들의 갈등, 전쟁, 테러 등의 혼란상을 보면 더욱더 그렇다. 우리 인간이 주인이라고 자처하는 이 지구가 얼마나 참혹한 곳인지, 인간계가 얼마나 참혹한지를 우리는 모른다.

지구 곳곳에서는 매일매일 인간과 인간이 서로 죽이고 죽는 살육, 고문, 폭력이 난무하고 있다. 이제까지 인간계의 역사에서 피비린내 나는 전쟁과 갈등이 멈춘 적이 없다.

각 나라, 각각의 집단, 각 인간이 나와 집단의 이익을 위해 갈등하고, 경원하며, 상대를 해코지하는 수없이 많은 스토리를 만들어 낸다. 그런 스토리와 이유로 서로가 서로에게 가할 끔찍한 폭력, 탄압, 전쟁 등이 쉼 없이 벌어지고 있는 곳이 우리 인간이 살고 있는 유일한 행성 지구다. 모든 사람들이 우리가 살고 있는 이 지구에서 순간순간 벌어지고 있는 참혹한 일, 폭력, 사건들을 직접 눈으로 보고 다 알게 된다면 아마 그 참상에 모든 사람이 기절하거나 돌아 버릴지도 모른다. 사람들이 지구 반대편에서 일어나고 있는 참상을 직접 보지 못하고 다 알 수 없으니까 그냥 살아갈 수 있는지도 모른다.

오늘도 곳곳에서 일어나고 있는 전쟁, 테러, 권력자들의 탐욕에 병들고 시달리는 사람들, 죄 없이 감옥에 갇혀 자유를 속박당한 사람들, 시리아의 독재와 종교전쟁으로 이리 치이고 저리 치이며 고향을 등지고 세계 곳곳으로 살길을 찾아 이국땅을 헤매는 사람들의 아픔에 아무도 책임지는 위정자는 없다. 서로 자기합리화와 상대편만 가리키기 바쁘다.

아프리카 권력자들의 다툼과 착취로 인해 난민캠프라는 지옥 같은 곳에서 먹을 것을 기다리는 수많은 사람들. 그런데 2017년 권좌에서 쫓겨난 아프리카 작은 나라의 독재자 두 명이 미국 워싱턴 근교의 부촌 포토맥에서 이백오십만 불 하는 대저택을 둘이 이웃하여 각각 사들였다고 한다. 그 나라 민중은 굶주림에 허덕이고 있는데 말이다. 또 난민캠프에서는 관리자들이 먹을 것 한 줌으로 어린 소녀들에게 몸(성)을 요구한다고 한다. 그런 사연들을 접하면 정말 인간이 싫다. 인간이 싫어진다.

또한 오염되어 가는 지구 곳곳에서 깨끗한 물을 찾기 어려워진 사람들은 어쩔 수 없이 구정물을 먹을 수밖에 없단다. 그렇게 오염된 물에 더해, 물 부족에 시달리는 나라들이 의외로 많고 점점 늘고 있다고 한다.

지금 우리가 살고 있는 지구상에는 이 순간에도 끊임없는 전쟁 상황이 말해 주듯, 인류의 역사는 전쟁의 연속, 전쟁의 역사라고 해도 과언이 아니다. 그 속에 우거하는 인간들, 거기에는 늘 수많은 생과 사의 세계가 펼쳐지고 그런 아슬아슬한 상황 속에서 인간들은 끈질기게 살아왔다. 전쟁 상황을 지나온 사람들은 인간의 생명이 참 모질고 끈질기다고 말한다. 그렇게 지구상의 인간계는 늘 참혹함과 극한의 연속이다. 사실 익숙해서인지 인간들은 자신이 무슨 짓을 하고 있는지도 모르고, 알고 싶어 하지도 않은 채, 그때그때의 사회 분위기에 세뇌되어 서로를 향해 저주와 경원의 아귀다툼을 하고 있다.

지구상엔 많은 생물종이 존재한다. 인간 이외의 생물종들은 자연의 섭리, 순리, 법칙에 순응해 살아간다. 인간만이 자연법칙, 하늘의 법칙을 범하며 서로 속이고 속고, 죽이고 죽는다. 강자는 약자를 노예로 부리고, 전쟁, 폭력, 위험, 협박이 난무하는 원칙 없는 인간계는 평온한 날이 없는 지옥과도 같지 않은가. 법이라는 것을 만들어 최소한의 질서라도 지키며 평온을 바라지만, 그 또한 무용지물이 되기 일쑤다. 인간의 욕망이 만들어 내는 다툼과 계속되는 전쟁 속에서 인간들은 뒤엉켜 허우적댄다. 사회가 급격하게 변하면서 동서양을 막론하고 사람들의 인문적 인성을 키우는 상식, 도덕, 윤리, 양심 같은 것은 뒤로 밀리고, 백 미터 경주하듯 산업화의 과실과 금권을 차지하고 수혜자가 되는 것에만 집중하고 있다. 욕망의 인간에게 꼭 필요한 인본주의, 인본교육, 인문적 소양이 절실히 필요한 때가 아닌가 싶다.

영국의 시인 바이런은 '사람은 이성적(욕망적) 존재이므로 술에 취하지 않으면 안 된다. 인생에서 가장 좋은 상태는 만취 상태뿐이다'라고 했다. 인간들 노는 꼴이 많이 역겨워서 한 말인 것 같다. 석가모니도 인생은 고해(고통의 바다)라 했다. 인생은 고통의 연속이라는 인간의 삶에 대한 사실을 시인답게, 석가모니답게 리얼하게 표현한 것 같다. 그렇듯 인생이 고해라 해도 이 순간 살아 존재한다는 것만으로도, 살아 숨 쉬고 있다는 그 자체만으로도 대단하고, 얼마나 다행스러운 것인가. 인생은 한 번뿐이고, 반복되는 것이 아니다. 오늘 숨 쉬며 살아 있고, 내일 무슨 일이 일어날지 모르는 것이 사람의 운명이다. 생명이 붙어 있는 한 살아야 하고, 지금, 오늘 살아 숨 쉬고 존재한다는 것만으로도 축복이라고 자위해도 좋다.

그렇게 인생이 아무리 아플지라도 살아 볼 가치가 있는 것이다. 어려움이 있더라도 이를 악물고 살아 내야 한다. 동양 속담에

'개똥밭에 굴러도 이승이(살아 존재하는 것이) 저승보다 낫다'라는 말이 있다. 어느 시대, 어느 시절이건 살아 있는 생명은 소중하고 아름다운 것이다.

우주에서 지구는 현란한 푸른빛, 흰빛, 녹빛 등이 어우러진 청록색의 동그란 공처럼 보인다. 지구는 현재까지 수억 개의 위성 중 생명체가 살 수 있는 유일한 행성이다. 아직까지는…! 광활한 우주 공간에 떠 있는 한 점의 위성 지구. 우리가 밤하늘의 은하, 수많은 별을 보듯 어딘가 저 먼 우주 공간에서 지구를 보면 하나의 별인 것이다.

물, 공기, 태양빛 그리고 자전과 공전으로 인간을 비롯한 생물들이 살아갈 수 있는 최적의 조건을 선사하고 있는 아름다운 위성 지구에 인간이라는 아름답지만 않은 동물 81억 명이 다닥다닥 붙어 살고 있다는 것은 신비로운 스토리임이 틀림없고, 경이로운 것이 아닐 수 없다. 사실적으로도, 철학적으로도 기적 같은 일이다.

극한의 태동을 거치고 가장 안정화된 상태인 지금의 지구에서 이 순간 생명으로 살아 숨 쉬고 있다는 것만으로도 우리는 축복이다. 사람의 인생이 100년이라 해도 지구의 나이 46억 년 세월에 비하면 한순간보다도 짧은 것이 인간의 인생이다. 그 기나긴 세월을 기다려 지금 이 순간 지구에서 우리는 살아 존재하고 있다. 우리들이 생명으로 태어나는 과정도 얼마나 지난한 과정을 거쳐야 비로소 태어날 수 있지 않나…! 한 사람이 태어나기 위해 아빠 엄마가 그 순간에 사랑으로 맺어져야 하고, 난자를 향한 치열한 정자의 경주에 승리한 후 긴 잉태의 시간을 지나 우리는 생명으로 땅 위에 태어날 수 있는 것이다. 만약 그날 아버지가 타지로 일 보러 갔거나 술에 취해 곤드라졌었다면 나와 너는 오늘, 지금 여기에 없는 것이다. 순간순간의 절묘함으로 지금 이 땅 위에 존재하는 우리들이다. 그 하나하나의 생명이 어찌 귀하지 않고 소중하지 않겠는가…!

의기소침할 때 이 존재의 과정을 되짚어 생각해 보면 '내가 실제하고 존재한다는 것은 아찔하고, 소름 끼치게 다행이구나' 하는 생각이 든다. 이 순간 생명으로 존재한다는 것은 분명 기적 같은 일이요, 신비로운 일이다. 수십 명 있는 한 반에서 1등 하기도 힘든데, 수억의 정자 레이스에서 나의 정자가 1등으로 난자를 차지해 우리가 지금 숨 쉬며 살아 있다. 기적이 아닌가!

지구는 46억 년 전 불덩이였다가 20여 억 년 동안 변화를 거쳐 대륙판의 이동 충돌로 요동치고, 빙하기 얼음으로 뒤덮였다가 가스로 뒤덮였다. 그리고 3~4억 년 전 지구는 습지로 변하였고, 지금의 석탄, 석유는 그때의 습지대를 이루던 것들이 땅속에 묻혀 생성된 것이라 한다. 그때의 습지대로 만들어진 석탄, 석유, 천연가스가 없었다면 인간계의 산업혁명은 불가능했을 것이다. 그랬다면 인간은 옛날 상태 아니, 2~3만 년 전 상태 그대로였을 것이다. 최상의 이동 수단인 마차를 타고, 땅 파먹고 살았을 것이다.

그리고 약 6,500만 년 전 어느 날 소행성 하나가 우연히 멕시코 유카탄 반도에 충돌했다. 지름 20km에 달하는 크레이터를 남길 정도로 타격의 충격도 컸지만 소행성이 충돌하면서 강력한 지진과 거대한 해일이 잇따랐다. 반경 1,500km 내의 모든 생명체가 다 죽었고, 지표면 아래에 있던 먼지와 유황 성분이 대량으로 대기로 분출되었다. 이 때문에 지구는 2년 넘는 동안 태양빛이 차단되고 먼지 유황 성분 등으로 극심한 교란 상태가 되었다. 급격한 기후 변화가 일어났고 생태계는 파괴되었다. 바다에선 플랑크톤이 급감했고 숲이 사라졌으며 이로 인해 당시 존재하던 동물과 식물의 70%가 멸종하였다.

약 1억 6천만 년 동안 번성했던 암모나이트, 공룡도 새로운 환경에 적응하지 못하고 다른 많은 생명체들과 함께 멸종하였다. 공룡의 멸종이 결과적으로 포유류가 번성할 수 있는 길을 터 주었다. 이후 인간을 비롯한 포유류가 번성하기 시작하였다. 그러고 보면 우리 인간도 소행성의 충돌로 인한 직간접적인 산물이라고 할 수 있다. 소행성 충돌이 없었다면 공룡은 멸종을 면했을 것이고 그동안 누려 왔던 번성을 계속 이어 갔을 것이다.

포유류는 그 기세에 눌려 그다지 위세를 떨치지 못했을 것이고, 진화를 못 한 조상 그대로였다면 당연히 인류도 태동하지 못했을 것이다. 그랬다면 우리는 지금의 모습으로 이렇게 존재할 수 없었을 것이다. 어쩌면 공룡류의 지적 생명체가 진화했을지도 모를 일이다. 그들은 진화해서도 파충류의 겉모습을 하고 있을지도 모른다. 우리와는 동물적 본성도 달랐을 것이라고 상상해 볼 수 있다. 그런 우여곡절 끝에 살아남아 진화에 진화를 거듭해 현세에 이르고, 그 긴 여정을 거쳐 발전해 온 인간은 지금 만물의 영장이라며 지구의 주인 행세를 하고 있다. 오늘의 인간으로 진화해 남아 있기까지 그 여정은 순탄한 것만은 아니었다. 인간들은 그 극적인 과정을 기억하고 겸손해야 할 것이다.

현재의 지구는 지질학적으로 오늘날의 지구 모습이 형성된 신생대, 그리고 신생대 4기의 홍적세와 현세인 홀로세로 이어지고 오늘날을 인류세라고 한다. 학자들에 의해 새로운 시대를 등제하는 작업을 하고 있다고 한다. 현재 지구의 공식 지질시대 구분은 홀로세가 맞지만, 바로 지금의 지구는 따로 구분돼야 한다고 학자들은 생각한다. 인간에 의해 자연이 파괴된 지구는 지난 46억 년 역사의 그 어느 때보다 아주 급격하게 환경이 바뀌었다. 그래서 원인 제공자인 인류를 시대명에 붙여 '인류세'라고 하자는 합의인 것이다.

인간이 지구 생물권에 초래한 변화의 근거로 새로운 지질학적 시대를 공식화하자는 것이다. 숲과 암석 지형 등과 날씨, 생태계 교란, 지구온난화 등으로 지구는 현재 여섯 번째 '대멸종' 위기에 내몰리고 있다는 경고를 확인할 수 있다. 그렇기 때문에 새로운 지질시대를 '인류세'로 하여 미래 삶의 터전을 지킬 방안을 모색해야 한다는 화두다. 수백수천 년 자연의 자연적 물리력이 자연 친화적으로 조금씩 이루던 변화를 인간은 고작 몇십 년, 몇백 년 사이에 개발이란 이름으로 생태계를 엄청나게 바꿔 버린 것이다. 바다는 각종 산업폐수, 쓰레기에 의한 오염 물질과 산성화로 몸살을 앓고, 그로 인한 수온 상승으로 어종뿐만 아니라 바다 생물이 전반적으로 줄어들었으며, 태풍은 더욱 강해지고 사막은 점점 넓어지고 있다. 난개발로 숲이 사라지니 서식지를 잃은 야생동물의 수도 급감하고 있다. 이대로 눈앞의 이익을 위해 각 나라, 기업, 개인들의 난개발이 계속된다면, 지구는 여섯 번째 대멸종 위기에 내몰릴 것이다.

인간의 욕망에 시름하는 현재의 지구. 인간들이 욕망을 어느

선에서 제어하느냐에 우리 인간계의 미래가 달려 있다. 지금과 같은 구도로 그대로 방치한다면 몇백 년이 아니라 50~60년 후면 지구는 사람이 살 수 없는 곳이 될 수도 있다.

어느 시대나 살아가는 인간의 인생은 시련과 고통의 연속이다. 이런 와중에 지구를 살리고자 애쓰는 기관, 사람들에게 경의를 표한다.

인생이란 화두는 역사적으로도 철학적, 경제적, 사회학적, 방법론적 등의 여러 사상과 문제가 제기되기 마련이다. 인간의 삶인 인생을 서술하는 데는 그 정의의 한계를 확정할 수 없다는 것이다. 역사 속의 유명한 사상가, 철학자들도 '인생이란?' 하고 물음표를 던졌지만, 단편적인 이야기나, 시대적, 상황적 판단일 뿐 인생을 정확히 한 문장, 아니 한 권의 책으로도 정의하지 못했다. 지구상의 81억 명이 그 나름대로 사회적 조건, 나라, 교육, 가족, 종교, 사회, 관습 등으로 인해 개개인의 정신세계, 지적 수준, 주의, 주장, 삶의 방식이 다르기 때문에 그 모든 인생들의 삶에 대한 철학적, 사회적 정답은 있을 수도 없고 가능하지도 않다. 다만 인간 사회에서 인간상의 기본적인 구조는 생산력과 생산 관계에 영향을 받으며, 그 기본 구조에 의해 한 사회유형이 결정된다. 한 사회 인간의 가치관과 유형이 다른 사회 유형에 필연적으로 서로 영향을 주며, 상호진화 하는 과정을 거친다. 그 속에서 인간의 생활, 철학, 의식 세계도 진화하며, 가치가 결정된다고 본다. 그러므로 각 나라, 각 사회 지역 사람들의 의식 수준과 가치관, 삶의 방식, 인생관이 다르고, 저마다의 특색으로 삶의 방식, 가치, 철학이 형성되어 차이가 난다.

선진국이든, 후진국, 중진국이든 한 가지 공통적인 현대 사회의 이상적인 사회상은 사회 조직의 꾸준한 격동적인 총화로 계속적인 경제 성장을 하는 것이다. 이 시점 모든 사회의 화두는 경제로, 현대는 힘과 총의 전쟁이 아니라 경제전을 한다. 물론 국지적 전쟁은 계속되지만, 경제 논리가 훨씬 앞에 있고 국지전 역시 경제의 영향을 받는다.

철학 이전에는 먹고사는 걸 우선하고, 문화, 사상, 인생철학은 그 뒤의 식후 결(決)이라는 솔직한 사실에 입각해 지금 세계는 경제 전쟁 중이다. 그래서 현대 사람들의 인생관은 부자 되는 것으로 매몰되어 간다. 인간성, 철학, 매너, 품위 같은 것은 돈에 밀려 초라해지고, 거의 모든 것을 돈이 결정한다. 예전에도 인생에서 먹고사는 게 중요했지만, 그래도 최소한의 예의나, 경우, 상식, 정 같은 것이 있었는데 점점 인생사가 돈에 매몰돼 살벌해져 가고 있는 것 같다.

인생이 비극이라고 생각될 때 삶의 의미를 깨닫고, 그때 비로소 진한 삶을 시작한다고 한다.

인생은 순식간에 지나간다. 인생은 아침 이슬과 같다. 사람의 인생은 겨울철 한나절 낮과 같다. 인생은 한낮의 꿈과 같은 것. 이런 말들은 인생이 그리 긴 게 아니라는 경험적 표현들이다. 인생에서 만족을 얻을 수 있는 것은 자연에 순응하며 사는 것과 의지에 달려 있다고 현인들은 말한다. 모든 것이 마음먹은 대로 완벽하기만을 바란다면 온갖 갈등과 번뇌로 마음이 천 갈래 만 갈래 흩어지고 불행하다 느껴지는 것이다. 자신이 처한 상황의 여건에 따라 순응하며 마음 편히 지낸다면 여유 있고 자유로운 긍

정의 삶을 누리며 살지 못할 것도 없다.

　좌우지간 인생에 정답이란 없는 것. 어떤 인생이 바람직하고 행복에 가까운 생이냐 하는 것은 각자의 마음에 달렸고, 마음먹기에 달려 있다. 석가모니는 '인간의 마음이란 변소에 들어갈 때 다르고, 나올 때 다른 것이라'라고 했다. 그러니 인간들이 인생을 굴곡 없이 산다는 것은 불가능하다. 이리 구르고 저리 구르며 봐도 생명을 보전해야 하는 세상살이는 험난하다.

　누구에게나 다가올 인생길은 불확실성의 사막이며, 고뇌의 바다요, 고독함이다.

　'교통사고로 사망한 유명한 천재 청년', '전쟁에 참전한 열여섯 살 학도병, 동부전선에 투입됐다가 전사한 시골 동네 신동' 인생 이야기는 대충 이런 결말이고, 허망한 것이다. 우리가 전해 들어 알고 있거나 역사소설에 대단한 인물로 그려진 위인, 장군, 정치인들의 이야기도 대부분 사후에 만들어진 것들이다. 진짜 있는 그대로 전해진 것은 별로 많지 않다. 오랜 시간이 지난 후 진실 한 토막만 알려진 것. 펜실베이니아주에서만 지난 백 년여 동안 3천여 명의 주교, 성직자들이 어린 소년, 소녀와 여자들을 성추행한 성추행범들이었다는 사실이 있다. 그 근엄한 표정과 성직자 복장에 가려진 그들의 알몸이 후대에 어떻게 기록될지 궁금하다. 불쌍한 인생들이다. 차라리 신부들도 결혼을 하지. 세상이 많이 변해 옛날처럼 근엄하게 폼 안 잡아도 되는데.

　본론으로 돌아가서, 생각 같은 거 하지 않고 느끼는 대로 본능적으로 사는 동물이 인간보다 정신적으로 더 건강하다고 나는 생각한다. 미국의 한 사회학자가 아프리카의 얼룩말은 위장병이 없다는 것을 밝혀냈다. 늙은 얼룩말의 위장을 갈라 보았더니 너무나도 깨끗했다고 한다. 그래서 관찰해 보니 주어진 환경에 편안하게 적응하며 살았기 때문이라고 한다. 즉 인간들이 늘 하는 고민, 갈등 같은 거 안 하고 태연하게 살기 때문인 것이다. 〈동물의 왕국〉 같은 데 보면 얼룩말 떼가 있는 주변은 늘 사자가 어슬렁거린다. 그런데 얼룩말들은 초연한 듯 풀을 뜯고 있다. 사자한테 한두 마리 잡아먹히기도 하지만, 슬슬 피하기는 해도 크게 동요하지 않고 자연의 섭리로 편하게 받아들이는 것 같다고 한다. 사자도 한 마리 정도 먹을 만큼만 잡아먹지, 인간들처럼 마구잡이로 과식하지 않으니 문제 될 게 없다. 그런데 나이 들어 늙은 인간들의 위장은 어떤가. 궤양, 염증, 천공, 암 등 걱정과 스트레스를 달고 사는 인간들의 위장은 성한 곳이 없다. 스트레스가 만병의 근원이라는 것을 증명이라도 해 주려는 듯 말이다.

인생이란 두 번 있는 것이 아니다. 인생사에 어려움이나 시련이 없을 수 있겠는가. 그럴 때 펄쩍 뛰며 너무 고민만 하지 말고, 우선 생명에 지장이 있나 하나만 생각해 보는 거다. 목숨에 지장이 있을 정도는 아니라면 심호흡 한번 크게 해 보는 거다. 이러면 한결 위로도 되고 고민도 작아지게 되는 나의 방식이다. 진짜 목숨에 지장이 있을 정도라면 그건 큰일이다. 만사 죽으면 끝이니까. 많이 고민해야 되겠지만, 시련이나 아픈 일이 있을 때마다 주문 외우듯 '생명에 지장이 없으면 큰일 아니다'를 한 번씩 짚어 보라. 걱정만 하는 것보다 돌파구라도 찾은 듯 마음이 한결 편안해질 테니까. 부처님도 인생은 마음먹기에 달렸고, 마음먹기 나름이라고 말하지 않았던가. 나의 좌우명 '생명에 지장이 없다면 큰

일이 아니다'를 나누어 드린다. 인생사 편안하게 마음먹으며 사는 게 신상에도, 정신 건강에도 좋은 것 아닌가 싶다. 목숨에 지장 있는 일은 인생에 그리 많이 있는 것이 아니니까. 얼룩말처럼은 아니더라도 걱정거리가 생겼을 때 그 걱정 잠시 내려놓고, 친한 친구나 이웃 친구 불러내어 노닥거리며 걱정 홀홀 털어 버리면 위장병 같은 것도 훨씬 덜 걸리고 마음도 조금은 편해질 것이다.

인생에서 번거로운 일, 꼭 하지 않아도 되는 일부터 조금씩 줄이면 그만큼 여유가 생고, 그만큼 속세에서 초연함을 가질 수 있다. 그런데 사람들은 나이 들수록 번거로움을 줄이려 하기보다 증가시키는 데 열을 올린다. 그것은 자기 인생에 굴레를 씌우는 것과 같다. 사람들은 남은 여생을 불행하게 만들기 위해 대부분의 시간을 보내는 것 같다.

옛 성현의 말에 현명한 자는 인생의 후반부를 과거의 어리석은 짓, 편견, 아집, 탐욕의 그릇된 고정관념을 고치고 줄이는 데 쓴다고 했다. 인간의 가장 치명적인 약점은 고정관념이다. 대부분 인간의 지능은 무언가에 세뇌되어 고정관념화하기에 아주 적합한 지점에 놓여 있다. 어떤 종류의 고정관념이건 인간이 인생을 살아가면서 한 번 세뇌되어 관념화하면, 그 고정관념은 그 사람의 가치관이 되어 인생사에 영향을 미치고 그 사람의 정신세계를 지배한다. 그런 고정관념으로 인해 인생이 뜻하지 않은 길로 가기도 하고, 파멸하기도 한다. 예를 들어서 늘 만나는 나의 친한 친구 7~8명이 있다. 이 중에 아주 순하고 자기주장을 잘 하지 않는 친구가 있는데, 대학을 나와 공무원을 하며 보통 시민으로 잘 지내고 있었다. 그러다 부인의 영향인지 어느 순간 사이비 종교에 심취하여 친구들과 잘 만나지도 않다가 어쩌다 만나면 너희도 빨리 회개하고 자기네 구원자 앞에 나와야 구원받을 수 있다며, 시간이 얼마 안 남았다고 설파하곤 했다. 친구들은 황당해하고 어리둥절했다. 그러고는 친구 모임, 가족 행사, 결혼식, 생일 초대 다 거부하고 오직 구원자의 종으로 살겠다고 한다. 그렇게 사이비 종교의 허황된 논리에 세뇌되어 정신세계를 지배당하면 그 고정관념이 가족, 친구, 일반적 사회생활의 유대 관계보다 우선하여 사이비 종교 외에는 가치 있는 것이 없는 상태가 된다. 그로 인해 종당에는 외톨이가 되고, 더욱더 그 사이비 종교에 빠져들고 만다.

인간은 높은 지능으로 인해 세뇌가 가능하다. 고로 모든 인간의 인생의 문제는 지능에 의한 세뇌에서 비롯된다. 생각하고 기억할 수 있고 그 기억한다는 것은 세뇌 현상이다. 인간은 세뇌된 앎으로 상황 판단을 하고 행동하며, 꾀를 내기도 한다. 각자 세뇌된 생각으로 인간은 서로 이것이다 저것이다, 이것이 좋다 저것이 좋다 등 끝없이 갈등한다. 그렇게 더 많이 호응을 받는 쪽이 옳다고 승자가 된다. 그런데 그 옳다는 것이 어떤 의미를 가질까? 아무 의미가 없을 수도 있다. 그냥 서로의 주장일 뿐이다.

독일 나치, 일본의 절대 신 천황, 레닌의 공산주의 등 그들은 무엇을 그리 목숨 걸고 주장하였던가. 그런 종류의 비극이 지능을 가진 인간의 역사다. 일본의 천황 폐하 만세, 나치의 게르만 민족은 위대하다, 레닌의 공산주의는 똑같이 나누고 어쩌고에 심취했던 인간들이 얼마나 열성적으로 목숨까지 걸며 열광하였던가…! 그것이 지능을 가진 세뇌의 인간의 참모습이었던 것이다.

또 종교는 인간의 인생에 어떤 존재인가? 종교가 인간에게 도움이 되었나! 아니다. 인간의 정신을 구속하고 허상을 좇아 헤매도록 아픔만 준 것이 진실일지 모른다. 그 분명한 예로 인류 역사의 거의 모든 전쟁이 종교에 의해 일어난 것이었다. 지금의 중동 시리아, 팔레스타인, 이스라엘의 전쟁도 종교전쟁이다. 수많은 사람이 희생되고, 종교전쟁으로 수많은 인간의 인생이 파괴된다. 그러나 어떤 종교도 책임지지 않고, 어떤 종교도 잘못을 말하지 않는다. 원래 종교란 어떤 종교든 그들 주장, 교리, 논리가 무결점으로 100% 옳아야 하기 때문이다. 그래서 종교 간에는 타협이란 불가능하며, 전쟁이 필연이다. 그로 인해 지구상 전쟁의 95% 이상이 종교로 비롯된 종교전쟁이었다. 종교가 각성하거나 없어지지 않는 한 전쟁은 끝나지 않고, 끝일 수 없다.

이 지구에 인간이 없다던가, 아니면 사람도 동물 수준의 지능에서 진화가 멈췄다면 지구 환경은 어떤 모습이었을까를 생각해 보는 것도 인간의 철학적 소양, 지적 훈련에 도움이 되지 않을까 생각해 본다. 인간들은 가끔 목가적 자연을 그리워하며 이야기한다. 사람이 없는 자연은 고요하고 아름답다. 사람들은 사람이 없는 자연을 찾아 돈을 들여 여행을 떠난다.

인간이 없었다면 우리의 지구는 목가적 낙원, 조용하고 평화로운 자연의 소리만 들리는 파라다이스였으리라. 그럴 수밖에 없지 않겠는가…!

독일의 철학자 프리드리히 헤겔은 끊임없는 갈등을 통해 사상의 체계 역시 산산이 부서진 뒤, 다시 모순이 적은 체계가 등장하는 변증법적 역사가 되풀이된다고 했다. 이런 과정은 결국 '근원적인 모순'이 없어지는 상태, 갈등이 더 이상 필요 없는 상태를 '역사의 종언'이라고 일컫는다. 일부 철학자들은 아직도 플라톤, 헤겔이냐고 냉소하기도 하지만, 비슷한 역사는 반복되어 왔다. 그 중심에는 인간의 '인생'이 있다.

인간은 끊임없이 스스로 존재(실존) 가치를 높게 갖고자 하는데, 인간의 존재 가치는 실존(현재 존재한다는 것을 스스로 아는 동물, 즉 인간), 있다는 것, 지금 존재하고 있다는 것이고, 인생이란 있다가 없는 것(죽음), 그것이 전부다. 인생의 의미, 목적은 궁극적으로 사는 것이다. 사는 것이 끝날 때까지 일어나는 소소하고 잡다한 일들을 소중하게 생각하고 즐길 줄 안다면 그것이 인생에서 오직 남는 것이다. 그렇게 살았거나 살고 있는 사람들, 소시민 들이 비교적 성공한 인생이라 할 수 있다. 인간들아 남에게 피해가 될 욕망, 욕심을 좀 줄이고 소소한 일상에서 의미를 찾아라. 그러면 그대 인생의 신상이 좀 편안해질 것이다.

어차피 고대든, 현대든 인간 사회를 구성하는 대부분의 사람들은 잉여 인간이 될 수밖에 없는 것이 인간 사회의 구조다.

지구상의 생물종 중에서 가장 불공정하고 불평등하게 살아가야 하는 종이 호모사피엔스란 종이다. 사람 이외의 모든 생물종들은 자연의 섭리대로 비교적 평등하게 살아간다. 이러한 사실만 보아도 인간은 만물의 영장이 아니라, 지구상 생물종 중의 가장 저급하고 저질스러운 종이라 나는 생각한다.

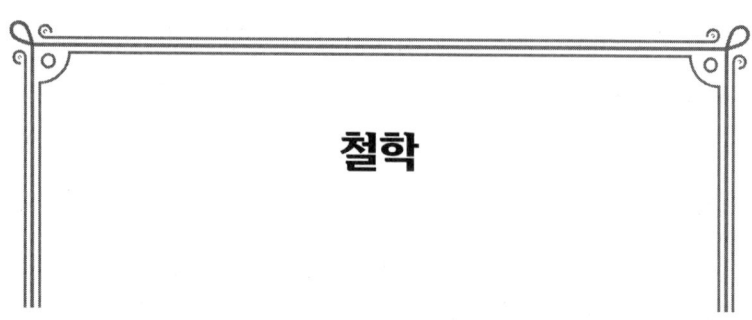

철학

철학이란 인간의 삶, 인생, 인간사와 세계 궁극의 근본 원리를 추구하는 학문이다. 철학에 대한 말들, '철학은 관용이다.' '철학은 모든 학문의 어머니다.' '철학은 생각의 현미경이다.' '철학은 과거와 미래의 불행을 쉽게 이긴다. 그러나 현재의 불행은 철학을 이긴다.' 등 철학에 대한 말은 수없이 많다. 또 소크라테스는 '경이로움은 철학자의 느낌이고 철학은 경이로움에서 시작한다.'라고도 했으며, '인간 정신세계의 진정한 약은 철학이다.'라고도 했다.

  이 모든 말들은 결국 철학은 인간의 삶과 불가분 관계이고 생활이며, 그 속에 철학이 있는 것이다. 철학의 심오한 관점에서 보면 인간에게 진정 값어치 있는 것은 사실 없다. 인간을 정확하게 정의하면 잠시 이 세상에 있다가 없는 것(죽는 것), 존재하다가 존재하지 않는 것, 그것만이 진실한 것이다. 그래서 난 동서고금을 통틀어 철학자들에 의한 철학의 맹점은 인간 의식에 관한 정교한 이론을 도출하려 한다는 점이다. 인간은 사회적 동물이다. 그 사회 속 다양한 인간에게 정교한 이론이 언제까지 그대로 유지되고 통용될지는 누구도 알 수 없고, 아무도 모른다. 인간의 이성이란 수시로 변하는 것. 그런 이성을 어떤 이론으로 정의해 묶어 둔다는 것은 불가능하다. 만고의 진리인 '열역학 제2의 법칙'에도 위배된다. 엔트로피는 변하게 되어 있으니 말이다.

철학의 첫걸음은 데카르트의 '나는 생각한다, 고로 존재한다.'라는 말처럼 생각하는 것이다. 인간이 살면서 인과관계, 일, 사건, 유혹 등 다가오는 인생사를 생각 속에 두고 신중하게 결정하고 받아들인다면 정신적으로 부유하고 삶의 미덕에 근원이 될 것이다. 우리가 품위 있다, 고상하다, 지적이다 하는 것은 인문학적 소양으로부터 건강한 정신이 만들어 내는 결과물이고 모습이다. 여성들이 제일 듣기 싫어하고 불같이 화를 낸다는 말은 '천박하다', '골 빈(머리에 든 것이 없는) 여자 같다'는 말이라고 한다. 그럼 그 반대는 물론 위에서 언급한 '우아하다', '지적이다', '고상하다'이고, 여자들이 우아하다는 말을 들으면 붕 뜬다고 한다. 사기꾼들이 여자를 유혹할 때 입술에 침도 안 바르고 무기로 자주 사용한다고도 한다.

그러면 자기에게 다가오는 일, 사건, 유혹 등에 생각 없이 행동한다든가, 남의 말을 무조건 믿고 따른다면 어떤 결과에 이를까. 그 결과는 조종자의 꼭두각시가 될 수밖에 없다. 가장 쉬운 예로 사이비 종교의 감언이설을 그대로 믿고 받아들여 생각 없이 따르고, 그 감언이설의 세뇌로 고정관념이 된다면 그 사람의 의식은 존재하지 않게 된다. 본질적으로 생각하는 삶은 옳고 그름, 흰 것과 검은 것을 가늠하는 아주 큰 힘을 가지고 있다. 인간이 동물과 다른 점도 생각하는 기능과 생각하고 행동하는 점이다. 고로 인간의 삶은 생각 속에 존재한다고 할 수 있다. 역사 속 최고의 권력자들 중에서도 그 위력에서 최상위라고 할 수 있는 알렉산더

대왕도 '나는 내가 알렉산더가 아니었더라면 디오게네스가 되고 싶다.'라고 했다. 바로 그런 점에서 본질적으로 생각하고, 옳다는 것이 철학 체계의 막강한 힘이며 장점이다. 알렉산더 같은 권력자도 부러워하는…!

나는 철학자 중 버트런드 러셀에 공감하는 점이 많고 좋아한다. 그의 말 중에서 '단순하지만 누를 길 없이 강렬한 세 가지 열정이 내 인생을 지배해 왔으니, 사랑에 대한 갈망, 지식에 대한 탐구욕, 인류의 고통에 대한 참기 힘든 연민이 바로 그것이다.'라는 말이 특히 맘에 든다.

사실 학문이라는 것이(철학을 비롯해) 그 학문을 하는 사람들, 식자들의 전유물이라 그런지 전공자나 학식과 상식이 출중한 사람 이외의 보통 사람들은 철학 서적, 인문 서적을 보아도 그것들이 무슨 뜻인지, 무엇을 말하는 것인지 알기 쉽지 않고 어렵다. 예를 들어 변증법, 실존, 비실존, 무형학, 계몽주의, 삼차원, 형이상학, 형이하학, 만민법, 유상성, 제3의 계급 등의 많은 철학적 용어들을 가끔 들어 보았겠지만, 그것들의 정확한 뜻은 잘 모른다. 학문을 하고 철학을 하는 사람들 외에는 말이다. 심지어 대학생들조차 자기 전공이 아니면 그 의미를 정확하게 아는 사람이 그리 많지 않다. 대학생 중에서도 상식이나 철학적 소양이 깊은 사람 외에는 말이다.

쉬운 예로 실존주의의 '실존'이 무엇이냐고 하면 쌈박하게 대답하는 사람은 아주 소수에 불과하다. 학창 시절 친구 중 넉넉한 집안에서 태어나 그것에 안주하며 쉽게 쉽게 사는 것이 인생 목표인 친구가 있다. 그래서 그에게 '넌 쉽게 사는 게 네 실존의 지상 목표냐?'라고 하니까 '응? 실존이 뭔데?' 하며 되묻는다. '네가 지금 여기 존재하잖아. 네가 실존이야 인마.' 하니까 '내가 실존이야? 왜?'라고 한다. '네가 지금 실제로 여기 존재하고, 그 사실을 너도 알고 있잖아. 존재하는 것을 스스로 알고 있는 그게 실존이야. 너, 즉 인간.' 그제야 말귀를 알아먹고 '아 그렇구나. I AM A SILJON.'이라고 한다. 그러자 그놈이 '근데 넌 왜 그런 데 신경 쓰고 골머리 썩이고 사냐? 나처럼 좀 쉽게 편하게 살아라. 그냥 보이는 대로 꼴리는 대로. 야 저기 봐라. 저 여자 엉덩이 죽인다. 엉덩이 미인이네.'라고 한다. '넌 왜 그런 데만 신경 쓰냐. 너도 골치 아프게.' '이런 건 골치 안 아파 인마. 스트레스 해소도 되고.' '아이고 그만 두자….' 철학은 이런 게 아닐까! 사람 사는 이야기 그게 진정한 의미의 철학 아닌가.

중세 유럽 사회는 가톨릭(그리스도) 교회가 주창하는 초월적 신앙으로 결합되어 있었고, 철학은 종교 중심이었으며 문화 예술 또한 종교 범주 안에 있어 종교가 거의 모든 방향에 영향을 미쳤었다. 그만큼 종교의 뿌리가 유럽 전역에 길게 드리우고, 종교가 철학, 예술, 문화, 역사를 주도했다고 볼 수 있다. 우리가 알고 있는 유명한 음악가, 미술가, 연주자 등 모두 교회 소속이었다.

그러던 것이 과학이 발달하며 활자의 보급 확대와 산업화의 태동이 일면서 변화의 바람이 불어오기 시작하였다. 17세기 후반에서 18세기에 들어 종교적 신앙과 과학 간에 화해할 수 없는 모순이 존재한다는 것이 확연히 나타나며, 철학자들은 종교로부터 벗어나 자유롭고자 했지만 쉬운 일이 아니었다. 유럽의 철학은 성서의 교의적인 기독교적 의식이 깊게 자리하고 있었기 때문이다. 헤겔, 괴테, 니체, 키르케고르, 슈트라우스 등도 그 영향 속에 존재했다. 그중 니체는 기독교적 의식에서 벗어나려 온 힘을 다해 그 굴레를 벗어 던진 사람이었다. 형식적으로는 말이다. 그 시절 대부분의 철학자가 목사나 성직자의 자식들이었다.

역사 철학은 변신론, 국가 철학은 지상에서 신적인 것의 파악, 논리학은 순수 사유의 추상적 요소로 된 신의 표현이다. 헤겔은 그리스도교의 철학적인 진실성을 그리스도가 인간적인 것과 신적인 것의 분리를 화해시킨 점에 있다고 본다. 19세기쯤에 들어서 사회사상의 혼란과 과학만이 타당성 있는 사고의 유일한 모델같이 여겨졌던 것이다. 마르크스는 프랑스 7월 혁명을 관념론적 시대의 종말과 현실주의 전향의 시작이라고 인식하였다. 그리스도교는 마르크스에게 있어 하나의 '도착된 세상'이고, 키르케고르에게 있어서는 세상을 무시하고 하나님 앞에 서는 일이며, 헤겔에게 있어서 신의 애육에 기초하여 진리 가운데 존재하는 것이다. 신적인 본성과 인간적인 본성을 한 몸에 갖춘다는 것이다.

19세기로 들어서며 사회에서 차츰 죽어 가는 신학적과 대조적으로 새로 탄생된 유형은 과학적이요 산업적이다. 과거의 철학적인 전형적 사고가 신학자는 승려의 사고였던 것처럼, 근대의 전형적인 사고는 과학적인, 산업적인 사고다. 뉴턴을 비롯한 과학자들은 사회 질서의 지적, 도덕적 기초를 제공하는 사회적 카테고리로서 승려나 신학자를 대치하는 과정으로 가고 있었다. 사회 개혁의 조건은 지적 개혁이라는 것이다. 위기에 처한 사회가 재조직되는 것은 혁명이나 폭력 같은 우발 사건으로 말미암은 것이 아니라, 여러 과학적 종합과 실증적인 정치의 창조로 말미암은 것이어야 한다는 것이다. 권력의 힘에 법칙으로 지배되는 세속적 질서 너머에 도덕적 가치의 질서인 정신적 질서가 있다. 이 정신적 질서는 무엇인가? 그것은 가톨릭이 생각하는 것과 같은 초월적 질서가 아니다. 그것은 내세적 질서도 아니다. 그것은 영생의 질서도 아니다. 그것은 세상의 질서나 부와 권력의 위계에 대치되는 도덕적 가치의 질서다. 모든 사람의 지상 목표는 권력의 위계에 있어서 우위를 차지하려는 데 있는 것이 아니라 가치의 위계에 있어서 으뜸가는 것이어야 한다. 산업사회는 오직 정신적, 상식적 힘으로 말미암아 통제되고 선택되고 변형될 때에야 비로소 존속할 수 있다는 것이다. 인본주의적 정신의 지향점이 사회의 뿌리가 될 때 비로소 그 사회는 존속할 가치가 있다는 것이며, 존속할 가치와 힘이 있다. 도덕적 가치가 흐르는 사회가 건강한 사회가 된다.

철학은 사람(인간)이 생각하고 사고하는 것이다. 학자만이 사고하고 생각하는 것이 아니라, 모든 사람이 사고하고 생각한다. 바로 인간의 삶, 그 걸어가는 길이 철학이 되는 것이다. '나는 생각한다, 고로 존재한다.' 프랑스 철학자 데카르트의 말이다. 모든 사람이 다 그렇다. 아니다, 이 세상에는 생각 안 하고 사는 연놈도 많다.

사실 인간은 인간의 모순성을 잘 모른다. 나는 괜찮고 너는 안되고, 나는 해도 되고 다른 사람은 안 되고 등등. 대부분의 인간이 그렇다. 어쩌면 그런 점을 모르고 사는 것이 모순성이 덜한, 신실성에 가깝게 사는 것인지도 모른다.

인간에 대해 깊게, 넓게, 오래 생각해 보고 고민해 봐도 그럴수록 더 허전해지는 것은 무언가? '인간은 만물의 영장' 피부에 스쳐 지나갈 때는 그냥 싫지 않은데, 조용히 그 속을 헤집고 생각해 보면 허전하고 허탈해지는 그 요상함…!

사실 사람도 여타 동물과 같이 종으로 분류하면 사람이란 한 '종'의 동물이다. 그것은 확실한 진실이다.

동물 중에서 사람(인간)만이 특별한 의미와 값어치 있는 존재라고 생각하고 느끼는 것은 각 인간 객체가 그렇게 세뇌되어 느끼는 감정일 뿐이다. 인간의 그런 느낌, 감정, 주장이 어떤 정당성이나 철학적 의미가 되는 것은 아니다. 또 한 개인이 의미 있고 값어치 있다고 생각하고 느끼는 것이 타인에게는 아무 의미가 없기도 하다. 인간의 느낌과 주장과 감정이란 것들을 통일해 보면 좋다거나, 나쁘다거나, 안됐다거나, 무심하다거나, 화난다거나, 배고프겠다거나 하는 것과 같이 순간의 감정일 뿐인 것, 그냥 그 정도인 것이다.

그래서 인간사에 철학적 결론이 없는 것인지도 모른다. 원래 태생이 그랬으며, 본디 인간은 동물의 한 종으로 이 세상에 온 것이 진실이니까!

잊자, 잊자고. 인간에 대한 고민은 잊고 포기하고 사는 거다. 인간의 철학적 결론은 그냥 잠시 있다가 없는 것, 이 세상에 잠시 왔다가, 있다가 가는 것, 인생이란 이 세상에 잠시 존재하다가 존재하지 않는 것, 그것이 사람(인간)의 인생이라는 것. 나는 단순하게 인간을 그렇게 정의하고 싶다.

니체

　인간의 척도를 혼란케 하는 인간주의, 세속화된 기독교의 그러한 인간주의에 대한 항의 가운데서 니체는 근대적 인간에 대한 비판을 전개하였다. 그의 추론은 기독교적 인간주의의 전체를 파기하는 인간 초극의 요구였다.

　기독교와 인간주의의 내적 관련은 니체의 경우 신이 죽었을 때에 초인이 나타난다고 표현하고 있다. 이 죽음은 인간이 신으로부터의 탈출과 동시에 인간의 초극까지도 요구한다. 인간은 그런 점에서 신으로 있는 것과 동물로서 있는 것의 중간에 놓인 존재로 인간의 전통적인 위치를 잃는다. 그는 무의 심연 위에 팽팽하게 걸쳐져 허공 가운데 펼쳐진 줄 위에 있는 것과 같이 자기 자신 위에 놓여 있다. 그의 존재는 '차라투스트라'의 선언 가운데 나오는 줄광대의 존재와 같이 본질적으로 위험 속에 있고, 위험이 그(천직)이며, 위험 속에서만 문제로 된 인간 규정이 존재한다. 행복, 이성, 미덕, 정의, 교양, 자유 등 전래된 인간주의의 관념 전체가 니체의 새로운 인간 규정으로 보아 더 이상 구속력을 가지지 못하고 있다. 나약한 본능 퇴화로서의 인간주의에 대한 비판에도 불구하고, 니체는 정치적 훈련의 목적을 위하여 인간을 경멸하려고는 꿈도 꾸지 않았다.

니체는 자신에 이렇게 자문하였다.

'지금은 이 세상의 거의 모든 것이 아주 우악스럽고도 가장 몹쓸 세력들과 영리를 구하는 자의 에고이즘과 무법한 군인에 의해서만 규정된다. 후자의 손안에 있는 국가는 아마도 영리를 구하는 자의 에고이즘과 같이 일체의 자기 위주로 새롭게 조직하고, 모든 적대 세력에 대하여 속박하고 압박하려는 시도를 할 것이다. 즉 그러한 국가는 인간이 교육에 대하여 행한 것과 동일한 우상 숭배를 국가에 대하여 행하기를 원한다. 그것은 어떤 결과로 될 것인가? 우리들이 그것을 아는 것은 이때부터이다. 아무튼 우리들은 오늘날 아직 얼음을 흘려 내는 중세의 강하에 있다. 강의 얼음은 녹아서 파괴적인 격류가 되었다. 얼음덩어리는 맞부딪치고, 강변은 어디에나 위험에 차 있다. 의심할 것 없이 그러나 시기가 다가오는 때는 인간성은 도피와 혼돈의 소용돌이 속에 있는 때보다도 한층 위험하다. 그리고 불안에 떨면서 기대를 걸고 분초의 시간까지도 이용해 보려는 탐욕스러운 기분을 위하여 영혼의 모든 비열함과 이기의 충돌이 일어난다. 그리하여 우리네 시기의 그러한 위험에 즈음하여 인간성을 위해, 즉 몇 세대나 걸려서 점차 모은 신성불가침의 신전의 보물을 위해 몇 사람이나 호위하는 기사로 시중들 것인가. 모든 사람들이 자신 속에 벌레와 같은 이기심이나 개와 같은 불안만을 느끼고, 그 인간의 상에서 탈락하여 짐승으로, 그뿐 아니라 생명 없는 기계로 전락하고 있는데 몇 사람이나 인간의 상을 세울 수 있을 것인가?'

이와 같은 인간의 상을 니체는 세우고자 시도하였다. 그는 기독교적 인간주의와 함께 인간의 단일과 평등의 이념을 철저하게 극복하기 위해 자유인과 노예의 격차가 정당한 것으로 생각하고 있던 고대까지 거슬러 올라갔다. 그러나 기독교의 역사적 성과를 무효화하는 것은 불가능한 일이어서 니체가 제출한 문제는 니체의 인간주의 비판을 기초하는 것으로 존재한다.

　기독교에 대한 철학적 비판은 19세기 중 헤겔에서 그 대단원을 이루어 니체에 와서 결말을 보게 된다. 그것은 프로테스탄트적인 데다 특히 독일적인 사건이다. 더구나 그 일은 비판하는 쪽이나 종교 쪽에서도 말할 수 있다. 독일의 철학적 비판자는 모두가 신학의 소양을 가진 프로테스탄트였다. 비판 즉 구별은 결합시키는 것과 분리시키는 것을 고려하여 수행될 수 있다. 이 두 개의 형식상의 가능성은 기독교의 철학적 비판이 최후의 위치에 있을 때 종교와 철학의 구체적 관계까지도 특정 짓는다. 기독교의 신화 발생이 로마제국의 시대에 가능했던 것은 인쇄술이 아직 발명되지 않았기 때문이다. 날조한 것을 잠깐 사이 전 지역에 전달하는 전보와 일간 신문은 옛날 1세기나 걸려서 이루어진 것보다 더 많은 신화를 하루 동안에 제조한다. 그러기에 신화를 자아의식이나 인간에게 단지 이론적으로 환원시키는 것만으로는 불충분하고, 인간적 관계 그 자체를 언제나 개혁하면서 비판하는 일이 필요하다.

　니체의 의식에 있어서 하나의 사실 그것의 의의는 그것 자체보다 오히려 그것의 니힐리스틱한 여러 결과에 있었다. 신을 잃어버린 기독교에 대한 비판의 본질적인 요소는 그가 18세에 쓴 '어떤 눈물'의 서문에 포함되어 있다. 더구나 그 논문은 다른 점에서 아직 그냥 기독교 본질의 인간화라고 하는 전통적인 궤도만을 오가고 있다. 교회와 신학의 기독교가 아니라, 그것이 세속적 변태, 낡은 기독교가 근대적 세계의 내부에서 나타내는 재치 있는 허위이다. 그것이 기독교라고 호칭되든, 기독교 신앙이라 불리든, 기독교 교회라 불리든 니체는 수천 년 동안 걸친 이 미친 병원 세계를 암담한 기분으로 주의 깊게 통과한다. 그 정신병으로 인해 수 세기 동안, 아니 천 년 넘게 인간들은 얼마나 많은 신의 위협과 공포에 떨었던가. 니체는 인류에게 그 정신병의 책임을 지우지 말아야겠다고 생각했다.

오늘날 기독교의 자신들은 선이요 구원이요 진리라고 하는 그 병중의 군상들에 구역질이 난다. 수천, 수백 년 동안 인간이 종교에 질식해 살았고, 신은 구원이 아니었다. 특히 중세 때 신은 인간에게 공포의 존재였다. 한때 진리라고 부르던 것이 단편 몇 구절도 더 이상 진리라며 남아 있지 않다. 니체는 그렇게 의식하고 싶어 했다. 목사가 진리라고 하는 말을 입에 담는 것도 참을 수 없는 일이다. 신학자나 목사나 교황이 하나의 문장을 말할 때마다 단지 잘못된 것이 아니라 거짓말을 한다는 것, 깨끗함이나 무지에서 거짓말을 한다는 것을 오늘날 누구나 알고 있다. 더욱이 그럼에도 불구하고 모든 것이 옛날 그대로다. 평소에는 걷잡을 수 없는 종류의 인간이어서, 철두철미 반그리스도인 우리 정치가들까지도 오늘날 여전히 기독교도라 부르고, 성찬을 받으러 갈 정도라면 기독교는 도대체 어떤 사람을 부정하는가. 기독교는 무엇을 세상이라 부르는가.

모든 순간의 온갖 실행, 온갖 본능, 행위로 옮겨 가는 온갖 평가는 오늘날에는 반기독교적이다. 그럼에도 근대적 인간이 여태까지 기독교도라고 불리는 것을 부끄럽게 여기지 않는 건 얼마나 어처구니없는 허위의 기형인가. 세속적으로 된 우리의 세계와 기독교적 신앙과의 모순에 대해 최후의 변명을….

니체는 무신론의 문제에 위기와 최고의 결단을 초래하는 것을 자신에게 주어진 매우 중요한 과제로 생각하였다. 이 미래를 잉태하는 무신론을 그는 처음에 쇼펜하우어의 '세계 비판론'에 예시되어 있는 것으로 믿고, 뒤에 와서 그것을 점점 더 날카롭고 상세하게 유럽적 '허무주의'의 자기 극복 문제로서 발전시키려 하였다. 절대적으로 성실한 무신론의 경향은 독일 철학을 절반 신학으로 보는 니체의 비판까지도 규정하고 있다. 칸트, 피히테, 셸링, 헤겔뿐만 아니라 포이에르바하와 슈트라우스 모두 그에 의하면 아직 신학자이고, 절반 목사이고, 신부이다. (이들의 부모는 거의 다, 니체를 포함해 성직자, 목사이다.)

철학은 신학자의 피로 부패하고 있다고 그는 말한다. 프로테스탄트의 목사는 독일 철학의 조부이고, 프로테스탄티즘 그 자체가 독일 철학의 원죄라고 했다. 진정 독일 철학이란 무엇일까. 교활한 신학과 다름없음이라 파악된다.

독일 철학의 프로테스탄티즘에 대한 니체의 통찰의 이면은 프로테스탄트 신학의 철학적 무신론에 대한 니체의 안목이다. 너무나도 많은 독일의 철학자나 학자가 프로테스탄트 설교자의 자녀이기 때문이라고 니체가 말하는 것은 자기 자신 또한 말하고 있는 셈이다(니체도 목사의 아들). 부친의 쪽만을 보고 있어서, 그 결과 너 이상 신을 믿지 않게 되었다. 그런 까닭에 독일 철학은 프로테스탄티즘의 계속인지도 모른다. 가설적인 절대를 인정해야만(전지전능하다는) 성립되는 기독교, 모순을 전제로 시작되는 데서 철학적 괴리를 내포한다. 왜 절대이고, 무엇으로 어떻게 전지전능한지, 허술하고 허접한 논리의 전능에 대해서는 왜 논하지 않는가. 보통 지능에 글을 아는 사람이면 누구나 공상해 낼 수 있는 수준, 기독교 신화의 허망한 논리를 무조건 인정해야만 시작되는 전능과 왈가왈부가 우스꽝스러운 광대의 연극 같지 아니한가 말이다.

17~18세기 철학자들은 시대의 변화에 따라 종교로부터 벗어나 자유롭고자 하지만, 그런 노력 자체도 이미 종교의 그물 안에 있음을 인정하고 마는 것이었다. 유럽 전역에 뿌리내리고 있는 드리워진 그늘은 깊었다. 아이러니한 것은 그 시절 철학자 대부분이 성직자, 목사의 아들들이었다는 것(그 시절 그럴 수밖에 없는 환경이었다. 소작인이나 농노 집안에선 먹고살기도 벅찬데, 활자의 보급도 제한적이고 대면할 기회조차 서민들에겐 드문 상황에서 얼어 죽을 철학. 목사들은 기득권자 그룹에 속했으며 부자였다. 그 자녀들은 먹고살 걱정 없고, 활자를 대할 기회가 많았으며, 부모들의 편법의 치부, 권력욕 등 부조리한 것을 보고 자라면서 키에르케고르처럼 극단적이진 않더라도 반항적인 심리로 인생에 대한 고민이 인생에 관한 철학으로 흐르게 되는 것이 자연스러웠다.)이다. 그래서 유독 성직자, 목사 자녀들이 철학자가 많았고, 왕족, 귀족 집안 자식들은 다방면의 학자가 많았다.

니체는 시대 및 당시의 철학에 대한 관계에서 시류를 벗어난 사람이었다. 그는 기독교 역사의 탈출구이며, 니체의 그것을 허무주의의 자기 극복이라 일컬었다. 그 허무주의는 신의 죽음에서 기원하는 것이다.

중세부터 17세기 말까지 철학은 종교의 넓은 범주 안에 속해 있는 한 부분이었다. 토마스 아퀴나스는 '철학은 종교의 시녀'라고 규정하기도 했다. 그 후 활자의 보급이 급속도로 확대되는 산업화가 진행되며 많은 사람들이 뉴스, 신문, 과학적 상식 등 새로운 세상을 접하면서 종교는 서서히 위축되었다. 일방적으로 세뇌되었던 종교적 믿음이 과학적인 발견으로 어둠 속에 갇혀 있던 실체들이 확인되면서 일방적이었던 종교적인 의식은 심각하게 도전을 받는다. '신앙의 위기'(Crisis of Faith)를 느끼고 사람들의 믿음의 환상이 부서지기 시작한 시기라고 할 수 있다. 그러나 누구도 앞에 나서서 솔직한 느낌, 철학적 소신을 개진하는 사람은 없었다. 하지만 시대의 흐름을 거부할 수는 없었고, 종교는 철학보다 작아져 인간의 기호에 따라 선택 사항에 불과하게 되었다.

니체는 우리들 시대의 철학자라는 것, 그는 시대를 따르면서도 시대를 벗어나 있다는 것, 그리고 지혜 최후의 애호가로서 영원을 사랑하는 최후의 사람이기도 하다는 것이다.

니체는 지상에 존재하지 않았던 가장 심각한 양심의 갈등에 여태 믿고 요구되고 신성시되던 일체의 것을 공격하기 위해 호출된 하나의 결정에 아무도 반박해 보지 못한 것을 반박한다. 그럼에도 불구하고 나는 부정적 정신의 반대인 것이다. 나는 인간이 아니다. 나는 폭탄이다. 이제까지의 모든 것 때문에 나는 필연적으로 숙명의 인간이기도 하다. 왜냐하면 진리가 수천 년 허위와의 진투를 시작할 때 우리들은 아직 아무도 몽상조차 해 보지 못했던 영감을, 지진의 경련처럼 경험할 것이기 때문이다. 정치라는 개념은 그런 경우 온전히 영의 전쟁으로 변모하여 낡은 사회의 일체의 권력 조직은 공중분해되고 만다. 그것들은 전부가 허위 위에 뿌리박고 있는 것이다. 아직 지상에 없었던 전쟁들이 일어날 것이다. 나로부터 비로소 지상에 위대한 정치가 있는 것이다.

유럽의 운명이라는 소인이 찍힌 이는 정신병자의 과대망상으로 보이기도 하고, 예언자적 지혜나 광기 또는 달관으로 보일지도 모른다. 니체는 그 광기의 달관을 가지고 문헌학의 퇴직 교수로서 십자가에 달린 신 디오니소스가 되어 유럽의 운명을 정신적으로 규정하기 위하여 희생, 제물을 바쳐야 할 형편이었다. 그러나 동시에 그는 결국 '영원'의 어릿광대에 지나지 않는다는 감정도 가지고 있다. 앞에서도 언급했듯이 니체는 시대 및 당시의 철학에 대한 관계에 있어서 시류에 벗어난 사람이었고, 또한 마침내 시대에 벗어난 사람으로 남아 있게 된 까닭에 그는 당시에나 지금에도 시류에 알맞는 사람이고 시대의 철학적 척도인 것이다. 적어도 그 자신은 자기의 시대적 부적응이 시대에 적합한 것임을 그와 같이 이해하였다.

특히 서양 철학의 기원이었던 희랍 고대의 지식이 시대에 반하여, 아마도 도래할 시대를 위해 현시대의 아들로서 그처럼 시류에 벗어난 경험을 겪게 된다 하기도 한다. 그가 한갓 고전 문헌학자였다면 알 수 없었을 것이고 논의의 대상도 아니었을 것이다.

철학자가 최초이자 최후로 자기 자신에게 요구하는 것이 무엇일까. 자기 시대를 자기 속에서 극복하는 것, 즉 시대를 초월하는 것이다. 니체는 자신의 속에서 한갓된 당대의 시류와 사람을 극복하고, 그렇게 함으로써 비로소 시대의 철학자가 됐다. 그는 역사적 시대의 전체에 걸쳐 전망하는 것으로서 자기 자신의 시대까지도 통찰할 수 있었다.

니체는 유럽에 허무주의의 도래를 예견하였었다. 이 허무주의가 강조하는 것은 신에 대한 기독교적 신앙의 몰락과 아울러 도덕의 몰락, 다음으로는 이 이상 어떤 것도 진실한 것은 없고 모든 것이 허용된다고 하는 것을 의미한다. 《권력에의 의지》의 서문에는 다음과 같은 것이 쓰여 있다. 내가 이야기하는 것은 장차 올 2세기의 역사이다. 내가 서술하는 것은 오고 있는 것으로 이 이상 다른 형태로는 올 수 없는 것, 즉 허무주의의 도래를 서술한다.

허무주의 그 자체는 두 가지의 의미를 가질 수 있다. 그것은 궁극적인 몰락과 생활 혐오의 징조일 수 있고, 생활에의 새로운 의지와 강화로서의 최초의 징조일 수도 있다. 즉 약자의 허무주의와 강자의 허무주의인 것이다. 근대성의 근원인 허무주의의 이 양의성은 니체 자신도 본래부터 지니고 있었던 것이다. 나의 존재의 행복, 그 독자성은 아마도 그 숙명에 달려 있을 것이다. 그것을 수수께끼식으로 말한다면 나는 나의 아버지로서 이미 죽은 것이다. 또한 나의 어머니로서 아직 살아 있어서 나이를 먹어 간다. 이는 마치 인생은 사다리의 맨 위쪽 첫 번째의 횡목과 맨 아래쪽 횡목으로 된 이중적인 혈통, 즉 데카당스로 있는 동시에 시초로 있다는 것. 그것이야말로 인생의 전체적 문제에 대한 관계에 있어서 아마도 나의 특징을 이루고 있듯이 생각되는 중립성, 즉 당파로부터의 자유임을 설명하는 것이다. 나는 단초와 몰락의 징조에 대해서 지금까지 어떤 인간에게도 없었던 그런 예민한 코를 가지고 있다. 나는 이 점에 있어서 우수한 교사다. 나는 두 쪽을 알고 있다. 나는 두 쪽 모두인 것이다. 니체는 자기가 본시 어떤 자일까, 약속하는 자일까, 실현하는 자일까, 정복하는 자일까, 계승하는 자일까, 추수의 계절일까, 경작의 계절일까, 병든 자일까, 쾌유자일까, 시인일까, 해방자일까, 직언자일까, 압제자일까를 고민했다. 물음을 미해결로 남겼던 것은 자기가 두 쪽 어느 것이 아니라, 동시에 두 쪽 모두임을 알고 있었기 때문이다.

니체의 철학적 실존의 이런 이중적 의미는 시대에 대한 그의 관계의 특징으로도 된다. 즉 그는 오늘 및 지난날의 사람이기도 하고 내일과 모레 및 다른 훗날의 사람이기도 하다. 그의 철학은 기독교적 후생의 역사의 단편이며, 동시에 희랍적 전생에서 남겨진 흔적이기도 하다. 그 때문에 니체는 최근 시대의 철학자일 뿐만 아니라 가장 옛 시대의 철학자이기도 하다.

니체는 시대 및 당시의 철학에 대한 관계에 있어서 시류를 벗어난 사람이었고, 또한 마침내 시대에 벗어난 사람으로 남아 있게 된 까닭에 그는 당시에나 지금에도 시류에 알맞는 사람이고, 시대의 철학적 척도인 것이다. 적어도 그 자신은 자기의 시대적 부적응이 시대에 적합한 것임을 그와 같이 이해하였다.

니체의 말년은 아주 많이 궁색하고 경제적으로 어려운 사정이었다. 끼니를 거르는 게 다반사였지만, 그의 학문에 대한 집념과 열정은 멈추지 않았다.

그 시절 시대상이 그렇듯 기득권 계급에 속하지 않은 문학, 음악, 미술 등 예술가들은 무척 어려운 삶을 사는 사람이 많았다. 귀먹은 베토벤, 얼굴과 귀가 찌그러진(영양실조로) 반 고흐 등등 셀 수 없이 많았다. 그 시대 예술인들은 경제 사정 때문인지 교회 소속인 경우가 많았다. 그 시대 예술인들이 그러했듯 니체의 말년은 아주 많이 곤궁한 상태였다고 한다.

니체의 마지막 작품인 《차라투스트라는 이렇게 말했다》를 쓸 때는 끼니를 거르면서도 10일 만에 500여 페이지의 초안를 써 냈다는 이야기는 그의 학문에 대한 집념과 열정이 어떠했는지를 말해 주는 유명한 사실로 전해 주고 있다.

문학, 인문학, 인간애의 철학에 미쳐 어려운 환경 속에서도 인간에게 무언가 가치 있는 인문적 양식을 남겨 주기 위해 피나는 노력과 투쟁을 했던 인간 니체, 그의 치열한 생에 이 평범한 범부는 경의를 표한다.

마르크스

올해로(2021년) 볼셰비키 공산혁명 104주년이 된다. 10월 혁명은 마르크스에게 공산주의를 전도한 모세스 헤스의 말대로 지상에 천국을 건설하려는 허황한 꿈의 실험이었다. 모든 인간이 평등한 대접을 받고, 나누고, 가지며 똑같은 계급장을 단 세상. 그런 사회를 만들겠다는 레닌의 꿈의 출발이기도 했다. 허황한 꿈의 출발이었다(왜 '허황한 꿈'이라 하냐면, 욕망과 감정의 경쟁적 동물인 인간에게 대입이 불가능한 유토피아적 환상이므로. 가보지 않은 길이며 표면적으로 달콤한 유혹에 또 혹시나 하는 인간 지능의 한계, 세뇌에 취약한 대부분의 인간의 지능의 한계 때문이다).

1917년 4월 핀란드에서 긴 망명 생활을 청산하고 러시아의 상트페테르부르크로 돌아온 중년의 블라디미르 레닌, 그 순간부터가 그 후 반세기 넘게 전 세계를 뒤흔든 공산주의 혁명의 시작이었다. 당시 러시아는 2월 혁명으로 300년간 러시아를 지배하던 로마노프가의 마지막 황제 니콜라이 2세가 퇴위하고 케렌스키가 이끄는 과도 정부가 집권하고 있었으나, 니콜라이 2세 퇴위의 직접적 원인이 된 제1차 세계대전 패전의 후유증으로 인기는 바닥을 치고 있던 중이었다.

　레닌은 도착하자마자 4월 테제를 발표하고 과도 정부 지지 철회와, 군대와 경찰의 폐지, 금융 산업의 국유화를 주장했다. 그는 7월 봉기를 시도했지만 정부군에 의해 진압되고 체포령이 내려지자 체포령을 피해 다시 재차 핀란드로 간신히 도주한다. 그렇게 레닌의 꿈은 물거품으로 끝날 것처럼 보였었다. 이때 러시아의 장군 코르닐로프가 군사 쿠데타를 일으킨다. 다급해진 케렌스키는 레닌이 이끄는 볼셰비키의 지휘를 받는 소비에트 병사들의 힘을 빌려 쿠데타를 진압한다. 이때부터 러시아의 실권은 볼셰비키 쪽으로 급속히 기울기 시작한다.

　그해 10월 레닌은 임시정부 전복을 지시하며 10월 26일 정부 중요 각료들이 모여 있던 러시아 황제의 '겨울 궁전'을 습격해 각료들을 체포하고 겨울 궁전이 볼셰비키의 손에 떨어지면서 10월 혁명은 거의 손에 피를 묻히지 않고 성공한다.

　권력이란 얻는 과정이 간단하기도 하지만 지키는 것은 쉽지 않고 어려운 법이다. 레닌은 비밀경찰 체카를 만들어 자신에 대항할 수 있는 힘을 가지고 있다고 생각되는 인사들과 반정부 인사에 대한 무차별 체포와, 재판 없이 체포한 인사들을 처형, 재산 몰수할 수 있는 포고령을 선포한다.

　이 과정에서 수만 명이 처형된 것으로 추정되는데, 훗날 스탈린이나 히틀러가 저지른 악행에 비하면 별것 아닐 수 있지만 당시로는 최악의 정치 학살극이었다. 정부 관료들이 살던 큰 아파트에서 매일 수십 명씩 끌려가면 다시는 돌아오지 못했다고 한다. 그러고도 그 후 3년 넘게 구 왕조를 지지하는 백군과 볼셰비키 적군과의 내전으로 백군 150만 명 적군 150만 명 정도의 3백만 명 이상 사상자가 발생했다. 그 와중에 민간인 희생자도 상당했던 걸로 전해진다.

1924년 53세의 레닌이 갑자기 뇌졸중으로 사망하자 그 뒤를 이은 스탈린, 그도 대대적인 정적 숙청과 함께 5개년 경제 개발 계획을 실시하여 상당한 성과로 경제를 발전시키고, 제2차 세계 대전에서 큰 역할이나 희생 없이 승리자 대열에 합류하였다. 그 여파로 소련은 동유럽까지 세력을 늘리는 것은 물론 아시아와 아프리카의 많은 나라들이 사회주의로 기우는 데 결정적 기여를 한다. 중공을 비롯해 지금까지 공산 왕조를 이어 오고 있는 북한도 그 기세의 소련 군홧발에 김일성이 묻어 들어오면서 생겨난 기형적인 정권인 것이다.

한때 미국까지도 공산화시키겠다고 큰소리쳤던 소련은 이제 존재하지 않는다. 모든 인간을 평등하게 잘 살게 해 주겠다던 공산주의 이념과 구호는 빈곤의 평등화만을 보여 주고 입증한 채 버림받았다.

각자 능력껏 일하고 필요에 따라 공평하게 분배받는 사회는 이론상으론 이상적일 수 있지만, 현실적으로는 불가능한 유토피아적 환상일 수밖에 없다. 인간은 욕망의 동물이다. 능력과 노력에 관계없이 결과가 같다면 누구도 애써 능력과 노력을 경주하지 않을 것이다. 공산주의 이념은 인간의 한계를 간과한 한밤의 꿈과 같은 이야기다. 그런 공산주의의 선동에 전 세계가 반세기 넘게 현혹되었던 사실들이란 바로 세뇌의 인간의 한계에서다. 쉽게 세뇌될 수 있는 인간 지능의 한계, 그 태생적인 인간의 어리석음에 그 죄가 있다고 할 수 있을 것 같다.

집단 심리가 사회의 방향이라면, 집단 심리가 사회를 뒤덮는다면, 똑똑하거나 멍청하거나 할 것 없이 집단 심리의 도구가 될 수밖에 없는 것이 인간이다. 똑똑한 사람도 집단 심리하에서는 어리석은 결정을 할 수 있는 것이 세뇌의 인간의 한계다. 그러한 현상으로도 인간은 사회적 동물일 수밖에 없다.

공산주의는 이러한 인간의 집단 심리를 잘 이용해 단기간에 세를 확장할 수 있었다. 지구촌의 한 시대를 격랑의 소용돌이로 몰아넣었던 공산주의, 많은 인명 희생과 사상 논쟁의 허망함에 여운을 남기고 한 세기 만에 역사가 되었다.

마르크스가 한 세기를 더 살아서 '마르크스, 레닌 공산주의의 아버지'라는 칭호를 들었다면, 그 칭호를 좋아했을까? 내 생각은 아닐 것 같다. '막스 레닌 공산주의의 아버지' 그의 이름을 내걸고 공산주의 혁명이라고 자행된 그 끔찍한 살상극, 전쟁의 참상에 마르크스는 기겁을 했을 것이다.

마르크스는 경제학자이기를 원했던 학자이다. 인간의 불평등을 어떻게 해결할 방법은 없을까를 고민했으며, 현실에 안주하지 않은 학자였다. (내 생각이긴 하지만) 학자들이란 대개 현실에 안주하는 경향이 있는데, 마르크스는 현실을 있는 그대로 받아들이기보다 어떻게 하면 세상에서 생산되는 재화를 공평하게 나눌 방법은 없을까를 고민했다. 더 나은 방법, 더 나은 수단은 없을까를 끊임없이 고민한 사람으로, 그는 그런 삶의 태도가 중요하다고 늘 주장했었다. 그런 고민을 했다는 것 자체가 진취적이고 인간적이요 선한 사람이었다고 할 수 있다.

1%가 소유하고 5% 정도가 재화를 독점하는 세상에서, 그런 불합리한 구조의 세상에 대해 그대로 받아들이고 안주하지 않으며, 모든 사람이 공평하게 이 세상의 재화를 나눌 수 있는 방법은 없을까를 고민한 마르크스는 진취적인 경제학자요 철학자였다. 그도 자신이 경제학자이기를 원했다.

　지난 한 세기의 끔찍했던 궤적과 공산주의의 역사, 그럼에도 거의 10억 명이 넘는 인간들이 오늘날에도 옳고 그르건 상관없이 마르크스주의라는 명칭이 붙은 사상을 내걸고 움켜쥐고 있다. 아직도 맥이 다한 그것을 가르치고 배우고 이용해 먹으며 이 세상 문제를 복잡하게 만들고 있는 부류가 있다.

　마르크스 독트린에 관한 어느 일정한 해석이 먼저 러시아 국가, 다음은 동구 여러 나라, 그리고 중국의 공식적인 이데올로기가 되었다. 그들의 공식적인 이데올로기는 마르크스 사상의 진정한 해석을 행하고 있다고 주장한다.

　공식적인 사상은 그것이 여러 가지 종류의 지적인 경향을 가진 사람들에게 하나의 교리 문답식으로 가르치고 있는 사실과 분리할 수 없는 지나치게 단순화와 과정적 성질을 띠고 있다. 마르크스의 핵심적이고 궁극적 사상에 관해 공식적 마르크스주의자보다 더 지적이고 정교한 일련의 해석들을 내놓은 자칭 마르크스주의자인 사상가들 또한 있다. 이 여러 가지 해석들은 격렬한 토론과 흥미 있는 출판과 학문적 논쟁을 불러일으켰으나, 그 모두가 세계사에 속하는 것이라기보다 카페에서 논하는 철학에 속하기 일쑤이다. 그리고 기득권 그룹은 공산주의를 권력의 도구로 구사하고 있다.

기실 마르크스의 중심 사상은 많은 마르크스주의자들이 설득시키려 하는 것보다 더 단순한 것이라는 것이다. 그 사실은 자신이 항상 자기 사상의 주요 표현이라고 여겼던 저술 속에서 발견할 수 있기 때문이다. 물론 본질적인 해석상의 곤란성이 없다는 것은 아니다. 그런 곤란성은 마르크스가 다산적 작가였고 신문에도 기고하고 수백 페이지에 달하는 거작들도 썼었다는 사실과도 관계되어 있다. 그것은 그가 같은 주제에 대해서 항상 똑같이 말한 것은 아니다. 조금만 정교한 학식을 동원한다면 우리는 대부분의 주제에 관해서 서로 들어맞지 않거나 적어도 여러 가지 해석이 가능한 마르크스주의 공식들을 발견할 수 있다. 예로 마르크스는 계급이라는 어떤 일정한 개념을 제시했었으나, 그는 프랑스 계급 투쟁, 또는 나폴레옹 3세의 쿠데타, 또는 파리 혁명 정부의 역사를 역사적으로 분석했을 때, 그가 인정했었고 또한 그 드라마에서 역할들을 부여한 여러 계급들이 반드시 그의 이론에 함축되어 있는 계급들은 아니라는 것이다.

마르크스의 청년기는 《독일의 이데올로기》, 《철학의 빈곤》 그리고 특히 《공산당 선언》이라는 유명한 사회학적 걸작품으로 마르크스의 주도적 사상이 처음으로 명쾌하고, 인상적으로 개진된 정치 선전문들로 생각된다.

마르크스 사망까지의 시기는 마르크스가 철학자이기를 중지하고 사회학자 및 무엇보다도 경제학자가 되었다고 말할 수 있다. 오늘날 마르크스주의자를 자처하는 대부분의 사람들은 마르크스 시대의 경제학에 대하여 무지한 점에서 그 난처한 특이성이 있는 데 반하여, 마르크스는 그러한 약점을 갖고 있지 않았다. 그는 훌류한 경제학 교육을 받았으며, 그 시대의 경제사상에 대해서 그만큼 정통한 사람이 드물었다. 그는 엄밀하게 과학적 의미에서 경제학자였고 스스로도 경제학자가 되기를 원했었다.

그의 생에 중반 가장 중요한 저술이 두 가지 있다. 《정치경제학 비판 요강》과 또 하나 그의 걸작이며 그의 사상의 핵심인 《자본론》이 그것이다. 그가 자본주의의 여러 모순에 대하여 하나의 철학적인 의미를 부여했다는 것은 가능하고 상당히 확실성이 있기도 하다. 그러나 마르크스의 과학적 노력의 본질은, 그로서는 자본주의적 체제의 필연적 진화라는 현상을 과학적으로 입증하는 것이었다. 마르크스에 대한 해석치고 자본론을 도외시하거나 또는 자본론의 몇 페이지를 가지고 요약하고 비판하는 따위는 마르크스의 사상이나 소망과는 동떨어진 것이다.

과거 1세기 이상 여러 갈래의 유파들이 서로 다르게 마르크스를 해석하면서도 한 가지 공통된 경향은 그들 스스로를 마르크스주의자로 자처한다는 것이다. 정치 운동의 이데올로기나 한 국가의 공식적 국시가 되는 어떤 이론이건 단순한 자들에게는 단순한 해석이 가능하고, 정교한 지능의 소유자들에게는 정교성이 유지되는 법이다. 마르크스의 사상에서 이 두 가지 장점이 최고도로 발휘될 수 있다는 것은 의심할 바 없다는 것이다.

무산자와 자본가 간의 갈등은 근대 사회의 주요 사실이며 그것이 근대 사회의 본질적 특성을 드러내 준다. 그로 말미암아 근대 사회의 역사적 발전을 예기할 수 있게 해 준다는 것이다. 마르크스의 사상은 자본주의 사회의 모순된 또는 절대적인 성격에 관한 하나의 해석이다. 어느 의미에 있어서 마르크스의 교설 전체가 이 적대적 성격이 자본주의 체제의 근본적 구조와 분리할 수 없는 것이며, 동시에 그것이 역사적 운동의 메커니즘이라는 것을 보여 주려는 기도이다.

《공산당 선언》 그리고 《정치경제학 비판 요강》의 서문, 마지막으로 《자본론》의 주요 사상, 이 세 개의 텍스트는 자본주의 체제의 적대성 성격을 설명, 확정 및 서술한 것이다. 마르크스는 자본이 노동자에 대한 착취(그 사실이 오늘날 그대로 증명되고 있다. 자본은 계속 비대해지고, 노동자들의 생활은 연명하는 수준으로 내몰리고 있으며, 주거비의 상승에 프라이버시가 담보되고 있지 않다. 예로 대기업이라는 월마트, 아마존 같은 데서 일하는 노동자의 수입으로는 혼자 아파트 렌트비를 감당할 수 없어 수입의 50%를 지불하고도 제일 저렴한 곳을 찾아 헤매야 한다. 70~80년대에는 오히려 최저 임금 노동자도 수입의 25~30%만 지불하면 아파트를 얻을 수 있었다고 한다)를 거듭할수록 서민의 생태계를 위협하고, 불평등은 더욱 심화되고 여성들에 대한 억압과 생존 위협성은 더욱 증폭될 것이라고 경고하기도 했다.

마르크스의 중심 테마는 계급 투쟁이다. 모든 역사는 계급 투쟁의 역사다. 자유인과 노예, 귀족과 평민, 봉건 영주와 농노, 장인과 직인. 한마디로 압제자와 피압제자들이 서로 꾸준히 적대 관계에 있었으며 때로는 은밀히, 때로는 공공연히 끊임없는 투쟁을 전개해 왔으며, 그 투쟁은 항상 전 사회의 혁명적 전환 또는 상호 멸망으로 끝나기도 하였다.

마르크스는 역사적 과정에 관한 일정한 철학적 비전을 가지고 있었다. 그가 자본주의의 여러 모순에 대해 하나의 철학적인 의미를 부여했다는 것은 상당한 확실성이 있기도 하다. 그러나 마르크스의 과학적 노력의 본질은 그로서는 자본주의 체제의 필연적 진화라는 현상을 과학적으로 입증하는 것이었다. 지금까지도 상당수의 학자라는 사람들이 《자본론》은 실패작이라느니, 사회주의 환상은 깨졌는데 마르크스에 대한 환상은 여전하다느니 하는 단정적인 주장을 하기도 한다.

과연 마르크스가 살았던 시대, 그리고 그의 철학적, 과학적 지식, 지성, 사상을 다 안다고 자신하고 있는 자가 있는지 묻고 싶다. 마르크스가 구상하고 생각했던 사회주의와 실제 우리가 경험한 사회주의가 같은 것이었는지를 사고, 분석, 이해하고 꼭 같다고 결론지은 다음에 주장하는 것인지를 묻고 싶다.

마르크스가 생각했던 사회주의와 실제 우리가 경험했던 레닌, 스탈린, 흐루쇼프, 마오쩌둥이 만들어 냈던 사회주의는 같은 것이 아니라고 말하고 싶다. 욕망과 저주, 광란의 우리가 경험한 사회주의는 정치적으로 왜곡된 것이다. 그런 사실을 먼저 분석, 이해하고, 꼭 같다고 결론지은 다음에 말하고 주장하는 학자는 없는 것으로 안다.

마르크스가 생각했던 사회주의와 실제 우리가 경험했던 사회주의엔 상당한 거리가 있고 다르다고 하면 학자라는 사람들은 무어라 할 건지 궁금하다. 지금의 중국과 북한도 무늬만 공산주의, 사회주의다. 마르크스가 그와 같은 기형적 파쇼 권력이 자신의 이름을 이용해 먹는다는 것을 알면 무덤에서 벌떡 일어날 것이다.

지금의 기형적으로 발전한 자본주의하에서 학자라면 기득권에 근접한 영역의 사고에 기준을 두고, 마르크스의 《자본론》을 비판하여 착정하는 짓은 참으로 가소로운 일이 아닐 수 없다. 마르크스가 독일의 관념론의 전통 위에서 내린 철학적 결론이라는 규정은 또 무언가! 전통적 관념에 포획된 자가 사회의 관념을 백 프로 뒤집는 구상을 하고 실천할 수 있을까? 마르크스는 사상가 이전에 경제학자고 그 시절 과학에도 능통한 다른 철학자들과는 격이 다른 지적인 자산을 가진 사람이며 학자였다. 단순히 사상적으로만 해석할 수 없다는 말이다.

과거에나 지금에나 모든 사회가 대척하는 계급들로 나뉘어져 왔으므로, 근대 자본주의 사회도 그 선행 사회들과 별반 다를 바가 없다. 자본주의 체제는 더더욱 많이 생산할 수 있으나, 부의 증가에도 불구하고 빈곤은 여전히 대다수의 노동을 담당하는 사람들의 차지이다. 이러한 모순은 결국에 혁명적 위기를 가져올 것이다. 과거의 모든 혁명은 소수의 이익을 위해서 소수가 달성한 혁명이었다면, 프롤레타리아 혁명은 모든 사람을 위해서 대다수가 성취할 혁명이다. 그러므로 프롤레타리아 혁명은 계급과 자본주의 사회의 적대적 성격의 종말을 고하게 될 것이라고 마르크스는 고한다.

공산당 선언의 끝에는 다음과 같이 쓰여 있다.

"발전의 과정에 있어서 계급적 차이가 사라지고 모든 생산이 전 국민의 거대한 결사체의 손에 집중되는 날에는 공적 권력은 그 정치적 성격을 상실할 것이다. 정치권력이란 당연한 듯이 한 계급이 다른 계급을 압제하기 위해 조직된 권력일 뿐이다. 만약 프롤레타리아가 부르주아지와의 접촉 기간에 상황의 강요에 못 이겨 스스로 조직화되어 하나의 계급이 될 수밖에 없었다면, 또 만약에 혁명을 수단으로 스스로가 지배 계급이 되어 지배 계급의 입장에서 생산의 낡은 조건들을 힘으로 일소해 버리게 된다면, 그때야 비로소 낡은 조건과 더불어 계급의 적대성과 계급성 일반의 전제 조건을 일소해 버림으로써 그 스스로가 하나의 계급으로서 가지는 우월성도 폐지하게 되는 결과가 될 것이다.

계급과 계급 간의 적대심으로 특정 지어진 낡은 부르주아 사회 대신에 우리는 각자의 자유스러운 발전이 모든 사람의 자유스러운 발전을 위한 조건이 되는 하나의 결사체를 갖게 될 것이다."

이 구절은 마르크스 이론의 주요 테마 중의 하나를 전적으로 잘 표현하고 있다. 자본주의 체제는 모순된 것 즉 계급 투쟁에 의해서 지배된다고 하는 해석이다.

우리가 공산주의를 이야기하거나 떠올릴 때 바로 마르크스와 레닌(막스 레닌, 공산주의의 아버지)이라고 한다. 마르크스가 우리들이 보편적으로 느끼는 공산주의 이론의 기초를 제공한 것은 맞다. 그러나 나는 실제 있었던 광란의 공산주의와 마르크스가 생각하고 구상했던 공산주의는 다른 것이었다고 감히 말하고 싶다. 마르크스는 왕이나 귀족, 사제 등 1%가 소유하고 그 사회에서 생산되는 재화를 5% 정도의 기득권자들이 거의 독차지하는 구조를 타파하고 사회 구성원이 공평하게 나눌 수 있는 방법이 없을까를 현실 속에서 고민한 흔치 않은 갸륵하고 기특한 경제학자였다.

학자요 대학교수면 기득권에 속할 텐데 그런 발상을 한다는 자체가 쉽지 않은 일이라고 생각된다. 그것이 공상이든 유토피아적 환상이든 그가 고민했던 생각은 우리가 겪은 공산주의는 아니라는 것이다. 그래서 나는 레닌에 동의하고 싶지 않고, 마르크스와 레닌을 한데 묶는 것에 거부감을 느낀다. 왜냐하면 레닌 같은 사람은 야망을 좇는 정치가다. 정치가 중에서도 냉혈하며 목적을 위해서는 어떤 짓이라도 할 수 있는 잔인하고 독한 인간이다. 레닌이 권력을 위해 처음부터 저지른 악행이 그것을 증명한다.

마르크스와 레닌은 만나거나 토론한 적이 없다. 마르크스가 사망했을 때 레닌은 열한 살이었다. 마르크스는 레닌, 스탈린, 트로츠키, 흐루쇼프, 마오쩌둥, 김일성과 동구의 여러 나라 독재자들이 훗날 자신의 이름을 앞에 내걸고, 그의 구상, 그의 사상을 변용해 그들의 야망을 위한 도구로 이용해 먹을 줄은 꿈에도 몰랐을 것이다. 반세기 넘게 지구촌에 그의 이론을 교묘히 이용한 공산주의 광풍이 몰아치고 2억 명이 넘는 희생자와 냉전의 소용돌이로 몰아넣었다는 것을 안다면, 마르크스는 지하에서 무어라 했을? 무신론자인 마르크스도 할 말을 잃고 당황해 넋이 나가 있을 것 같다. 그 소용돌이와 그 피해가 너무 커서 말이다.

정치인들은 마르크스 이론을 정치적 목적으로만 몰아가고 변형하여 이용한 탓에 마르크스 이론을 교조적 이념 틀에 가두어두며, 마르크스 사상의 진면목은 알려고도 하지 않았다.

사실 인간 사회에서 사상 논쟁이란 백해무익한 것이다. 사상에 세뇌되고 물드는 것은 옳고 그름에 의한 것이 아니다. 사람들을 믿게 하느냐 아니냐에 달려 있다. 그 논리가 사실이건 아니건, 바람직하건 아니건 관계없이, 그렇게 믿게 만드는 세뇌 싸움인 것이다. 공산주의 광풍도 그런 인간의 세뇌되는 약점 때문에 가능했던 것이다. 아닌 것도 계속 집중적으로 옳다고, 검은 것도 집중적으로 희다고 계속해서 세뇌하면 인간은 그런가 하게 된다. 인간에 의식은 고정돼 있는 것이 아니며, 그것이 인간 지능의 약점이요 한계다.

공산주의 망령이 유럽에 처음 나타났을 때부터 1989년 베를린 장벽이 무너졌을 때까지 국가와 지역, 민족과 계층에 상관없이 곳곳에서 치열하게 벌어졌었다. 그 이후 전 세계는 공산주의 유령이 사라진 줄 알았지만, 중국의 경제력이 커지면서 공산주의 망령은 아직 존재한다는 것을 보여 주고 있다. 그 공산주의 사상 논쟁의 가장 큰 피해자 중 하나가 나의 조국 대한민국이다. 백의민족이라는 말과 같이 흰색을 좋아하고 정이 많고 남을 먼저 해하지 않는 선한 인성의 유교적 예의 전통의 조용하고 작은 아침의 나라. 소련의 공산주의 군홧발에 유린되면서 시작된 비극은 2000년대에 아직도 끝나지 않은 채 남과 북으로 갈라져 비극의 상처를 그대로 간직하고 있다.

한국의 전후 세대는 공산주의 막스 레닌하면 긴장하고 경기할 정도로 치를 떤다. 한국에서 공산주의자로 몰리는 것은 패가망신에 목숨을 부지하기 어려운 환경에서 살아야 했다. 마르크스가 누군지도, 그가 무슨 주장을 했는지도 모른 채 막스 레닌은 금기 사항이었고, 또 권력을 탐하는 독재자들은 그 점을 이용해 권력 유지 수단으로 악용했으며, 독재를 반대하면 공산주의자로 몰아 탄압했다.

제2차 세계대전 종전으로 독립은 했으나 힘없는 작은 나라 한국은 미국과 소련, 강대국의 냉전의 희생물로 나라가 둘로 쪼개져 북은 공산주의의 소련이, 남한은 미국이 점령하여 미국과 소런 강대국의 정치적 희생물이 되었다. 소련은 북한을, 미국은 남한을 지키고 도왔다고 하지만, 사실은 그들의 정치적 이익, 필요에 의해서 결정하고 행동했지 한국이란 힘없고 작은 나라의 주권이나 사정 따윈 관심 밖이었다.

한국 전쟁의 휴전 상황에서도 그렇고(휴전 협상 테이블에 북한은 대표로 북한 군인이 나왔는데, 남한 대표로는 한국 정부나 한국군은 배재된 채 미군 장교가 테이블에 앉아 휴전 협정문에 서명하고 휴전함) 그 이후의 진행 과정도 미국은 한국 국민의 민족 감정, 권익, 한 나라로서의 주권 같은 것은 깡그리 무시하고, 미국의 입맛대로 한국을 지배하고 요리했다.

1953년 그 당시 미국이 한국을 얼마나 미개하고 희망이 없는 나라로 보았냐면 미국 수뇌부는 한국은 아예 희망이 없는 나라라고 했으며, 맥아더 장군은 100년이 걸려도 스스로 자립할 수 없을 것이라고 판단했었다. 전쟁으로 전 국토는 폐허가 됐고, 기반시설, 자원도 없는 조그만 국토에 있는 것은 살아남은 사람의 노동력뿐이니 그럴 만도 했다. 그러나 그들이 간과한 것은 한국은 유구한 역사, 문화를 가진 민족이고, 고유의 문자를 가지고 있으며, 일제하에서도 교육열만은 높은, 인문적 소양을 가진 국민을 가진 나라라는 것이다. 1948년 미군정하에 한국 정부가 수립되고, 프랑스 파리에서 있었던 유엔 국제회의에 한국 대표로 참석한 고 조병옥 박사가 연단에 올라 외교가의 고급 영어를 자유자재로 구사하며 당당한 모습으로 수준급 연설을 하자 미국 대표들이 놀라며 저자가 누구며 정체가 무어냐고 묻고, 그가 프린스턴 출신의 동대학 석박사라고 하자 의외라는 표정으로 한국에 프린스턴 출신이 다 있냐며 놀라워했다는 일화가 있다.

일본 식민 통치 36년간 해외에서 목숨 걸고 조국의 독립을 위해 자신을 희생하며 싸워 온 상하이 대한민국 임시정부를 미국은 인정하지 않았다. 이를 미루어 보면 미국은 일본 식민 통치의 계승자임과 다를 바가 없었다.

하여간 2차 세계대전 종전 후 1945년 상하이 임시정부는 미군정청에 귀국하겠다고 정식 통보하자 미국은 임시정부를 인정할 수 없다며 일반인 자격으로 귀국하던지 각자 알아서 하라는 것이었다. 미국 의도대로 한국을 요리하는 데 의식 있는 임시정부 요인들은 부담된다는 이유에서라고 생각된다. 그 시절 미국의 의식 속에 한국 국민, 한국이란 나라는 존재하지 않는, 무시해도 되는 존재였다. 그런 미국 의식의 한 예로 일본 패전 후 미국은 한국에 도착해서 패전국 일본과 한국에 대한 인수식을 했는데 일장기가 내려지고 바로 미국 국기가 게양됐으며 한국 국기는 없었다. 그 때부터 미국의 한국 군정이 시작되었다.

미국은 군정을 시행하면서 일본 식민 통치 시절 일본에 빌붙어 자신의 조국을 배신하고 얻은 대가로 일신의 영화를 도모했던 감옥으로 가야 할 민족 반역자들을 미국은 그 자리에 그대로 등용, 중용해 이용했다. 일본인 행세하며 동족을 탄압했던 그들, 일본이 항복하자 이제 죽었구나 하며 산골 벽촌으로 피신해 살길이 없을까를 고심하던 그들에게 미국은 구세주였다. 미국의 비호로 재등장한 친일 반민족 행위자들이 오히려 고난 속에 목숨을 걸고 독립운동에 헌신했던 애국지사들을 탄압하는 것을 미국은 방조했다. 미국은 자신들의 편의와 그들의 이익을 챙기면 그만이었다. 한국인의 민족 감정 같은 것은 고려 대상이 아니었기에 무시됐다.

그 이후 한국은 미국과 소련의 이데올로기 싸움에 둘로 갈라져 점점 더 수렁으로 빠져든다. 북에는 김일성 공산 정권이, 남한은 남한만의 정부가 수립되고 이승만이 초대 대통령이 된다. 그리고 대한민국 일본군 헌병 오장 출신의 특무대장 김창용이 초급 장교 (소위) 안두희를 시켜 임시정부 수반이었던 김구 선생을 암살하였다.

2차 대전이 끝나고 3년이 지나서야 정식 출범한 대한민국 정부와 국회, 그 제헌 국회에서 그냥 지나칠 수 없는 36년간 일제 치하의 반민족 행위자 처벌에 관한 법률은 이승만의 방해에도 결의하였다. 그러자 미군정 초대 장관인 하지 중장은 대놓고 화를 내며, '일본에 협조해 충성한 자들이라면, 미국에도 협조하고 충성할 것'이라며 공개적으로 말했다. 이 대목에서 미국의 가치관은 무엇인지 의문이 들고, 하지란 자의 의식 수준은 너무 천박하다. 미국의 매국노, 변절자, 백정 같은 쓰레기들이라도 이용 가치가 있다면 이용해 먹으면 그만이라는 철학의 부재가 안쓰럽다. 왜 유럽인들이 미국인들을 하치 취급하는지 그 이유를 잘 설명해 주는 의식 수준의 한 예가 아닌가 한다.

미국은 한국을 지켜 주고 도왔다고 늘 이야기한다. 그 시절 한국은 힘없는 작은 나라인 데다 그것은 어느 정도 사실이기도 하니 그럴 수 있다고 생각한다. 그런데 그것이 전부일까? 역사적으로나 역사학자들의 말로는 미국은 다른 나라, 남을 위해서 행동하고 희생하는 나라가 아니라고 말한다. 철저히 자신들의 이익과 정치적 목적에 의해서 결정하고 행동했지, 한국이란 힘없고 작은 희망 없어 보이는 나라 사정 따윈 관심 밖이라는 것이다. 그 사실은 십여 년 전 공개된 닉슨의 '자필 메모'에서도 말해 주고 있다. 한국전 발발에 미국 대통령을 비롯한 수뇌부 회의에서의 결과를 닉슨이 자필로 메모했던 메모지가 비밀 해제돼 공개된 내용은 '한국이 공산화되면 공산 세력에 일본이 위험하니 참전해야 된다는 것'이었다. 결국 한국전 참전은 한국을 구하려는 것이 아니라 공산 세력이 일본을 위협하는 것을 막고 미국의 태평양 방위선을 지키기 위한 것이었다는 이야기다. 그 시절 미국의 한국에 대한 의식은 그저 힘없고 미개한 희망 없는 나라로 가치 없는 존재였다. 그러나 한국은 지정학적으로 매우 중요한 지점에 위치하고 있다는 것이었다. 소련, 중국 등 공산 세력이 태평양으로 나갈 수 있는 요충지이며, 닉슨의 메모 내용에서도 염려했듯 미국의 태평양 방위선이 한국과 일본 사이를 지나 일본을 감싸고 있는 독도 바로 옆 경계선에 위치하고 있다. 미국까지 공산화하겠다며 그 시절 기세가 드높던 공산 세력이 일본을 위협하고 태평양이 뚫릴 수 있다는 위기적 판단으로 미국의 전략적 이익을 위해서 한국전에 참전하였던 것이 팩트다. 2019년 4월 미국 의회에서 한국의 '상하이 임시정부'가 정통한 대한민국 건국의 시초라고 공식 인정하는 내용의 결의안이 발의된 것은 이번이 처음이다. 임시정부 수립 100주년에 맞춰 발의된 결의안은 공화당과 민주당 의원들이 공동 발의자로 두루 참여하는 초당적 결의안이 상, 하원 모두에 제출되었다고 한다. "백 년 전 임시정부 수립을 오늘날 대한민국 민주주의 성공과 번영 발전의 토대로 인식한다."라고 적시했다고 한다. 한국이 오늘날 같이 발전 번영하지 않았다면 아마 이런 결의안도 없었을 것이었다. 미 의회 결의안에 대한민국 임시정부 수립이 기술된 것은 처음으로 임정 수립 100주년에 즈음해 미 의회가 임시정부를 공식적으로 인정했다는 점에서 의미가 있다고 하겠다. 그러나 너무 많이 늦었다. 왜 이제야! 나는 그 소식을 접하고 회한과 울분, 분노를 느꼈다. 미국이 1945년 종전 후 한국의 임시정부를 인정했더라면 대한민국의 민주주의와 경제 발전은 더 빨랐을 것이기 때문이다. 친일파들이 대한민국의 권력 기관, 경제, 기득권층으로 재등장하는 일도 없었을 것이다. 2차 세계대전 종전 후 한국은 또다시 안 좋은 상황에 처한다. 강대국의 이해관계로 북쪽은 소련이 점령하고, 남쪽은 미국이 점령하여 나라가 둘로 쪼개지는 난처한 상황에 놓이게 된다. 패전 전범국 일본을 분할해야지 타당하거늘 왜 대한민국을 분할하여 점령하냐는 말이다. 전범국에 점령당해 많은 희생과 피해를 본 피해 당사국을 말이다.

그 이후 미국은 남한을 1945년부터 1948년 3년간 신탁 통치 군정을 실시하였다. 그 시절 미국 관계자들의 한국에 대한 인문적 이해가 전무한 그들의 의식은 무시해도 되는 가난하고 희망 없는 미개한 나라일 뿐인 것이었다. 미국의 그런 의식은 한국 상하이 임시정부도 불인정 무시하고 귀국마저 방해했었다. 그리고 군정 실시 과정에서도 상식적으로 도저히 용납이 안 되는 한국 국민의 민족 감정과 정체성을 짓밟는 엄청난 죄악을 범했다. 한국인의 의식 수준과 그 잠재력을 과소평가하여 알지 못했고, 알려고도 하지 않은 강대국 선입견의 오만이었다. 무슨 뜻이냐 하면 미국은 군정으로 남한을 관리하면서 그런 의식으로 한국인의 민족 감정 같은 것은 깡그리 무시했다. 자신들의 군정 실시 과정에서 조금의 편의를 위해 프랑스나 다른 피해국들에서 사형장이나 감옥에 가야 할 친일, 반민족 행위자들에게 치안을 맡겼다. 일제하에서 일본인 행세하며 일본 제국주의에 부역했던 한국인 출신 경찰, 군대, 검찰, 법원에서 침략국을 위해 동족을 탄압했던 자들을 그들 자리에 그대로 두고 일하도록 했던 것이다. 그게 말이 되는 일인가.

그 결과 반민족 행위자들이 처벌은 고사하고, 해방된 대한민국의 권력 기관을 다시 장악하는 어이없는 일이 미국에 의해 현실에서 발생한 것이다. 그 결과 대한민국은 참담한 어이 상실의 상황을 겪을 수밖에 없었고, 지금까지도 그 후유증에 시달리고 있다.

일본이 식민 통치의 편의를 위해 검찰에게 수사, 기소, 공소 유지의 전권을 주었던 것인데 미국이 전후 한국을 관리하는 편의를 위해 일제 시절 관리들과 제도를 그대로 유지하는 통에 한국 국민들은 다시 일제 시대로 돌아간 듯 권력 기관을 다시 장악한 일제에 부역하였던 자들의 탄압에 시달려야 했다. 그들은 일찍이 인간이기를 포기하여 나라와 동족마저 배신했던 자들이다. 권력, 출세, 돈이라면 못할 짓이 없는 부류들이다. 그들에게 옳고, 그르고, 그런 것은 의미가 없다. 독점하고 있는 기소권을 가지고 죄를 덮어 주어 이익을 챙기고, 이익이 안 되는 범죄나 반대자들은 기소권으로 죄를 만들거나, 감옥에 보내며 그들 마음대로 한다. 그것보다 무섭고 대단한 권력이 이 세상 무엇이 있겠는가. 더군다나 냉전 시대에 사상범은 직결 처분도 가능하던 시절이기에 그들이 제거하고 싶은 사람은 공산주의자 사상범으로 모는 것이었다. 아주 쉽다. 그들이 손가락으로 가리키며 저놈은 빨갱이라고 하면 끝이다. 그러면 그 사람은 꼼짝없이 사상범이 되는 것이다. 수많은 사람들이 냉전 시대 희생양이 되어 억울하게 죽어 갔다. 미국은 최소한의 질서 유지만 되면 그 외에는 방관했다. 그들은 자신들에게 일제 시대보다 더 높고, 더 큰 권력을 안겨 준 미국이 원하는 일이라면 죽는 시늉까지도 마다하지 않고 충성했다. 왜 아니 그러겠는가. 그들도 귀가 있어 알고 있다. 다른 나라에서는 자신들과 같은 처지의 사람들은 모두 사형장행이었다는데 목숨을 부지하고, 거기에 덤으로 일제 시대보다 더 대단한 권력까지 가졌으니 말이다. 이와 같은 견제 없는 권력을 가진 검찰이 존재하는 나라는 지구상에 대한민국뿐이다. 부끄러운 일이다. 그동안 그들은 그 권력을 놓지 않기 위해 마타도어, 협박, 공갈, 수사 기소권 이용 등 수단과 방법을 가리지 않고 총력으로 버텨 왔다. 그러면서 구축한 그들 세력이 사회 전반을 장악하고 이어진 군사 독재에 협조하면서 독재 세력과 친일 세력이 서로가 서로를 이용하며 끈질기게 버텨 왔으나 이제 그 명이 다해 가고 있다. 2017년 독재 잔존 세력의 권력이 무너지고 민주 정부가 들어서면서 강력하게 추진하고 있는 권력 기관 개혁과 검찰권의 분산이 결실을 보고 있어 다행이다. 그들이 아니었다면 한국은 민주주의와 정의로운 사회 경제 발전을 더 빨리 이뤄 냈을 것이다.

또 한 가지 1948년 남북이 갈라진 채 남한만의 한국 정부와 제헌 국회가 출범하고 헌법이 공표되었다. 그리고 제헌 국회가 제일 먼저 한 일은 '반민족 행위자 처벌에 관한 법률 제정과 통과였다. 그러자 어이없는 일이 발생했다. 앞에서 언급했듯 미국의 초대 군정 장관인 하지 중장은 노골적으로 거부 반응을 보이며 '일본에 충성한 자들이라면 미국에도 충성할 것'이라며 비토 의사를 공언한 것이다. 과연 일국의 장성으로 지휘관이란 자가 할 수 있는 말인지 의심스럽다. 엘리트 코스를 거치지 않은 하사관 출신이라고 해도 고급 장성이 되었다면 인간으로서의 최소한의 인문적 소양은 있어야 하는 것이 아닌가. 이런 몰상식한 군정청 인사들과 친일파로 채워진 이승만 행정부는 미국의 비호하에 경찰로 하여금 한밤중에 새로 출범한 '반민 특위' 사무실을 습격해 기물을 부수고, 반민족 행위자 명단 등 서류를 탈취하여 불을 지르는 만행을 저질렀다.

  프랑스와 한국은 같은 상황으로 같은 시기에 미국에 의해 2차 대전이 종식되었다. 그리고 2차 대전 중 반민족 행위자 처벌에 나섰다. 프랑스는 6만여 명을 기소하고 그중 6천여 명을 사형장으로 보냈다. 그중에는 독일 점령 당시 총리까지 포함되었다. 그는 재판에서 자신은 프랑스의 피해를 최소화하기 위해 최소한의 협조만 하였고, 그로 인해 프랑스의 피해를 줄였으며 자신은 프랑스를 배신하지 않았다고 변론하였다. 그러나 재판부는 단호하였다. 조국과 민족을 배신한 행위는 어떤 이유로도 정당화할 수 없으며 당신은 프랑스의 명예에 깊은 상처를 남겼다며 사형장으로 보냈다. 프랑스의 반민족 행위자 처벌이 얼마나 철저했나 하면, 전란 중 먹고살기 위해 독일군 식당에서 접시 닦이 일을 한 16살짜리 소년까지 6개월 징역에 처했다고 한다. 주둔 미군은 프랑스의 반민족 행위자 정리 과정에 적극 협조하였다고 한다. 프랑스의 반민족 행위자의 확실한 정리로 프랑스 국민의 애국심과 프라이드는 한층 높아졌다고 한다.

독일에 단 4년 점령당했던 프랑스는 이러했는데, 36년간 일본에 점령당했던 한국은 반민특위 가제 1호로 검거했던 악질 고등계 형사 노덕술 한 명도 처벌하지 못했다. 노덕술은 경상도 어느 고을 경찰서장까지 하며 해방된 대한민국을 활보하였다는 믿기지 않는 슬픈 이야기다.

일본의 식민 통치는 악랄했었다. 대한민국은 36년간 나라의 국호와 말과 글까지 말살당했고, 토지 조사라는 명목으로 농지 40%를 총독부에 빼앗겼다. 그로 인해 생명의 터전인 땅을 빼앗긴 농민들 60만 명이 살길을 찾아 동토의 버려진 땅 만주로 이주해 갔다. 청년들은 강제 징집돼 전선으로 끌려가 총알받이가 되었고, 정신대, 징용이란 이름으로 어린 처녀들은 성노예로, 남자들은 군수 공장, 탄광 등에서 강제 노역의 폭압에 시달렸었다.

그런데 해방된 대한민국은 반민족 행위자 처벌에 관한 법률에 의해 제1호로 기소했던 일제 악질 고등계 형사 노덕술 한 명도 처벌하지 못하고 풀어 주어야 했고, 더욱 황당한 것은 미군정의 비호하에 그 노덕술이 종로경찰서 수사과장이 되어 오히려 독립투사들을 괴롭혔다. 그런 자들은 원래 살길과 변신에 능해 미국의 반공에 발맞춰 반공투사로 변신한 후 자신의 이력과 너무나도 대조되는 임시정부 독립군 의열단 단장이었던 김원봉을 시기한 나머지 공산주의자라며 연행해 고문을 자행하는 사건을 벌였다. 그 소식을 접한 당시 경찰국장이었던 조병욱이 직접 종로서로 달려가 노덕술에게 불같이 화를 내고 김원봉을 대리고 나왔었다. 그래도 친일색이 옅은 그였기에 다행이었다.

김원봉이 누구인가. 일제 경찰, 헌병들이 그 이름만 들어도 몸서리를 쳤다는 임시정부 의열단 단장이다. 당시 임시정부 수반(대통령) 김구 선생에 일제가 내건 현상금이 일본 돈 60만 원 이었는데, 의열단장 김원봉의 현상금은 100만 원이었다는 사실만으로도 그의 위상을 미루어 알 수 있는 일이었다. 그런 그가 일제 악질 고등계 형사에게 광복된 조국에서 그런 치욕을 당했으니 그 심정이 어떠했겠으며, 그런 조국의 현실이 암담했으리라 미루어 짐작된다. 이런 기막힌 사연들이 치안의 감독권을 가진 미군정 당국이 행하고, 묵인하고, 비호한 일이었다. 미국의 비호하에 살아난 반민족 행위자들이 권력 기관을 장악하고 불법, 탈법 등 수단과 방법을 가리지 않고 사회 구석구석에 그들 세력을 심고 장악해 분탕질을 치며 이권을 챙기며 깊이 뿌리를 내렸다. 그 결과 보통의 대한민국 국민은 그들의 마타도어에 나라가 해방된 지 70년이 지난 아직도 식민지 국민으로 살고 있는지도 모른다. 김대중, 노무현 대통령의 문민정부가 들어서 그 사회 적폐를 청산하고자 했으나 그들이 사회 곳곳에 깊게 뿌리내리고 갖은 방법으로 저항해 와 쉬운 일이 아니었다.

이제 2020년 기나긴 친일 잔존 세력의 끝을 보기 위해 문 정권과 민주 세력이 마지막 피치를 올리며 달려가고 있다. 달리는 열차를 막을 수는 없을 것이다.

프랑스와 한국에 대한 차이는 어디에 원인이 있는 것인가? 미국의 정책적인 차별인가, 아니면 주둔군 사령관 둘의 민주적 의식, 소양의 차이 때문인가, 아니면 인문적 지식의 차이인가? 침략을 당한 국가가 침략자들이 물러간 뒤 자국민이 침략국을 도와 국가의 피해와 명예를 더럽혔다면, 그런 반국가 행위자에 대한 처벌을 하는 것은 국가의 존엄과 명예를 위해 당연한 순리가 아닌가. 어찌 우방국 주둔 사령관이 그것을 반대하고 심한 거부감을 노골적으로 표출할 수 있단 말인가. 그런 행동은 인간 말종이나 하는 짓이 아닌가 말이다. 나는 인간으로서 최소한의 상식선에서 말하는 것이다. 하지라는 자가 별 셋의 장성 계급장을 달았다지만 그가 내뱉은 '일본에 협조하고 충성한 자들이라면, 미국에도 협조하고 충성할 것'이란 말은 정말 최악이고 쓰레기라고밖에 표현할 길이 없다.

하지는 미국의 장성이다. 그의 상식 이하의 행동으로 인해 미국은 한국인의 가슴에 깊은 한을 남기고, 용서받지 못할 잘못을 행하였다. 그 결정은 미국이나 하지로서는 아주 쉬운 일이었는진 몰라도 대한민국 국민의 마음에는 아직도 선명한 낙인으로 남아 있다. 또 이와 함께 미군정 당국은 대한민국 국민 모두가 인정하고 흠모하는 상하이 대한민국 임시정부를 불인정했었다.

그런데 이제 와서 백 년 전 상하이 임시정부가 한국 건국의 시작이었다고 인정한다. 당연한 것 아닌가 하지만 너무 늦었다고 말하고 싶다. 지나간 버스에게 손을 들어도 멀리 가고 있는 버스는 되돌아오지 않는다. 열역학 제2 법칙으로도 말이다.

일본의 노골적 한국 침략의 시작인 1910년, 500년을 이어 온 조선을 일본에 팔아넘기는 일을 주도했던 을사오적의 주연 인물인 이완용의 후손이 국고에 환수되었던 나라를 판 대가로 일본이 이완용에게 하사한 땅을 개인 재산이라며 돌려 달라는 소송을 냈다고 한다. 참 어이 상실이고 부끄러움을 모르는 그들에게 같은 인간으로서 연민한다. 나라를 팔고 돈과 땅을 받은 그 조상에 그 후손이구나. 진정 인간에 대한 회의와 절망감을 느낀다.

대한제국의 각료와 왕족으로서 한일 합병을 주도해 일본에 나라를 넘기고, 주동자 그들이 일본국으로부터 받은 소위 한일 합병 공로 은사금이란 돈을 받았다. 은사금을 받은 한국인은 총 76명으로 금액은 한일 합병에 기여한 공적에 따라 차등 지급되었는데, 그 상위 10명의 은사금 지급 내역은 다음과 같다.

이재면(왕족으로 강제 병합 조약에 직접 참여): 83만 엔(현재 가치로 250억 상당)

윤택영(순종의 장인): 50만 4천 엔(152억 상당)

박영효(조선 귀족회 회장): 28만 엔(84억 상당)

이재각(왕족 출신, 일본 작위 후작): 16만 8천 엔(50억 상당)

이재완(왕족 출신, 일본 작위 후작): 16만 8천 엔(50억 상당)

이준용(신궁 봉경회 총재): 16만 3천 엔(49억 상당)

이완용(을사오적, 총리대신): 15만 엔(45억 상당)

송병준(을사오적, 자작): 10만 엔(30억 상당)

고영희(중추원 고문): 10만 엔(30억 상당)

이용구(일진회 회장): 10만 엔(30억 상당)

당시 1엔은 지금의 3만 원 정도에 해당한다. 큰 금액이긴 하나 나라의 주권을 공식적으로 넘기고 받은 돈이니 그 금액이 많은 건지 적은 건지는 잘 모르겠고 각자의 느낌에 맡기자.

이렇듯 대한제국은 일제의 강권, 강제 침탈로 수많은 아픔과 고난으로부터 오늘날까지의 과정을 보면, 치욕과 어려움 속에 참 잘도 버텨 왔구나 하는 생각이다. 그 수많은 고난을 견뎌 오늘에 이를 수 있었던 것은 강인한 민족혼과 정의에 대한 한민족만의 얼이 있었기에 가능한 것이 아니었나 싶다.

그러한 악조건 속에서도 전통적인 정의로운 민족 자긍심에 교육열이 높고, 한글이라는 과학적이고 뛰어난 실용적인 문자를 가지고 있어 국민이 쉽게 지식을 습득할 수 있는 조건을 우리는 가지고 있었다. 인본주의적 지적인 의식을 가진 국민들의 열정적인 노력으로 식민 지배와 전쟁으로 잿더미가 된 폐허 속에서 일어나 반세기 만에 세계 경제 규모 10위권 국가가 되어 있다.

세계 모든 나라 학자들도 인류 역사상 전례가 없는 기적 같은 일이라 입을 모은다. 그 저변에는 위에서 말한 여러 가지 이유가 있겠지만, 나의 생각은 대한민국이 빠르게 발전할 수 있었던 제일 첫 번째 조건 그 기초에는 '한글'이라는 최고 문화유산의 무기를 가지고 있었기 때문이라고 생각한다. 세계의 문자 중 가장 우수하고, 과학적이며, 쉽고, 체계적인 IT 시대에도 적합한 빛나는 한글이 있었기에 가능했다고 본다. 왜 만들었는지 누가 만들었는지 확인된 문자는 지구상에서 한글이 유일하다.

1446년 한국의 이씨 조선 4대 왕인 세종대왕이라는 임금이 국민들이 서로 소통하고 의견을 나누는 데 어려움을 겪는 것이 안타까워, 그 어린 백성을 위해 각고의 노력으로 한글을 만들었다.

한국은 세계에서 문맹률이 가장 낮은 나라로 모든 국민이 책, 문서, 신문 등을 읽고, 쓰고, 해독이 가능하다. 예로 어떤 공장에서 5백 명의 근로자에게 작업 방법, 주의 사항 열 가지 정도를 가르친다고 하자. 그러나 인간의 기억력이란 그렇게 완벽한 것이 못 되기 때문에 돌아서면 잊어버리고 헷갈리기 마련이다. 그렇다고 많은 사람을 한 사람 한 사람 붙잡고 가르치기엔 번거롭고 어렵다. 그러나 한국은 쉽고 세밀한 내용까지 자세히 표현할 수 있는 한글이 있기 때문에 매뉴얼을 나누어 주거나 작업장에 이용법을 공지해 놓으면 작업자들 누구나 스스로 보고 정확히 작업을 할 수 있어 아주 능률적이다. 또한 서적, 문서, 신문 등을 사람들이 스스로 읽음으로써 지능 발전에 도움을 주어 세계에서 국민의 평균 지능 지수가 가장 높은 나라이기도 하다. 그렇듯 한글은 익히기 쉽고, 지식 습득도 빨리 돼서 인재를 길러 내기가 수월하다.

한글은 약 580년 전 음양오행과 성리학적으로 만들어진 문자로 정보 처리와 음성 인식에 탁월하며 기록 보전에도 편리하다. 모음 10자, 자음 14자, 표음 문자이자 음절 문자로 디지털 시대에도 적합하다. 문서 작업, 입력에 있어서 일본, 중국에 비해 두 배 이상 빠르다. 이로 한국에 비해 일본, 중국이 문서 처리, 입력에 더 많은 시간을 소비해야 하며, 전체적으로 낭비하는 시간은 실로 엄청나다. 문서 작성에 드는 시간을 국가 전체 1년으로 따진다면 실로 엄청난 시간을 한국에 비해 더 많이 소비해야 하는 셈이 된다. 몇 년 전 모 대학에서 각국에서 선발된 대학생들에게 같은 내용의 문서를 노트북에 입력하게 하여 시간을 비교 측정해 본 적이 있었다. 그 결과 한국 학생이 중국, 일본 학생보다 속도가 두 배 반 정도 빠르다는 사실을 확인했다. 또 한글은 이 세상 거의 모든 소리를 그대로 표현할 수 있는 반면, 일본어와 중국어는 거의 불가능하다. 한문은 획이 많으며 복잡하고 어렵다. 천 년, 2천 년 이전에는 적합한 문자일 수도 있었다. 그러나 사회가 발전하면서 다양하고 복잡해지고 여러 새로운 문물이 쏟아져 나오며 단순 농경 사회에서 기능하던 한문으로는 사회 전반을 커버하는 데 한계가 생겼다. 단순 농경 사회에서는 사회 모든 분야, 동식물, 도구 등에 하나하나 글자를 부여해 사용하는 데 큰 불편이나 문제가 별로 없었지만 IT, 컴퓨터 시대를 맞아 한문은 한계에 봉착할 수밖에 없다. 그래서 일본과 중국은 궁여지책으로 영어를 변용하거나 여러 방법을 구사하고 있지만 어려움이 있는 것이 현실이다. 변용에는 한글이 더 효과적이나 자존심 때문인지 영어를 사용하고 있는 실정이다. 문자 입력을 바로 할 수 없다는 것은 비효율적이고 크게 불편하다.

그에 비해 한글은 어떤 상황에도 바로 입력할 수 있고, 운용이 가능한 표음, 음소 문자를 가지고 있어 사회 변화와 새로운 상황에 어려움 없이 대처하는 데 아무런 문제가 없다. 간단한 예로 미국으로부터 처음 코카콜라가 들어왔을 때 거기에 한국은 쉽게 '코카콜라'라고 표기할 수 있었다. 그러나 중국 일본은 자국이 사용하는 문자로는 그대로 표현할 수가 없는 어려움이 있다.

일본은 늘 문화 국가라고 자랑하지만, 삼십 대 후반 이상의 장년층 삼 분의 일이 자국 문자를 읽고 쓰지 못한다는 조사 발표가 2018년에 있었다. 중국도 문맹률이 엄청 높은데 공식 통계를 하지 않고 있어 그 확실한 수치는 알 수 없단다. 중국의 한자를 제대로 다 익히려면 15~20년이 걸린다고 한다. 또 일본은 특이하게 선거에서 투표 방법이 지지자의 이름을 직접 쓰는 방식으로 행한다. 그래서 한문으로 지지자의 이름을 쓸 줄 모르면 선거 자체를 할 수 없는 구조인 것이다. 일본 이름은 네 글자인 데다 흔히 쓰는 한자도 아닌 어려운 한자를 쓰는 경우도 많다. 그래서 선거 투표율이 낮은 것인지도 모르겠다.

일본이 민주주의를 하고 있다지만 무늬만 민주주의라고 어떤 인사가 말했다. 아직도 일본의 속사정은 막부 시대 신분 제도 그대로이며, 기득권자들의 한 정당이 2차 대전 이전과 이후로 지금까지 단 3년을 빼고 계속 집권하고 있는 것이 현실이다.

미국의 맥아더 장군이 이렇게 민주주의를 하라고 만들어 준 제도를 표면적으로 따르는 듯하지만, 일본의 기득권자들은 자기들 마음대로 왜곡해 운용하면서 민주주의라고 하고 있다.

일본의 실체는 군국주의 잔당과 그 후예들이 일본의 모든 분야를 장악하고 그림자 군국주의를 하고 있는 셈이다. 일본 국민들은 옛날부터 길들여져 저들은 변함없이 상전이라는 의식 속에서 무기력하게 있다.

이번 C-19사태에서도 일본 정부가(아베) 예산을 집행하는 것만 봐도 상식 이하다. 국민을 위하고 배려하는 느낌은 없는 데다, 예산 수억 엔이 유령 회사를 통해 어디론가 사라지는데도 국민들은 늘 그래 왔다는 듯 남의 일인 양 무기력하게 반응이 없다. 그러니 기득권자들은 무슨 짓인들 못하겠는가! 그 속을 알고 들여다보면 일본은 참 재미없는 나라다.

강자에게는 머리 숙여야 하고, 관은 상전이라는 의식이 뿌리 깊게 박혀 있어 저항하지 않는 것이 일본 국민들이다. 오랫동안 길들여져 온 고정 관념이 깨지지 않는 한 어쩔 수 없는 한심한 사연이다.

  2차 대전 패전 후 최소한의 먹을 것조차 없어 여자들 반 이상이 몸을 팔아야 했던 암울했던 상황에서 그들이 말하길 한국 전쟁은 하늘이 일본에 내린 천운이라 했다. 암담했던 상황에서 3년 넘게 한국 전쟁 특수로 미국이 엄청나게 쏟아붓는 물자와 전쟁에 필요한 물자의 오더로 호황을 누리게 되어 승승장구하며 기세를 높였다. 그 기세로 일본의 호황은 이제 계속될 것이라는 환상에 젖어 우리가 최고라며 자만에 빠져 있었다. 그러나 그 호황은 80년대를 기점으로 하향 곡선을 그리며 일본인들의 환상처럼 오래가지 못했다.

  일본이 얕보고 자신들 발밑이라고 믿던 한국은 국가의 힘이 승하고 있다. 한국은 현명하고 정의로운 선조들이 남긴 이 세상 최고의 문자로 문맹률 1% 미만인 나라다. 사회 모든 분야에 한글이 기초(Foundation)를 이루고 있어 다방면으로 새로운 지식을 익히고, 과감히 도전하고, 진출해 빠른 발전을 이루고 있다. 오늘날 세계 언어학자들이 한글의 실용성과 우수성을 주목하고 있으며, 속도가 경쟁력인 현시점 IT 시대에 한글은 더욱 빛나고 있다. 휴대폰 자판 12개로 서로의 의사를 빠르게 주고받을 수 있는 문자는 한글이 유일하다. 그래서 나는 한국의 발전이 한강의 기적이 아니라 '한글'의 기적이라 말하고 싶다.

  요즘 미국 등 서양에서도 한국 영화, 드라마 등이 인기를 얻고 있다. 연기를 리얼하게 잘한다. 미묘하고 세밀한 부분도 잘 묘사하는 스토리가 설득력 있고 재미있어 좋다고 칭찬을 한다. 그것은 세밀한 부분까지 표현하는 한국어 대본의 힘이라고 생각하며 그 저변에는 한글이 있다. 한글은 파란색(Blue)을 파아란, 파르스름, 푸른, 푸르뎅뎅, 파릇파릇 등으로 표현하기도 하고, 낙엽 밟는 소리를 바스락바스락, 사각사각, 부스럭부스럭, 스륵스륵 등 상황에 따라 세세하고 섬세한 부분까지도 구분해 표현할 수 있다.

남과 북이 같은 말, 같은 문자를 사용하는 한나라였던 우리나라는 강대국들의 이데올로기 냉전 중에 둘로 갈라진 채 아직도 그 비극의 아픔을 간직한 채로 남아 있다.

그러한 상황 속에서 2018년 남북한의 화해와 미국과 북한의 핵 협상으로 한국인은 좋은 결과를 기대하고 있었다. 그러나 그런 화해 분위기를 바라지 않아 평화 분위기에 고춧가루를 뿌려 대는 일본과 미국의 이익 집단들의 집요한 물타기가 자행되고 있어 걱정이라고 한국 국민들은 우려하였다.

일본은 원래 칼이 곧 법이었던 인문적 상식이나 원칙 같은 것이 없던 나라였다. 그나마 백제 사람들이 문화와 문물을 전수해 주고 도와주어 최소한의 문화라도 존재하는 수준이었다. 일본인들이 신화라고 추앙하는 만세일계라는 일본 천황도 이미 자신은 백제인의 후손이라고 고백한 적이 있다.

일본인들은 센고쿠 시대 이전부터 오랫동안 칼에 길들여져 절대 'NO'를 대놓고 말하지 않는다. 깡패, 강도 수준의 사무라이들의 칼 앞에서 'NO'는 곧 목이 달아나는 표현이기 때문이다. 그런 일본의 전환점은 우연한 기회로 접하게 된 서양 문물을 받아들이게 된 것에 있다. 총포 등 서양 기술을 모방해 군사력이 급신장하게 되었고, 이웃 국가를 침략하기 시작해 기세를 올리게 된 것이다.

인문적 철학 없이 눈치로 살아온 일본인은 강자에게는 무조건

고개를 숙이고, 자기보다 약자라고 생각되면 극악하게 짓밟고 괴롭히며 무시한다. 그렇게 살아온 탓에 일정한 정의나 상식 원칙이 희박하다. 그래서인지 일본인들은 나에게 유리한 방향이 진실이란 의식을 가지고 있다. 자기에게 불리한 일이나 사건은 진실이 아니라고 변명하거나 거짓말로 덮어 버린다. 또한 일본인들은 자기에게 유리한 거짓말은 거짓말이 아니라고 말한다.

그러한 일본은 자신들이 선진국이라면서 한국에 대한 심한 열등감을 가지고 있다. 일본 방송이나 신문 등에 한국에 대한 보도 기사가 거의 매일 등장하는 것으로도 알 수 있다.

1990년대 이후 한국이 급성장하자 초조해하며 수단과 방법을 가리지 않고 동원하여 한국을 어떻게든 끌어내리려는 시도를 이어 왔다. 그 예의 하나로 아베의 패거리들이 산업계와 실무진의 반대에도 한국 대표 기업 중 하나인 삼성전자를 무너뜨리겠다며 컴퓨터 칩 제조의 필수 품목인 소재를 일방적으로 수출 규제를 단행해 끊어 버렸다. 일본이 거의 독점하다시피 한 소재를 끊으면 삼성이 칩 생산을 할 수 없어 항복하리라 믿었던 것 같다.

그러나 그것은 이만저만한 오판이 아니었다. 삼성은 그 정도 필수 소재 몇 개로 무너질 구멍가게가 아니었으며, 그 수출 규제로 인해 오히려 일본 소재 산업이 무너져 내리는 결과를 가져왔고, 한국의 'NO JAPAN' 불매 운동의 확산으로 오히려 일본이 엄청난 손해를 보았다. 일본의 언론, 관계 인사들도 아베의 패착이라며 수출 규제는 역대급 오판이라며 일본이 완패했다 자인하고 있다.

일본은 한국이 일본의 아래여야 한다는 고정 관념으로 한국을 끌어내리기 위해서는 무슨 짓이라도 할 수 있는 나라라는 걸 보여 준 사건이었다.

그리고 워싱턴 K 스트리트의 무기상 로비스트들과 그들의 정치자금의 영향을 받는 미국의 상·하원 의원들과 네오콘들, 군 관계 연구소 등 밥그릇 지키기의 이해관계로 한반도 평화에 대한 반대자들이 너무 많다. 지난 몇 년간만 보더라도 미국의 무기를 제일 많이 구입한 나라가 한국이다. 그것도 미국이 전력에서 제외한 무기들을 비싼 값에 가져가고 있다. 얼마나 좋은 먹잇감인가.

2018년 8월 2일 자 데이비드 이그네셔스의 칼럼을 보면 트럼프와 김정은 두 정상이 비핵화에 합의했음에도 워싱턴 외교부에서 북한의 비핵화 진정성을 믿는 관계자, 전문가는 찾기 어렵다는 기사다. 설상가상 미국 유력 매체들이 정보당국 관계자들의 말을 인용(진짜 정보인지, 왜곡된 정보인지, 제보자 신상이 없으니 알 수 없다)해 비관론을 확대 및 재생산하고 있다. 그런 보도로 미국 내의 불신과 혼란을 더욱 부추긴다. 믿어 주지 않는데, 믿질 않는데 실행할 개연성이 없는 것이다.

한 예로 워싱턴 포스트가 북한이 평양 외각 산음동의 한 공장에서 신형 대륙간탄도미사일을 비밀리에 제조하고 있다고 보도해 비핵화 분위기에 찬물을 끼얹었었다. 그 보도 직후 로이터 통신은 익명의 고위 행정부 관리의 말을 인용해 '관련 사진과 적외선 영상'을 보면 문제의 시설에 차량이 들락거리는 것은 맞지만 미사일 제조 공장인지, 보급 창고인지 불분명하다며 워싱턴 포스트의 보도를 평가절하했다. 핵 비확산 전문가 제프리 루이스 박사도 위성 영상만으로는 대륙간탄도미사일을 제조 중인 건지 확인이 불가능하다고 했으며, 공장과 평양의 거리가 너무 가깝다고 의문했다.

요즘 북한 정보 누설의 진원지로 자주 등장하는 곳이 미국 국방정보국(DIA)이다. 북미 정상의 비핵화 합의 이후에도 김정은 북한 국무위원장은 현재로선 비핵화 의지가 전혀 없다는 DIA 평가보고서를 입수했다며 CNN이 보도했다. 미국 백악관 정보의 완성은 DIA를 포함한 여러 정보기관들에서 수집된 최종 정보를 정보기관들이 회람하고 DIA 분석 내용에 동의하면 완성된 정보로 작성돼 대통령을 비롯한 국가 안보 최고 실무자들에게 보고된다. 미국 연방 정부엔 산하 17개 정보기관이 존재하는데, 대북 정보 수집 정보기관은 여러 개다. 그리고 DIA 대부분의 구성원은 군인이다. 그들 특성이나 이해관계상 군사 정보를 과장하는 경향이 있다. 예로 2005년 당시 DIA 로널드 버지스 국장이 상원 청문회에서 미사일에 핵탄두를 장착할 능력을 북한이 가지고 있다고 증언했던 것을 들 수 있다.

그러나 지금도 북한이 그런 능력을 가지고 있는지는 가능성일 뿐 확실한 건지는 미지수다. 브루킹스 연구소의 선임 연구원은 "정보 당국의 정보 흘리기로 불안감과, 정치적 압력, 심지어 예기치 않은 엉뚱한 결과가 초래될 수 있다."라고 경고했다. 특히 미국에는 백악관과 의회 주변에 수많은 이해 당사자들의 로비스트들이 밤낮 가리지 않고 24시간 움직인다. 그 숫자가 6천 명 정도, 어떤 이는 더 많다고도 한다.

한국의 통일이나 종전 같은 것은 그들에게 아무 이득이 없고, 오히려 이해의 마이너스일 뿐이다. 록히드 마틴을 비롯한 군수 관련 업체들은 남북 대결이 완화되거나 끝나는 것을 절대로 바라지 않는다. 정치가의 큰손인 군수업체의 이해에 놀아나는 상·하원 의원이 한둘이 아니라 전부라고 보아도 무방하기 때문에 상·하원이 남북 종전 선언을 반대하거나 달갑지 않게 생각하는 것이다. 현재 한국은 세계에서 미국산 무기를 제일 많이 수입하는 나라 중 하나다. 미국 전력에서 제외된 무기도 아주 비싼 값에 사들인다. 한국은 한국전 이후 미국의 호구로 자리매김했으며, 그것이 분단국가 비극의 한 단면이기도 하다.

괴테와 헤겔

　괴테는 인간이 우주를 관조함에 있어서 하나님이나 자연의 본질을 파악하려는 수단으로 이념을 세우고 개념을 형성하려는 것은 도저히 막을 수 없다고 말했다. 거기서 우리들은 특별한 곤란에 처한다. 즉 이념과 경험 사이에는 거리감과 일치할 수 없는 괴리가 존재한다. 철학자가 어떤 이념도 경험에 완전히 일치하지 않는다고 주장하면서 이념과 경험은 서로 유사할 수 있고, 그렇지 않을 수 없음을 인정하는 것은 혹시 옳을지도 모른다고 생각하기 때문이다. 괴테는 창작을 하든지 연구를 하든지 간에 항상 자연과 같이 분석적으로 또는 종합적으로 전진해 왔다.

　'인간 정신의 수축과 신장은 나에게 있어 제2의 호흡으로 결코 갈라지지 않고 늘 고동하고 있다'라고 하였다. 하지만 그는 이 모든 것을 나타낼 만한 말을 가져 본 적이 한 번도 없다. 그럼에도 이성, 오성, 상상력, 신앙, 감정, 망상 등을 가지고, 혹은 그 외의 별 방도가 없다면 바보짓을 해서라도 그 괴리를 좁히려는 인간의 노력은 영원히 쉼이 없을 것이라고 한다. 활발히 계속되는 노력을 본다면 마침내 우리들은 철학자가 어떤 이념도 경험에 완전히 일치하지 않는다는 주장에 이념과 경험은 서로 유사할 수 있다고 말할 수 있다. 아니 그렇지 않을 수 없음을 말하는 것은 혹 옳을지도 모른다고 생각하게 된다. 칸트가 이념화하는 오성과 감각적인 직관을 일치시키는 작품이라는 것은 판단력 비판이다. 이와 반대로 괴테는 순수 이성 비판의 일은 전혀 자기의 영역 밖의 것이라고 말하고 있다. 그의 입장에서 이 책의 주의할 만한 점이라 생각되는 것은 '해묵은 주요 문제' 즉 우리들의 자아가 얼마만큼이나 그리고 그 외계가 얼마만큼이나 우리들의 정신적 존재에 기여하는가라는 문제를 갱신하고 있는지이다. 그러나 괴테 자신은 한 번도 그 양자를 서로 분리한 일이 없고 만일 그가 철학을 한다고 하면 여념 없이 소박하게 사색하고 자기의 의견을 실제로 목전에서 보는 것이라 생각한다. 괴테의 위대성은 본질적으로 근대적인 것과 고대적인 것의 결합에 있다.

괴테는 조금이라도 상투어를 생각한 적이 없다고 한다. 칸트의 순수 이성 비판의 미로에 빠져드는 것에서 그는 때로는 그의 시인적 친분에 의해서 때로는 상식에 의해서 방해되었다. 더욱이 그는 그중의 몇 장을 이해할 수 있다고 믿고 거기에서 여러 가지 사상을 끌어내어 자기 나름으로 소화시켰다고 했다.

괴테는 독일 문학을 세계 문학으로 형성시켰고, 헤겔은 독일 철학을 세계 철학으로 육성시켰다. 나폴레옹이 예나(Jena)와 바이마르시(City)를 통과했던 1806년 바로 그해에 헤겔은《정신 현상학》을 괴테는《파우스트》제1부를 완성했다. 객체와 주체가 서로 맞닿는 곳, 바로 그곳에 삶이 있다. 괴테는 직관된 자연의 편에서, 헤겔은 역사적 정신의 편에서 통일을 파악한다는 점이 두 사람이 가진 매개의 차이다. '절대자'를 괴테는 자연으로, 헤겔은 정신으로 보는 상이한 견해가 두 사람의 관계를 특정 지어 준다고 하지만, 그것은 결코 원리상의 대조를 의미하는 것이 아니라 해석하는 방식의 차이를 의미하는 것에 지나지 않는다.

괴테는 변증법에 대해 허위를 진실로 만들기 위해 악용될 수 있는 것이라며 못마땅하게 여겼다. 그러나 변증법 환자는 자연을 충실히 연구하면 치유된다. 왜냐하면 자연은 영원하고, 영원히 진실하기에 그러한 병이 생겨날 여지를 주지 않기 때문이라고 한다. 또 인간의 감정은 만들어지는 것이며, 어떤 공식이나 원칙 같은 것은 없다. 인간의 감정이란 세뇌에서 비롯되기 때문에 그렇다.

헤겔은 사상을 현상으로 하는 그리고 현상이 사상으로 되는 성체화에 대한 그의 신앙을 확증하려고 했다. 자연은 헤겔에 있어 무력한 것이었으나 괴테에 있어서는 전능한 것이었다. 헤겔은 자연의 이성으로 풀이하지 않고 역사의 이성으로 풀이하여 거기서 그리스도교의 정신을 정신의 역사에 있어서의 절대자로 보았다. 따라서 괴테와 헤겔 의견의 참된 상위점은 그리스도교와 역사에 대한 두 사람의 입장에서 파악할 수가 있다. 이성과 십자가를 결합하는 헤겔 사상에 대해 괴테는 부인한다. 철학과 신학 사이에 그만한 거리를 두지 않는 점에서 헤겔과 괴테는 차이를 보인다. 헤겔이 이성을 현재의 십자가 속에 있는 장미라고 부른 《법철학》의 서문에서 철학적 이성과 그리스도교적 십자가를 하나로 생각하는 그의 견해를 나타내고 있다. 헤겔은 독일 철학의 대표 주자로 지칭되지만, 기독교적 의식 범주 안에 있다고 본다. 심오하게 들여다보면 헤겔이 기독교적 사상 안에 우거하고 있다는 것이 보일 것이다. 헤겔은 날카로운 이성의 소유자지만 늘 기독교적 사상의 범주 안에 있었다. 모든 문화 철학이 기독교적 사상 범위 안에 있던 시대에서 현대 문화 철학에 흡수되는 지류로 넘어가는 시기에 그는 기독교적 사상 테두리 안에 남아 있었다. 그가 과학, 물리학, 형이상학 등 시대적 변혁에 거부감을 갖고 있는 철학자라고 생각한다. 인간의 모든 행위 발전의 가치로 평가되는 모든 것은 인간의 세뇌 현상으로부터 출발한다. 세뇌된 기억과 알음이 그간의 행동, 행위, 철학의 근간을 이룬다. 동물은 본능적으로 작동하지만, 인간은 세뇌의 인지로부터 자각으로 행위가 시작되고 행동이 작동한다. 인간이 서로에게 영향을 주고받는다는 것 자체가 세뇌의 순환인 것이다. 인간은 자신이 믿고자 하는 것을 믿고 집중하며 종당에는 신념으로 변하게 된다. 이러한 세뇌 기능이 인간의 취약점이다. 고정 관념화된 세뇌가 신념이 되고, 그 고정 관념의 틀 안에 우거하게 되어 거기서 벗어나기가 쉽지 않다. 그런 현상은 지식인들에게도 딜레마로 작용한다. 헤겔은 어려서부터 기독교 사상에 너무 심취하고 깊이 세뇌되어 있었던 게 아닌가 한다.

   17~18세기의 철학자들은 종교로부터 벗어나 자유롭고자 했지만, 그런 노력 자체도 이미 종교의 그물 안에 있음을 인정하고 마는 딜레마인 것이다. 그러나 헤겔은 종교로부터 자유롭고자 노력하지 않았다. 헤겔에 있어서는 신의 애육에 기초하여 진리 가운데 존재하는 것이다. 신적인 본성과 인간적인 본성을 한 몸에 갖춘다는 것이다. 국가 철학보다 종교 철학이 헤겔의 원리를 이해하는 데 더 중요하다. 그의 초창기는 더욱 그랬다. 그는 신에게 저주받아 철학자가 되었다고 자칭하였다.

헤겔의 철학 시대 구분에 의하면 그 자신의 체계는 제3기의 마지막에 해당한다고 했다. 제1기는 탈레스에서 프로클로스에 이르고, 고대 세계의 시발과 몰락을 포함한다. 그 고대가 완성된 정점인 프로클로스에 있어 유산자와 무산자, 지상의 세계와 신의 세계의 고대적 화해가 이루어진다. 제2기는 그리스도교 기원의 시작에서 종교 개혁에 이른다. 이 시기에는 한층 높은 단계에서 지상적인 것과 신적인 것의 동일한 화해가 다시금 행해지고, 그 화해는 제3기 즉 데카르트에서 헤겔까지의 그리스도교적 철학에서 헤겔에 의해 완성되는 것이 된다. 이 최후의 시기에 있는 철학의 여러 체계는 처음엔 믿어지고만 있던 화해를 사유에 있어서 파악하고 산출한다. 즉 현실을 자기의 활동 영역으로 삼아 그 속에 자기를 파악하는 절대적, 그리스도교적 정신이 서 있다. 이것으로 현실 세계는 그리스도교적 의미에 있어서 정신적이라는 것이다. 그래서 헤겔은 프로클로스와 같이 그리스도교적 로고스의 세계를 결합하여 구체적으로 조직한 이념의 절대적인 총체로 삼아 세계 시기의 전체를 종결시켰다고 한다. 헤겔이 말하는 그리스도교적 철학의 완성에서는 무엇이 생기는가? 명백한 것은 그것이 그리스도교와의 결렬을 앞둔 최후의 일보라고 하는 것이다.

　헤겔에 있어서 국가 및 그리스도교와 철학의 화해 즉 국가 철학으로서는 정치적 현실, 종교 철학으로서는 그리스도교적 현실의 화해로 원리적 경향의 구체적인 부연이다. 정치 및 그리스도교의 양 영역에서 헤겔은 단지 현실과 화해할 뿐 아니라, 현실 가운데서 화해한다. 마르크스와 키르케고르가 철학은 실현되어야만 한다는 명제를 제시하며 나타낸 문제점은 그것에 있다. 마르크스는 철학 이론이 무산계급의 머리가 되고, 키르케고르에서는 순수사유가 실존하는 사색자로 되고 있다. 시민적 세계와 더불어 기독교적 세계의 해소를 비판적으로 통찰했기 때문에 사실 두 사람에게는 현재의 현실이 이성적이라거나 그리스도교적이라고 생각되지 않는다는 것이다. 헤겔의 원리를 이해하는 데 국가 철학보다 더 중요한 것이 종교 철학이다. 그것은 전 체계에서 떼어 낸 일부분이 아니라, 전 체계의 정신적 요강이다. 어쩌면 헤겔은 신에게 포획된 철학자이다. 17~18세기의 철학자들이 뉴턴 같은 과학자들을 저주하고 형이상학을 저주하는 것은 시대상의 한 단면이기도 한 것 같다.

괴테는 헤겔이 죽었을 때 자기로서는 이 뛰어난 재능을 가진 중요한 향도이자, 그처럼 인간으로서도 친구로서도 토대가 잘 잡히고 다방면으로 활동하는 사람을 잃어버렸다는 것에 대해 깊은 유감의 뜻을 표명한 뒤 파른하겐에게 이렇게 말했다. "그의 학설의 기초는 나의 시야 밖에 있었다. 그러나 그의 행위가 나에게까지 미치거나 혹은 나의 연구와 관련을 가지게 될 때에는 나는 언제나 거기서 진정한 정신적 이익을 얻었다." 두 사람이 서로 상대방의 작품과 활동에 대해서 베풀었던 경의는 두 사람의 결합이 지탱하고 있던 거리에 터전을 잡고 있다. 괴테는 직관된 '자연'의 편에서, 헤겔은 '역사적 정신'의 편에서 통일을 파악하는 점에 두 사람이 가진 매개의 차이가 있었다. 절대자를 자연으로나 혹은 정신으로 보는 상이한 견해가 헤겔과 괴테의 관계를 특정 지어 준다고 하지만, 그것은 결코 원리상의 대조를 의미하는 것이 아니라 해석하는 방식의 차이를 의미하는 것에 지나지 않는 것이라 할 수 있다.

키르케고르

　키르케고르는 마르크스와 대조된다. 그는 사회적인 세계 전체를 그의 자기애로 환원한다. 그러나 동시에 그는 유일자를 창조적인 무위에 세워 놓지 않고, 세계의 창조자인 하나님의 앞에 세워 놓기 때문에, 키르케고르의 근본 개념은 사회 민주주의적인 인류와 더불어 자유주의적인 교양을 받은 기독교 세계에 대한 일종의 고정재인 것이다. 이와 같은 두 개의 생존 양식의 어느 것에 있어서도 인간은 단독자로서 스스로 인간의 보편적인 본질을 실현하지 못한다.
　키르케고르는 인간적 자기의 보편성을 실현하지 못한 채 요구로서만 제시한다. 또한 그는 직업을 선택하고 아내를 맞이하여 자기를 유한성 가운데 처리할 결심이 생기지 않았기 때문에 한평생을 시민 사회의 한구석에서 기인으로 지냈다. 키르케고르의 반항적인 기질은 그의 출생에서 기인한 열등감으로부터 생겨났을지도 모른다. 맏형을 뺀 다섯 명의 형, 누이들이 서른네 살을 넘기지 못하고 죽음을 맞이하여 자신도 아주 젊은 나이에 죽으리라는 예감 속에 살다가 이윽고 마흔네 살에 죽음의 부름을 받았다. 그는 "나는 일찍이 어린아이인 때가 없었다."라고 탄식하며 태어날 때부터 늙은이였던 사람이었다. 종교적인 감수성이 예민하고 논쟁적이며 조소를 즐긴 시큰둥한 아이였던 사람, 권위에 대들고 자유와 화려함을 그리워하며 청춘 시대를 보낸 사람, 철학은 말할 것도 없고 문학과 음악에 빠져 오페라 하우스의 열렬한 단골손님이었던 심미적인 사람이었다.

그는 노회의 꽤 유명한 늙은 목사와 그의 몸종이었던 어린 처녀 사이에서 욕정의 찌꺼기로 태어났다. 사생아인 자신을 평생토록 시름겨워하며 스스로 '냉혈한 수수께끼'의 껍질 속에 들어 앉아 살았다. 그러면서도 코펜하겐 중심 광장의 근사한 저택(그 시절 목사는 기득권자요, 부자였다. 그가 오페라 하우스의 단골손님이었다는 것으로도 증명하고 있다. 소작농이나 농노 집안에서 오페라 하우스란 꿈속의 이야기이다)에서 살았다. 먹고살 걱정 없는 환경에서 자라며 보편적인 인신과는 다른 정신세계를 가질 수밖에 없었던, 어찌 보면 기형적인 인간이기도 한 사람이었다. 그러나 그는 명석한 두뇌의 소유자였다고 한다.

그는 시민적이며 기독교적인 생활을 윤리적 인간의 진지(智)와 심미적 인간 반어(Ironie)와 상관없는 것처럼 변호했으나, 시민적 세계와 더불어 기독교적 세계의 해소를 비판적으로 통찰했기 때문에 앞선 변호가 철저하지 못한 것으로 되어 있다.

헤겔에 대한 키르케고르와 마르크스의 공격은 헤겔이 결합한 것을 분리시킨다. 마르크스는 비판의 대상을 정치 철학으로 삼았고, 키르케고르는 철학적 기독교에 두고 있다. 그러나 그것으로 인해 발생하는 것은 헤겔 체계의 해소만이 아니라, 동시에 시민-기독교적 세계의 전 체계의 해소인 것이다. 기존하는 것에 대한 급진적 비판의 기초는 본질과 실존의 일치로서의 현실이라는 헤겔 개념과의 대결이다. 대체적으로 논쟁은 《법철학》의 서문에 있는 "이상적인 것은 현실적이고, 현실적인 것은 이상적이다."라고 하는 단 하나의 명제에 관계하고 있다. 19세기의 상속자인 우리들이, 현실이라는 말에서 헤겔의 실제적 관념론의 몰락 후에 점차 나타날 수 있었던 실제론의 실제들이나, 완성된 사실들을 이해하기 때문이다. 그러나 현실의 개념에 대해서 이러한 변화의 충격을 준 자는 헤겔 이외에는 없었다. 헤겔이야말로 그 이전 아무에게서도 볼 수 없었던 현실의 현재하는 세계를 철학의 내용으로까지 끌어올려 놓았다는 것은 인정한다. 실상 헤겔에 의하면 의식의 내용을 사상의 형식에다 옮기고, 그리하여 현실에 대해서 명상하는 것이 철학 그 자체에게 중요한 것처럼, 다른 면에 있어서 그 내용이 세계, 즉 경험할 수 있는 현실 내용 이외에 아무것도 아님을 선명하게 인식하는 일이 중요하다. 철학과 현실의 일치는 그 철학의 진실성의 외면적 시금석으로까지 보일 수 있다.

그러나 그저 일반적으로 존재하는 것이 모두 동일한 의미와 동일한 정도의 현실은 아니기 때문에 단지 '스쳐가는 것', '의미 없는 것', '우연한 것', '덧없는 것', '위축된 것', '무의식적으로 행동한 것'에 불과한 것은 현실과 구별하지 않으면 안 된다. 그와 같이 없어도 괜찮은, 단지 우연적인 현실은 진정한 현실이라는 '강조된 명칭'으로서의 가치가 없다. 이성과 현실과의 연계, 이념의 작용과 같이 신적인 것과 세속적인 것과의 일치의 인식에 의해서 자기를 의식하는 이성과 존재하는 이성 즉 현실과의 화해를 드디어 산출시킬 것을 궁극의 목적으로 삼는 철학, 동시에 신학이기도 한 그러한 철학에 의해서 증명된다. 마르크스와 키르케고르가 헤겔의 이성과 현실 화해의 진실성을 반박한 방법은 하이데거에서 딜타이까지의 논거마저도 이미 선취한 것이었다. 마르크스와 동시에 키르케고르도 노동을 문제 삼았다. 그러나 그는 노동의 문제성을 시민에서 기독교적 윤리의 테두리 밖으로 나가지 않도록 하였다. 그는 노동을 인간의 생성의 관계에서 논한다. 그러나 사람이 이런 개인주의를 오해해서는 안 된다고 한다. 아무리 각 사람이 단독자로서 자기의 목적론을 자신 속에 가지고 있다고 하더라도 개인은 마치 추상적 의미에 있어서 자기를 만족시켜야 하며 또한 만족시킬 수 있듯이 시민적 생활에 대한 자기의 관계로부터 분리될 수 없을 것이라는 것이다. 그의 자기는 오히려 절대적으로 구체적이며, 그런 까닭에 그것은 자기 자신을 향하여 움직임으로써 주위의 세계에 대하여 부정적 태도를 취할 수 없다. 그 운동은 자기에서 떠나 세계를 꿰뚫고 자기 자신에게 돌아온다. 이러한 헤겔식으로 정의된 운동의 기독교적 현실성은 그것이 자유의 행위여서, 그것에 의하여 예컨대 개인이 결혼이나 노동의 관계 가운데 현존하면서 그것들을 초월하고 있다는 점에서 존재한다. 그러나 구체적인 개인으로서 어떤 인간도 먼저 마시거나, 먹거나, 입거나, 살림하거나 한마디로 실존하지 않으면 안 된다. 실존하기 위해서 사람은 매해마다 얼마간의 금액을 필요로 한다는 것이다.

　우리가 철학을 말할 때 유럽의 철학을 말하지 않을 수 없다. 그러나 유럽의 철학에는 성서의 교의적인 진리와 기독교적인 의식이 자리하고 있다. 괴테, 헤겔, 키르케고르, 칸트, 니체 등도 그 영향 속에 존재한다. 그들은 거의가 다 목사, 성직자의 자식들이다.

그 시절 보통 소작인, 농노들이 철학에 관심을 둔다는 것은 거의 불가능했다.

  키르케고르는 당대의 과제로 학문의 성과(헤겔적 의미의 학문이지만)를 개인적 생활에 옮겨서, 그것을 개인적으로 자기화하는 것이라는 점을 암시하였다. 키르케고르는 마르크스와 달리 원리의 잘못된 귀결에서 보지 않고, 헤겔의 본질과 실존을 일치시키려는 점에서 본다. 바로 그 까닭에 그는 현실적 존재의 표현에는 이르지 않고, 항상 이상적 개념, 존재에만 이를 뿐이다. 왜냐하면 어떤 것의 Essentia, 즉 어떤 것이 무엇인가 하는 것은 보편적 본질에 관계하고, Existential, 즉 어떤 것이 있다고 하는 것은 그때그때의 낱낱의 실재, 나의 및 너의 그 나름의 실존, 그것이 있는가, 없는가의 일이 결정적인 일로 되는 그러한 실존에 관계하기 때문이다. 이와 같은 실존의 되는 대로의 사실을 표준적인 현실을 일반으로 끌어올림과 함께 키르케고르에 있어서는 존재의 보편적 문제가 인간적 현존에 대한 물음으로 이관되고, 그것의 본래의 문제로 생각되는 것은 그것이 무엇인가가 아니라, 그것이 요컨대 거기에 있다는 것이다. 그와 같이 키르케고르로부터 유래하는 실존 철학은 그 이상 Existentia와의 차이에 있어서 Essentia를 묻는 것이 아니라, 실존 그 자체가 실존 철학에 있어서 유일의 본질적인 것이라 생각된다. 이러한 실존 규정을 가지고 키르케고르는 자기를 아는 이성적 현실의 영역을 하나의 실존자가 그것에 대해서 단지 알고만 있지 않는 유일한 현실 즉 그가 바야흐로 존재한다고 하는 현실에 환원시킨다. 세계사적 사유로는 그것이 무우주론이라 여겨질지도 모른다. 그러나 그럼에도 불구하고 그것은 당대의 백과사전적으로 분산된 지식을 그 근원으로 귀환시켜 다시 한번 실존의 근본 인상을 얻어 내기 위한 유일한 길이다. 스스로는 이념이 아닌 현존재에 대한 관심에서 사유하는 것이다. 희랍에 있어서는 존재의 추상에 도달하는 것이 과제였다. 지금은 정반대로 헤겔 추상의 높이에 서서 다시금 실존을 획득하는 일이 곤란에 처해 있는 것이다. 자기 자신을 실존에 있어서 이해하는 것은 이미 희랍의 원리이고 그 이상으로 기독교적 원리였지만, 체계의 승리 이래로 사람들은 그 이상 스스로 사랑하고, 믿으며, 행할 것을 그만두고 이 모든 것들이 무엇인지를 알려고만 한다.

키르케고르의 현실적 실존의 공격적 개념은 헤겔에게만 향해 있는 것이 아니라 시대의 요구에 대한 교정제이기도 하다.

16살 난 처녀에게 반해 약혼까지 하였지만, 종교적인 것만 가지고 있으면 그녀 없이도 살아갈 수 있다고 하며 스스로 약혼을 파기하고 평생을 총각으로 지낸 비현실적이고 복잡한 인간. 햇빛을 싫어했다 하고, 낙엽의 계절인 가을을 좋아하고, 가을의 늦은 오후를 좋아했다는 사람.

국가기구화한 기성 교회와 관리화된 목사들을 이를 갈며 미워했지만, 고난 속의 생활과 신앙을 지지하고 그리스도교에 대한 존경을 잠시도 잊은 적이 없는 참그리스도교인이었던 사람. 평생에 걸쳐 가능성을 찾아 사색하고 자신의 삶에 스스로 덧을 놓고 인간의 실존을 해명하는 데 골몰하였으며, 이윽고 20세기의 사상과 신학에 큰 불을 지른 폭탄이 된 사람이라고 말한다.

나는 키르케고르가 20세기나 21세기에 살았다면 어떤 철학이나 사상을 가졌을까가 궁금하다. 나의 생각은 그가 대단한 사상가이기보다는 자신의 출생, 자신의 처지에 평생을 골몰한 루저라는 느낌이 더 크다. 반항도 먹고살 걱정이 없어야 가능하다. 자신이 누릴 것은 다누리면서, 그 근원을 저주한다. 철저한 자기기만이 아닐까. 그 시절 소작인 농노들의 생활은 가혹했다. 프랑스 혁명의 구호가 말해 준다. "빵이 아니면 죽음을 달라." 그 순간 키르케고르는 오페라 하우스 공연을 우아하게 관람하며 즐기고 있었다니까……!

사르트르와 보부아르

　20세기 최고의 지성으로 평가받는 장 폴 사르트르(1905~1980), 시몬 드 보부아르(1908~1986) 이 두 사람은 실존주의 사상과 문학의 거두라고 할 수 있고, 진정한 자유인으로 살다 간 실존주의의 철학자요 작가이다. 사르트르가 추구했던 실존주의는 객관적이고 결정론적인 기존의 권위를 부정함으로써 인간의 자유와 주체성을 최고의 가치로 인정하는 사유 체계이다. 진정한 자유인으로 살다 간 사르트르는 자신의 자유로운 영혼에 족쇄가 될 것을 걱정해 노벨문학상 수상을 거절하기도 했다.
　보부아르는 사르트르와 더불어 프랑스 실존주의 문학운동의 선두에 섰던 여류작가이자 평론가로, 그녀의 대표적 저서《제2의 성》(Le Deuxième Sexe)은 여성 해방을 부르짖는 혁명적인 여성론을 담고 있다. 이 책이 출판되었을 때, 유럽의 전 사회는 큰 파문에 휩싸였었다. 그녀의 획기적이고 참신한 주장은 유럽 지성인들에게 충격을 가져다주었으며, 더 나아가 세계적인 파문을 던진 문제작이기도 했다. 프랑스 노벨문학상 작가인 알베르 카뮈는 즉각적으로 개인 성명을 발표하고 격렬한 비난을 퍼부으며, 책을 전부 수거해 폐기해야 한다고 주장했다. 바티칸 교황청은 즉

시 이 책을 금서 목록에 올렸고, 가톨릭 신자였던 작가 프랑수아 모리아크는 '포르노'라고 혹평했다. 좌파들마저 여성 해방은 계급 해방을 통해서만 가능한 것이라며 보부아르를 몰아붙였었다.

1900년대 초는 산업화와 개혁의 바람이 태동하고는 있었지만 오랜 세월 유지되어 온 권위주의와 여성 차별은 여전하던 시기였다. 아직 사회구조상 여성의 사회 참여가 미진하고, 여성은 남성에 기대어 살아갈 수밖에 없었던 현실에서, 사회 관념과 남성의 관념이 그대로인 상황에서, 가히 혁명적이고 남성들의 치부를 예리하게 헤집는 보부아르의 책 《제2의 성》에 유럽 남성들은 기겁을 하며 놀라 자빠질 지경이었다. 좌파 지식인들마저 여성의 사회적 지위, 사회적 위상이 올라가기 전까지는 '남녀평등 불가능'이라는 인식에 빠져 있던 시기였다.

그러나 거센 비난과 혹평은 '남자'들만의 것이었다. "여자는 여자로 태어나는 것이 아니라 여자로 키워지는 것"이라는 보부아르의 도발적인 선언에 당대의 여성들은 환호했으며, 출간 1주일 만에 2만부가 팔려 나갈 만큼 열렬한 반응이었다. 《제2의 성》은 프랑스의 '수컷'을 조롱했다며 맹비난을 받았음에도 불구하고 여성 해방 운동의 도화선이 되었다.

두 차례의 세계대전으로 인한 사회적 혼란과 합리주의적 이성이 붕괴된 서구의 총체적 위기감 속에서 잉태된 이 사상은 '불의 투성이'인 현실의 부조리에 대한 저항을 촉구하기도 한다. 실존주의의 탄생은 암울하고 부조리한 시대 상황이 그 모태가 되었다고 할 수 있다.

사르트르, 그가 살다 간 극적인 삶의 궤적이야말로 위대한 사상가의 출현을 가능하게 했을 것이라는 짐작을 하게 한다. 그가 태어난 지 11개월 만에 죽은 아버지에 대한 회상으로부터 사르트르의 정신세계는 발현한다. 외조부 밑에서 자란 그는 19세 때 파리 고등사범학교에 입학하고, 시몬 드 보부아르를 만나게 되었다. 사범학교를 졸업하고 철학 교사로 일하던 그는 소설 〈구토〉를 발표하면서 주목받았으며, 1939년 독일에 대한 프랑스의 선전포고와 함께 소집돼 전쟁에 참전했다. 작전 중 포로로 잡혀 탈출할 때까지 4개월 동안 포로수용소 생활을 경험하기도 했다. 그는 1943년에 프랑스 레지스탕스에 참여하고, 그 와중에도 〈파리 떼〉 등 많은 극작을 발표했다. 종전 후 그는 잡지를 창간하는 등 문학적 지도자로서 다채로운 활동을 벌였다.

또 그는 공산당의 동반자로서 소련에게 전략상 지원을 아끼지 않는 등의 밀도 높은 정치적 활동을 벌이다가, 공산당에 대한 자신의 오류를 느끼고 노선을 수정하여 공산당과 결별했다. 1964년에 자전적 소설 〈말〉로 노벨문학상의 수상자가 되었으나 그는 수상을 거부했다. 그가 노벨상을 거부한 것은 어떤 것에도, 어떤 곳에도, 누구에게도 속박당하지 않으리라는 자유인의 면모를 드러내는 것이기도 했다. 평생을 동반자이자 연인이었던 보부아르와 계약 결혼 관계로 지냈지만 정식으로 결혼하지는 않았다. 사르트르는 1980년 75세로 생을 마감할 때까지 활발한 사회 참여로 그의 존재와 사상을 세상에 알렸다. 사르트르가 사망했을 때 보부아르는 "사르트르와 나를 갈라놓을 수 있는 것은 죽음뿐이라는 것을 그와 나는 굳게 믿고 있었다."라고 술회했다.

서양인으로서는 작은 키인 157cm에다가 약간 비만인 사팔뜨기 사르트르와 훤칠한 키에 전형적인 프랑스 미인인 보부아르. 두 사람의 조합은 다른 사람이 보기에는 언뜻 어색해 보이겠지만, 두 사람의 지성이 만들어 주는 연대에는 아무런 지장이나 장애가 되지 않았다.

사르트르의 전기는 한국을 비롯한 세계 여러 나라에서도 번역 및 발간되어 진정한 자유인으로 살다 간 그의 일대기를 생생하게 들여다볼 수 있다. 그가 추구했던 '실존주의'는 객관적이고 결정론적인 기존의 권위를 부정하고, 인간의 자유와 주체성을 최고의 가치로 인정하는 사유체계였다. 사르트르와 보부아르가 같이하며 체계화한 실존주의 철학은 동양의 인본주의 사상의 인간 실체에 존엄을 값어치로 하는 것과 일맥상통한다고도 볼 수 있다.

사르트르와 더불어 시몬 드 보부아르는 1986년 그녀의 연인이자 정신적 지주였던 사르트르가 사망한지 6년 뒤 78세를 일기로 다사다난했던 일생을 마쳤다.

한 사람에 대한 평가는 그 사람이 삶을 마감한 후에야 비로소 가능하다고 한다. 보부아르의 주장과 생활 방식을 열렬히 동조하고 응원하는 사람들도 있는 반면에 싫어하는 사람도 있을 것이다. 하지만 그녀는 초지일관 흔들림 없이 자신의 길을 굳세고 꿋꿋하게 걸어갔다. 구속을 원치 않고 언제나 자유로웠던 그녀의 삶은 한마디로 요약하면 '창조적 삶'이었다. 남이 가던 길에 묻어가기를 거부했고, 남의 삶을 뛰어넘어 자기의 길, 자기의 삶을 살겠다고 했다. 그러기 위해서 인생 동지들과 떨어져 홀로 가고, 이웃의 손가락질을 받으며 고독하게 살아야 했다.

그녀는 자신의 길을 먼 곳에서 찾지 않았다. 바로 자기 자신에서 찾았다. 50~60년대 여자가 자기 의지대로 인생을 사는 일은 쉬운 일이 아니었다. 어쩌면 불가능한 것이기도 했다. 하지만 모든 여자는 해방을 원했고 보부아르 또한 마찬가지였다. 자신이 여자라는 숙명에서 해방되는 것은 나아가서 세계 여성을 해방시키는 일이었고, 그녀의 창작 활동 전부가 세계 여성을 해방시키는 일이었다. 따라서 그녀의 사생활이나 작가 활동, 사회 활동은 모두 '여권 운동'의 일환이었다.

그녀가 태어난 시기는 격동의 20세기, 전대미문의 두 차례의 세계대전이 있었던 때였다. 그녀는 파리의 부르주아 가정에서 태어나 가톨릭 교육을 받고 자랐으며, 세계의 소용돌이 한복판에서 나치즘, 파시즘을 피부로 겪어야 했다. 그런 영향으로 그녀가 사고하고 나아가는 길 앞은 필연적으로 거부 반응을 잉태했으며 사회적, 정치적, 철학적인 투쟁심은 불가피하게 자라났다.

한편 사생활에 있어서 그녀는, 윤리나 사회적 관습으로 볼 때 파격적이며 해괴망측한 그야말로 이해 불가능한 수준이었다. 그러나 바로 거기에 그녀만이 할 수 있는 독창적인 길이 있었다는 것을 이해할 수 있다. 그녀는 결혼이 '치사한 부르주아적 제도'라고 몰아붙이며 사르트르와 '계약 결혼'을 유지했고, 사르트르가 자신의 여제자인 올가(OLGA)를 좋아한다는 것을 알고는 셋이서 3년간 동거하기도 했다.

40대 중반에는 사르트르와 관계를 유지하면서도 젊은 작가 란츠만과 6년간의 연애와 동거를 했으며, 미국 방문을 계기로 미국

작가 넬슨 엘그렌과 4년간 연애를 했다. 그녀의 남녀 관계는 바람직하든 그렇지 않든, 그 시절의 정서나 사회적 통념으로는 분명 새로운 시도임에 틀림없다. 하지만 그녀는 자신과 같은 삶을 다른 여자에게 강조하거나 따르게 하지는 않았다. 왜냐하면 그런 삶은 그 자신의 삶이기 때문이다.

그녀의 대표작이며 문제작이라 할 수 있는 《제2의 성》은 여성 해방의 이론서라고 할 수 있다. 《제2의 성》은 이론과 체험을 각각 1권과 2권으로 나누어 다루고 있다. 1권 〈사실과 신화〉에서는 기존의 남성 위주 사회에서 여성을 남성의 종속물로 삼는 것을 문제시하고 있으며 이를 역사적, 사회학적, 문학적인 면에서 규명하고 있다. 1권에서는 기독교 문화권에서 살아가는 여성의 지위와 천대, 성서에 나타나는 여성관에 예리한 일침을 가한다. 또 문학에 나타난 여성상에 칼날의 비판을 가하며 그녀의 비평가로서의 일면을 보여 주고 있다. 2권 〈체험 편〉에서는 남녀의 차이가 문화적인 차원에 있는 것이지 자연적인 차원에 있는 것이 아니라고 주장하며, 여자의 세계를 현실적인 면에서 명석하게 분석하고 있다.

그녀는 기독교 문화권에서의 남녀 차별을 심도 있게 지적하며, 여성이 남성과 같이 인간으로서 '제1의 성'이 아니라 남자 뒤에 선 '제2의 성(가공의 성)'이라는 의미를 제목에 담았다. 이는 남자와 여자를 실존적으로 차별, 구별한다는 의미이다. 《제2의 성》은 실존주의 철학이 그 근저에 바탕을 이루고 있다는 데에 의의가 있다. 여성 문제를 통하여 근본적인 '인간의 자유'를 다시 생각하게 해 준다는 데에서 종래의 여성론과 다른 면이 있다는 것이다.

《제2의 성》은 여성을 위한 책인 동시에 남성을 위한 책이기도 하다. 왜냐하면 '남성과 여성'은 상대적인 존재이기 때문이다. 1998년 미국의 타임지는 20세기에 인간의 삶과 정신을 바꿔 놓은 10대 논픽션 저서 중 한 권으로 《제2의 성》을 선정하였으며, 이 위대한 여성에게 경의를 표했다. 철학을 말하고 싶다면, 실존주의를 느끼고 이해하고 싶다면, 《제2의 성》을 읽어 보기를 권한다.

파레토, 뒤르켐, 베버

우리에게 잘 알려지지 않은 세 사람 빌프레도 파레토(이탈리아), 에밀 뒤르켐(프랑스), 막스 베버(독일)는 모두 유럽의 동시대를 산 사람들이다. 성서의 교의적 진리와 기독교적 의식이 깊이 뿌리 내리고 있던 유럽 사회가 과학적 실제와 활자의 발달, 뉴스 등에 의해 차츰 변해 가는 시기에 이들은 자리하고 있다. 세 사람은 1850년대 전후, 몇 년 간격으로 태어났고, 1920년을 전후로 사망했다. 이 세 사람은 19세기 후반부에 속하며, 20세기에 접어드는 유럽의 역사적 현실에 관련된 사상가들이라고 말할 수 있다.

당시, 19세기 말은 유럽 역사상 가장 전쟁이 적었던 시기로, 특별히 은전을 받은 시대라고 여기기도 한다. 이 시기의 유럽은 평화로웠으며, 전쟁의 기억들은 희미했다. 인간의 기억이란 영원하지 않으며, '망각'이라는 장치를 통해 시련을 극복하고 이겨 낼 수 있다. 만일 이 장치가 없었다면 인간 사회는 잊히지 않는 영원한 소용돌이 속에서 아비규환의 삶을 살고 있을지도 모른다. 가족을 잃은 슬픔, 사랑하는 사람과의 이별, 전쟁의 아픔 등을 겪고도 인간이 다시 살아갈 수 있는 것은 망각이란 장치가 있기 때문이다. 그렇게 19세기 말은 유럽의 잦았던 전쟁의 기억도 희미해져 가고 산업화가 본격적으로 태동하던, 희망과 안온함이 공존하던 시대라 할 수 있다.

세 사람은 각기 다른 방식이기는 하지만 유럽 사회가 위기에 처해 있다는 공통적인 생각을 가지고 있었다. 그들 사상의 근본적 테마는, '위기의 근본적 원인은 종교와 과학의 관계'이다.

뒤르켐, 파레토, 베버는 모두 과학자가 되려는 소망이 있었다. 과학이 정밀한 사고, 성공적인 사고를 위한 모델을 제공한다고 판단한 것인데, 더 단적으로 말하면 과학만이 타당성 있는 사고의 유일한 모델이라고 여긴 것이다. 그러나 이들은 사회학자로서 사회는 공통된 신념을 통해서만이 그 결합의 긴밀성을 유지할 수 있다는 것을 재발견했다. 이들은 전통으로부터 물려받은 초월적 질서에 대한 공통 신념이 과학적 사고의 발전에 의해 흔들리고 있음을 관찰했다. 19세기 말, 종교적 신앙과 과학 간에 화해할 수 없는 모순이 존재한다는 사상만큼 더 흔한 것은 없다. 이 세 사람 역시 이러한 모순이 존재한다는 것을 알아챘다. 그러나 이들은 사회학자였기 때문에, 과학의 진보로 말미암아 침식된 여러 종교적 신념이 사회 안정에 필요하다는 것을 인정하였다. 시대 전환의 막바지에 있는 이들은 사회학자로서 전통 종교가 고갈되어 가고 있음을 관찰하였으며, 공통된 신앙이 그 공동체의 구성원들을 한데 묶어 주며 구조적 결합의 긴밀성을 유지하는 데 도움을 준다고 믿었다.

파레토

　오직 논리적, 실험적 방법에 의해서 얻어지는 명제만이 과학적이고, 그 이외의 모든 명제, 특히 도덕적이거나 형이상학적 또는 종교적 영역에 속하는 명제들은 과학적 가치가 없으며, 따라서 진리로서의 가치가 없다고 하였다. 파레토의 사상을 결정 짓는 것은 첫째로 경제이론의 합리성과 인간 행위의 불합리성의 갈등이요, 다음으로 이러한 행위가 과학과 견주어서 불합리한 것이지만 사회적으로 효과적이고 유용할 수 있다는 것이다.

　파레토는 자유주의적이며 인도주의적 사상을 믿는 환경에서 성장했다. 그는 민주주의나 사회주의 및 인간성에 관한 신념이 논리적이며 실험적인 사상과 비교될 때 마치 하나님이나 악마 또는 요녀에 대한 신앙만큼이나 가치 없다는 것을 발견하였다. 아니, 발견하였다고 믿었던 것이다.

　파레토는 '인도주의자들은 전통주의자와 마찬가지로 하나의 센티멘털리스트에 불과'하여, 그가 말하는 잔기(residues)에 의해서 움직이는 자들이라고 하였다. 파레토의 평자들 가운데서는 그에게 호의와 정신 분석을 베풂으로써 그의 마음속에 이탈리아의 환경에 속한 인도주의적 사상에 대한 반항이 엿보인다고 하였다.

　파레토는 논리·실험적 과학은 그 큰 윤곽에 있어 이상과 같이 정의되므로 논리적으로 발생하는 문제는 논리적 행위 및 비논리적 행위의 정의와 논리·실험적 과학적 정의와의 관계를 확립하는 문제라고 여겼으며 그러한 관계는 큰 어려움 없이 확립할 수 있다고 보았다.

파레토에 따르면 과학은 '논리적'이며 '실험적'인 것이다. 이 두 용어는 엄격히 해석되어야 한다. '논리'는 내려진 정의 또는 관찰된 관계의 관점에서 전제로부터 나오는 결론을 연역하는 것이 합당하다는 것을 의미한다. '실험'은 대상의 엄밀한 의미에 있어서 관찰과 실험해 보는 것을 포함한다. 과학은 대상이 실재함을 증명하기 때문에 실험적이다. 그것은 실재한 것을 모든 명제에 개원과 기준이라고 말한다. 실험에 의해 입증되거나 반증되는 것을 허용하지 않는 명제는 '과학적'이 아니다. 허위라는 것을 증명할 수 없는 명제는 진리일 수 없다. 잠간만 생각해 보아도 이 명제는 분명하다. 그런데도 많은 사상가들이 스스로의 주장을 반증하지 못한다는 것을 그 진리의 증거로 삼음으로써 이 명제가 오해받고 있다. 매우 모호하고 불투명한 명제에 대해 어떤 실험으로도 반증할 수 없다는 것은 과학적이라고 할 수 없다.

간단히 말하여 논리적, 실험적 과학의 목적은 실험적 제일성(unitormities, 단일성)이라고 파레토가 말한 것이다. 즉 현상 간의 규칙적 관계를 발견하는 일이다. 파레토는 부언하기를 이러한 실험적 제일성이 그것으로서 필연성을 갖는 것은 아니다. 과학에 알맞는 목적은 제일성의 관찰에 불과하므로 필연성의 문제는 발생하지 않는다. 신의 관념은 논리적이거나 실험적인 것이 아니다. 아무도 신을 관찰하는 기회를 갖지 못했다. 따라서 우리는 과학을 통해 실험하고 관찰하며 진실을 논리적으로 이해하는 것이다. 종교적 부류에 속하는 모든 관념, 현상적 차원에 있지 않은 모든 개념들은 논리, 실험적 과학에 부적합한 것이다.

막스 베버

막스 베버는 법학자이며 역사가였다. 그가 대학에서 받은 교육은 법률 교육이었다. 그는 정치에 대한 흥미뿐만 아니라 역사적 지식이 남달리 뛰어났었다. 그는 항상 '행동인'이 되지 못한 것을 후회했었다. 막스 베버의 방법론은 상당한 수준으로 과학과 행동과의 관계, 즉 사회학과 정치의 관계라는 관점에서 설명될 수 있다. 그는 중립적 과학을 원했다. 교수가 강단에서 자신의 지위를 이용해 자신의 사상을 강요하기를 원하지 않았기 때문이다. 그래서 그는 '행동인'에게 정치에 유용할 수 있는 중립적 과학을 원했다.

근대사회에는 운명적이면서 불가피한 요소가 존재한다. 이러한 사회의 어떤 일정한 내재적인 특징, 즉 관료제와 합리화는 받아들여져야 한다. 그러나 이것들이 사회 질서의 전체를 결정하는 것은 아니다. 그것들은 두 가지의 가능성을 마련해 주는데, 하나는 개인과 그 자유에 대한 존경이고, 또 하나의 가능성은 합리화를 통한 전제주의이다.

막스 베버의 역사적 비전은 뒤르켐의 진보관도 아니요, 파레토의 순환론도 아니었다. 베버를 위시한 세 사람은 근대 유럽 사회를 다른 문명들과 관련 짓고 비교하려고 노력하였다. 뒤르켐은 원시사회를 준거점으로 하여 다소 콩트식으로 대조했다. 이에 반하여 파레토는 고대와 근대 세계를 다 포함하는 역사적 지식을 이용했다. 그는 아테네 및 스파르타, 로마 및 카르타고, 프랑스 및 독일, 또한 영국 및 독일을 포함하여 비교했다.

베버는 그가 서구 문명의 독창성이라고 여겼던 것을 가장 힘 있게 강조한 사람이었다. 그가 세계의 대종교들과 대문명들을 비교·연구하는 데에 전념하였던 것은 바로 이 독창성을 가려내는 작업이었다.

이 세 사람의 철학과 연구는 전혀 독단적인 것이 아니라, 진정한 역사적 비교를 위한 근거가 충분했으며, 유사성과 차이점을 동시에 드러내는 이중적 기능을 가진 분석 방법의 근거가 된다는 것이다. 유사한 점이란 이들이 관찰하고 인정한 구라파 사회 속에 있는 공통적 요소들이고, 차이점이란 그들 각자가 그 속에 살고 있고 각각 그 개념 구성의 표현 방식의 선택에 영향을 준 지적인 그리고 국가적 맥락이다.

또한 그들의 개성의 표현에 있어서도 차이가 있다. 한 사람은 유태인이고, 한 사람은 가톨릭이고, 한 사람은 프로테스탄트다. 한 사람은 진지함을 동반한 낙관주의자이고, 한 사람은 아이러니에 찬 비관주의자이며, 한 사람은 고민에 빠진 관찰자이다. 각자 지닌 개인적 성향은 어떠한 역사적 해석에 있어서도 보지(探樣)되어야 하며, 그래야만 각자의 사회적 주의 주장이 있는 그대로 나타나게 된다. 즉 그 주의 주장이란 과학적 이해에 도달하려는 기도일 뿐만 아니라, 이 세 사람과 역사적 상황과의 대화라고 말할 수 있는 것이다.

막스 베버의 업적은 크고 다양하여 파레토, 뒤르켐의 업적을 소개하는 것 같은 방식으로는 그의 업적을 소개하기 어렵다. 간단히 말해서 베버의 저서들은 다음 네 가지 범주로 분류할 수 있다.

1. 방법론 연구, 비평 및 철학: 이 연구들은 인식론적이면서 철학적이다. 사실상 그것들은 역사 속의 인간에 관한 철학, 과학과 인간 행위의 관계에 관한 개념을 다룬다.
2. 엄밀한 의미의 역사적 저작: 고대 세계의 농업에 있어서의 생산 관계 연구인 《고대농업사정》《일반경제사》, 독일 또는 당대 유럽의 경제 문제에 관한 연구, 독일 동부 지방의 경제 사정과 폴란드 농민들과 독일 지배계급들의 관계에 대한 연구.
3. 프로테스탄트 윤리와 자본주의 정신의 관계에 관한 연구를 위시한 종교 사회학 연구.
4. 베버의 걸작인 《경제와 사회》라는 제목의 일반사회학에 관한 논문.

베버가 볼 때 불완전성은 근대 과학의 기본적 특징이다. 베버의 방식으로 표현하면 역사와 사회 종학은 오직 인간의 발전이 말을 고했을 때만 완성될 수 있는 것이다. 인간의 업적에 관한 과학이 확정적인 것이 되기 위해서는 인류가 모든 창조적 능력을 다 상실해 버릴 때만 있을 수 있는 것이다.

역사가의 질문에 의해서 역사, 과학들이 이렇게 새로워진다는 것은 과학의 보편타당성을 해치는 것처럼 보일지도 모른다. 하지만 베버에 의하면 결코 그렇지 않다. 과학의 보편타당성이 요구하는 것은 과학자가 자기의 가치판단, 심미적 또는 정치적 선호를 자기의 연구에 투사하지 않는 일이다. 과학자의 선호도가 호기심의 방향에 의해서 표현된다는 것은 역사적 사회학적 과학의 보편타당성을 배제하는 것은 아니다. 왜냐하면 그러한 과학은 이론상 우리의 관심과 우리의 가치에 의해 정당하게 제기된 질문들에 대한 보편적으로 타당한 해답이기 때문이다.

에밀 뒤르켐

뒤르켐의 박사학위 논문 《사회분업론》은 그의 사상의 테마이고, 개인과 집단 간의 관계이다. 다수의 개인이 어떻게 하여 하나의 사회를 이룰 수 있었는가? 개인들이 어떻게 하여 사회적 존재의 조건이 되는 것 즉 합의를 성취할 수 있는 것인가? 이러한 근원적인 문제의 해답을 찾기 위해서 뒤르켐은 두 형식의 연대 즉 기계적인 연대와 유기적인 연대를 구분한다.

기계적 연대는 그의 용어를 사용하면 '유사성의 연대'다. 기계적 연대가 지배하는 사회의 주요 특징은 개인들 간에 최대 한도의 동일성이 존재한다는 것이다. 동일한 집단의 구성원인 개인들은 느끼는 감정이 같고 마음에 품는 가치관이 같으며, 성스러운 것으로 숭배하는 대상도 같기 때문에 그들은 서로 유사한 개인들이다. 사회가 늘 한데 뭉쳐 있는 것은 그 속에 있는 개인들이 아직 분화되어 있지 않기 때문이다.

기계적 연대와 반대되는 형식인 유기적 연대는 합의, 즉 집단이 한데 뭉쳐 통일을 이루게 되는 것은 분화의 결과이며 그 표현인 것이다. 개인들은 유사한 존재가 아니고 서로 다르다. 앞으로 더 천착하겠거니와 어느 의미에서 합의가 성취되는 것은 바로 개인들이 이렇게 서로 다르기 때문인 것이다. 개인들의 분화에 기초하여 거기서부터 유래되는 연대를 '유기적'이라 하는 것은 하나의 살아 있는 유기체의 여러 부분은 서로 같지 아니하다는 것이다.

그의 사상에 따르면 이 두 가지 형식의 연대는 사회조직의 두 개의 극단적 형식에 부합한다. 개인은 역사적으로 보아 나타나는 것이 아니고 개인으로서 '자각하는 일'이며 이는 역사적 발전 자체로부터 생겨난다는 것이다. 원시 사회에 있어서 사람은 하나하나가 다 서로 똑같다. 각자의 의식 속에서는 모든 사람의 공통적 감정, 즉 집합 감정이 그 수나 강도에 있어서 지배적이었다.

두 형식의 연대 간의 대조는 환절사회와 근대적 분업이 그 특징을 이루는 사회 간의 대조와 결합이 된다. 그의 용어에서 환절(segment)은 개인들이 빽빽이 통합되어 있는 하나의 사회 집단을 지칭한다. 환절은 기계적 연대 즉 유사성의 연대를 특징으로 한다.

어느 특정 사회에서 어느 일정한 분업, 특히 경제적 분업이 고도로 발전한 반면 환절적 유형도 꽤 두드러지게 남아 있을 수 있다. 특히 영국이 분명히 그것에 해당되어 보인다. 개인들의 분화가 특징인 사회는 모든 사람이 수많은 환경에서 자기의 기초에 따라 자유롭게 믿고, 욕망하고, 행동한다. 이와 반대로 기계적 연대를 갖는 사회에 있어서는 생활의 대부분 이 사회적 명령과 금지에 의해 지배된다.

위의 세 사람은 유럽인으로서 그들의 사상이나 비전이 유럽 세계에 의해서 지배되고 있었다. 그러나 그들은 동시에 근대 유럽 사회를 다른 문명들과 관련 지어 비교하려고 노력하였다.

뒤르켐에 의하면 영국은 고도로 발전된 현대 산업과 그에 따른 경제적 분업이 그 사회의 특징을 이루고 있으나, 경제적 분업이 덜 발달된 어떤 다른 사회보다 환절적 유형 즉 벌집 체계가 남아 있는 정도가 더 크다고 볼 수 있다. 환절적 구조의 이러한 잔존에 관한 증거를 뒤르켐은 '지방자치의 존속'과 '전통의 힘'에서 보았다.

따라서 환절적 구조라는 관념은 동류성의 연대(solidarity of resemblance)와는 동일한 것이 아니다. 그것은 상대적인 고립 즉 '지렁이의 환절'에 비유할 수 있는 여러 요소의 자급자족성을 의미한다. 따라서 전체사회가 넓게 퍼져 있으나 그것은 여러 환절들을 나란히 놓아둔 것이며 모두가 비슷하고 모두가 각각의 전체주의적 통치를 하는 사회의 모습을 상상할 수 있다. 많은 수의 씨족, 부족 또는 지역적으로 자치적인 집단이 나란히 놓여 있지만 하나에 권위에 복종하고 있으며, 각 환절이 갖는 동류성의 통일이 영향받지 아니한 채 유기적 연대가 생겨 기능의 분화로 남이 없이 존재하는 사회를 상상할 수 있는 것이다.

여기서 중요한 점은 뒤르켐이 이해하고 정의하려는 분업이 경제학자들이 생각하는 분업과 혼돈되어서는 안 된다는 것이다. 여러 직업의 분화와 산업 활동의 증가는 말하자면 뒤르켐이 그것을 선행한다고 보는 사회적 분화의 하나의 표현일 뿐이다. 사회적 분화는 기계적 연대와 환절적 구조의 해체에서부터 발생하는 것이다.

생각

"나는 생각한다. 고로 존재한다." 프랑스 철학자 데카르트의 말이다. 프랑스의 사상가 사르트르는 "나의 생각이 바로 나다."라고 말했다.

생각이란 '마음이 느끼는 의견'으로, 태어나서 자라며 경험하고 익히고 느끼며 두뇌에 세뇌된 기억을 복합적으로 다듬어 자신이 판단하고 쌓아 온 자주적 결과물로서 표현된다. 그러나 생각은 오만가지일 수도 있고, 상황에 따라 시시각각 변하기도 하고, 왔다 갔다 하기도 한다. '이렇게 해야지' 하다가도 '아니야 저렇게 하는 게 더 나을 것 같은데' 변심하듯 생각은 한길로만 가는 것은 아니다. 생각의 방향은 내적인 것, 외적인 것 등 다양하다.

- 자기 의견을 말하는 생각(내 의견은 이러하다.)
- 무언가를 바랄 때의 생각(고향집이 간절하다.)
- 기억 속의 생각(옛날 어릴 적 친구들이 생각난다.)
- 관념적인 생각(옛날에나 통하던 고리타분한 일이다.)
- 문제를 해결할 수 있는 생각(좋은 생각이 떠올랐다.)

- 짝사랑의 생각(자꾸만 그 여자 생각이 난다.)
- 시험에 대한 생각(이번에도 합격 못 하면 그만둘 것이다.)

위의 예는 일부지만 사람은 수없이 많은 생각 속에 인생을 살아간다. 사르트르의 "나의 생각이 바로 나다."라는 말과 같이 생각이 인생의 전 과정을 같이한다고 해도 과언이 아니다.

하지만 잘못 판단한 생각이라면 인생에 큰 시련이 될 수 있다. 그래서 현인들은 참을성 있는 깊은 생각은 명료하고 지혜로운 생각을 준다고 하며, 말이나 행동이 생각을 앞서는 것을 경계하라고 하였다. 유창하게 말하는 사람이나, 사람들이 현혹될 만큼 그럴듯한 이론을 내세우는 사람이 가장 현명하거나 옳은 것은 아니다. 자기가 가장 현명하다고 생각하는 사람은 일반적으로 가장 어리석은 인간이다. 또 자기 결점이나 부식을 의식하는 사림은 대개 대화에서 허풍이나 과장을 하는 경우가 많은데, 이상적인 대화는 각자 있는 그대로 서로의 생각을 교환하는 것이 되어야 한다. 인간이 생각을 하고 자기 생각을 자연스럽게 말할 수 있는 자유는 사람, 즉 자연인의 최고의 자유이고, 그 자유는 누구도 제한해서는 안 된다. 그런데 지난 1세기 동안만 보더라도 사람들은 이런저런 이유에서 그 생각을 말하고 표현할 자유를 억압받았다. 매스미디어가 발달한 대명천지 2020년, 지구상 여러 곳에서 자기 생각을 말할 자유를 제한당하는 경우가 의외로 많이 있었다.

인간은 자기 생각을 자유롭게 말할 수 있는 권리를 제한당할 때

심리적으로 압박을 느끼며 스트레스에 시달리게 된다. 인간의 가장 큰 위안이자 존재감은 자기 생각을 그대로 자연스럽게 말할 수 있는 것이다. 그러나 말할 수 있는 자유란 아무 말이나 생각 없이 말해도 된다는 뜻은 아니다. 말에는 책임이 따르기 때문이다. 생각하지 않고 말하는 것은 화가 되는 경우가 대부분이다. 시중에 떠도는 이야기는 일반적, 추상적 관념으로 생각 없이 말하는 것은 사람들의 가장 큰 잘못의 원천이다.

가슴으로 말해야 한다. 머리로 생각해서 가슴으로 말하는 사람이 인간적이고 교양 있는 사람이다. 경험은 생각을 이성적으로 만들고, 이성적 생각은 행동을 올바르게 인도하는 기초가 되는 것이다. 이 세상을 살아가면서 어려움의 고통은 사람을 생각하게 만들고, 생각은 인생을 지혜롭게 만들며 지혜는 인생을 살 만한 것으로 만들어 준다. 잔머리의 요령으로 생각하며 허영심으로 자신의 잘못을 인정하지 않고 순간의 비겁함으로 자신의 실수를 감추려 한다면 현명하고 지혜로운 생각을 가질 수 없을 것이다.

누구나 인생에서 결정적인 순간, 위기의 순간, 반전의 순간, 갈림길의 순간을 한두 번쯤은 맞닥뜨리게 된다. 그런 순간에 타개하느냐 불행으로 들어서느냐는 생각이 결정하는 것이다. 생각이 조금만 달라져도 결과는 전혀 딴판이 될 수도 있어 신중해야 한다. 현명한 생각을 하기 위해서는 시간과 노력, 준비가 필요하며, 고독한 욕망의 유혹을 뿌리칠 수 있는 아픔을 이겨 낼 수 있어야 한다. 평소에 객관성 있는 개념과 겸양의 인문적 소양을 닦아 왔다면, 인생에 어려움이 닥쳤을 때 타개에 도움이 될 것이다.

좋은 생각, 획기적인 발견, 순조로운 문제 해결은 고독한 인고의 올바른 생각이 가져다주는 것이다. 어려운 일, 뜻하지 않은 사고에 대한 생각은 사람을 골치 아프게 하고, 지치거나 질리게 만들기도 한다. 그렇다고 대충 아무렇게나 생각해 행동한다면, 그런 사람의 인생은 시궁창을 헤매는 것 같은 꼴이 될 확률이 아주 높다. 어쩌면 산다는 것 자체가 생각의 연속일 수 있다. 그런데 사회가 급속도로 발전해 컴퓨터, IT, AI 시대가 되고 자동화의 길로 가는 새로운 문명 속에 너무 복잡해져 사람들이 여유롭게 생각할 시간이 거의 없다. 인간도 자동화되어 가는 게 아닌가 하는 착각 속에 다람쥐 쳇바퀴 돌듯 생각 없이 자동화 시대에 그냥 묻어간다는 걱정도 된다.

IT, AI 시대는 생각도 컴퓨터, AI가 대신하는 시대다. 컴퓨터, AI는 만물박사에 백과사전을 통째로 술술 외우고, 사람은 몇 시간을 계산해야 할 수 있는 일을 단 몇 초에 해결해 버린다. 이제 인간은 생각 없이도 편히 살 수 있는 세상이 도래한 것이다. 아, 편하고 행복하다. 골치 아픈 생각 안 하고 살 수 있으니 말이다.

그러나 컴퓨터, AI는 진정 스스로 생각하는 기계가 아니다. 어차피 인간의 지시, 입력에 의해서 생각을 흉내 낼 뿐이다. 부속품 하나만 빼 버려도 먹통이 되는 기계일 뿐이다. 사람은 팔이 하나 잘려 나가도, 몸의 부속품 하나 없다고 먹통이 되지 않는다. 컴퓨터, AI는 머리만 있다. 가슴이 없고 감흥과 감정, 사랑이 없다. 결론은 컴퓨터, AI는 진정한 생각을 하는 기계가 아닌, 생각을 흉내 내는 기계일 뿐이다. 컴퓨터, AI가 아무리 발전한다 해도 따뜻한 가슴, 훌륭한 인간, 군자가 될 수는 없다. 인간이 입력하고 조종한 대로 움직이고 작동하는, '생각하는 흉내'를 내는 기계일 뿐이다.

좌우지간 인간이 생각을 하고 있는 한 그 사람은 완전한 정신적 자유인이다. 모든 것은 선하지도 악하지도 않은데 인간의 생각이 선하게 만들었다가 악하게 만들기도 한다. 또 사람들이 생각하기를 멈추고 불평을 멈추면, 독재자나 권력자들에게는 행운이자 기회가 된다. 고대 중국의 학자 서적은 "사람이 착하게 말하고 착하게 행동하고 착하게 생각한다면 그런 사람이 군자가 되지 못한 사람은 없다."라고 말했다. 꼭 그렇게 실천해 군자가 되기는 어렵겠지만, 아름다운 마음으로 착하게 남에게 해가 되는 사람은 되지 말자. 생각하고 사는 것은 할 수 있는 것이 아니겠는가….

인간은 자기 시야 밖의 것은 어떤 것도 알 수가 없다. 그래서 자기 문화와 다른 것은 잘 이해하지 못한다. 영국인들이 말고기를 먹는 프랑스 사람들을 흉보았던 것과, 서양인들이 동양인의 개고기 문화를 야만시하는 것에서 알 수 있듯, 그 이외에도 서로 다른 문화권 다른 나라의 문화, 제도, 풍습, 관습에 대해 서로 손가락질하며 흉보는 일이 많다.

그러나 자신에 문화권의 시각, 가치관으로 다른 문화권을 재단하고 비하하는 것은 자기중심적이며 지성인의 소양이 결여된 아주 무식하고 무례한 짓이다. 내 것은 옳고 남의 것, 나와 다른 것은 틀렸다는 사고는 세계화 시대의 현대인으로서 경계해야 할 일이다. 세계는 넓고 동서남북 많은 나라의 자연환경과 기후가 다르고, 그에 따른 생활 환경 역사가 다르기 때문에 나의 문화권 지식, 가치관으로 다른 문화권을 판단, 재단하기 전에 차이를 경험·파악하고 다른 문화를 이해하는 것이 지성인, 문화인으로서 먼저 해야 할 일이다. 비판이나 긍정은 그다음이다.

극단적인 예로 인도의 힌두교도들에게 소는 성물(聖物)이다. 힌두교도들은 소고기를 먹지 않으며, 1950년대까지만 해도 소가 도로 위를 막고 서 있어도 길 밖으로 쫓아내지 않고, 소가 스스로 비키기를 기다리곤 했다. 그런 힌두교도들이 성물인 소를 잡아 소고기 스테이크, 햄버거 등을 매일 식탁에 올리는 서양인들을 야만인이라고 흉보면 서양인들은 인정하겠는가. 오히려 문화적 우위를 들먹이며, 말도 안 되는 소리라며 웃는다고 할 것이다. 그게 문화 충돌이고, 서로 다른 문화에 따른 생각의 이견이다.

중국인들은 네발 달린 것은 책상만 빼고 다 먹는다는 말이 있다. 중국인들 누구나 아는 말이다. 옛날에는 지금처럼 교통과 통신이 발전하기 전이라 어느 나라 어느 지역이든 그 지역 가까운 곳에서 생산되는 것을 먹고 살 수밖에 없었다. 중국은 땅이 넓은데 이동 수단은 없고, 그런 연유로 각 지역 중에 열악한 환경의 지역은 살아남기 위해 어떤 것이든 먹을 수 있는 방법을 찾아 노력했을 것이다. 그 결과 네발 달린 건 다 먹는다는 말이 생겨났을 테고, 다양한 것들을 먹는 식문화가 발달한 것이 아닌가 한다. 중국 도시의 길거리 먹거리를 보면 별별 희한한 것들이 다 있다. 지네, 번데기, 전갈, 딱정벌레, 메뚜기 등 심지어 박쥐까지 가짓수를 다 나열하기가 벅차다. 세계에서 개고기를 제일 많이 소비하는 나라도 중국이다. 중국뿐 아니라 보신탕이 알려져 표적이 된 한국과 필리핀, 태국, 라오스, 미얀마 등 아시아 국가 대부분이 개고기를 먹는다.

　서양에서 개는 애완용이지만, 동양에서 개는 몇십 년 전까지만 해도 개는 여타 동물 소, 돼지, 양 등과 같이 가축이었다. 치와와 등 조그맣고 특이하게 생긴 개를 식용으로 하는 것이 아니라 동양에서의 식용 개는 그 종류가 따로 있다. 일명 똥개라고도 하는 순하고 덩치가 커 무게가 나가는 가축용 개로 따로 사육하기도 한다. 서양에서는 애완용으로 사람과 같이 집 안에서 살지만, 동양에서는 마당에서 기르고 집 안에는 들이지 않는다. 사람과 동물은 엄연히 구분되는 공자의 양반 개념이다. 물론 현대는 동양에서도 서양의 애완견 개념이 들어와 애완견 문화가 늘고 있다. 한 가지 짚고 넘어갈 것은 서양의 애완견 문화, 개념이 언제부터 정착한 것인지 궁금하다. 아무리 생각해 봐도 그리 오래됐을 것 같지는 않다. 오천 년, 만 년 전 서양인들의 조상들도 개는 애완동물이니 잡아먹어서는 안 된다고 했을 것 같지는 않기 때문이다. 수렵이 생존의 방법이었던 시절, 먹을 것은 귀했고, 서양인들 조상이라고 개는 애완동물이라고 안 잡아먹었을 리는 만무하니 말이다. 일이만 년 전 동서양 할 것 없이 그 시절 사람은 다 똑같은 야만인으로 살았는데 그럼 서양인들은 그들 조상들도 야만인이라고 욕할 것인가 말이다. 먹을 것을 찾기가 어려웠던 옛날에도 서양인 조상님들은 개는 애완동물이라고 안 잡아먹었을 것이라 생각하는지…?

　개고기 식용은 안 된다는 사람들에게 묻는다. 언제부터 개가 애완동물이며, 식용은 안 된다거나, 금한다는 합의가 있었는지. 또 당신들의 조상님들도 개는 애완동물이라며 절대 식용을 하지 않았는지 꼭 밝혔으면 한다.

　한국은 오랜 역사적 식문화의 한 가지였던 보신탕 문화로 서양 사람들의 공격의 대상이 되었는데, 그런 비난에 앞장선 인물이 프랑스 배우 브리지트 바르도이다. 인간의 감정이 어떤 과정에 의해 입력되었든 의식화해 개념으로 고정 관념화하면, 그 고정 관념이 그 사람의 생각을 지배하게 된다. 그 대표적인 예로 사이비 종교 및 공산주의 사상에 세뇌당한 사람들을 지배하는 고정 관념을 보면 알 수 있다. 그래서 그런 점을 경계해서 선인들이 보편타당성 있는 상식과 진실, 정의를 중시하며 말하는 것으로도 알 수 있다.

　인간은 누구나 고정 관념과 아집을 가지고 있다. 그런데 각 인간이 가진 고정 관념이나 아집이 상식적 수준이냐, 비상식적 수준이냐, 융통성이 있냐, 없냐, 아집이 외곬으로 심하냐 하는 차이가 있다.

　브리지트 바르도의 집요한 한국 비난은 그녀의 아집에서 기인한 것이라 생각된다. 왜냐하면 그녀의 한국 비난이 피크를 이루던 2000년대 초에는 이미 한국 보신탕 문화가 사양길로 접어들었으며, 보신탕 문화가 전성기였던 50~60년대에도 한국 시장에서는 개고기를 공식적으로 팔거나 취급하지 않았었다. 이제는 나이 많은, 정말 마니아층에서만 취급하며 보통 사람은 보신탕집을 찾기도 힘들 뿐더러 뉴욕타임스 보도로도 한국의 보신탕 문화는 더 이상 존재 의미가 없다고 했다. 정말 개고기를 많이 취급하고 소비하는 나라는 중국이다. 중국 전통 시장에서는 개고기를 매달아 놓고 팔기도 하며, 좌판에 놓고 팔기도 한다. 그리고 동남아시아 대부분의 국가에서 개고기를 먹고 시장에서도 취급한다.

한국의 보신탕 문화는 '보신탕'이라는 특이한 이름으로 외신에 보도돼 알려진 것일 뿐, 실체적 진실은 중국이나 동남아시아 국가들에 비해 개고기 시장 규모나 소비량이 미미한 수준이다. 지금도 중국, 동남아시아 국가에서는 개고기가 거래되고 있으며 몇 년 전 필리핀 시장에서도 팔고 있는 것에 놀란 적이 있다.

역사적으로 한국의 보신탕 문화는 800~900여 년 전으로 거슬러 올라간다. 《삼국사기》, 《고려사》 등 한국의 옛 역사를 기록한 책에 보신탕 문화에 대한 짤막한 기록이 있다. 들개(야생 개) 한 마리를 잡아 매 두었다가 보릿고개(일 년 중 식량이 떨어져 아사할 지경의 시기)에 지쳐 기운 차릴 수 없을 삼복더위에 매 두었던 개를 잡아 몸보신하여 아사의 고비인 보릿고개를 넘겨 한 해를 살아 낸다는 기록이 있다.

한국은 국토가 작고 협소한 데다 산이 70%가 넘고 농사지을 수 있는 평지는 국토의 20%에 불과하다. 농산물 교역이란 것이 거의 전무하던 시절 옛날엔 농사를 열심히 지어도 일 년 먹을 양식이 안 돼 항상 배를 주려야 했다. 가을에 추수한 양식이 떨어져 가고 밭에서 가꾸는 보리를 수확할 한더위의 유월까지 견뎌야 한 해를 굶어 죽지 않고 넘긴다는 그 고비가 '보릿고개'이다. 50~60년대 이전에는 세계의 교역이란 것이 미미했고, 식량을 수입할 여건도, 돈도 없어 식량 보충이 불가능했다. 나라 안에서 나는 식량으로 자급자족해야 하던 시절의 이야기다. 지금은 세계화로 외국에서 수입해 식량이 남아도니 참으로 격세지감이다.

지금은 한국에도 애완견 문화가 들어와 전통 문화와 부딪히는 양상으로 보신탕 문화도 시대 흐름 따라서 그 맥을 다해 가고 있다.

그러나 어떤 경우에도 나의 문화 가치관의 관념으로 다른 문화권의 식문화를 비난하는 것은 경계해야 할 일이다.

저산소의 고산 지대에서 야크를 키우며 사는 티베트의 유목민들은 생활에 필요한 거의 모든 것을 야크에서 얻는다. 배설물은 말려 땔감으로 사용하고, 젖을 짜 우유, 치즈, 차를 만들고, 고기는 훈제를 해서 주식으로 사용한다. 시베리아 눈밭에서 순록을 키우며 사는 소수 민족은 영하 30~50도의 혹한의 설원에서 순록으로부터 생활에 필요한 거의 모든 것을 얻으며 살아간다. 만일 채식주의자들이 자신들의 생각, 관념으로 야크와 순록을 키우며 살아가는 소수 민족 그들에게 동물을 사랑하자며, 채식을 하라고 한다면 그게 상식에 맞는 말일까?

월남전에 참전했다 포로로 잡혀 4년을 땅굴에 갇혀 있었던 미군의 회고록을 본 적이 있다. 내용 중에 동굴에 갇혀 있을 때 움직이는 것은 무엇이든 잡아먹었다는 대목이 있었다. 배가 고파 벌레, 쥐, 노치, 하루살이 등 종류를 가리지 않고 움직이는 것은 다 잡아먹었단다. 뱀이라도 한 마리 동굴로 기어드는 날은 횡재한 날이었다고 한다. 그런 그를 보고 쥐, 벌레를 어떻게 먹냐고 비난하는 미국인은 한 사람도 없었다. 몇 년 전 작고한 존 매케인 상원 의원도 월맹군 포로로 삼 년 넘게 고초를 겪으며 땅굴에 갇혀 있었던 포로 중 한 사람이었다. 어느 문화권이나 식문화는 생명이 달려 있는 생존의 문제다. 생존의 식문화를 자신들의 애완 문화 관념으로 비판하는 것은 그야말로 단견의 최하라고 생각한다. 지금 시대의 생각, 관념으로 옛날부터 내려오는 각 민족, 지역의 생존과 연관된 식문화, 전통문화를 함부로 재단하고 비난하는 것은 저급한 문화인일 뿐이다.

개고기 식문화를 비난하는 사람들에게 묻는다. 만약 당신이 위에 언급한 포로처럼 동굴에 갇혀 아사 직전의 상황에 놓였을 때 개고기 한 덩어리가 당신 앞에 매달려 있다면, 당신은 애완동물인 개의 고기는 먹을 수 없다며 굶어 죽을 것인가, 아니면 개고기지만 어쩔 수 없는 상황이니 먹고 살아남을 것인가. 사실 애완견 문화는 배부른 뒤 존재할 수 있는 일종의 사치 문화다. 각 나라, 각 지역 식문화는 생존의 문제였다는 것을 알아야 한다.

그래서 나의 문화적 고정 관념으로 다른 문화권의 일을 맹목적으로 비난하는 것은 옳은 일이 아니라고 감히 말한다. 그리고 유럽 중간에 속하는 스위스에도 개고기 식문화가 있는 것으로 안다. 그것도 집에서 키우던 개를 식탁에 올린다고 들었다.

또한 논란이 있어서 그렇지 개고기는 어느 동물의 고기보다도 아주 양질의 우수한 육류라는 것이다. 개고기를 먹고 체하거나 탈 나는 일이 없고, 육질이 부드러운 데다 소화 흡수가 잘되어 영양 측면에서도 어느 육류보다 우수하다고 한다.

동양의 한방의서에서도 폐병, 허약 체질이나, 병후 기력 회복에 소화 흡수가 잘되는 양질의 영양소로 개고기를 꼽고 있다. 그래서 몸을 보하는 데 좋다고 이름이 보신탕인가 보다. 나는 한 번도 보신탕을 먹어 본 적이 없다.

동물 애호가들에게 권한다. 개나 동물에게 옷, 모자, 양말, 신발 같은 것을 입히고 씌우지 말라고 말이다. 개는 눈밭에서 하루 종일 뛰어놀아도 추위하지 않는 것은 물론 동상도 안 걸린다. 집 안 온도에서 스웨터까지 입혀 놓으면 얼마나 갑갑하겠는가. 사람이

집 안에서 오버코트나 다운코트를 입고 생활하는 것과 같을 것 같다. 몸통에 옷과 양말, 모자까지 씌워 놓는 것은 개를 위하는 것이 아니라 학대하는 것이 아닌가.

동물은 두꺼운 피부(가죽)와 털이 있어 영하의 온도에서도 사람처럼 추위를 타지 않는다는 것을 생각해 보길 바라는 마음이다.

좀 다른 이야기지만, 이민의 나라 인종의 용광로라는 미국에서 인종 문제는 늘 뜨거운 감자다. 매년 연중행사처럼 어떤 사건이 있을 때마다 약방의 감초처럼 대두되는 것이 인종 문제, 인종차별 문제다.

미국에서 크게 대두되는 인종 차별 문제는 늘 백인과 아프리카계 미국인 사이에서 야기되고 있다. 백인은 인종 차별 자로 아프리카계 미국인은 인종 차별을 당하는 구도로 진행되고 있다. 늘 거의 그런 구도다. 인종 용광로라는 미국에 백인과 아프리카계 미국인만 사는 것도 아닌데 왜 그런 구도로만 대두되는 것일까? 그럼 스패니시, 아시안 등은 인종 차별을 당하지 않는 것일까. 그건 아니다. 아시안, 스패니시들은 인종 차별을 당해도 그냥 그러거니 하고 넘어가기 때문이다. 그래서 이슈화되지 않을 뿐이다.

그런데 스패니시, 아시안에게 인종 차별적 갑질을 하는 쪽은 백인이 아니라 아이러니하게도 대부분 아프리카계 미국인이라는 것이다. 아프리카계 미국인들은 백인에 대해서는 늘 자신들이 차별을 당한다는 콤플렉스성 의식을 가지고 있고, 스패니시, 아시안에 대해서는 자신들이 미국에서의 기득권자라는 의식을 가지고 있는 것 같다. 자신들이 미국에서 2등 국민쯤 되고, 스패니시, 아시안은 자신들 다음의 3등, 4등 국민이라고 생각해 무시해도 된다는 사고의 고정 관념을 가지고 있는 것 같다.

내가 미국에 처음 와서 경험을 쌓을 겸 아프리카계 미국인들의 동네에 있는 선배 가게와, 시내 정부 청사와 정부 기관을 상대하는 오피스 빌딩이 있는 시내 중심가의 커피숍에서 일을 한 적이 있었다. 양쪽에서 경험한 바로는 백인은 대놓고 인종 차별성 행동이나 말을 잘 하지 않는다. 마음에 안 들거나 서비스에 불만이 있으면, 안 좋은 표정으로 그냥 돌아서 가고 발길을 끊는다. 그리고 다시 오긴 하지만 한참 후에 온다. 처음 다시 온 날 내가 웃으면서 기다렸다고 하자 그도 멋쩍게 씩 웃었다.

아프리카계 미국인 동네에서는 생트집이 많고 조그만 일에도 항의하고, 억지 쓰며 제 성질대로 안 되면 화를 내곤 했다. 모두가 그런 것은 아니었지만, 일부는 인종 차별성 욕을 하기도 했다. 내가 겪은 인종 차별성 말은 대여섯 번 정도 되는데, 다 아프리카계 미국인들로부터다.

시내에서 경험한 아프리카계 미국인 중 일부 지식인들에게선 백인보다 더 신사적이고 정말 몸가짐에 신경 쓰며 예의 반듯하게 품위를 지키려는 것이 보인다. 시내 커피숍에서 본 몇몇 아프리카계 미국인은 미국에서 핸디캡이라면 핸디캡인 인종적 약점을 커버하려는 듯, 조심성 있게 신경 쓰며 예의 있게 행동하는 것을 보기도 했다. 그중 한 명은 건너편 건물 오피스에서 일하는 변호사였는데, 매일 아침 같은 시간에 들러 라지 사이즈 블랙커피에 플레인 도넛 두 개를 시켜 가곤 했다. 여느 아프리카계 미국인과는 달리 분위기와 인상이 좋았던 기억이 있다. 그래서 사람의 격이나 인품은 교육과 인문 교육이 좌우한다는 것을 느꼈었다.

사실 지금 아프리카계 미국인들은 좋은 환경에서 정말 분에 넘치는 대우와 자유를 누리고 만끽하며 살고 있다고 본다. 아프리카계 미국인 대통령도 있었고, 상·하원 의원과 장관도 여러 명 있기에 자신들만 노력하면 얼마든지 뻗어 나갈 수 있는 여건에서 살고 있다고 본다. 그러나 노력은 하지 않고 문제를 일으키며, 불평불만으로 남 탓, 정부 탓을 하고 사는 부류들의 악순환이 문제이다. 그들은 자신들이 무엇을 할 수 있다는 생각 자체를 못 한다. 부모도 자식들을 신경 쓰지 않고 되는대로 사는 경우가 많다. 그러니 악순환의 연속이다. 그러다 사고 나면 인종 차별 코스프레하고, 마약은 필수인 데다 대수롭지 않게 생각한다.

사실 차별은 인간의 속성이다. 같은 인종끼리도 서로 차별하고 손가락질하는 게 인간이다. 같은 지역에서 아랫동네, 윗동네 축구 시합을 하면서도 서로 텃세를 부린다. 기득권자와 비기득권자가 똑같은 파이를 가지는 것은 불가능하다. 기득권자가 기득권을 지키고, 기득권적 우위를 가지는 것은 인간 사회의 어쩔 수 없는 현상이다.

옛날 아프리카계 미국인은 차별 속에 살았지만, 지금은 공평한 투표권 등 그렇게 심한 인종 차별은 없는 것 같다. 법으로도 인종 차별은 엄격히 금하고 있지 않는가 말이다. 어쨌거나 아프리카계 미국인은 백인에게 인종 차별한다고 차별하지 말라고만 하지 말고, 스패니시, 아시안에 대한 인종 차별부터 그만두는 것이 순서가 아닌가 한다.

"모든 것은 선하지도 악하지도 않은데 생각이 그렇게 만들 뿐이다." (셰익스피어)

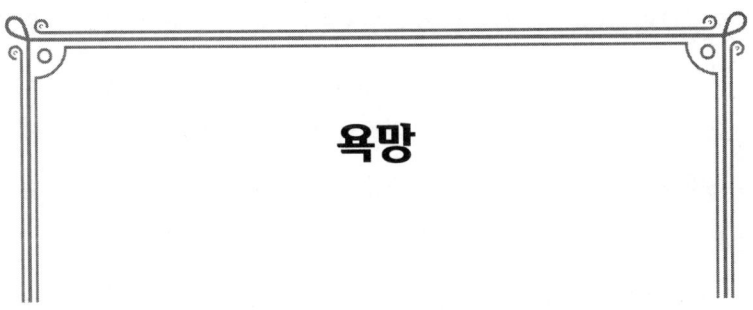

욕망

　인간의 감정, 욕망, 기호가 없다면 마음의 본질은 없는 것과 같이 이루어지지 않는다. 욕망에는 식욕, 물욕, 성욕, 승부욕 등이 있으며, 인간이 살아가는 데 욕망은 동기 부여의 기초가 된다.
　욕망은 만족을 갖고자 시작되지만 욕망의 끝은 만족이 아니다. 갖고자 했던 것을 갖게 되면 또 다른 욕망이 시작된다. 인간은 얻은 것과 가진 것보다 더 많은 것을 갖고 싶어 하는 선천적 욕망과 욕구가 있다. 그러한 욕구는 원하는 것을 얻게도 하고 발전적 기초가 되지만, 또한 과욕으로 인해 파멸로 가기도 한다.
　인간이외의 생물은 본능적인 것이 충족되면 거기가 일단 욕망의 끝인 데 반해, 인간의 욕망은 끝이 없다. 그런 점이 인간의 장점이기도 하지만, 단점이기도 하다. 끝없는 욕망으로 서로 끝도 없이 갈등하며 비극을 만들기도 하니까 말이다. 그렇게 욕망이 발전의 기초가 되고 더 나은 삶을 이루는 바탕이 되기도 하지만, 그 반대의 결과를 잉태하고 가져오는 욕망도 항상 같이한다. 좋은 욕망만이 아니라 나쁜 욕망도 좋은 욕망에 비례하듯 항상 같이한다. 그래서 인간들은 각자의 욕망과 이해와 이익 때문에 유혹에 못 이겨 잘못을 저지르곤 한다.

인간의 근본적인 욕망은 살아남으려는 욕망, 남보다 많이 소유하고자 하는 욕망, 자녀와 후손에 대한 맹렬한 욕망을 가지고 있고, 이 세 가지 욕망을 다른 욕망보다 우선시한다. 또한 그러한 욕망을 이루고 가지기 위해 항상 불법이나 잘못의 유혹을 받고 저지르곤 한다.

쉬운 예로 소매치기는 아무리 기술이 좋아도 그 연혁에 비례해 별(감옥행의 숫자)의 숫자가 늘어난다. 그것은 전에 성공했던 경험의 유혹으로 저 사람의 지갑을 훔치면 그 지갑의 돈이 자신을 환호하게 만든다는 기억의 욕망 때문이다. 허나 매번 성공할 수는 없어 세월에 비례해 별이 늘어 간다고 한다.

세상 속세에 살아가면서 속세의 이런저런 욕망의 유혹을 초월한다는 것은 보통 인간으로서는 불가능하다. 그래서 인간이 욕망을 따르는 것도 고통이요, 욕망을 자르고 꺾는 것 역시 힘들고 고통이다.

신들은 인간이 욕망을 절제하고 줄이려는 노력에 앞장서는 철학자들을 싫어하며 무시한다. 철학자들은 욕망의 억제를 추구하며, 인간의 정신세계를 연구하고 탐미한다. 철학적, 인문적 정신을 사람들이 갖는다면 어느 정도 욕망을 절제하고 억제하는 자제력을 가질 수 있다. 그래서 한 철학자는 철학자들의 복수는 '욕망의 억제'라고 말했다.

완벽하고자 완전함을 추구하는 인간의 욕망은 마음의 병 중에서 가장 나쁘고 치명적인 질병이 된다. 욕망을 억제하고 다스리는 것은 인간이 명상과 수양을 잘하여 욕망의 포로가 되지 않고자 하는 마음가짐에서부터 시작되고 또 끝난다고 말할 수 있다.

그러나 말하고 생각하는 것은 쉬우나 실천하는 것은 어렵다.

　욕망을 스스로 극복하고 욕망의 지옥에서 완전히 벗어나 마음의 평화를 가진 단 한 사람 부처 석가모니가 있을 뿐이다. 예수나 알라도 아니다. 왜냐하면 분노와 복수를 말하기 때문이다. 석가모니처럼 그렇게 완전하진 않지만 욕망을 버리고 인간의 본성을 회복한 사람군을 우리는 성인이라 한다. 그렇게 성인들은 욕망의 굴레에서 한 발짝 벗어나, 인간의 선한 본성을 회복하고자 추구하는 노력을 한다. 보통 사람으로는 하늘을 우러러 크게 부끄럽지 않은 정도라면 괜찮은 인간이라 할 수 있지 않을까!

　성경에서도 "욕심이 잉태한즉 죄를 낳고 죄가 장성한즉 사망을 낳느니라"(약 1:15)라고 말한다. 유한한 목숨에 무한한 욕망을 장착한 인간이 탐내는 이익과 성공의 욕망이 모두 인간의 마음을 해치는 것은 아니다. 허나 욕망의 어리석은 고집이야말로 사람의 마음을 병들게 하고 갉아먹는 해충과 같은 것이다.

　2022년 우크라이나 전쟁을 일으킨 푸틴은 자신의 욕심과 욕망이 과했음을 증명하는 상황으로 흘러가는 전황에 당황하며 후회하고 있을 것 같다. 그러나 한번 활시위를 떠난 화살을 돌이킬 수는 없는 법. 그 전쟁의 책임을 온전히 져야 할 것이다. 권력욕은 욕망 가운데 가장 맹렬한 욕망이다. 역사 속에서도 과한 욕망의 관념에 취해 스스로 제 무덤을 판 권력자들은 수없이 많다. 그러한 교훈에도 계속 제 무덤을 파는 사람들, 권력자, 욕망가들이 끊이지 않는 것은 관념의 욕망의 한계에서 비롯된다. 인간은 쥐꼬리만 한 권한, 권력이라도 있으면 그것을 과시하고 싶어 하는 천한 욕망의 포로가 되기 십상이다. 이 얼마나 내가 대단하냐 하며 자신을 내세우고 싶어 한다.

인간계라는 곳이 너무 복잡하고 별 희한한 사건 사연들이 난장판을 벌이며 돌아가고 있어, 그 속에서 살아가야 하는 인간은 누구나 잘못된 것의 유혹에 노출되어 있다. 과한 욕망은 그러한 유혹을 뿌리치지 못하고 잘못의 길로 들어서곤 한다.

옛날에도 왕이나 권력자들의 과한 욕망으로 인해 수없이 많은 죄 없는 민초들이 잘못된 욕망의 희생양이 되곤 하였다. 지난 한 세기만 보아도 히틀러, 일본의 도조, 레닌, 스탈린 등의 과욕에 의해 2억 명 이상의 양민이 희생된 기록이 역사에 남게 되었다. 지금 2022년 푸틴이란 인간은 또 무언가! 항상 자신이 강한 상남자라는 과시욕으로 인한 전쟁을 일으켜 수만 명이 희생되고 현재 진행형의 영화 같은 사연이 이 대명천지에 일어나고 있다. 지금 이 상황을 보면 인간이 지구상 생물 중에서 가장 저급하고, 저등하며, 저질스러운 동물이라는 것을 증명하고 있는 것이 아닌가 하는 생각이 든다. 이 코미디 같은 황당함에 인간이 싫어진다. 과욕에 찌든 욕망의 포로인 푸틴이라는 한 사람의 욕심으로 인해 수백만 명의 민초들이 자신의 고향과 삶의 터전을 잃고 유리하고 있는 믿기 힘든 상황이 전개되고 있으니 말이다.

동물의 세계만큼의 질서도 유지하지 못하는 인간들이 "인간은 만물의 영장이다." 하고 있다. 이 얼마나 가소로운 인간들인가 말이다.

나쁜 욕망의 세뇌는 인간의 약점이며 치명적인 해악이 된다. 욕망의 자아는 경험, 위치, 현실 상황에 따라 만들어지기 때문에 공식이나 정답이 없고 경험하기 전에는 이전의 자아, 욕망의 자아와 같을 수 없기 때문에 많은 문제와 어려움, 부작용을 낳는다. 또 지능에 의한 각 인간의 자아는 그 지능의 차이만큼 표현이 다 다르다. 지능이 높을수록 가면(페르소나)을 많이 가지고 있기에 같은 현상이라도 인간의 지능에 따라 자아는 다르게 나타난다. 푸틴의 욕망의 자아는 어떻게 형성되어 있을까. 욕망의 자아는 과신, 과욕일 것 같고, 지능은 그 욕망이 벌이는 사건들로부터 파생되는 현상을 다 컨트롤할 정도로 높지 못한 것 같다.

세계사에서 많은 사건이 정치적 담론과 힘의 역학 관계로만 알려지고 판단되어 왔는데, 사실 역사 격랑의 많은 사건, 전쟁의 실제 피해자는 일반 국민, 민초들이었다. 그런 민초들에 개인의 이야기들로 역사적 사건을 조명하는 일은 거의 없다. 그러나 이제는 미디어의 발전과 새로운 스트리밍 서비스 덕분에 실제 사건들의 모습을 우리가 알고 볼 수 있게 되었다.

이제 와서 돌아보고 생각해 보면 러시아가 큰 전쟁의 경험이나 용맹스러운 전공을 가졌다고 증명된 적이 없는 것 같다. 2차 대전의 승전국에 이름을 올리고, 승전국이 됐지만 러시아가 직접 전투로 대단한 승전을 한 적은 거의 없다. 독일군이 러시아를 향해 진격하였으나 기후 변화 같은 자연환경의 조건을 감안하지 못해 수만 명의 군대가 제대로 싸워 보지도 못하고 혹한의 살벌한 추위와 눈보라에 갇혀 굶주림과 영하의 날씨로 대부분의 앉아서 얼어 죽었다. 러시아는 직접 싸우지도 않고 자연환경의 도움으로 승전한 것과 같은 상황이 되었던 것이었다. 그 나폴레옹도 비슷한 결과를 맛보았으며, 그로 인해 나폴레옹도, 독일도 패전을 재촉하는 촉진제가 되었었다.

지금의 전쟁 상황을 보면 전혀 예측하지 못한 방향으로 결과가 나타나고 있어 사람들이 놀라고 있다. 러시아는 세계 2위 강군이라는 명망을 가지고 있었는데 뚜껑을 열어 놓고 보니 강군이라는 것은 허명이었다는 것이 드러나고 있으니 말이다. 러시아 군인들의 전투 의지도 희미한지 실망스러운 전투력을 보이고 있다고 한다. 하물며 포로로 잡힌 러시아 군인들은 전쟁인지도 모르고 왔으며, 그냥 군사 훈련인 줄 알았다고 말하는 것을 보면 아연해진다. 지금 우크라이나에서의 러시아군을 보면 강군이 아니라 형편없는 군대를 조롱할 때 쓰는 '당나라 군대 같다'라는 말이 떠오른다. 거기다가 러시아군의 군사 장비도 명성이나 최첨단이라 알려진 것과는 너무도 차이 나는 수준 이하의 구식 장비들이 대부분이고, 골동품에 해당하는 1차 대전 때의 기관총까지 들고 왔다는 실물을 보고 아연할 수밖에 없었다.

러시아가 매년 엄청난 군사비를 쓰며 요란하게 자랑 선전을 했지만 그것은 부정을 감추기 위한 연막이었던 것이다. 워낙 부패가 심해 군 간부들이 군비를 횡령하여 호화 요트를 장만하고, 세계 유명 휴양지를 누비며 축첩까지 두고 지화자 좋구나 놀자 판이었다는 게 러시아군의 실상이다.

옛말에 사람은 어리석어 하늘 자체를 손에 넣으려 한다는 말과, 사람의 욕심은 무한하기 때문에 천하를 가지고도 한 사람의 욕망을 만족시킬 수 없다고 인간의 욕심을 표현하고 있다. 딱 푸틴 같은 인간을 두고 한 말이 아닌가 한다.

욕심보다 정의가 앞서면 번영하고, 정의보다 욕심이 앞서면 멸망한다고 선인들이 말하지만, 욕심 앞에서는 아무것도 귀에 들어오지 않는다. 그렇게 인간의 욕망은 늘 부족하다 느끼고 바라며 끝없는 욕심으로 차 있다. 욕망은 내외부의 원인을 가리지 않고 인간의 마음을 욕심으로 들끓게 하며, 인간의 그런 점이 생체 또는 자아에 중대한 영향을 끼쳐 정동적 긴장감을 높이고 마음을 지배한다. 그렇게 인간은 부족함의 유혹에 항상 시달리며 욕망을 채우려 한다. 그러나 하나가 채워졌다 해도 끝이 아니라 거기에 또 다른 욕망이 기다리고 있다. 그래서 인간의 욕망은 끝이 없다고 한다. 아리스토텔레스는 개혁의 시작은 재화의 공정한 분배가 아니라 상류층이든 하류층이든 욕망을 줄이도록 훈련시키는 것이라고 말했다. 욕망의 양면성을 감안하면서 세상을 이해하려는 욕망과 개혁하려는 욕망은 사회가 발전하는 데 원동력이 되기도 한다. 그러한 점이 결여된다면 사회는 정체되거나 퇴보할 것이다. 애국심도 동기 부여의 한 예가 된다. 애국심의 가장 큰 매력 가운데 하나는 국민, 사회 구성원의 가장 치열한 욕망을 채워 준다. 그러나 애국심이라고 다 정의롭거나 선한 건 아니라는 점이 많은 문제점을 낳는다.

못된 욕망과 욕심을 가진 정치인 독재자들이 늘 애국심을 들먹이며 군중의 애국심을 부추겨 자신들의 욕망의 도구로 이용해 먹기 때문이다. 역사에서 보면 많은 파쇼 정권, 독재자들이 국민들의 애국심을 자신들의 목적을 이루는 도구로 이용한 역사가 많이 널려 있다. 2022년 러시아 푸틴도 그중 하나다.

러시아는 강해야 한다. 러시아는 강하다. 푸틴 자신도 강한 상남자라는 허울을 쓰고, 욕심과 욕망을 채우려 러시아 국민과 러시아란 나라를 욕망의 도구로 삼다가 결국 파멸로 들어서고 있는 꼴이다. 기원전 로마의 유명한 철학자인 세네카는 인간의 가장 큰 재산은 욕망의 빈곤이라고 말하였다.

　욕망은 인간이 살아가는 본질이긴 하지만, 욕망을 절제하지 못하면 결국 파국을 피하기 어렵다. 완전함을 채워 주고 추구할 수 있는 욕망은 불가능하며, 욕망의 본질 또한 만족이 없다. 그러나 대부분의 인간은 욕망의 만족을 바라며 살아간다. 그런 점이 인간 욕망의 양면성이 아닐까 한다. 삶에 동기를 부여하는 점은 인정되니까 말이다.

　하물며 인간의 욕망은 지상에서와 같이 지옥에서도 무언가 바라는 욕망을 가지고 있다. 그런 인간의 욕망에 대해 더 무얼 말하겠는가.

　러시아와 우크라이나 전쟁을 보면 저런 전쟁을 왜 해야 하나 의문이며, 굳이 전쟁의 명분을 찾자면 푸틴의 과시욕과 강한 상남자라는 것을 보여 주고 증명하고 싶어 하는 망상의 관념이 표출된 결과가 아닌가 한다.

　아 인간의 욕망이여, 욕망 너는 인간의 파멸을 원하는가……!

'유한한 목숨에 무한한 욕망을 지닌 인간은 하늘나라를 기억하는, 거기서 추방된 신이다.'(알퐁스 드 라마르틴, 프랑스 시인)

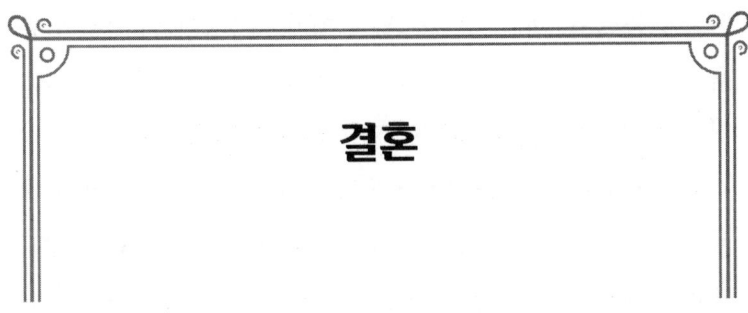

결혼

　결혼은 해도 후회하고 안 해도 후회할 것이다. 소크라테스의 말이다. 결혼이란 화두에 대한 현실적인 표현으로 널리 알려진 명언이다. 소크라테스의 아내는 알려진 대로 유명한 악처였다고 한다. 그래서 결혼이란 제도에 대한 생각이 많았는지 결혼이 행복하고, 화목하고, 즐거운 것만이 아니라는 것을 말하고 싶었던 것 같다.
　어쨌든 결혼이 남녀가 만나 가정을 꾸리고 아이를 낳아 인간 역사를 이어 감에 있어 자손만대의 시작임에는 틀림이 없다.
　남녀가 서로 주체로서 인정하면서도 상대에 대해서 결혼 관계일지라도 타자로 존재하고 머물러 있는 것은 사실이다. 남녀 관계의 상호성은 인간을 두 종류 남녀로 분할함으로써 필연적으로 생기는 사랑, 연애, 소유, 욕망, 꿈, 갈망, 기적, 모험 같은 것을 동반하며 없앨 수는 없다. 그리고 우리를 감동시키는 '사랑한다', '정복한다', '상생한다', '결합한다', '순종한다', '희생한다' 하는 말은 실존의 감정 유발에 있어 언제까지나 그 의미를 잃지 않을 것이다. 반대로 노예 상태와 자신도 모르게 노예 상태로 살아가야 하는 모순된 제도하의 희생양이 되기도 한다. 그 노예 상태가 내포하고 있는 모든 위선적인 시스템이 폐지, 개선될 때야 말로 인류를 둘로 나눈 '분할'이 그 진정한 의미를 드러낼 것이다. 그리고 인간 한 쌍의 남녀가 그 진정한 모습을 발견하게 될 것이다.

그러나 옛날 옛적에도, 과거에도, 지금에도 지구상의 많은 나라, 지역, 관습, 종교, 제도의 남존여비(여자는 약자)라는 차별적 전통이 결혼의 순수성을 훼손하고 있다. 결혼이 제도로 정당화되고 차별, 구속, 성 학대, 압박으로 신음하며 여성성의 정체성이 왜곡되어 오고, 왜곡되고 있는 것이 현실이다.

21세기라는 지금도 일부 선진국 외에는 별반 다르지 않으며, 역사적으로도 차별적으로 이어 오는 것이 당연한 듯한 의식이 모순이요 문제인 것이다. 남녀 차별과 결혼 제도의 모순에 대해 소리 높여 고발하는 여성 해방의 이론서라 할 수 있는 《제2의 성》의 작가 시몬 드 보부아르가 '결혼은 치사한 부르주아적 제도'라고 일갈하기도 했다.

인류 역사에서 남녀가 동등한 관계였던 적은 거의 없었다. 인간 사회의 기본적 구조인 가정을 이루기 위한 결혼에서 늘 남자는 '갑' 여자는 '을'이라는 공식도 그런 연장선상이라 할 수 있다.

남자 하나, 여자 하나 짝으로 만나 결혼으로 가정을 이루는 것은 절대적인 조건이나 진리는 아니다. 역사적 경험으로 가장 바람직하고 이상적이라는 것이지, 섭리나 생물의 절대 자연 조건은 아니다. 오랜 인류 역사에서 모계 사회, 부계 사회, 다부·다처제 등 여러 제도를 거치며 한 남자, 한 여자로 가정을 이루는 것이 경험이나, 남녀 성비 등으로 보아도 바람직하다는 결론으로 대부분의 사회, 나라에서 그렇게 제도화하고 있는 것이다. 종교적인 관습의 일부와 이슬람권을 제외하고는 말이다.

만약 남자가 많고 여자가 적으면 그에 맞추어 변할 수 있을 것이고 남자가 적고 여자가 많으면 그 또한 마찬가지일 것이다.

이슬람권에서 네 명까지 부인을 둘 수 있는 법도 그런 사정에서 연유한다고 한다. 옛날 부족 간 생존 경쟁의 치열한 전투로 많은 남자가 전투로 죽어 많은 미망인이 생겨났고 그로 인해 남자가 부족하여 생계, 인구 문제 등 사회 문제를 해결하기 위해 시작된 것이 일부다처제라고 한다. 지금에 와서는 바람직하지 않은 제도로 비춰지기도 하는데, 기득권자들, 남자들의 이기심에선지 제도는 그대로 유지되고 있는 것 같다. 그것은 그들이 해결할 문제고, 좌우지간 결혼이란 제도로 자손만대가 보장되는 사람이 태어나고 또 태어나서 인간 사회의 맥이 끊어지지 않고 역사가 이어질 수 있는 것이 아닐까.

그런데 결혼에 대한 유명인들의 말에는 긍정보다 부정적인 이야기가 많다. 유명해지기 위해 가정에 소홀할 수밖에 없어서인지는 몰라도, 좌우지간 세상에 많이 알려진 유명인들의 결혼에 대한 말들을 나열해 보면 이렇다.

"가장 이상적인 결혼은 눈먼 여자와 귀머거리 남자의 결혼이다."(팔만대장경)

"강요된 결혼은 지옥과 같고, 일생을 두고 불화와 알력이 멎지 않는다."(셰익스피어)

"남편에게 가장 기쁜 날은 결혼하는 날과 자기 아내를 땅에 묻는 날이다."(히포낙스)

"남자는 적어도 해부학을 공부해서 한 여자를 해부해 보기 전에는 결혼해선 안 된다."(발자크)

"죽음으로 모든 비극은 끝나고, 결혼으로 모든 희극은 끝난다."(바이런)

"결혼은 최초의 사회적 굴레다."(키르케고르)

"결혼함과 동시에 세상이 일변한다. 이미 거기에는 아무 생각 없이 서성거릴 수 있는 길가의 뜰은 없다. 길은 다만 길고 곧게, 그리고 먼지가 뽀얗고, 묘지로 통할 따름이다."(스티븐슨)

"서로 사랑하는 남녀의 결혼은 누구의 사랑이 먼저 식는지 내기를 거는 것이다."(카뮈)

"결혼은 여자들의 가장 흔한 생계 수단이다. 아마 원하지 않는 섹스의 총량은 성매매보다 결혼에서 훨씬 더 많을 것이다."(버트런드 러셀)

결혼에 대해 중립적, 긍정적 대표적인 말은 "자신의 가장 뛰어난 업적은 나와 결혼하도록 아내를 설득한 능력이다."라는 윈스턴 처칠의 말이다.

"이러므로 남자가 부모를 떠나 그 아내와 연합하여 둘이 한 몸을 이룰찌로다"(창 2:24) 기독교 문화에서는 남자 위주로 아내(여자)는 필요한 때 늘 거기에 있다. 유목민의 역사에서 여자는 별로 할 일이 없다. 아이를 낳고 집안일하는 것뿐. 그래서인지 유목민의 문화에서는 남편의 권위가 절대적이다. 기독교, 이슬람 시초가 유목민의 문화이니, 결혼이란 남자들의 이야기라 할 수 있을 것 같다.

결혼은 상호 작용의 조합이다. 결혼이 이상적이려면 평등한 독립성, 상호 존중의 사랑, 상호 의존성으로 대등한 의무를 지니는 남녀 관계라 말할 수 있다. 그런데 인류 역사에서 그런 이상적인 결혼의 사회는 없었다. 역사 속의 지구상 여러 나라, 사회의 결혼상은 남자는 '갑'이요, 여자는 '을'인 관계로 점철되어 왔다고 해도 과언이 아니다. 남성 지배가 초래한 여성의 불행한 결과는 인간관계 가운데 가장 가깝고 친밀한 관계인 결혼을 평등한 동반자 관계가 아니라 사실상은 주인과 노예의 관계화된 경우가 의외로 많았다.

유태인의 결혼 생활에서도 가부장적인 가장의 권위가 절대적이다. 이슬람 세계는 말할 것도 없다. 예로 난민으로 독일에 입국한 30대 이슬람 여인이 방에만 있고 밖으로 안 나와, 왜 그러냐고 물었더니 남편이 전화로 방에만 있으라고 해서 방 밖으로 나가면 안 된다고 했단다. 독일의 관계자나 집주인은 어안이 벙벙해 할 말을 잃었다고 하는 이야기다. 그렇게 이슬람권이나 서남아시아 인도, 방글라데시 등은 역사 속에서나 지금도 결혼이란 동등한 인격체의 사랑으로 이루어지는 것이 아닌 것이 현실이다.

인간은 사회적 동물이라는 어느 철학자의 말이 의미하듯 지역과 나라, 지위와 재력이 결부되면서 그 의미가 달라지기도 하고, 각 사회의 제도, 풍습에 제약받기도 하면서 결혼이란 화두 하나가 천태만상의 모습으로 나타나기도 한다.

인도에서는 신부의 아버지가 결혼식 날 신랑의 아버지에게 지참금을 전하는 '다우리'(Dowry)라는 관습이 있고, 태국에서는 신랑 측이 신부 측에게 지참금을 전달하는 '신솟'이란 제도가 있다. 대개 돈으로 전달하지만, 때로는 '금'으로 주기도 한다. 이슬람계 나라에서도 신부를 맞을 때, 신랑 쪽에서 신부 부모에게 대가를 지불한다. 옛날에는 낙타나 양 등 물질로 지불하였는데, 요즘엔 거의 돈으로 지불하는 경향이란다.

얼마 전 토픽으로 알려진 이집트의 한 아버지가 40대 남자로부터 2만 불을 받고 18세 딸을 시집보내기로 했는데, 신부 될 딸이 거부하고(이슬람권에서는 거부한다는 것은 드문 일로, 매스미디어를 접한 영향이라고 볼 수 있다) 도망쳐 법원으로 가서 시집 안 가겠다고, 도와달라고 하여 뉴스가 된 적이 있다. 이슬람권의 중혼 풍습으로 인한 이런 뉴스가 가끔 등장한다. 또 다른 이집트의 돈 많은 50대 장사꾼이 18세의 신부를 맞아 58번 째 결혼식을 하면서 자기는 결혼을 65번 할 거라고 공언했단다. 그는 이미 10명의 부인이 있는데 그중 한 명을 쫓아내고 어린 신부와 결혼하는 것이란다. 돈이 있으면 10명까지 부인을 두는 것이 가능하단다. 또 결혼하려면 그중 한 명과 이혼을 하여 다시 다른 여자와 결혼할 수 있다는 것이다.

신기한 것은 지구상 어느 나라나 남자, 여자의 비율이 거의 비슷한 성비로 태어나는데 한 남자가 부인을 4명, 10명을 차지하면 여자가 부족할 것이고, 남겨진 남자들은 여자가 없어 결혼을 못 할 거 아닌가 말이다. 그래서인지 이슬람권에서 경제적으로 풍족하지 못한 가난한 사내들, 재주가 없어 결혼 못 한 사내들의 꿈이 결혼하는 것이란다.

A 씨가 종합 상사에 근무할 때 1등 항해사 출신의 K 씨가 같이 근무를 하고 있었다. 해양 대학을 졸업하고 항해사로 세계 각국

을 10년 이상 다닌 경험이 있는 K 씨가 육지 근무를 원해 A 씨가 있는 사무실로 왔고, 그때 그로부터 들은 이야기다. K 씨의 배가 중동 국가 항구에 정박해 있었다. 하역 작업을 하는 인부들은 밤이 되면 부두나 배 갑판 위에서 자루 같은 것들을 덮고 그대로 쓰러져 자는데, K 씨가 새벽에 잠에서 깨어나 해가 뜨기 전 어둑할 때 배 조정실 데크로 나갔다. 기지개를 켜며 사방을 둘러보는데, 인부들도 일어나 배 난간에 쭉 둘러서서 몸을 흔들고 있더란다. 처음에는 운동을 하고 있는 줄 알았는데 자세히 보니 마스터베이션을 하고 있더란다. A 씨가 지어낸 소리 아니냐고 했더니, 아니라며 정색을 하고 두 눈으로 똑똑히 봤다고 한다. 그래서 슬쩍 십장한테 새벽에 자신이 본 것에 대해 물어보았더니 결혼할 처지가 못 되니 별수 있냐며 희죽 웃더란다.

중동이 석유로 인해 부유하다지만 하층민에게 부가 골고루 돌아가는 것이 아니고, 왕이나 왕족 기득권자들의 차지다. 왕족 기득권자들은 돈을 주체하지 못해 돈지랄을 하기도 하지만, 하층민들은 먹고사는 것에 허덕이며 기득권자들의 하인이나 노예로 살아간다고 한다. 그들의 유일한 낙은 내세에 희망을 걸고 알라를 부르고 믿으며 소원을 기원하는 것이란다.

산업 혁명 이전 여자들이 자립할 방법이 없던 시절 세상을 살아갈 수 있는 방법은 결혼해서 가정을 꾸리는 것이 거의 유일하였다.

일본의 결혼 역사에서도 결혼이란 남자 위주의 것이었고 여자들은 결혼을 하면 남편을 '주신'같이 모셔 남편의 성을 따라야 했다. 메이지 유신 이전 1800년대 초 무렵까지는 일본에서 이혼이란 개념이 없었다. 여자가 싫으면 쫓아낼 수 있는 권한이 남자에겐 있었다. 그런 제도적 흐름으로 남자가 부인에게 "나는 네가 싫다."라고 세 번 말하면, 여자는 보따리 하나 싸들고 그 집을 떠나야 했다. 안 나가고 버틸 수 있는 사회적 분위기도 아니었다. 만일 버티고 있으면 개념도, 자존심도 없는 쓰레기 같은 여자 취급받으며 아무도 상대해 주지 않는다고 한다. 그래서인지 역사 속에서도 일본 여자들이 남편의 마음에 들려 하고 남편에게 꼭 필요한 아내(하인)로 모시려는 노력이 눈물겨운 것이었다고 한다. 아무튼 남편에게 소박맞은 여자는 친정에서도 안 받아 주었다고 한다.

오늘날에도 남편이 출타하였을 때 누가 찾아와 남편을 찾으면, 지금 '주인 양반' 출타 중이라며, 남편을 '주인'이라고 한다. 그래서 아직 일본에서 형식상으로 남편은 여자의 주인이다.

이제 세상의 많은 정보를 누구나 접할 수 있는 세상이 됐고, 여성의 사회 진출이 활발해짐으로 인해 결혼이 아니어도 여성 스스로 살아갈 수 있는 길이 열렸다. 그러나 앞의 일본 여성들의 이야기도 과거가 되어 가고 있는 와중에 "아, 옛날이여." 하며 한탄하는 일본 남성들도 심심치 않게 볼 수 있다고 한다.

과거 농경 사회에서는 정말 여자들이 결혼 이외에 살아갈 길이 거의 없었지만, 지금은 산업화로 인한 사회 진출의 길이 열려 스스로 자립이 가능해지니 결혼은 이제 필수가 아니라 선택이 되었다. 아이를 낳아서 기르는 것도 힘들고, 낳아 놓으면 저절로 크던 옛날과 달리 시대상에 따라 기르는 것도, 교육도 부담이 커졌으며, 경제적으로도 감당이 어려워졌다. 결혼 안 하고, 아이 안 낳고 그냥 자신에게만 투자하며 살겠다는 풍조가 서방 세계, 중상 위권 나라 지역에서 공통적으로 나타나고 있는 현상이다.

이 모든 것이 고도의 산업화와 정보 시대의 정보 세뇌로 인한 혁명이요, 사회 문제이기도 하다. 모든 현상을 손금 보듯 접할 수 있는 시대상의 정보 세뇌로 현실적 계산에 의해 일어나는 사회 현상이다.

인간은 사회적 동물이라는 말 그대로 현대의 사회상이 흘러가는 대로 그냥 엔조이하며 자신이 하고 싶은 일 하며 자유롭게 살겠다는 것이 깨인 고학력 여성들의 성향이다. 그러다 보니 남자들이 상대적으로 위축되어 여자를 어려워하는 경향도 있다. 그런 경향의 부작용으로 오히려 커리어 우먼들이 연애든 결혼이든 남자를 낚기가 힘들다고 토로하기도 한다. 그냥 하룻밤 엔조이하는 건 선호하나, 감당이 어려운 잘난 여자들과의 연애나 결혼 전제의 만남을 남성들이 기피한다. 아이러니하게 커리어 우먼은 남자를 만나는 것이 어려운 세상이 됐다고 넋두리를 한다. 자신들이 불이익을 당하고 있다면서 말이다. 욕심이 너무 많은 거 아니야…! 낮추라고. 눈높이를 낮추면 자연스럽게 해결될 텐데. 자연치유법은 좀 더 기다리는 것이다. 40대 정도 되면 현실이 보이면서 대부분 서서히 치유되는데, 끝까지 조건을 줄일 수 없다는 소신파도 약간 있다.

이런 데서도 인간의 복잡성을 느낄 수 있다. 몽테뉴는 이렇게 말한다. "결혼 같은 분별 있는 교제에 있어서 욕망은 그렇게 즐거운 것이 아니다. 사랑의 신은 사람이 사랑 이외의 것에 의하여 결합되는 것을 싫어한다. 그리고 예컨대 결혼과 같은 사랑 이외의 다른 목적, 명목으로 이루어지고 유지되는 사귐에는 별로 관심이 없다. 그래서 친족 관계나 재산 따위는 우아함이나 아름다움과 마찬가지로 혹은 그 이상으로 중요시된다. 사람은 지기 자신을 위하여 결혼하는 것이 아니다. 자손이나 가족 관계 그 이외의 여러 가지 조건, 또는 상황에 의한 것들을 생각해서 결혼이 이루어진다." 인간 사회의 결혼이란 사랑으로만, 남녀의 사랑으로만 이루어질 수 없는 것이라는 이야기다. 반대로 왜 결혼이 꼭 사랑으로만 이루어져야 하는가? 왜 그래야만 이상적인 것같이 말하는가? 그런 것은 현실이 아닌 환상이라며……!

여자에 있어서 결혼이란 가는 것이고, 남자에게 있어서 결혼은 여자를 얻는 것이라는 게 대부분 사회의 규범화, 상식화되어 있다. 현대는 그런 사고에 조금의 균열이 있긴 하지만 말이다. 여자에 있어서 결혼은 운명 같은 것이었고, 지금도 옛날보다는 개선되었다고 볼 수 있지만 어쨌든 여자가 한 번 결혼한다는 것은 천형 같은 것이다.

산업화 이전 봉건 사회에서의 결혼이란 여자에게 필연이었다. 결혼 외에는 여자가 살아갈 길이, 방도가 없었기 때문이다. 그리고 어떤 남자를 만나냐는 것에 여자의 선택권이 제한적이기도 해서 운명이란 말에 이끌려 갈 수밖에 없었다. 폭력적인 남자, 변태, 알코올 중독자, 정신 이상자, 동성애자, 불구 또는 정상적인 남자 등 그 모든 걸 운명처럼 받아들여야 했다. 성적인 행위에서도 결혼한 여자에게는 주어진 의무와 봉사로 치부되고, 여자는 봉사함으로써 그로 인한 자기의 이익을 얻고자 도모할 수밖에 없었다. 영국의 사회학자 버트런드 러셀이 말한 "원하지 않는 섹스의 총량은 성매매보다 결혼에서 훨씬 더 많을 것이다."라는 말이 함축하는 바에서도 알 수 있다. 또 남성의 보호가 일생 동안 보장되기 위해서는 개인적인 사랑이나 개성적인 선택은 단념하지 않으면 안 되었기도 했다. 남성 지배의 사회와 남성 위주의 경제 활동이 초래한 대칭적인 구조적 문제가 필연적으로 만들어 내는 결혼이란 갑과 을이라는 불평등한 위치가 되어 여성들에게는 불행한 결과로 귀결되어 왔던 것이다.

인간관계 가운데 가장 가깝고, 가장 친밀한 관계인 결혼이 구시대에서는 평등한 동반자가 아니라 마치 주인과 노예의 관계로 만드는 것이었다.

그러나 또 남자 입장에서도 결혼이 장밋빛 미래를 보장하는 것만 있는 것은 아니다. 결혼한 남자들도 얼마 지나지 않아 실망과 걱정, 책임, 의무의 중압감으로 슬픔 속에 산다고들 한다. 사실 결혼할 때까지는 생존의 어려움, 행복이 진정 무언지도 모른 채 행복을 꿈꾸며 희망을 가졌지만, 결혼하고 나서 현실에 꿈과 희망이 부서져 가는 것을 실감하게 된단다.

결혼 생활에 편리한 점이 있는 것은 사실이지만, 즐겁기만 한 건 아니다. 결혼은 필요악이라고도 한다. 서로 기만하지 않고는 온전히 유지될 수 없는 것이 결혼이기도 하다. 그러면서 처녀, 총각들은 결혼을 고민하고, 결혼을 한다. 결혼에 관심 없다고 말하는 여자들도 결국 결혼은 자신에게도 다가올 미래라는 것을 알고 있다. 나는 독신으로 살 거야, 하는 것은 또 다른 자기기만이며 순간의 도피다. 역사적으로도 증명된 거짓말 세 가지가 있다. 늙으니 빨리 죽고 싶다는 말, 장사꾼이 밑지고 파는 거라는 말, 처녀가 시집 안 간다는 말이 그것이다. 인생사가 대개 그렇듯 결혼이 행복과 미래를 보장하지 않으며, 책임감과 걱정거리가 싱글일 때보다 많이 따른다는 것은 사실이다. 컴퓨터, IT, 정보화 시대로 인해 결혼한 사람들의 생활은 속속들이 노출되고 들어나 있다고도 할 수 있다. 남자든 여자든 결혼이란 화두를 완전히 외면할 수 없는 것이고, 인생사에서 결혼이 가장 큰 행사임에는 틀림이 없다. 선진국에서는 부부 강간죄가 표면화되고 있으니 남자들이 고민해야 할 일이 옛날보다 한 가지 더 늘어난 셈이다. 반면 마누라한테 강간당했다고 징징대는 허접한 남자가 있기도 하다. 여자는 결혼 이외에 어떠한 성적인 능동적 활동이 허용될 수 없다는 게 오랜 세월 사람들에게 세뇌되어 온 사회 현상이다. 아직도 안 좋게 보는 시각이 존재한다. 여자는 개성화되지 않은 조건으로만 쾌락을 가질 수 있었던 것에 불과했다. 결혼한 남녀에게 있어서 육체적 교섭은 하나의 의무와 같은 제도로 되어 있어 욕망과 쾌락이 사회적 이익을 위하여 희생되었다. 어쨌든 남자는 다른 여러 가지 방법, 조건으로 자기의 욕망을 해소할 수 있는 것이 사회 현상화되어 있으나, 여자는 좀 어렵다.

또한 남성과 여성은 생물학적으로도 다르다. 남자는 남편으로서, 생식자로서 종의 역할을 수행하며 생리적 쾌락을 거의 자동적으로 느낄 수 있다. 반면 여자는 생식적 행위와 성적 쾌락 사이에 생리적 분열이 있다. 여자의 성적 만족감(오르가즘)으로 가는 길이 좀 복잡하지만, 남자와 여자의 성적 만족감의 크기는 여자가 오르가즘에 도달했을 때를 가정해서 여자 9, 남자가 1이라 할 수 있다고 성의학자들은 말한다. 그만큼 여자의 쾌락적 울림이 남자의 그것에 비해 큰 차이로 크지만, 조건이 복잡해 여자가 늘 그 울림에 도달하기가 어렵고 제약이 크다고 한다.

또한 근본적, 태생적으로 성행위는 여자가 선호하고 받아들이고자 하는 행위라고 한다. 생물학적으로 조물주가 그렇게 디자인한 것이라 볼 수 있다. 그러나 누구나 그렇듯 선호하는 행위라고 무조건이라는 것은 아니다. 그만큼 하고 싶은 상대나 상태가 쉽지 않기 때문이다.

조물주가 원초적으로 여자를 종족보존의 생산 행위인 근본적인 성행위를 거부하고 싫어하는 쪽으로 디자인했다면 인류는 벌써 퇴화해 멸종되었을 것이다. 어떤 성의학자는 창녀들이 몸을 팔며 살 수 있는 것도 태생적으로는 선호하는 행위라서 가능한 것이라 말한다.

또한 봉건 사회 당시 여자는 남자 뒤에 서서 남편의 소유에 가까운 관계였으므로 성적인 것은 남자의 일방적인 행위로 행해져 여자는 평생 성애를 모르고 살아가는 것도 다반사였다.

또한 여성의 성을 통제하기 위한 수단으로 '할례'라는 관습이 있으며, 선진국과 유엔의 노력에도 아직 근절되지 않고 일부 지역, 국가에서 '할례'가 행해지는 실정이다. 여성은(성적으로) 통제해야 하는 객체이고 가정, 집단의 명예와 존립을 위해 억압해야 하며, 여성 인권도 부득이할 경우 생명권도 부정될 수 있다는 인식이 스며 있다. 즉 종교와 문화와 오랜 관습이 공모해 고안해 낸 잔인하지만 효율적인 여성(성) 통제 기법이 여성 할례라는 것이다.

세계보건기구(WHO)에 따르면 그 유형은 여성 음핵과 음핵 표피, 음순 절제 및 훼손(자르기, 사포 같은 거친 물체로 긁기, 인두로 지지기) 등이 있다. 시행 과정에서 과다 출혈, 감염 등으로 사망에 이르는 경우도 있다고 한다. 출산 시 태아에게도 영향을 미쳐 신생아 사망률도 높은 것으로 추정하고 있다.

유엔인구기금에 따르면 할례는 아직도 아프리카와 중동 등 30여 개 국가에서 집중적으로 이루어지고 있으며, 서남아시아 일부 국가에서도 행해지고 있다고 한다. 이집트, 잠비아, 가나, 말리, 시에라리온, 소말리아 등이 대표적이고 이라크, 예멘 등 중동 국가와 서남아시아 일부 국가에서 행해지고 있다. 유엔이나 국제사회의 개입으로 그 관행이 지속적으로 줄고 있지만 2018년까지 통계로 2억 명 정도의 여성이 피해자로 살고 있다고 한다. 아프리카의 경우 해마다 약 300만 명의 8세에서 15세 미만 소녀들이 범죄의 희생양이 되고 있다고 한다.

그러한 봉건적 사회 관습이 지속되는 사회 분위기와 같이 성 의식에 있어서도 서남아시아 일부 저개발국과 아프리카 대부분의 국가에서는 50년대 이전 성 의식이 그대로 이어지고 있다. 관습과 종교적인 이유로 오랜 세월 이어 온 현상들이 기득권자들의 권력, 이해와도 연관이 있어 관습, 제도 개혁은 매우 어려운 일이다. "지나치도록 음탕하게 여자를 즐겁게 하여 쾌락이 이성의 한계를 벗어나지 않도록 신중하고 엄밀하게 자기 아내를 다루어야 한다."라고 아리스토텔레스가 말한 것에서도 구시대의 그 분위기를 짐작할 수 있다. 철학자인 지성인도 이러한 의식을 가졌던 그 당시 사회 분위기가 어땠는지 알 수 있는 대목이다.

오늘날에도 여자가 대놓고 쾌락을 희망하면 남자들은 그것을 달갑게 여기지 않는다. 사실 여성의 잠재적 성감대는 남성의 자연적인 것이 아니라 인공적이고, 조건 반사적이다. 인공적이고 조건 반사적 성감대를 가졌기 때문에 여자는 조건이 충족되지 못하면 성적 오르가즘을 느끼지 못한다. 오르가즘을 알지 못한 채 어머니가 된 여자가 옛날에는 대부분이었다. 역사 속에서는 그런 어머니가 훌륭한 어머니였다. 산업화와 함께 오늘날 현대에 이르러서는 여성들의 사회 참여로 인해 위상이 달라졌고, 성도 남자의 점유물이 아니라 여자도 즐길 권리가 있다고 말한다.

옛날 의식적 분위기는 남편이 아내에게 관능의 눈을 뜨게 해 주는 건 아내에게 다른 남자의 품에서 쾌락을 찾도록 준비시켜 주는 것과도 같다고 경계했었다. 생활 환경이 쾌적해졌고 생식과 성애가 거의 구분되어 가는 지금은 부부가 성애를 같이 즐기는 것도, 현대의 문화로서 일종의 생활 스포츠화하고 있다고 주장하는 성의학자도 있다. 참으로 세상은 빨리 변하고, 우리는 빠른 시대 변화를 사는 세대로 참 격세지감이다.

지구상에 수많은 민족과 나라가 있고 각각의 민족은 고유한 문화와 제도, 그들 나름의 생활 방식을 가지고 있다. 그 각각의 민족, 나라들은 자연환경에 따라 각자의 방식으로 살아남았으며, 살아가기 위한 노력의 흔적은 나름대로의 문화가 되어 고유의 생존 법칙과 결혼 제도를 가지고 있다.

산업화와 경제 여건이 발전한 선진국, 중상위권 국가에서의 결혼은 본인 위주로 이루어지고 있다고 볼 수 있다. 부모나 주위 의사가 완전히 배재되는 것은 아니지만 본인들의 의사가 제일 중요하다는 흐름이다.

경제적으로 중하위권 국가에서는 산업화가 뒤쳐지고, 결혼 제도 역시 본인 의사와는 상관없이 부모에 의해 일방적으로 결정되는 구시대 그대로인 경우가 많이 존재한다. 종교도 후진국일수록 결혼 제도에 영향을 주고 있다. 중세 유럽 당시엔 종교가 성애에 개입하려고 시도한 적도 있었다. 종교가 위세를 떨치던 중세 사제들이 부부 관계의 회수라던가 소년, 소녀들의 수음 회수를 정해 간섭하려는, 무소불위의 위세를 몰아 모든 사람을 우민화해 통제하려는 시도의 일환이었다.

아프리카 대부분의 국가, 이슬람권 대부분의 국가, 서남아시아 개발도상국가에서는 결혼에 본인의 의사는 중요하지 않고 부모에 의해서 결혼이 행해지고 있다. 특히 아버지가 정하는 대로 대부분의 결혼이 이뤄지고 있는 실정이다. 상당히 어리다고 볼 수 있는 15~18세 이전의 나이에 결혼을 한다. 한다기보다 결혼을 시킨다고 보는 것이 타당하다. 더 어린 여자아이들이 부모에 의해서 결혼에 내몰리는 경우도 드물지 않다. 몇 년 전 예멘이란 나라에서 40대 남성에게 시집보내진 8세 신부가 첫날밤 뒤에 사망했다는 뉴스가 있었다. 특히 이슬람권 국가에서 가끔 비슷한 사건이 일어나고 있는 것으로 안다. 대부분의 국가에서는 여자의 결혼 적령기 제한을 두고 있는데, 이슬람권 국가에서는 나이 제한을 두지 않는다고 한다. 그 이유가 마호메트의 세 번째 부인이 6세였는데, 나이 제한을 두면 마호메트를 부정하는 뜻이 돼서 나이 제한을 안 둔다고 들었다. 이 말이 맞는 말인지는 알 수 없다. 후진국에서의 결혼 문화가 종교적인 이유로 이어 오고 있고, 거기에는 경제적인 여건이 많이 개입돼 있는 것도 사실이다. 여성은 문화적 환경에 눌려 살아오다 보니 자신의 의사를 내세우기 어려웠다. 부모의 그늘에 갇혀 무력한 존재로 살다 부모가 결정해 주는 사람한테 가는 식으로 결혼이 이뤄진다. 요즘 상위 계층, 고등 교육을 받은 여성 중에서 그 틀을 깨고 나오려는 시도도 생기고 있지만 아직 미미한 미풍 수준이라고 할 수 있다. 그렇게 민족, 국가의 위상, 자연조건, 경제적 여건, 역사로 이어 온 풍습에 따라 제각각의 결혼 제도를 가지고 있다. 앞으로 결혼 제도가 어떻게 진화하고 변할지는 아무도 모를 일이고 두고 볼 일이다.

11세기 전까지만 해도 여자에 있어서 결혼이란 세상을 살아가는 데 평생 보험의 성격으로 필연적인 것이었고, 다른 선택지가 별로 없었다. 어떤 남자를 만나 결혼하느냐에 따라 여자의 운명이 달려 있었다. 얼굴과 옷에만 신경 쓰느라 공부는 잘 못했던 여학생이 이렇게 말했다. "공부를 해서 뭐하니. 부자한테 시집가면 부자 되는 거고, 판사한테 시집가면 판사 부인 되는 거고, 소령한테 시집가면 소령 부인 되는 건데." 그 여학생 말마따나 가난뱅이한테 시집가면 궁상 떨며 가난하게 사는 것이 여자 팔자였다.

그런 분위기가 조금씩 변화하기 시작한 것은 2차 세계대전이 끝나고 급속한 산업화가 진행되면서이다. 그 파급 효과가 차츰 전 세계로 확산해 나가면서 여성의 사회 참여와 일자리가 생겨나고 늘어났다. 거의 여성 해방 운동 수준으로 사회 분위기가 변화하면서 여성들의 결혼에 대한 의식 구조에도 변화가 찾아왔던 것이다. 결혼이 아니어도 스스로 살아갈 수 있는 일자리가 생김으로써 여성에게 결혼은 필수가 아니라 점차 선택이 되었던 것이다.

선진국이나 중상위 경제력이 있는 국가 여성들 중에는 결혼 안

하고 살겠다는 여성이 늘어나고 있으며, 하더라도 급할 것 없이 인생을 좀 더 즐기겠다는 분위기가 팽배해 평균 결혼 연령도 해마다 조금씩 올라가고 있다. 상대적으로 남자들의 위치는 예전 같지 않고 위축되는 분위기다. 게다가 아이 키우는 부담감과 생활비 등의 압박으로 아이를 갖지 않는 부작용이 생겨 선진국 등에서는 인구가 줄어들고 있어 고민이다. 인구가 줄어들면 다음 세대의 노동 인구 감소로 정부는 국가 장래를 고민해야 하기 때문이다. 하지만 후진국에서는 아직도 결혼이 여성에게 현실에서 좀 더 나은 조건으로 변신하는 수단이 되고 있다.

그런 현실의 각기 다른 조건의 상호 작용인지 한국, 일본, 싱가포르에서 결혼 상대를 구하지 못해 장가를 못 간 나이 든 총각하고, 상대적으로 경제력이 뒤쳐진 필리핀, 베트남, 미얀마, 캄보디아 처녀들의 결혼이 성사되고 있는 것이 2000년대 결혼의 한 유형이 되고 있다. 정보와 교통수단이 받쳐 주지 않으면 꿈도 꿀 수 없는 일이 컴퓨터, IT, 정보 시대 덕에 일어나고 있는 현상이다.

기초적인 정보를 주고받고 빠르게 결혼이 이뤄지다 보니, 거기에 따른 부작용도 있긴 하지만 꾸준히 늘고 있는 추세이다. 아직 문화 시설, 문화생활이라는 것이 열악한 경제적 궁핍한 생활 속에서 매체로부터 듣고 보는 선진 사회의 모습에 갈등이 현실에서 탈출하고픈 욕구가 되어 20대 초반의 여성들이 30~40대 남성들과의 결혼을 받아들이고 있는 것이다.

남성과 여성의 결혼관과 관습, 시대상에 따른 조건 때문에 결혼의 괴리는 인류 역사에 늘 있어 왔지만, 결혼이 필수가 아니라 선택이라는 시대상과 아이를 갖지 않는 조건으로 결혼하는 경향은 심각한 사회 문제로 대두되고 있다. 2000년대 밀레니엄 세대의 개인주의적 생활 방식과 엔조이하면서 살겠다는 풍조는 출산율 저하로 이어져 선진국에서부터 중진국에 이르기까지 인구가 줄어드는 걱정을 해야 하는 지경이 되기도 한다. 그 추세가 계속되면 50~100년 후 일부 나라는 나라의 문을 닫아야 하는 지경에 이를 수도 있다. 다른 결혼의 사회 문제는 중국에서 지난 40여 년간 강제로 시행한 한 자녀 국가 정책으로 강력한 인구 억제책을 펴 오고 있었다. 그로 인해 인구 억제 시도는 어느 정도 효과를 보았지만, 그에 따른 예기치 못한 부작용이 적지 않았다. 중국 사회에 뿌리 깊게 박힌 남아 선호 사상으로 인해 인구 남녀 성비 불균형이라는 부작용을 낳았다. 성 감별은 불법이지만 은연중에 여아 태아를 지워 버리거나 심지어 이미 낳은 여아를 버리기도 하는 시류의 결과로 2018년 현재 중국은 결혼 적령기 남자가 여자에 비해 2천5백만~3천만 명 더 많다고 한다. 간단히 말해 남자 3천만 명 정도는 여자가 부족해 산술적으로 짝을 찾을 수 없다는 웃지 못할 사연으로 사회 문제화되고 있다고 한다.

급기야 신붓감을 찾지 못한 중국의 나이 든 총각들도 중국보다 경제적으로 더 열악한 나라의 처녀들에게 눈을 돌려 결혼 작전에 돌입하고 있다고 한다. 그런데 그마저도 여의치 않아 결혼 못 한 총각들이 남아도는 상황이 지속되다 보니 여러 가지 부작용이 속출하고 있다고 한다. 그중에서 심각한 것은 여자를 납치해 가는 사건이 생긴 것이다. 중국과 국경을 맞대고 있는 이웃 나라의 처녀들이 납치의 대상이라고 한다. 또 그 틈을 타 중국의 뒷골목 조직들이 전문적으로 처녀, 부녀자 가리지 않고 납치해 팔아넘기는

결혼 | 283

현상들도 일어나고 있다고 한다.

　중국이란 나라가 워낙 넓고, 오지 산골에는 아직 공권력이 제대로 미치지 못하는 지역도 존재하기 때문에 그런 오지로 팔려 가면 꼼짝없이 그 동네 귀신이 될 수밖에 없다고 한다. 그런 오지는 외부와 거의 단절돼 있어 팔려 온 여자들은 자기가 어디에 있는지 가늠하기조차 힘들고, 찾거나 탈출하기가 쉽지 않다고 한다. 그런 오지 마을은 대여섯 가구에서 열 가구 내외로, 동네 사람들 모두가 한통속으로 감시자 노릇을 하고 있기 때문에 멀리 나갈 수 없고 꼼짝없이 그들의 요구대로 움직일 수밖에 없다. 시간이 지나 아이가 하나둘 생기다 보면 그 동네 귀신으로 사는 수밖에 없다고 한다. 어쩌다 지역 담당 공무원이 동네를 방문할 때면 제일 외딴집 골방 같은 데 가둬져 자신의 존재가 바깥세상에 전해질 수 있는 길이 원천 봉쇄된다고 한다. 그리고 중국에는 아직 정부 인구 집계에 잡히지 않은 무적자도 꽤 있기 때문에 납치되어 오지로 팔려 가면 본의 아닌 무적자로 살아가게 된다. 문화시설이나 TV 같은 것도 없는 동네는 남자들의 유희거리가 여자뿐이라 밤낮없이 성적인 학대에 시달리는 신세가 된다고도 한다. 그런 상황에서 극적으로 탈출한 처자의 폭로에 의해 대충 알려진 실상이다.

　그런 오지일수록 동네 처녀들은 도시로 떠나고, 총각들은 속절없이 늙어 30대 후반과 40대 총각들이 남아돈다고 한다. 그래서 중국과 국경을 맞대고 있는 베트남, 미얀마, 인도 등의 국경 오지 마을에서 처녀들을 전문적으로 납치해 가는 휴먼 트래피킹 조직도 있다고 한다. 국경을 맞대고 있는 오지 마을은 중국과 마찬가지로 그 나라에서도 중앙 행정이 미치지 못하는 곳이 있다. 그런 곳은 아이들을 호적에 올리지 않는 경우도 있어 이 세상 사람이지만 서류상으로 존재하지 않는 무적자가 꽤 있다고 한다. 그렇게 오지 마을에서 태어나 무적자로 살다가 납치되면 가족 친지 외에는 누가 납치되고 어디로 갔는지조차 파악되지 않고 있어 그 부작용과 인권 침해가 심각하다고 한다.

그렇게 선진국과 일부 상위 중진국에서는 2000년대에 들어 결혼은 선택이 되고, 후진국에서는 아직 결혼이 필수로 남아 있다. 앞에서 언급했듯이 땅이 넓은 중국, 인도 오지 마을의 총각들은 납치 같은 비정상적 방법 외에는 신부를 구할 수가 없어 그 문제의 심각성이 크다고 한다.

예로 30대 초의 한 남자는 부인과 2살 된 아들과 함께 지방 중소 도시에서 장사를 하며 화목하게 살고 있었는데, 어느 날 시내에 볼일 보러 나갔던 아내가 감쪽같이 사라졌다. 그 뒤 그는 어머니에게 아들을 맡기고 17년 동안을 중국 각지로 밴 트럭을 몰며 아내를 찾아다니고 있다는 이야기가 다큐로 중국 방송을 타기도 했다. 그런데도 공권력의 도움을 전혀 받지 못한다고 하소연한다. 공안에 신고해 보았지만 그것으로 끝이란다. 공안이 납치 문제를 해결할 만큼의 여력이 없는 것도 문제지만, 남의 일 불구경하는 듯한 태도가 더 문제라며 울분을 토로한다. 그가 그나마 도움이 된다고 들은 소문은 각 지역 택시 운전사들에게 납치된 여자의 신상, 사진, 특징이 담긴 명함을 돌리고 협조를 부탁하여 목격자를 찾는 데 한 가닥 희망을 거는 방법이라고 한다.

결혼이 사회를 구성하는 기초이다 보니 어느 시절이건 인간사에 결혼이란 가장 큰 행사임에는 분명하다. 결혼은 사회적 합의를 통해 시집, 장가를 들어 가정을 이루고 아이를 얻어 후대를 기약하는 인간 사회의 필연이라 할 수 있다. 또 엄밀히 따지면 서로 조건을 저울질하는 거래이기도 하다. 이상적인 결혼상은 인륜지대사인 만큼 서로 평등한 인격체로서의 독립성, 상호 보완의 의존성, 대등한 의무를 지니는 남녀 관계로 사랑을 기초로 한 상호 존중으로 이루어져야 한다고 정의하지만, 실상은 예나 지금이나 조건, 배경, 지위, 재력을 따져 이뤄지는 거래이다.

결혼 적령기 남녀가 결혼을 전제로 연애를 시작할 때 우선 인물, 집안, 학벌, 장래성 등을 보고 시작한다. 그것 자체가 서로 상대의 조건을 파악한 조건 인증이요, 서로 간의 조건에 의한 거래인 것이 사실이다. 수상, 재상, 거부 등 유명인의 아들딸이 가난하고 무식한 시골 총각, 촌녀와 결혼할까? 아니다. 가끔 소설 속에서 만들어진 이야기는 있지만, 현실은 철저한 저울질에 의해 결정된다. 그게 현실이고 사실이며 사회적 지위, 학력, 종교 등 비슷한 조건의 배우자를 만나서 결혼하게 되는 것이 예나 지금이나 결혼의 본모습이다. 또 그것이 합리적이고 실패할 확률도 적다고 한다. 배경 특성이 동질적일 때 서로 자연스럽게 만날 기회도 많고, 갈등을 겪을 일도 적기 때문이다.

국제 비교 연구에 따르면 교육적 동질혼 경향이 유교 문화권 동아시아 지역에서 두드러진다고 하며, 한국은 교육적 동질혼이 가장 보편화된 나라다. 어떤 사회에서든 사회적 특성이 비슷한 사람들끼리의 결혼은 자원 배분의 편중과 집단 간 분리를 심화하게 한다. 거기에 더해 부모의 재력을 고려한 배우자 선택이 크게 중

가하고 있어, 이전보다 훨씬 더 폐쇄적인 신세습 사회의 도래를 예견하지 않을 수 없어 부의 편중으로 계층 간 장벽이 더 견고해지고 있는 실정이다.

자본주의 사회의 부의 편중, 자본의 편중으로 자본주의의 종언을 말하는 학자도 나타나고 있다. 50~60년 전 자본 20, 노동 80 정도였던 것이 경제 위기 이후 2000년대 들어서 자본 40, 노동 60 어쩌면 그 이상으로 사회 재화의 배분 불평등 편중이 심해지다 보니, 돈에 의한 경제적 여건 때문에 결혼을 지레 늦추거나 포기하는 젊은이들이 크게 늘어나고 있기도 하다. 50~60년 전에는 거의 없던 비정규직, 임시직이 생겨나 노동 현장의 반수에 가까운 부분을 차지하는 자본의 노동력 착취 수단으로 자리 잡으며 노동자들의 입지가 더욱 열악해지고 있다.

비정규직, 임시직 같은 개념이 생겨난 것은 금융 위기 같은 특수한 상황에서 그 타개의 임시방편으로 도입된 것인데, 금융 위기나 특수한 상황이 종식되거나 완화된 뒤에도 그대로 유지되었던 것이다. 경영자들이 그 꿀의 단맛을 내려놓으려 하지 않아 자본의 탐욕을 키우는 도구로 남용되고 있는 상황이다. 노동자들은 울며 겨자 먹기로 그것 아니면 일자리 자체가 없으니 '을'의 입장에서 비정규직, 임시직을 받아들일 수밖에 없는 것이다. 자본의 탐욕, 한계가 없는 인간의 탐욕이다.

노동자들은 열심히 일을 해도 수입으로 생계비 충당조차 어려운 실정이고, 자본은 더 많은 페이를 가져가려 갖은 방법을 구사함으로 인해 부의 편중은 날이 갈수록 심화되고 있다. 설상가상으로 로봇, AI 등으로 일자리마저 줄어들고 있어, 자본가들은 콧

노래를 부르며 희희낙락하고 있다.

　이런 사회 현상의 고착화로 결혼마저 가진 자들이 누리는 축복으로 남게 된다면, 그런 사회는 일반 청년들, 노동자들이 살 만한 세상에서 더욱 멀어지는 것이 아닌가 하는 걱정이 된다.

　미국의 명문 대학 졸업생들도 동문 결혼을 선호한다는 소문이 거의 정설로 굳어지고 있다. 전반적인 결혼율은 낮아지고 있는 반면 남녀 동문들 간 결혼율은 상대적으로 높다고 한다. 그중 프리스턴대학교 동문 사이에서 결혼율이 상대적으로 높다는 것이 미국 대학가의 정설로 받아들여지고 있다고 한다. 프리스턴 투어 가이드들은 신입생들의 동문 간 혼인율을 묻는 질문에 예상이라도 했다는 듯 50%에서 최고 75%까지라고 곧바로 대답했다 한다.

　대학 캠퍼스는 젊은 남녀가 밀집한 배타적 구역이다. 제학 시절 이성과 자연스럽게 어울릴 기회가 그만큼 많다는 뜻이다. 졸업 후에도 매달, 매년 열리는 '동문의 날' 행사를 통해 얼굴을 마주할 수 있고, 대도시마다 지역 동문회가 조직되어 있기 때문에 얼마든지 만남을 이어 갈 수 있다.

　그래서 '동류 교배'라 부르는 짝짓기가 자연스럽게 이뤄진다. 여기서 '동류 교배' 혹은 '동종 교배'란 비슷한 조건을 지닌 남녀 사이의 결합을 의미한다(수컷과 암컷의 교배는 무작위로 이뤄지는 게 아니라 특정한 종류의 수컷에 대해 특정한 종류의 암컷이 교배되는 경향을 보인다는 뜻이다). 또 같은 프리스턴대학교 출신이라도 상위 소득 수준의 금수저와 하위 소득 수준의 흙수저의 경우는 대조적으로 딴판이다. 상위 계층에 속한 졸업생들의 결혼율은 저소득층 졸업생들에 비해 15%가 높았다고 한다. 프리스턴대학교의 주된 사교 무대는 회원제로 운영되는 '이팅 클럽'(Eating Clubs)을 중심으로 돌아간다.

캠퍼스 금수저들이 끼리끼리 모이는 장소인 이곳은 상위 소득 수준 계층 자제들 사이의 동문 결혼이 숙성되는 곳이기도 하다. 제정 사정이 넉넉지 못한 저소득층 자제들에게 이팅 클럽은 접근 불가능한 구역이라고 한다. 우선 회비가 호되게 비싸고, 설사 끼어든다 해도 개밥에 도토리 신세를 면치 못한다. 그렇게 사교 클럽에 끼지 못한 학생들을 '무소속'으로 불린다.

아이비리그 대학의 금수저, 흙수저 사이의 혼인율 차이는 두 자릿수의 격차를 보인다고 한다. 물론 금수저가 높은 쪽이다. 뚜렷한 이런 현상에서 만일 금수저 흙수저 학생 커플이 순조롭게 이뤄졌다면 소설이나 드라마, 영화의 소재가 될 수 있을 거라고 한다. 그런 결합은 예전보다 더욱 경제 논리가 장애물이 되고, 경제 논리가 더욱 공고해진 2000년대에 들어 더욱 줄어들었으며, 그 장애물을 넘어 결혼한다 해도 순탄치는 않을 것이라는 게 현재 사회 분위기다.

점점 사람들이 물질에 포획되고 금력(돈)에 세뇌되어 낭만적인 연애, 낭만적인 문화라는 말은 옛날이야기가 된 지 오래인 것 같다. 사회가 더욱 복잡해지면서 인간들은 조용히 사색하며 인문적인 소양과 지적 지성을 키울 여유가 없어졌다. 물질문명 속에 포획되어 바쁘게 살고 있는 현시대에는 이상할 것도 문제 되는 것도 아니다. 이제는 그게 합리적인 것이라고 상식화되어 굳어졌다. 사랑의 결실, 서로 사랑해 결혼한다고 말들 하지만, 그냥 자기 합리화, 미화하는 것이다. 어차피 결혼이란 각자의 조건과 계산에 따라 정해지는 거래다.

역사를 보더라도 왕가와 왕가, 귀족과 귀족, 권력자와 부자, 가난뱅이와 가난뱅이끼리 결혼이 이뤄지는 게 대부분이었다. 어떤 시절, 어느 사회에서든 대개 사람들은 자신과 비슷한 부류와 결혼하는 것이 가장 순조롭고 무난하게 이뤄질 수 있었다.

부부의 연으로 맺어진다는 것은 불가에선 전생의 인연이 있어야 부부로 만나는 인연으로 이어질 수 있다고 말한다. 동양 철학에서는 그만큼 특별하고 소중한 인연이란 의미를 부여하고 있다. 옛날이야기이긴 하지만!

남자 한 명, 여자 한 명이 만나 검은 머리 파뿌리가 될 때까지 영원히 사랑하기로 약속하고 결혼한다. 그러나 세월이 흐르면 젊은 시절의 정열도 시들해지고 잠자리도 뜸해지면서 데면데면한 관계가 되기 십상이다. 그러다 한쪽이 바람이라도 피우면 평지풍파가 일어나고 파탄에 이르기도 하며, 봉합이 되더라도 서로 간에 깊은 상처를 안고 살아가게 된다. 많은 부부의 근본 문제는 섹스라고 전문가들은 보고 있다.

모든 부부는 서로 원하는 시기와 원치 않는 시기의 부조화를 거치며 살아간다. 남편과의 잠자리를 거부하는 여자가 모두 육체적 욕구가 없어서 그런 것은 아니라고 한다. 여자는 훨씬 더 복잡한 동물이다. 남자는 알약 하나만으로도 일으켜 세울 수 있지만, 여자는 의학적 방법 등으로 한순간에 성욕을 자극할 수가 없는 것이다. 또 평생 한 사람의 파트너하고만 사랑을 나누어야 한다는 것은 현대 개방 사회에서 사실 지키기 어려운 일이며, 매너리즘에 빠져 서로에 대한 흥미가 시들해질 수밖에 없다. 그렇게 섹스리스 부부 생활은 마음마저 멀어지게 한다. 서로 솔직하고 기탄없이 대화를 나눈다면 부부 관계에 도움이 되겠지만 그도 쉬운 일이 아니다. 서로가 조그만 자존심마저도 양보하지 않고 지키려 하기 때문이다. 이렇게 말하는 나부터도 그렇다.

또 여자의 색정 즉 여자의 성적 세계는 특이한 구조를 가지고 있기 때문에 그녀 자신의 육체와 남성의 육체와 아이에 대하여 갖는 관계가, 남자가 자신의 육체와 여성의 육체와 아이에 대해 갖는 관계와 결코 같지 않다.

'차이 속의 평등'을 주장하는 사람들은 평등 속에도 차이가 존재할 수 있다는 것을 인정하지 않을 수 없을 것이다. 기독교는 여자에 혼을 부여함으로써 색정의 죄와 진실의 맛을 갖게 하였다. 여자에게 최고의 개성을 회복해 주더라도 사랑의 포용에서 감동적인 맛이 없어지지는 않을 것이다. 남자와 여자가 실제로 평등하게 되면 향연, 방탕, 황홀, 정열은 불가능하게 될지도 모른다고 주장하는 사람들도 있으나, 그것은 남녀가 객체로 존재하는 이치에 맞지 않는 말이다. 육체와 정신, 순간과 시간, 내재의 미망과 초월의 호소, 쾌락의 절대와 망각의 허무, 이런 것들을 대립시키는 모순은 결코 없어지지 않을 것이다. 실존의 긴장, 실존의 격동, 실존의 희열, 실존의 실패, 실존의 승리는 성적 본능 속에서 무력화하기도 하고 물질화될 수도 있다.

좌우지간 지구에 존재하는 생명들이 연속성을 갖는다는 매개로서의 성은 그 자체로 신비로운 것이다. 지구상에 존재하는 생명들, 살아 움직이는 생명들의 생존 경쟁은 치열한 게임이다. 하늘에서 내리꽂듯 물을 향해 날아든 물새는 한가롭게 헤엄치는 물고기를 귀신처럼 낚아채어 날아오른다. 카멜레온은 30cm 밖에서 기어가는 벌레를 혀로 순식간에 낚아채 집어삼킨다. (어느 시인은 그런 모습이 성감을 자극하는 듯 흥분을 느끼게 한다고도 말한다.) 사람이라고 다르지 않다. 전쟁터에서 군인들이 위장을 하고 있다가, 숨어드는 적군을 덮쳐 손으로 목을 감아쥐고 심장에 단도를 꽂는다. 그렇게 생명은 잠깐 사이에 삶과 죽음이 교차하기도 한다. 객체의 삶은 길지 않으며, 신들은 인간의 내일을 결코 보장해 주지 않는다. 어쩌면 생명은 유한한 것이라는 그것으로 신의 역할은 다했다는 듯 자신을 과시하며, 신이 있다는 것을 믿으라고 한다.

사실 우주는 인간이 절실한 생명에 관한 것들 DNA, 종, 지능, 존재, 사랑, 생식, 영혼 등에 아무런 관심이 없다. 인간을 비롯해 여타 동물(생물) 등은 우주의 존재 과정에서 스쳐 지나가는 잠깐 동안의 부산물일 뿐이다. 지구상에 존재하는 인간들(여타 생물 포함)에게는 절실한 문제인데, 우주는 무관심하다.

인간을 비롯해 우주(지구)의 생명체가 존재할 수 있었던 것은 우연일 수 있다. 탄소 원자가 탄소 이외의 다른 특질 햇빛, 물, 산소와의 조합을 이루기 때문에 파생돼 생겨난 우연이며, 인간들은 그것을 신의 가호라고도 하고, 깨인 지식인들은 과학이라고 말한다.

어쨌든 인간은 성을 생명의 연속성, 역사를 이어 가기 위한 행위 이외에 즐기는 놀이로도 이용하고 있다. 한 성의학자는 조물주가 남녀를 분할하여 암수가 부딪혀 맛볼 수 있는 짜릿한 성의 유혹이 없었다면 인간은 도태되고 소멸했을 것이라 말하기도 했다. 열심히 즐기다 보면 자손만대도 보장된다고 말이다.

인간에게 성(Sex)은 종족 보전의 본능적인 행위만이 아닌 또 하나의 용도로도 애용할 수 있는 의미를 부여해 온전히 남녀가 즐기는 놀이로 승화시킨 것은 인간이 유일한 동물이다.

인간 이외의 여타 동물들은 새끼를 낳기 위해 배란기에 하는 교미 외의 성행위가 불가능하다. 오직 관계를 할 수 있는 조건이 암컷의 암내를 맡아야만 흥분하고, 인간처럼 시각, 촉각, 청각으로는 흥분이 안 된다. 동물이 인간처럼 암컷의 알몸을 보고 흥분한다면 수컷은 흥분하여 온종일 암컷만 따라다니려고 할 게 아닌가. 그래서 조물주가 인간 외의 동물은 종족 보전의 목적으로만 관계를 할 수 있도록 만들었다.

금욕, 예의, 선비 정신의 유교를 국교로 해 세워진 이씨 왕조 시대 당시, '남녀칠세부동석'이라고 칠 세를 넘으면 남녀가 한자리에 같이 있으면 안 된다는 말이 있었다. 그 이조 중엽 유교 중에서 더욱 엄격한 금욕을 강조하던 조광조 등의 도교가 고상하던 시대에 아이러니하게도 음담패설 고전으로 통하는 《고금소총》이란 책이 나온 것을 보면, 인간의 성 의식은 말릴 수 없는 것이 분명하다. 인간들은 누가 음담패설을 하면 싫은 척하면서도 돌아서면 낄낄대며 즐긴다. 어쩌면 이조 시대 이전부터 전해 오는 남녀 교접의 맛을 품평하여 나열한 순서는 다음과 같다.

1도 - 친구 여자, 옆집 여자, 임자 있는 여자를 훔쳐 먹는 맛
2량 - 숫처녀, 어린 여자, 아가씨
3비 - 노비, 비서, 아랫사람, 제자

4과 - 과부, 임자 없는 여자, 돌싱

5기 - 기생, 업소 여자, 돈으로 산 여자

6첩 - 첩, 세컨드

7처 - 부인(아내)

그러나 7처가 다른 남자에게는 1도일 수도 있다는 것을 잊지 말라고 성의학자들은 말한다. 또한 현대는 성(Sex)이 남자의 전유물이 아니라는 것도 말이다.

결혼과 결혼 생활의 많은 사연들을 다 논할 순 없지만 분명한 것은 결혼이 인륜지대사라는 것은 틀림이 없다. 결혼, 그 숙제는 인류가 종속하는 한 계속될 것이다.

사람과 인간

    사람은 형이하의 존재이고, 인간은 형이상의 존재이다.
    사람은 원초적이고, 인간은 가공적이다.
    사람은 자연적이고, 인간은 인위적이다.
    사람은 일차적이고, 인간은 이차적, 삼차적이다.
    사람은 동물적이고, 인간은 철학적이다.
    사람은 실제적이고, 인간은 실존적이다.
    사람은 현실적이고, 인간은 이상적이다.
    사람은 동물보다 영리하지만, 그래서 가장 어리석기도 하다.
    사람은 생각이라는 것을 하고 세뇌, 기억을 한다. 그런데 거기에 가식, 위선, 사악함이 따라붙는다.
    이러고 보니 사람과 인간이란 과제에 대한 이야기는 다 한 것 같아서 더 뭘 말한다는 게 거시기한데, 그래도 이왕 시작했으니 억지로라도 좀 더 끌고 가야지 않나…….
    보통은 사람이 인간이고, 인간이 사람이고, 사람들은 그렇게 의식하고 그렇게 알고 있다. 그게 상식이고 일반적인 사실이고 진실이다.
    그런데 왜 사람, 인간 그렇게 구분했을까를 공부한다고 생각하고, 인문학적 사고로 고차원적 철학의 영역에서 생각해 보자. 시작은 소프트한 차원에서, 쉽게 사는 게 지상 목표인 친구에게 '그게 의문이다'라고 했더니, 그 친구 왈 아주 쉽게 "인간은 한문(한자)이고, 사람은 한글이다."라고 한다. "맞다." 하니까, 친구가 묘한 눈으로 째려보면서 희죽 웃는다. 웬일로 쉽게 자기 말에 수긍하냐 하는 의문을 내포하고 있다. 그래 인간이란 단어는 한문이 있고, 사람이란 단어는 한글만 있는 게 맞긴 한데, 단순하게 생각하면 그것도 맞지만 현실적으로, 실제적으로, 철학적으로 분명 다른 의미의 뉘앙스가 있는 것도 사실이다.

서양 철학은 중요 부분이 중세 이후에 치중되어 있는 경향이고, 그래서 사람과 인간에 대한 구분되는 의미가 있는 경우가 별로 없는 것 같다. 동양 철학의 공자, 맹자의 유학, 도학에서는 특별히 사람과 인간을 구분하고자 한 것은 아닌 것 같지만 '사람이 금수와 달리 사람다운 짓을 해야 그게 인간이지.' 하는 대목에서 조금은 엿볼 수 있다. 유학자들이 흔히 말하는 '인두겁을 썼다고 다 인간이 아니다. 사람 모습을 하고, 사람다운 짓을 해야 그게 온전한 인간이다.'라고 하는 대목에서 사람과 인간의 모습을 구분했던 것이 아닌가 한다.

사람과 인간, 무엇이 다르냐? 나는 사람의 진화 과정에서부터 그 의미를 찾고 싶다. 영어에서 사람이란 의미의 Man(여자도 포함)과 Human이라 하는 것과 같다고 할까. 뭐 그런 것에 대해 고차원적으로 생각하면 분명 다른 의미로 쓰인다고 구분할 수 있다.

사람은 원초적으로 동물이었고, 동물의 한 종인 사람이다. 서로 다른 종으로서의 동물, 호랑이, 개, 고양이, 말, 사람 등 동물의 대명사의 종의 명으로 사람은 동물의 한 종으로서의 명이 '사람'이다. 그래서 종의 구분으로 보면 호랑이, 개, 고양이, 말, 사람은 서로 다른 종의 동물 명칭이다. 진화 초기의 사람이 지금의 인간과 같은 수준의 지능으로 발달해 우리가 동물과 같은 급이 아니라 하기 전, 인간이란 의미를 부여하기 전, 처음에는 분명 지금의 인간과는 다른, 진화 초기에는 그저 동물의 한 종으로 '사람'이었다는 것이다. 나의 주장이긴 하지만……!

　인간의 조상 호모사피엔스는 6백만 년 전쯤 직립해 두 발로 걸으며 조금씩 진화해, 지난 백만 년 동안 서서히 인간화로 변모해 십만 년 전후로 지금의 사람과 유사하게 진화했다고 학계에서는 보고 있다. 백만 년 전쯤에 인간의 조상은 뇌는 작고 이빨은 크고 강했으며, 몸통, 몸집은 작고 다리는 길고 강해 멀리 빠르게 걷고 달릴 수 있는 모양이었다(화석으로 확인됨). 스톤 툴(돌로 된 도구), 동물 뼈를 연장으로 사용한 흔적이 남아 있다. 그렇게 서서히 진화에 진화를 거듭해, 십만 년 전후쯤까지는 온전히 사람으로 살다가, 언제쯤부터인가 지능 발달의 세뇌로 사람은 스스로 대단하다 의식하게 된다. 사람을 비롯한 모든 생물은 자연환경에 적응해 살아남기 위해 끝없이 진화한다. 그렇게 환경에 적응해 진화한 종은 살아남고, 적응에 실패한 종은 도태된다. 사람은 진화를 거듭해 머리가 커지며 살아남았다. 인간은 '용불용설'을 알고 있다. 계속 사용하거나 필요한 기관은 진화하고, 안 쓰고 필요 없는 기관은 도래한다는…!

　어느 시점에 우리 사람은 치열한 진화로 여타 동물과는 다른 수준의 능력을 가지고 있다고 의식하게 된다. 사람은 지구상의 여타 동물 생명체보다 월등한 지능으로 진화해 석기, 나무, 동물 뼈 등으로 생활 도구나 무기로 사용하기도 하며, 수렵, 채집의 각자의 생활 방식에서 발전해, 차츰 여럿이 모여 집단을 이루며 살기 시작했다. 그리고 농사에 눈을 뜨기도 하였다. 또 어느 순간부터 서로 소통하며 사람은 다른 동물에 비해 특별한 능력을 가진 귀한 존재라는 것을 느끼고 생각했을 것이다. 그때가 언제쯤인지 문자, 자료 같은 것이 없어 언제부터인지 확실치 않지만 그때부터 사람은 인문학적, 철학적 의미를 사고했을 것 같다. 사람이 모여 사는 사회가 발전하고 규모가 커지면 자연스럽게 문화적, 인문적인 사고가 자연스럽게 발산하게 되는 것이고 그것이 높은 지능을 가진 사람의 의식이다. 그렇게 발전해 가면서 문화적 개념이 축적되고, 자연스럽게 인문적 소양이 상식 지성으로 동물적인 사람에서 인간으로, 결국 '인간은 만물의 영장이다.'라고 한 것이 아닐까……!

아마 그렇게 우리 사람(인간)은 언제부턴가 스스로 만물의 영장이 되어, 오늘날까지 여타 동물 어떤 무리도 도전이나 시비 거는 일 없이 '만물의 영장'이란 지위를 누리고 있는 것이 현실임에는 분명하다. 스스로 나 잘났다고 선언적이건, 사실적이건, 자화자찬이건 아니라고 덤벼드는 생물, 동물 무리가 없으니 말이다.

오래전 이야기, 한가하게 친구와 노닥거리다가 친구에게 '넌 사람이 좋니, 인간이 좋니? 사람 할래, 인간 할래?' 하고 물으니 그놈 왈 '사람, 인간 다 할래, 야 그거 같은 거 아니니.' 한다. 학창 시절 주먹은 잘 쓰고 공부와 골치 아픈 건 딱 질색이라고 하던 친구니 생각해서 한 대답은 아닐 것이고, 내가 늘 요상한 골 때리는 질문만 하는 것을 아니까, 빈정으로 엿 먹어라 한 것 같다. 사람은 욕망의 동물이라는 욕심에서 다 할 거야 하는 심보에서 한 대답일 수도 있고. 인간의 욕망이 만들어 내는 수없이 많은 갈래의 인간 사회의 사건이 시작되는 것 같다.

그래서 '너 다 해라, 그래 넌 분명 사람이고 인간이다. 맞다.' 하니까, 친구 좋다고 씩 웃는다. 재미있다. 인간의 사연들이 재미있다. 인간은 순간순간마다 어떤 사연이든 이야깃거리를, 사건을 만들어 내니까! 재미있기도 한 동물이다.

한참 전 또 다른 친구 집안에 골치 아픈 일이 있다고 심란해하며 '사는 게 낙이 없다. 넌 무슨 낙으로 사냐?' 하고 묻는다. 이 복잡한 시절에 낙이 있어 사는 사람이 얼마나 있을까 생각하며, 통속적인 대답은 하기 싫어서 '이 몸은 낙 같은 것은 오래전에 졸업했고, 내일은 또 무슨 일이 일어날까 그게 궁금해서 산다.' 하니까, 그 친구 '아이고 너 같은 개똥철학쟁이한테 뭘 물어본 내가 바보지.' 한다. 그래서 '너 뭐 위로의 말 듣고 싶은 거 있으면 말해 봐, 내가 근사하게 포장해서 위로해 줄게.' 하며 씩 웃는다. 얼굴 표정 험악해지며 '아주 염장을 질러라, 너 그러다 아구통 돌아가는 수 있다.' 하고 일어나며 한잔하러 가잔다. 그렇게 노닥거리다 일어서는데 그가 되묻는다. '넌 사람이 좋니 인간이 좋니?' '난 사람이 좋다, 그런데 내 의사와는 상관없이 어느 순간 벌써 내가 인간이 되어 있더라구!'

그리고 혼자 생각한다. 한 가지 분명한 것은 동물이 인간보다 정신적으로 건강할거라는 것! 나는 분명히 그럴 거라고 믿는다. 동물은 적어도 인간들처럼 잡다한 것을 가지고 성질내고, 인상

쓰고, 머리 쥐어뜯지는 않을 테니까 말이다. 동물들은 누가 자기를 공격하지 않으면, 대부분의 시간을 편안한 모습을 지내니까. 자살 같은 것도 안 하는 것 같고!

인류가 수렵채집적 생활을 할 때까지는 분명 사람이었을 것이라 믿는다. 지능이 차츰 높아지며 진화하여 자신의 존재를 인식하는 수준의 경지에 도달한 시점에서 어느 지점까지 사람은 자연법칙적 생활을 했을 것이다. 앞에서도 언급했었지만, 자연법칙이란 인위적으로 만들어진 것이 아닌, 이해를 따져 만들어 정해 놓은 것이 아닌 자연 그대로의 영역에서 자연 친화적으로 생활을 유지하는 것이다. 물이 높은 곳에서 낮은 곳으로 흐르듯 자연 그대로의 모습으로 말이다. 강아지의 머리를 쓰다듬어 주면 친밀감을 표하며 꼬리를 흔든다. 그러나 발로 걷어차면 험악한 표정으로 사나워진다. 그런 가식 같은 것이 없는, 정해진 틀이나 법칙 같은 것이 없는 자연 상태 그대로 돌아가고 유지되는 모습 말이다.

그러다가 조금씩 생활환경을 개선하며 발전하면서 생활의 이해관계가 차츰 복잡해진다. 그렇게 인간적 지능에 의해 변화하는 생활에 세뇌되어 가며 자연법칙적 단순한 생활 메커니즘으로는 감당이 안 되는 갈등이 생기는 지점에서 그 해결책으로 타협에 의한 지금의 법과 같은, 규칙이라고 할 수 있는 서로 지켜야 할 약속 같은 것이 생겨났을 것이다. 사람이란 어떤 존재고 무엇인가 하는 철학적 의식도 생기고 발생하였을 것이다. 그렇게 인간은 원초적 사람 안에서 인간으로 진입하면서 도덕, 개념, 지혜, 성찰, 창안, 창의, 예의 등 철학적 의식을 가지며 동물적 사람으로부터 시간차는 있겠지만 인간화하였을 것이라 생각된다. 사람(Man)

이면서 인간(Human)으로 진화해 왔을 것이 지금의 인간일 것이다. 철학적으로 사람이면서 인간이기도 한 지점이 언제였는지는 알 수 없지만 분명히 다른 의미로 구분할 수 있다고 철학적으로 생각한다. 그러한 진화 지점이 언제였는지 파악하는 것은 불가능한 일이다. 어차피 추정치 정도는 문화유산 등으로 예측해 볼 수는 있겠지만 말이다. 아마 차츰 인문적 소양, 지혜 문화적인 것이 쌓이면서 어느 지점일 것이다.

이런 생각 사람과 인간, 시간과 공간의 차이점에 대해서 이야기한 것을 이전에 본 적이 없고, 나도 처음이다. 많은 철학 서적에서도 인간에서부터 대개 논하지, 순수 사람에서 진화해 인간이 된 지점, 사람과 인간의 차이점에 대해 논한 이야기는 본적이 없다. 사회가 지나온 진행되어 온 역사로만 생각했지 말이다. 사람만 있었던 원시적 시절에서의 사람들에서 철학적인 의식도 생각해 보고 싶다.

어쨌든 인간 사회가 발전해 가고 복잡하게 이해가 많이 생기고 다양해지면서, 인간의 잠자고 있던 욕망, 이해의 상호 관계가 복잡해진다. 그 욕망이란 놈이 인간의 마음을 지배하며 부딪혀 갈등을 만들고 종당에는 대결과 싸움, 전쟁으로도 치닫게 만든다. 그래서인지 어느 철인은 '인간을 지배하는 것은 욕망이다'라고 정의했다. 그렇게 사람은 지능이 더더욱 발달해 가면서 세뇌 욕망의 폭이 넓고 다양해지면서 인간이 되었나 보다. 욕망이란 놈이 인간의 발전에 원동력이며 또한 저주이기도 한 것 같다.

사람과 인간이 동일체가 되는 지점, 욕망과 함께 지적인 것에 눈뜨며 잠자고 있던 알음과 욕망이 머리를 쳐들고 그 모습을 드러내고 덩치를 키우는 지점이 사람에서, 사람과 지적 인간의 동일체가 되는 지점이 아닌가 한다.

그렇게 인간이 되면서 서로 이해나 의지가 부딪히는 경우가 많아지고 개인과 무리의 탐욕으로 인한 다툼은 필연적으로 대결로 가게 된다. 고로 인간, 인류의 역사는 끝없는 대결, 전쟁의 역사로 기록되어 왔다. 전쟁의 원인은 나와 우리를 지키기 위해, 과거의 원한에 대한 보복, 자신들의 지역(영토)을 넓히고 더 많은 재물을 쌓으려는 탐욕, 또는 상대가 힘을 키우며 장차 화근이 될 것을 염려해 미리 싹을 도려내기 위함 등 다양한 이유가 있다. 그런 전쟁의 모든 이유는 인간의 욕망, 탐욕에서 비롯되는 것이다.

동물은 아무리 맹수라도 배가 고파 먹을 것을 찾거나, 위협을 느끼지 않으면 절대 먼저 공격하지 않는다. 생존을 위해 잡아먹어도 먹을 만큼만 잡아먹지 필요 없이 마구 물어 죽이지 않는다. 흉포하기로 소문난 늑대도 자기끼리는 서로 공격하지 않는다. 그런데 인간들은 끝없는 탐욕으로 무고한 이웃과 다른 사람, 다른 나라를 위협하고 공격하고 무자비하게 서로 죽이고 죽는다. 불필요한 살상, 사람을 죽이는 숫자에도 한계가 없다. 인간이란 그렇게 처참하고, 잔인하고, 허망한 동물이다. 옛날 온전한 원시적 사람이었던 때도 그랬을까? 인간이기 전 원시적 사람들은 아니었을 것 같다. 그러고 보면 인간계처럼 잔혹하고 처참한 다른 종은 지구상에 없다. 인간은 전쟁으로 서로 공격하고 죽이고 죽고 하는 것만이 아니라, 왕이나 권력자들은 자신의 권력을 유지하기 위해 백성을 위하기는커녕 소모품처럼 여기기도 한다.

국가가 사람(국민)을 위해 만들어진 것이지 사람이 국가를 위해 있는 것이 아니다. 때로는 사람이 국가를 위해 스스로 목숨을 내놓기도 하지만 국가는 분명 사람을 위해 존재해야 한다. 역사 속 문명의 그 많은 유적에는 많은 노예들이 필요했고, 많은 노예들이 수없이 희생됐다. 세계 문화유산이라는 거대 건축물의 그림자에는 수많은 노예들의 눈물과 피의 자국이 새겨져 있다. 중국의 거대 궁궐, 만리장성, 이집트의 피라미드, 스핑크스, 그리스 로마의 성, 거대 석조 건물 유럽, 튀르키예, 시리아 등에 남아 있는 거대 사원, 성당의 건물들은 거대하고 화려함을 자랑하지만, 그 그늘에는 노예라는 이름의 사람들의 한이 서려 있다.

중국 중원을 석권한 진나라의 진시황은 변방의 흉노족을 막고 왕권을 강화하기 위해, 삼십만의 대군을 이끌고 70만 명의 죄수, 수백만 명의 양민을 강제로 동원해 험준한 산 위에 만리장성을 쌓도록 했다. 거기에 동원된 양민, 죄수들은 사고, 힘든 노역, 영양실조, 질병 등으로 대부분 죽어 갔다.

지금의 만리장성은 중국의 유명 관광 상품으로 변모했다. 사람들은 끝없이 이어진 만리장성을 보며 대단하다고 대부분 감탄한다. 가끔 역사를 알고 생각이 깊은 사람은 과연 이 성을 산 정상에 쌓으며 얼마나 많은 사람이 다치고 죽어 나갔을까 하고 생각에 잠기기도 한다. 그리고 그 수많은 희생자들의 한 서린 영혼들이 만리장성 주변을 떠돌지 않을까 숙연한 마음을 느낀다.

거대한 장성만큼이나 만리장성에 얽힌 사연, 전설도 많다. 만리장성 공사장으로 끌려간 남편을 기다리며 매일같이 마을 동산 바위 위에 올라 남편이 끌려간 쪽을 바라보며 기다리다가 남편은 영영 돌아오지 못하고 그 여인은 그 자리에 돌이 되어 망부석이 되었다고 한다. 또 하나의 전설은 '새옹지마'라는 유명한 사자성어의 전설이다. 만리장성 근동의 시골 농촌에 새옹이란 촌부가 살았는데 그에게 아들이 하나 있었다. 밭에 일을 나간 아들이 해가 저물어도 돌아오지 않아 찾아 나섰지만 찾지를 못하고, 이틀이 지나도 안 돌아와 맹수에게 변을 당했으면 죽었나 보다 시름에 잠겨 있는데, 나흘이 되던 날 죽은 줄 알았던 아들이 잘생긴 준마 한 필을 끌고 집으로 돌아왔다. 사연인즉슨 밭일을 하고 있는데 그 준마가 나타나서 잡으려 쫓아가다 보니 너무 멀리 가 버렸다는 것이다. 촌부는 죽은 줄만 알았던 아들이 살아 돌아오고 잘생긴 말까지 얻었으니 이게 웬 복이고 횡재냐고 기뻐했다. 그런데 아들이 그 말을 타다가 떨어져 쳐 절음발이가 돼 이게 또 웬 불행인가 하였다. 그리고 다음 해에 나라의 만리장성 공사 동원령이 내려져 그 동네에서 젊은이들이 모조리 공사장으로 끌려갔는데, 촌부의 아들은 절음발이라서 제외되었고, 후일 공사장으로 끌려간 마을 젊은이들은 모두 다시 돌아오지 못하고 불귀의 객이 되었다고 한다. 절음발이가 된 덕에 새옹 노인의 아들만 살아남았던 것이다.

그런 과정을 겪은 새옹의 말에 얽힌 이야기는 복이 화가 되고, 또 화가 복이 되고, 복이 다시 화가 되고, 다시 그 화가 복이 되기도 한다는 인생사의 이야기다. 사람의 인생은 그렇게 새옹의 사연처럼 복이 화가 되기도 하고 그 화가 복이 되기도 한다. 그래서 후세의 사람들이 인생을 살면서 이런저런 사연의 굴곡을 겪을 때 인생사 '새옹지마'라고들 한다.

인간들은 문명이 발달하기 전 사회가 단순했던 농경 시절에는 인간의 욕망이란 것도 크지 않아 배불리 먹을 수 있었으면 하는 것이 욕망의 전부였다. 그리고 사람과 사람 간에 서로 보듬고 걱정해 주는 정이라는 게 있었다. 사회가 차츰차츰 발전하고 다양해지면서, 사람들의 탐욕과 욕망도 그와 비례해 커지고 다양해져 사람들은 점점 욕망의 포로가 되어 갔다.

사람은 동물 가운데서 어쨌든 가장 발달한 두뇌를 가진 가장 진화한 동물이라고 할 수 있지만, 법, 상식, 정의를 범(살인, 강도 등)하고 짓밟는 짓을 할 때의 인간은 최하, 최악으로 전락한다. 그 점에서 인간에 대해 인간들은 갈등하게 된다. 그냥 동물의 한 종인 '사람'으로 지능의 진화가 여타 동물과 같은 본능적인 지능 수준에 멈췄다면, 사람도 본능적 자연법칙대로 살아가는 지능 수준이었다면 그게 도리어 사람에게 더 행복한 것이 아니었을까 하는 생각을 해 본다. 그랬다면 지구는 전쟁, 독재, 살인, 강도, 빈부격차, 아귀다툼 없이 자연의 소리와 함께 순리대로 살아가는 아름다운 낙원이 아니었을까 하는 상상을 해 본다.

불필요한 대결이 없고, 또 인간 지능의 간계, 욕망의 산물인 종교와 그 수를 셀 수도 없는 수많은 신도 필요치 않은 고요하고 아름답고 평화로운 지구 말이다. 140억여 년 전부터 있어 온 광활한 우주에 45억 년 전 빅뱅으로 탄생해 우주 공간에 던져진 한 점에 불과한 지구라는 행성. 우주에서 보면 작지만 복받은 듯한 아름다운 행성 지구. 물과 빛과 공기가 있어 생명체가 생겨날 수 있고, 살아갈 수 있는 환경을 갖춘 우주 공간에 유일한 행성 지구. 지금 그 위에 사람이 살고 있는 것은 그 자체로 기적 같은 일이다. 우주의 굴곡진 역사를 보면 더욱 그렇다.

우주의 크기로 보면 우리가 살고 있는 지구는 한 점, 아이들이 가지고 노는 구슬(마블) 크기에 불과하다. 거기에 모래알같이 많은 사람 76억 명과 지구 생태계의 수많은 생명체가 지금 이 순간, 동시대에 같이 숨 쉬며 살아가고 있다. 어찌 보면 이 순간 살아 존재하고 있는 것은 경이로운 일임에 분명하다. 불가에서는 살아 있는 생명의 소중함을 가장 귀하게 여긴다. 인간의 생이란 억겁의 기나긴 시공간의 세월 속에서 한순간에 불과하다고 말한다. 그래서 어느 생명이나 모두 소중한 것이고, 불가에서는 명은 함부로 해서는 안 된다는 정신으로 음식 자체도 살아 움직이는 생물은 금하고 있다.

우리가 살고 있는 이 지구, 끝없이 광활한 무한대의 우주 공간에 떠 있는 작은 지구에 던져진 모래알 같은 인간이란 존재들이 서로 경원하고, 다투고, 편을 갈라 서로 싸우고, 죽이고 죽고 하는 것은 너무 허무한 짓이 아닌가. 사람, 아니 인간들이 서로 정을 나누고 보듬고 공존하는 것은 불가능한 것인가? 영원히 불가능한 것인가……!

법, 사상, 규율, 법칙으로 강제해야만 하는 인간계가 아닌, 자연 그대로의 모습으로 살았을 수는 없었던 것이었을까? 인간으로 존재하기 이전 원초적인 모습의 사람 그대로였다면 하면서 지금처럼 인간 간의 아귀다툼 없이 자연의 순리대로 살아갈 수 있지 않았을까를 동경해 본다. 인간 이전의 동물의 한 종인 그대로의 사람으로 말이다. 모든 사람이 각자 내 아버지 어머니 형제 친척 그리고 주위 모든 것들을 사랑하고 정을 나누며 구성원 누군가 불행을 당하거나, 죽거나 하면 같이 슬퍼해 주고 애석해하고, 후손이 태어나면 같이 기뻐하고 축하의 춤을 덩실덩실 추며, 우주의 섭리대로 살아가는 사람, 사람들이 대결 이해를 따지고 싸우고 하는 위선의 인간이 되기 전의 사람, 그냥 사람, 초자연적 사람 그대로의 모습으로 말이다.

모든 사람은 자연법칙 앞에 평등했었고 평등하였다. 하늘의 법칙, 자연의 법칙, 땅의 법칙 앞에 평등했던 사람으로서의 시간들이 있었을 것이라 짐작한다. 왜 사람(인간)은 계속 평등한 자연인으로 살 수 없었나! 인간 냄새가 아닌 원초적 사람 냄새를 그리워하며, 아쉬워한다. 아 인간아, 그냥 사람으로만 존재하지 그랬냐.

인간으로 인해 우리의 지구가 온전하지 못할 거라는 이야기는 모두들 들었을 것이고, 그 이야기가 설득력 있게 들리는 이 시점에 더더욱 그렇다.

그랬다면 지구라는 위성은 아름다운 낙원으로 남아 있을 뻔했는데, 요리조리 꾀를 내고 요상한 짓거리를 마다하지 않는 '인간'이라는 돌연변이종에 의해 '지구'의 시련의 역사는 시작되었었다. 그 인간들은 패거리를 나누어 피 튀기며 싸우고 죽이고 죽는 전쟁으로 다투고, 거기에 더해 공해를 쏟아 낸다. 종당에는 그 인간으로 인해 지구는 파멸의 길로 갈 수밖에 없다.

파멸, 그렇게 진행되어 가고 있는 것을 알지만 당장 눈앞의 조그만 이익을 포기하려 하지 않는다. 그래서 우리 지구가 당면한 문제의 원인 제공자가 인간이기 때문에 인간은 해결할 수 없다. 탐욕의 인간들은 눈앞의 이익을 절대 포기하지 않는다. 내일 지구가 절단 날지라도 말이다. 그런 점이 인간의 한계다.

인간 역사 이전의 인류의 역사, 사람의 역사는 아마 인간의 역사보다는 평화로운 것이었을 것이다. 기록이 없어 단언할 수는 없지만!

자연 그대로의 삶에 몸은 고단하였겠지만, 온전한 사람들의 시간이었을 것 같은 인간 이전의 사람들. 그 사람만의 시간을 길었던 짧았던 동경해 본다. 서로가 서로에게 가식 없는 진한 사람 냄새가 그리운 2024년 가을 어느 날에.

찰스 다윈은 《종의 기원》을 발표하며 그 감흥을 아래와 같이 표현했다.

"온갖 종류의 식물이 자라고 숲속에서는 새가 노래하고 곤충은 여기저기서 날아다니며, 촉촉한 땅속에서는 벌레, 지렁이들이 기어다니는 번잡스러운 땅을 살펴보는 것은 흥미로운 일이다. 그리고 이 행성이 확고한 중력의 법칙에 의해 회전하는 동안 이렇게 단순한 시작에서 지극히 아름답고 지극히 경탄스러운 무한의 형태가 태어났고, 지금도 태어나고 있다."라고 종의 기원에서 은율적인 언어로 행성에서 일어나는 자연의 감흥을 표현했다.

그가 살았던 산업화 이전 시대 자연으로 지구의 환경을 되돌려 놓아야 할 의무가 우리 인간에게 있다. 우리 후손들을 위해서라도. 산업화로 발전했다고 생활 이기의 편리함에만 취해 있는 우리에게 그 책임이 분명히 있다. 인간, 우리 모두에게 책임이 있다고 생각한다.

"인간이 지구상의 생명체 중 가장 저등하고, 사악하고, 저급한 동물이라는 점을 사고해 느끼지 못한다면 당신은 지적으로 열등한 것입니다."(정민하)

지식이라는 것에 오염된 사람은 인간이고, 지식에 오염되지 않고 자연을 사랑한다면 사람이다. 그렇다고 하고, 앞에 내가 구분하여 이야기한 것은 알기 쉽게 이야기를 끌어가기 위한 것이다. 증명된 것도 아니고 학문적으로 정의된 것도 아닌, 내가 이야기를 끌어가기 위해 쉽게 이해할 수 있게 구분한 것이니 그 수준에서 이해하시길.

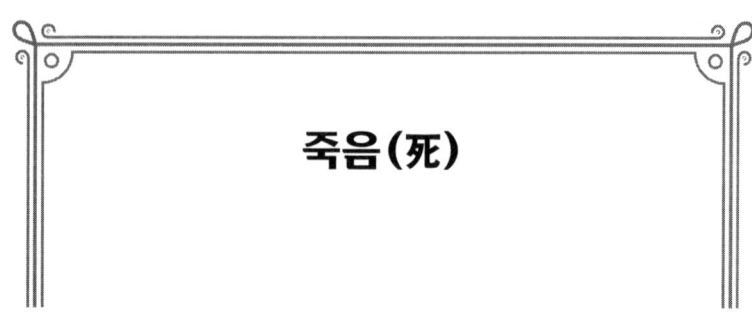

죽음(死)

죽음이란? 생의 반대? 백과사전식 풀이에 의하면 죽음이란 일반적으로 생명 활동이 정지되어 다시 원상태로 되돌아오지 않는 생물의 상태를 말한다. 사람과 같은 고등 생물의 경우에는 호흡이나 심장 고동이 종지하거나 뇌파가 종지하는 것을 죽음의 기준으로 삼는다고 한다.

그러나 이 정의를 그대로 받아들이기에는 고등 생물인 인간의 정신세계도 그렇고 의문점이 한두 가지가 아니다. 생명 활동의 정지를 들고 있지만 고등 생물은 차치하고 아메바와 같은 단세포 생물의 경우만 보더라도 그것이 세포 분열을 어떻게 볼 것인가부터가 걸린다. 그 세포가 사라진다는 측면에서는 죽음으로 볼 수 있지만, 새로운 세포가 계속 생겨나는 측면에서 보면 계속 사는 것으로 볼 수 있기 때문이다. 만약 그것을 죽음으로 본다면 단세포 생물은 무엇을 성장으로 볼 것인가부터 논란거리다.

호흡의 종지, 심장 고동의 종지 여부도 문제점이 있기는 마찬가지다. 종지라고 하지만 어느 정도 기간 정지를 종지로 볼 것인가 또한 호흡이나 심장의 고동이 종지한 후에도 세포 분열이 상당 기간 계속되는 현상은 어떻게 설명할 것인가 등이다(인간의 신체의 세포는 계속 죽고 생겨나고를 반복하며 어느 한도까지는 세포의 생명을 이어 간다).

세포 분열과 부패 현상의 근본적인 차이는 있는 것인지, 그것을 해명할 수 있는 요소는 무엇인지에 이르러서는 더욱 그러하다.

죽음이란 엔트로피(Entropy) 최대를 지향하는 우주 공간에서 엔트로피 최소로 진화하는 생물이 치르는 불가피한 대가라는 해석도 있다. 그러나 이것 역시 자연 현상은 때때로 국부적인 부분의 엔트로피가 감소하는 변화를 따르는 경우도 있지만, 항상 엔트로피를 증가시키는 방향으로 현상이 변화한다는 원리를 부지하기 위한 이론에 다름 아니라는 비판이 제기되어 있다.

결국 이들 정의는 그 어느 것을 취하더라도 사람의 정신 작용을 사상해 버린 유물론적 해석에 불과한 것이며, 그것마저 인간의 인식 기관과 인식 능력의 한계를 스스로 인정한 타협적 정의에 다름 아니라는 평가를 벗어나기는 어려울 것이다.

공자님의 "삶도 모르는데 어찌 죽음을 알겠는가."라고 한 말의 깊은 뜻이 여기에 있을지도 모른다. 사람은 꼭 자기만큼만 살 수 있다고 한다. 자기만큼 기뻐하고, 자기만큼만 슬퍼하고, 자기만큼 보고 들을 수 있다고 한다. 어찌 삶뿐이겠는가. 죽음 또한 그러할 것이다. 죽음이야말로 꼭 자기만큼만 죽을 수 있는 실존의 마당이 될 것이다. 죽음은 흉내나 속임수를 끼워 넣을 수 없다. 죽음이 인간의 진정한 유산이라는 것을 받아들일 때 인간은 진정 죽을 준비가 되었다고 할 수 있을 것이다.

인간의 일생의 중요한 화두는 출생, 삶, 죽음의 삼박자다. 사람은 본인도 모르게 어느 날 세상에 뚝 떨어져 태어나고, 삶을 바둥

바둥 견디다가, 죽음이라는 컴컴한 암흑의 문을 통과하는 것이다. 인간의 일생이란 그게 다다.

인간의 역사는 생각하는 기능으로부터의 필연인 인문적, 철학의 시작과 같이 한다. 역사는 인간 삶의 발자취이고, 인간 스스로 삶에 대한 생각, 그 발자취가 인문학, 철학이다. 꼭 책으로 나오고 대학 교수가 강의를 해야만 인문학이 아니다.

삶에 대한 생각은 죽음에 대한 자각과 그에 대한 생각도 필연적인 것이다. 사람의 발자취 역사의 흔적을 보면, 그 유적, 유물에서 사람들의 죽음에 대한 의식과 염원이 담긴 것들을 볼 수 있다. 죽음을 대하는 제사, 염원, 소원을 기원하는 유적들을 엿볼 수 있고 각 지역에서 많은 형태로 남아 있다. 죽음에 대한 인간의 의식은 역사의 시작과 함께한다고 할 수 있다. 그런 죽음에 대한 의식들의 흔적이 바로 인문학이요, 철학이다. 역사에서건, 자연에서건, 타인에서건 앎을 받아들여 자각하는 것이 인간의 인문학이요, 철학이 된다.

자신의 존재를 자각, 의식하는 실존인 인간, 생각할 수 있는 지능 수준의 유일한 생명체인 인간, 그 인간의 역사와 함께 인간의 원죄는 죽음을 알게 된 데서부터 시작된 것이라고 나는 말하고 싶다. 사실 죽음은 생성, 발달, 사멸이라는 자연 섭리의 자연스러운 현상이다. 그런데 인간 지능에 의한 자각, 생각, 의식이라는 기능으로 죽음을 알고 느낄 수 있어 인간들이 죽음을 복잡하게 만드는 것이다. 생성, 사멸의 자연스러운 현상이라는 것을 그대로 모두가 받아들이면 죽음은 아주 자연스럽고 간단한 문제가 된다. 그런데 지능이란 놈이 인간마다 제각각이고 편차가 큰 데다 삶의 과정이 복잡하다 보니 간단한 문제가 아닌 복잡한 문제가 되고 있는 것이다.

왕의 죽음, 재상의 죽음, 부자의 죽음, 촌부의 죽음, 성직자의 죽음, 거지의 죽음 등등 인간의 유형에 따라 죽음에 대한 의미를 달리하고, 느낌, 의식, 감정이 다르게 느껴지게 한다. 왜? 생과 사 다 같은 죽음인데 왜 그 의미가 달라야 하나. 인간이 느끼는 각 죽음에 대한 감정이 어째서 다른가? 그것은 죽음을 대하는 본질보다는 당위성으로 만들어지는 감정의 문제다.

사실 인간의 감정은 여러 죽음에 대한 자위적인 의미를 부여하며 감정을 좌우한다. 철학적으로나 본질적으로 보면 왕의 죽음이나 거지의 죽음이나 한 생명의 죽음은 똑같은 죽음이다. 그런데 왜 인간들이 느끼는 감정이 다른가? 그것을 그렇게 느끼도록 만들어지는 감정의 장난이다. 한마디로 감정은 그리 느껴지도록 유도하여 만들어지는 것이다. 왕이니까, 거지니까 하면서. 왕의 죽음은 나라에서 돈을 들여 많은 사람이 성대한 의식으로 죽음을 대한다. 거지의 죽음은 거적때기에 싸서 산야 아무 데나 던져 놓던지 묻어 버린다.

왕, 부자, 유명인, 성직자, 거지 그런 구분들은 태초부터 있던 것들이 아닌 인간이 인위적으로 만들어 낸 것이다. 그런 구분이 없던 시절 자연 속에서 사람이 각자 서로 알아서 살아가고 생활하던 십만 년 전쯤에는 각 인간의 죽음은 그저 다 같은 죽음이었을 것이다.

그러던 것이 인간 사회가 커지고 복잡해져 집단화하면서 계급, 지위의 상하 구도가 생기는 등으로 인해 각 인간의 죽음에 대한 의식을 구분해 대하기 시작했다. 그에 따라 각 인간의 죽음에 대한 느낌, 감정이 달라진 것일 게다. 결국 인위적으로 만들어지는 감정의 유희인데 우리는 모두 거기에 넘어갔다.

인간이 두려워하는 죽음은 사실 인간이 살아 있는 동안은 자신과는 아무 상관이 없는 것일 수도 있다. 살아 있으면 죽음과는 관계없는 것이고, 죽으면 죽은 사람은 더 이상 존재하지 않으니까, 죽음과는 이미 끝난 관계이니까, 두려워하고 말고 할 것도 없는 것이다. 괜히 미리미리 걱정할 필요 없다.

우리가 이 세상에 태어나 사는 삶을 곰곰이 생각해 보면 기적 같은 매우 놀라운 일이 죽음이다. 죽음은 그보다 더 놀라운 것이다. 왜냐하면 인생을 살면서 쌓아 온 업보, 고민, 빚쟁이의 빚까지도 말끔히 해결해 주고, 끝내 주는 기능도 있으니까 말이다. 인생이란 어느 날 세상에 뚝 떨어져 나와 태어나서, 삶을 위해 매 순간 가쁘게 숨 쉬고 끼니 챙겨먹으며 바둥바둥 견디다가, 또 어느 날 죽음이라는 컴컴한 암흑의 문을 통과하는 것. 잘났건 못났건 그게 다다. 그것이 인간의 인생, 일생이라는 화두다……!

어느 이름 없는 철인이 죽음에 대해서 한 말이다. "사람이 깊은 잠을 푹 자면 잠이 참 달다. 죽음은 오래오래 자는 단잠이다." 이 공감이 가기도 한다. 꿈도 안 꾸며 깊은 잠을 자는 순간은 짧은 죽음과 같을 수 있다. 아는 사람 중에 칠십 대 중반 어른인데 주위에서 상당히 건강하시다고 하고 본인도 건강 자랑을 하기도 했었는데, 전날 밤에 평소처럼 부인과 같이 잠자리에 들고, 아침에 늘 그렇듯 부인이 먼저 일어나 부엌에서 아침 준비를 하고, 침실에 들어와 늦잠 자는 남편의 이불을 젖히고 흔드는데 좀 이상해 확인하니 숨이 멎어 고요히 죽어 있더란다.

 그 소식에 주위 사람들, 친지들이 참 복 많은 사람이네 고통 없이 편안하게 갔으니 하며 부러워하기도 했다. 호상이라며! 인생 살만큼 잘 살고 간 사람 장례를 '호상'이라고 한다. 정말 죽음을 의식하지 않고, 병마로 고통받지 않고 살다가 가족의 온기가 있는 집에서 자다가 고요히 편안하게 간다면, 살 만큼 살고 그리 죽음을 맞는다면 죽음이 무에 두렵겠는가. 복이 아니겠는가! 그는 정말 긴 잠에 빠져든 것과 같을 것이다. 단잠을 오래오래 자고 있는 것이고, 영원히 지금도 자고 있는 것일 수 있다.

 사람들은 죽음을 두려워하고, 죽음에 대한 생각 자체를 안 하려 하며 외면한다. 어린아이들이 컴컴한 곳에 가기를 무서워하듯 사람들은 죽음을 두려워한다. 그래서 죽음은 더더욱 두려운 존재가 되고, 두려운 존재로 남겨 두는 결과가 된다. 죽음은 태어나는 순간부터 예약된 것으로 그 누구도 피해 갈 수 없고, 왕후장상이나 부자, 유명인 등 누구든 권력, 돈으로도 죽음의 문을 닫을 수 없다. 죽음이 생물의 운명이고, 불가피한 것이며, 일상적인 것이라면 죽음이라는 명제에 다가가 친해지려는 마음의 준비가 필요한 것이 아닐까……!

 어떤 일이나 사연도 맞닥뜨린 처음이 힘들고 어려운 것이지 두 번 세 번 반복되면 익숙해지는 것이 세상 이치다. 도둑질도 처음이 어렵지 반복하다 보면 익숙해져 아무렇지도 않다고 한다. 죽음에 대해 생각이나 개념에 대해 진중하게 마음에 두다 보면, 그 또한 나에 해당 사항으로 아무렇지 않게 되고, 그런 마음가짐이 죽음에 대한 준비로 진화해, 죽음에 대한 성찰과 그에 맞서는 자세로 인생에 도움이 될 것이다.

사실 죽음은 그렇게 두려워할 필요가 없는 것이다. 나에게만 해당되는 것도 아니고 우리가 살아 있으면 죽음은 없는 것이며, 죽음이 오면 우리는 더 이상 존재하지 않기 때문이다. 그러므로 실제로는 걱정할 여유조차 없다. 그러니 미리 걱정할 필요 없이 의연하게 대하면 되는 것이다.

내가 아는 돌팔이 의사의 '살아 있습니다', '운명했습니다'의 시간 차이는 0.7초라고 한다(또 0.4초라고 '사' 자를 집어 넣는 이도 있다). 생명의 등불이 깜박하고 꺼지는 시간차가 그렇단다. 인간은 태어나고 성장하면서 알게 모르게 한정 지워진 삶의 굴레에 압박을 느끼게 되고, 그 굴레를 벗어나고자 자유를 갈망하지만, 그 굴레의 현실 가운데서 번민하고 고통받다가 언젠가는 반드시 저세상으로 통하는 문으로 들어가게 된다. 인생의 굴레는 자신의 의지와 관계없이 형성되는 경우도 있지만 대부분의 경우 스스로 만들어 놓은 굴레다.

"선악을 알게하는 나무의 실과는 먹지 말라 네가 먹는 날에는 정녕 죽으리라 하시니라"(창 2:17) 그리스도교는 죽음을 공포의 대상으로 만들어 이용하였다. 유쾌하고 평온한 이교도들은 그런 공포를 알지 못했었다. 그런데 기독교가 죽음을 교묘하고 얍삽하게 이용하여 사람의 죽음에 대한 공포를 부추기고, 이에 겁을 먹고 있는 사람들에게 천당이라는 당근을 내밀며 이것이 죽음에 대한 최상의 보험이라고 유혹한다. 아니면 지옥불이라 협박하며!

좌우지간 인간의 인생은 욕망이라는 이름의 기차를 타고 어디로 향하는지 행선지조차 불확실한 삶을 살고 있는 것이다. 연극이 끝나고 조명이 꺼지는 순간에야 겨우 생존 경쟁의 굴레에서 완전히 벗어나 조용히 눈을 감게 된다. 그래서 인생의 굴레는 육신의 정욕이요, 진정한 자유는 불멸하는 영혼이다. '반드시 누구에게나 찾아오게 마련인 죽음을 사람들이 두려워하는 것은 세상에서 가장 이상한 일이다.'라고 셰익스피어는 말했다. 자기도 죽음이 두려워서 아닌 것처럼 말하는 게 아닌가, 정말 두렵지 않다면 생각할 필요가 없는 거 아닌가!

 죽음은 죽은 자보다 살아남은 자들에게 더 중요한 문제이다. 죽은 자는 말이 없고 영원히 긴 잠을 고요히 자는 것이니까. 모든 짐, 굴레를 벗어던지고 책임질 일도 죽는 순간 면제되는 것이니까. 그러나 예수교나 여타 종교가 죽은 뒤에도 책임질 일이 있다며, 이런저런 논리를 들이대며 굴레를 씌우려 시도하지만, 현대인은 옛날 사람들보다 아는 것도 많고 똑똑해 쉽지 않아 고민일 것이다. 종교는 고대에 살았던 사람들도 인간의 죽음이라는 유한성 앞에서 무한성을 동경하였고, 알 수 없는 자연 현상을 경험하면서 그런 현상을 다스릴 힘의 존재가 있지 않을까, 있을 것이라 믿기 시작했다. 태양, 큰 산, 큰 나무, 웅장하고 특이하게 생긴 바위 등의 기상에 그런 힘이 있을 것이라 확신을 가지면서, 이들에게 의미를 부여해 상상해 낸 것이 신(神)이며, 이를 믿고 그런 것들에 의지하는 샤머니즘 형태의 종교가 만들어졌다. 그래서 그 신이 사람들의 허약하고, 모자람, 자연의 알 수 없는 변화에 대한 두려움을 채워 줄 대상으로 믿고 의지했었다. 그렇게 인간의 유한성 죽음에 대한 두려움이 무한성을 동경하고 상상하다 보니, 무한성에 도달할 수 있는 수단이나 방법은 없을까 하며 동서를 막론하고 많은 신이 만들어진 것이다.

'그리스도교는 죽음을 공포의 대상으로 만들었다. 유쾌하고 평온한 이교도들은 그런 공포를 알지 못했었다.'라고 영국의 여류 소설가 '위다'는 말했다. 기독교는 사람들에게 지옥이니, 천당이니 하며 죽음의 공포를 조장해 교세를 넓히는 데 이용했다는 고발인 셈이다.

2017년 한국에서 불교의 특수한 코드를 다룬 영화〈신과함께〉가 공전의 흥행을 했다. 종교를 다룬 영화가 한국 같은 적은 인구의 나라에서 천삼백만이라는 관객을 끌어모은 것은 매우 특기할 만한 일이었다. 한국에서 여태까지 종교를 다룬 영화는 이렇다 할 흥행을 한 적이 없었다. 외국에서는 물론 종교 영화는 아니지만 종교적 세계관을 투영해 영화화한〈매트릭스〉,〈인셉션〉같이 흥행에 성공한 경우는 있지만, 기록적인 흥행에 성공한 경우는〈신과함께〉가 처음이다.〈신과함께〉는 49제라는 불교의 사후 세계에서 이뤄지는 총 일곱 번의 심판을 주제로 그리고 있다. 한국에서는 사자의 49제를 망자를 떠나보내는 마지막 이별 의식으로 하고 있다. 그렇게〈신과함께〉에는 불교만이 존재하는 것이 아닌 동양적인 샤머니즘도 섞여 있다. 불교의 사후 세계를 관장하는 가장 핵심적인 역할을 하는 염라대왕은 불교 이전부터 인도에 존재하던 개념으로 불교를 타고 한국 등 동아시아로 전파된 것이다. 그 이외의 태산대왕은 중국 도교에서 당나라 때 불교에 편입된 요소이고, 일직처사와 직차사 등은 사주팔자 및 우리나라의 전통 신앙과 관련된다. 즉〈신과함께〉속에는 불교를 중심으로 하는 인도와 동아시아의 다양한 문화의 사후 세계적 요소가 혼재되어 있다. 이와 같은 복합성은 불교가 다른 종교와 달리, 타 종교, 전통 샤머니즘적 문화를 부정하지 않고 한대 융화시켜 포용해 나가는 특징 때문에 가능한 것이다. 이런 측면은 이 영화의 외연을 넓히는 홍행이 가능하도록 한 요인이 아니었나 싶다.

그러나 이런 정도로 특정 종교 소재 영화가 공전의 히트를 기록한 현상을 충분히 설명할 수는 없다. 과학이 발달하고 인생의 소소한 현상까지 소상히 알 수 있는 현대에도 충족될 수 없는 사후 세계에 대한 호기심, 한국 문화 속에 1,700년을 함께하며 종교를 넘어 전통 문화의 일부로 정착한 불교 문화적 측면, 그리고 감독의 탁월한 표현 능력 등 복합적 요소가 아닌가 한다.

죽음이 있는 곳에 신이 있고, 신이 있는 곳에 죽음이 있다. 그렇게 죽음과 신은 한 몸처럼 친해 떼려야 뗄 수 없는 밀접한 관계다. 신의 화두에는 죽음이 차지하는 비중이 절대적이다. 죽음이 없다면 모든 신에 논리는 딜레마에 빠질 것이고 허당이 될 것이다. 죽음이 인간에게만 있는 것도 아닌데, 지구상에 수많은 생물의 죽음 중에 왜 유독 인간의 죽음에만 그렇게 많은 신이 엉겨 붙어 있을까. 죽음 자체를 의식하지 못하는 동물에는 신이 없다. 인간은 죽음을 의식하니까 인간이 신의 먹잇감이 되는 것이다. 썩은 냄새가 나야 쉬파리가 꼬여 들듯, 신은 죽음을 이용해 존재감을 나타내는 것이다. 이 또한 인간 지능에 의한 세뇌 작용이 만들어 내는 한 단면이다.

신이라는 아이템의 회사들의 조직도는 어느 종교나 거의 대동소이하다. 그리스도교의 신 여호와는 2천 년이 넘는 연혁의 이스라엘인의 신이다. 그 이스라엘의 신인 여호와를 예로 그 조직도를 보면, 여호와라는 회장님을 필두로 사장에 '예수' 지부 회사의 바지 사장으로 구교의 로마 교황 영국 정교 수장이 있고, 그 휘하에 지역별로 바지 사장(주교)들이 있다. 그렇게 전 세계 지부에 수많은 바지 사장(주교, 신부)이 있다. 또 마르틴 루터에 의해 새로 개발돼 새끼를 친 개신교라는 회사에도 전 세계에 많은 목사라는 바지 사장이 있으며 실로 엄청난 규모의 개인 회사이다. 그런데 주교, 신부, 목사들이 성범죄, 횡령, 각종 범죄를 수없이 저지르고 있어 문제이고, 그래선지 교인들이 점점 줄어 교회 운영이 어려워지고 있다고 한다. 한 예로 미국 펜실베이니아주 성당에서 지난 수십 년 동안 주교 신부 등 성직자들이 저지른 성범죄 수가 3,000건이 넘는다는 조사보고서가 공개된 적이 있다. 그래서 성범죄 배상금을 지불하기 위해 성당, 교회 건물을 건설업자들에게 팔아, 겉은 성당 교회 건물인데 안은 콘도미니엄인 곳이 여러 도시에 있다. 신부들도 이제 결혼을 하라고 해야 하지 않을까 싶다.

 신이란 무엇인가. 오래전부터 수많은 논쟁이 있었지만 모두가 수긍할 만한 결론은 없다. 신을 믿는 사람들은 무한한 능력을 가진 이 세상 모든 것을 관장하는 초능력을 가진 신의 존재를 절대적으로 믿는 것이고, 그런 초능력자를 믿는 사람이나 안 믿는 사람들은 늘 공상하고 있다. 무신론자들, 신을 믿지 않는 사람들은 신은 인간의 생각하는 기능에 의한 상상, 공상의 산물이며, 거의 완성 단계의 진화론을 들어 허상일 뿐이라고 한다. 현대에 와서 하나하나 진화론의 당위성을 뒷받침하는 연구 결과가 더해지며, 창조론의 논리가 좀 궁색해지는 상황인 것은 사실이다.

신에 대한 논쟁에서 양쪽이 다 인정하는 것은 신은 영원하고, 인간은 유한하다는 것이고 거기에는 이론이 없다. 그 지점에서 논리적으로 생각해 보면, 신이 영원하다는 것은 시간과 공간에 제약을 받지 않는다는 것이고, 시간과 공간의 제약은 생명을 가진 생물, 실존하는 모든 존재의 필연적 조건이다.

생성(탄생), 성장, 변화 발전, 사멸의 과정은 곧 실존의 증거로, 시간과 공간의 제약을 받지 않는다는 것은 바로 비실존의 증거라고도 할 수 있다. 그러니까 신은 비실존임으로 영원하고, 인간은 실존임으로 유한한 것이다. 그렇게 보면 신은 비실존으로 존재하지 않는 것, 없는 것, 허상, 허수라고 할 수 있다.

신이 영구 불멸의 진리라는 것은 신을 믿고자 하는 사람들에게만 통용되는 한정된 관념이라는 것 그것이 논리적 진실이다. 따라서 신이란 모든 인간에게 적용되는 보편적인 진리는 아닌 것이다. 인간 지능의 생각하는 기능, 세뇌 현상에 의한 한 부분이 만들어 내는 상상, 공상의 산물인 것이 신, 염라대왕, 저승사자, 천당, 지옥, 극락 같은 것들이 아닌가 한다.

인간이 신들이 유혹하는 것처럼 영원히 산다면 그것이 복일까? 아마 이 지구는 지옥 같은 곳이 될 것이다. 사고로 팔다리가 온전치 않은 사람들이 늘어날 것이고 박정희처럼 총 맞은 사람들은 머리, 배, 가슴에 구멍 난 채로 돌아다니든지 기어다니든지 할 것 아닌가. 암에 걸려 병이 깊어지면 머리도 빠지고 얼굴과 몸에 암 덩어리가 울퉁불퉁 자라 흉한 몰골을 한 채 죽지 않으니 그대로 돌아다닐 것이고, 그와 같은 다양한 현상으로 미친 사람도 늘어나 사회는 엉망진창이 되지 않을까 한다.

인간이 영원히 산다는 게 무슨 의미와 소용이 있겠는가, 인간의 생명이란 한 번 뿐이고 유한하기 때문에 소중한 것이 아닐까. 죽지 않고 영원히 산다면 그 생명이 무슨 가치가 있고 귀중하겠는가. 영생을 얻으리라 하는 기독교의 찬송가 가사처럼 영원히 산다면, 배고프지도 않고, 춥지도, 걱정거리도 없다면 무엇으로 그 영겁의 세월을 소일하고 견딘단 말인가.

사람들이 죽음에 대한 막연한 두려움에 언뜻 들으면 순간 솔깃해 종교의 논리에 빠져들지만, 처음부터 냉정하고 이성적으로 생각하고 판단한다면, 그 논리의 황당함을 눈치챌 수 있을 텐데 말이다. 인간의 지능 지수가 평균 150 이상이라면 각종 신들의 논리의 허술함과, 허점을 모두가 알 수 있을 것 같은데 말이다!

과연 인간이 영원히 산다면 생존을 위한 힘겨움, 죽음에 대한 공포와 두려움으로 비롯된 많은 종교도 없어질까?

인간 지능이 지금 상태 그대로라면, 내 생각은 천만의 말씀이다. 어떤 꾀라도 생각해 내는 것이 인간 아닌가. 그런 상황이 되면 인간들은 지루하고 무료해 죽고 싶다 할 것이다. 또 인간은 자기가 가진 것에 반대되는 것을 동경하는 습성도 있어, 그런 점을 간파한 기회주의자들은 '당신은 죽을 수 있습니다. ○○을 믿으세요.'라는 종교가 생겨날 것이다.

사람이 죽지 않고 영생을 산다면 땅을 치고 통곡할 인간군이 많이 있다. 목사, 신부, 교황, 왕, 강도 등 말이다. 신 또한 독재자들이 사형으로 죽이겠다고 협박하는 것이 안 통할 것이고, 왕은 지나간 옛 노래니 제쳐 두고, 강도가 칼을 들고 위협해도 사람들이 하나도 겁을 먹지 않을 것이다. 그보다도 총 맞아 머리, 배, 가슴에 구멍 난 채로 죽지 않고 돌아다닐 테니, 어휴 그 꼴 어찌 보고 산단 말인가.

　어려서는 죽음이란 컴컴한 암흑 같은 느낌으로 생각하기조차 싫은 것이었다. 그러던 것이, 중학교 2학년 가을에 외삼촌이 사고로 돌아가셨을 때 조신한 어머니가 외삼촌의 관에 엎드려 오빠를 부르며 통곡하는 모습을 보고 충격을 받았고, 그때부터 죽음이란 것에 대해 조금씩 생각하게 되었다. 죽음은 생명을 가진 지구상 모든 생물에게 불가피한 문제다. 이 세상 모든 인간에게 해당 되는 일상적인 일이라는 것을 인정하게 되었다.

　위에서 언급했듯이 죽음이 없는 삶이란 우리가 애착을 같고 살아갈 의미가 없지 않겠는가. 그렇게 본다면 죽음은 인간 삶의 한 부분으로 생명의 특권이 아니겠는가. 죽음에 마음을 열고 순응하기로 했다.

　2016년 노벨의학상 수상자 일본의 오스미 교수는 20여 년 전 세포의 자기 식사 과정을 연구해 생명에 대한 독보적인 분야를 개척했다. 낡은 세포를 분해해 새 세포로 만드는 과정의 작업은 생명체의 건강을 위해 필수적이라는 것을 밝혀낸 것이다. 우리 몸의 세포는 매일매일을 오래된 세포는 새 세포의 먹이 원료가 되어 죽고 새 세포가 생겨나고를 반복한다는 것이다.

　인간을 비롯해 모든 고등 생명체의 세포에는 자기 파괴, 식사 기능이 장착돼 있다는 것이다. 죽음은 모든 인간이 두려워하는 것이지만 세포의 차원에서 보면 죽음과 부활은 매일매일 매 순간 일어나는 자연스러운 현상이다. 인간의 몸이 낡고 병든 세포를 분해해 새 세포의 원료로 쓰는 것은 그것이 생명체의 건강을 보존하는 데 효과적인 수단이라는 것이다. 눈으로 보기에는 우리 몸의 피부와 근육의 세포가 한 번 생기면 죽을 때까지 그대로인 것처럼 보이지만, 실상은 세포가 어느 정도 기간이 지나면 노화해 제 기능을 발휘하지 못하는 시점의 늙고 병든 세포가 되고, 그 세포는 스스로 새 분해되며 세포의 먹이가 되어 새 세포를 만드는 원료로 쓰이고, 새 세포가 그 자리를 대신한다. 그런 작업이 우리 몸에서 매 순간 매일매일 죽을 때까지 진행되면서 그로 인해 세포의 건강과 피부 건강을 유지할 수 있다는 놀라운 사실을 오스미 교수가 실험을 통해 증명해 낸 것이다.

인간의 몸에 그러한 세포의 '자기 식사' 기능이 없다면 심장병부터 암까지 온갖 병에 시달리다 일찍 죽을 수밖에 없다는 것이다. 그런 우리 몸의 세포가 빌드되는 기능, 그런 작용이 없다면 인간의 수명은 아마 열 살, 스무 살 정도가 아닐까 생각된다.

우주에 존재하는 모든 개체, 생명체는 '열역학 제2 법칙'에서 한 치도 벗어나지 못한다. 엔트로피 증가의 법칙이라고도 불리는 이 법칙은 어려운 것 같지만 아주 간단하다. 가만 놔두면 변하고 무질서는 항상 증가한다는 것이 그 내용이다.

시간이 다되어 개체의 생명이 다하면 개체는 사라지지만 그 몸을 이루고 있던 물질마저 소멸되는 것은 아니다. 형태만 바뀌는 것일 뿐 다른 생명체의 먹이가 되고 몸이 돼 다시 부활하는 것이다.

만화 영화 〈라이온킹〉에서 무파사가 말한 것처럼 사자는 얼룩말을 잡아먹지만 그 사자가 죽어 썩으면 풀의 영양분이 되고 그 풀을 다시 얼룩말이 먹는다는 것이다.

불교의 윤회 사상도 보통 사람들이 생각하는 것과는 다른 의미다. 보통 사람들은 윤회란 주기를 두고 내가 다시 태어나는 것으로 믿고 있는데, 실은 그 진짜 의미는 밀알이 썩어 새싹이 나고 다시 밀알을 낳고를 반복한다는 의미다. 사람도 내가 태어났듯 다시 나로 인해 나의 DNA를 가진 아들딸이 태어나고, 그런 과정이 반복되는 나의 DNA를 가진 생명이 계속 이어진다는 것이 불교의 윤회 사상이 말하는 참뜻인 것이다. 그런 뜻이 다시 태어난다는 의미로 인간에게 희망을 갖게 한다.

기독교도 여호와, 예수를 매개로 천여 개가 넘는 교파가 각기 저마다 의미를 부여하며 그들 나름대로의 주장을 하고 있다. 불교도 마찬가지로 여러 계파, 지파가 있다. 그렇게 각 계파들마다 포교를 위한 인간들의 구미에 맞는 그럴듯한 이야기를 만들어 사람들을 유혹한다. 사람들은 그런가 하며, 각자 자기의 구미에 맞는 곳을 찾아간다. 인간은 세뇌 기능을 장착하고 있어 유혹에 잘 넘어간다. 그런 메커니즘이 왜곡된 사실일지라도 상식이나 진실, 진리로 자리 잡는 것이다.

기독교의 당근은 천당 이야기, 불교는 극락 이야기, 이슬람은 신은 전능하고 위대하다는 이야기, 모두 사람들의 구미가 당기는 이야기들이다. 초자연적, 형이상학적 당근, 쉽게 말하면 확인할 수 없는 말로만 만든, 말로만 존재하는 무형적인 감언이설에 인간들은 혹시나 하며 종교에 빠져드는 것이다. 그것이 인간의 한계, 인간계의 한계, 애매한 지능에 의한 세뇌의 한계인 것이다.

노벨상 수상 소식을 들었을 때 오스미 교수는 '인간의 몸은 늘 자기 해체와 자기 식사 과정을 되풀이하며, 생성과 분해 사이에는 정교한 균형이 이뤄져 있다'라면서 '그것이 바로 인생'이라고 말했다. 생명체의 진실을 밝힌 오스미 교수의 연구 업적에 경의를 표한다.

지상의 모든 생명체는 작든 크든 죽음을 피해 갈 수 있는 것은 없다. 지구는 지금까지 다섯 차례에 걸쳐 거의 모든 생물이 지질학적으로 거의 동시에 절멸하는 대멸종기를 겪었다. 마지막 멸종기는 6천5백만 년 전 백악기 말에 인도 지역의 대규모 화산 폭발과 멕시코의 대형 소행성 충돌이 잇따랐다는 가설로, 그 시기에 공룡과 암모나이트 등이 멸종됐으며, 그 후로 인간을 비롯한 포유류가 번성하였다고 한다. 그렇게 지구의 변화에 따라 많은 생물이 죽음을 맞고, 또 다른 생명체들이 자연환경에 따라 생겨났다. 사람도 그중의 하나로 자연 혜택 속에 태어난 생명체일 뿐이다.

그런데 영국의 가디언, 미국의 CNN 방송 등이 새 연구 결과를 인용해 지구는 생명체의 제6차 멸종기에 진입했으며 이전에 우려했던 것보다 훨씬 심각한 수준이라고 보도했다. 연구진은 일반종과 희귀종을 분석해 지난 수십 년간 수십억 개체가 지구상에서 사라졌다는 사실을 밝혀냈다. 육지 포유류, 조류, 양서류, 파충류 2만 7천6백 종 중 3분의 1가량이 개체 수가 감소하거나 서식지 범위가 줄었다. 육지 포유류 종의 경우 1900~2015년 사이 서식지 30%를 잃었고 40% 이상의 종이 심각한 개체 수 감소를 겪은 것으로 나타났다. 조류, 파충류, 양서류 등 수십억 마리도 지구상에서 사라졌거나 죽었다. 개체수가 줄고 있는 수천 종 중에 3분에 1은 멸종위기종으로 분류된다고도 한다.

인간들은 당장 눈앞에서 사라지는 것이 보이는 게 아니니까, 우리가 사는 지구가 어떻게 변해 가는지 당장 크게 표가 나지 않으니까 태평이지만, 연구진은 이 같은 생물학적 소멸은 생태, 경제, 사회적으로 심각한 결과를 가져올 것이라며 인류는 이 같은 훼손에 큰 대가를 치르게 될 것이라고 경고한다.

야생 생명체들은 무분별한 개발로 인해 서식지 파괴, 남획, 오염, 다른 종의 침범, 기후 변화 등으로 죽어 간다. 그러나 가장 궁극적인 원인은 인구 과잉과 인간 생활의 팽창, 과소비가 더 큰 문제로 지구가 감당할 수 있는 선을 넘은 것 같다는 연구진의 설명이다. 인간의 육류 소비의 증가로 소, 돼지, 닭 등 대량 사육 등도 지구 오염의 한 원인이 된다. 소 한 마리가 되새김질, 방귀, 배설물을 통해 배출하는 오염물질이 자동차 여섯 대가 배출하는 오염물질과 같은 수준이라고 한다.

인간의 문명은 결국 지구상의 동식물, 벌, 미생물에 달린 만큼 심각하게 받아들여야 하며, 대응할 시간이 얼마 남지 않았다고 지적한다. 지구상 벌의 개체수가 거의 반으로 줄었다는 말은 뉴스 등을 통해 모두 들었을 것이다. 벌과 미생물 플랑크톤이 어떤 역할을 하는지, 얼마나 중요한 역할을 하는지는 모두 알고 있을 것이다. 그것들이 사라지면 지구 생태계는 순환 고리와 먹이 사슬이 붕괴되어 자연이 정상적으로 돌아갈 수 없다. 벌이 지구상에서 사라지면 인간도 어느 순간 그 뒤를 따를 수밖에 없다고 한다.

산업 혁명 이후 160여 년이 지나는 동안 CO_2 배출량의 절반 이상의 화석 연료를 100여 개 기업이 생산했으며, 지난 30년 동안 세계 온실가스 배출량의 71%를 100여 개 기업과 중국이 만들어 냈다고 한다. 무분별한 산업화와 자본가들의 탐욕에 지구는 병들어 왔다. 코로나 사태로 공장이 멈추니 오존층 구멍이 메워져 작아졌단다. 중국은 모든 가정의 연료로 석탄을 사용하며 급격한 산업화로 큰 도시마다 석탄발전소 등이 뿜어내는 매연으로 사람들은 생활에 불편을 겪고 있다. 중국 수도 베이징만 해도 매연이 심할 때는 하늘이 안 보일 정도로 숨 쉬기가 불편할 정도이며, 이런 환경은 사람들의 건강에도 심각한 타격을 주고 있다. 탄광에서 오래 일한 사람들이 주로 앓고 있는 진폐증이란 병은 오랫동안 미세 석탄가루를 들이마셔 폐에 쌓이면서 걸리는 병으로 옛날 탄광 노동자들이 50대를 전후해 많이 걸리는 병으로 숨 쉬기가 어려운 고통을 당하는 병이다. 현대 도시가 거대화하면서 자동차, 공장의 매연 등의 미세먼지로 옛날 탄광노동자들과 같은 진폐증이나 폐암환자가 늘어날 확률이 매우 높다고 보건의들은 경고하고 있다. 나이 들어 인생 말년에 숨쉬기가 어려운 고통을 오랫동안 당해야 한다면, 참 무서운 일이다. 그것이 현대 대도시인들에게 닥친 문제이고, 매연 문제가 대도시들의 심각한 고민이다.

특히 유엔 기후 변화 대응 프로젝트가 시작된 1988년 이후 2016년까지 근 30년 동안 산업 활동으로 인한 온실가스 배출량의 71%에 해당하는 화석연료를 엑손, 모빌, 셸, BP, 세브론 등 100여 개 기업이 생산해 냈다고 한다.

만약 지난 30년처럼 향후 30년 동안에도 종전 같은 비율로 화석연료가 생산, 소비되면 지구 평균 기온은 4도 정도 올라가게 되고, 이는 많은 주요 생물 종의 멸종과 식량난, 기상 재해 등 재앙적 사실로 인간을 비롯한 생물 종의 생존에 위협을 가져오는 결과를 초래할지도 모른다. 개개인의 삶과 죽음이 아니라 제6차 대멸종기의 조짐을 심각하게 받아들여야 한다는 경고에 주의를 기울여야 한다. 연구자들은 대응할 시간이 얼마 남지 않았다고 지적한다.

회복 불능 상태로 벌써 지구를 태양으로부터 보호하는 오존층이 구멍이 나고 만약 정말 오존층이 붕괴되면 생물은 땅위에서 살 수 없게 된다. 살아남으려면 땅속, 물속이나 바닷속으로 들어가야 생명을 부지할 수 있는데 그게 가능할까. 단순히 죽고 사는 문제가 아니라 무서운 이야기다. 이대로 간다 해도 우리 세대야 무슨 일이 있겠느냐 만은 자식, 손주 세대는 어쩌나…!

진짜 6차 대멸종기가 오고 지구상의 생명체가 절멸하고 나면 다시 지구에 생물이 살 수 있는 환경이 1억 년 후, 5천만 년 후 조성된다면 그때는 어떤 생명체가 탄생하고 채워질까? 그때는 지금 같은 인간이 아닌 모든 생물이 동물 수준의 지능으로 본능적으로 살아가는 생명체로 채워져 전쟁, 대량 살상 무기 그런 것 없는 고요하고 평화로운 지구가 되었으면 한다. 필요 이상으로 다른 동물을 살상하거나 먹을 것을 빼앗거나 하는 일 없이 자연의 순리대로 살아가는 안온함만의 지구, 그러면 신(神), 종교 같은 것도 필요 없을 테고, 지구는 진정한 파라다이스, 낙원 같은 곳이 되지 않을까 하는 쓸데없는 상상을 해 본다.

"황천에는 주막집이 없다는데 오늘 밤은 어느 집에서 쉬어 갈고……!"(세조의 왕위 찬탈을 반대하다, 역적으로 몰려 망나니가 휘두른 칼날 앞에 목을 드리운 충신 성삼문이 마지막으로 남긴 말)

전쟁

　인간은 왜 전쟁을 할까? 인간의 실체가 욕망의 동물이므로! 인간의 삶 자체가 전쟁이니까. 전쟁을 왜 하냐는 물음 자체가 참 우문이다. 전쟁은 인간의 필연이다. 개인이나, 가족이나, 사회, 국가는 영원한 전쟁 상태에 있다고 해도 과언이 아니다.

　이태리의 무솔리니는 "국민을 위대하게 만들려면 강제로라도 전쟁에 내보내는 것이 필요하다."라고 했다. 2차대전의 전범다운 말이다. 마키아벨리는 "군주는 전쟁, 그리고 군대의 조직과 훈련 이외에 아무것도 생각하거나 연구해서는 안 된다."라고 했다. 옛날에는 힘이 국가 존속의 흥망에 절대적 조건이었으니까. 봉건시대 아니 인류 역사가 그랬으니까 당연한 말인지도 모른다.

　그래서 강한 힘을 가진 주권 국가들이 있는 한 전쟁은 불가피하고 필연적인 것이다. 옛날이나 지금이나 그런 점은 똑같다. 전쟁은 욕망이라는 엔진을 장착한 인간의 필연일 수밖에 없다. 전쟁은 권력자의 웅변으로부터 시작된다. 그런 대중을 선동하는 웅변은 전쟁이나 평화의 저울 눈금을 수백 번 제멋대로 움직인다. 그래서 철학자들은 전쟁의 시작, 진행, 종료는 웅변이 좌우한다고 말한다. 인간은 세뇌의 동물이므로 웅변에 쉽게 세뇌되기 때문이다.

역사를 훑어보면 전쟁이 일어나는데 대단히 큰 이유가 있는 것이 아니라 사소한 감정 다툼, 사건이나 빌미로 시작되는 전쟁이 대부분이었다. 1차 세계대전은 절대적으로 많은 나라가 참가해서 전쟁을 벌여야 할 대단한 이유가 있었다기보다는, 전쟁 하나를 없애기 위한 전쟁이었다고 말하기도 한다. 하지만 그 결과는 끔찍했다. 천만 명 이상의 인명이 희생되고, 유럽의 많은 나라가 파산 지경에 이르는 상황에 몰리기도 했다. 1차대전 종전 후 영국의 석학 버트런드 러셀은 "내 고등학교 동창의 3분의 1이 희생됐다."라고 토로하기도 했다. 그런 사연이 한둘이겠는가. 지구상에 있었던 대부분의 전쟁은 웃대가리의 감정싸움이나 적대감으로 전쟁의 구실을 만들어서 일어나곤 했다. 십자군의 전쟁도 당위성 이상으로 포장되어 시작되었지만 실상은 반대파를 응징하기 위한 전쟁이었을 뿐이라고 한다.

자연법칙에는 '약육강식'이라는 강한 쪽이 약한 쪽을 잡아먹는 자연 스스로의 순환 메커니즘이기도 한 질서가 있다. 하지만 대부분의 같은 종끼리는 예외다. 거의 모든 종의 생물은 같은 종끼리는 감정싸움 같은 다툼의 부분적인 싸움은 있지만, 잡아먹거나 대량 살상을 벌이는 인간의 전쟁 같은 싸움은 없다. 오직 인간만이 같은 종끼리 죽이고 죽는 대량 살상의 전쟁을 하고 즐긴다. 인간만이 전쟁이란 이름으로 같은 종끼리 대규모 살생, 학살을 자행하고 개인적으로도 죽이고 죽고 한다. 이러한 인간의 형태는 자연의 메커니즘에 따른 순환 방법은 아니다. 인간은 각자나 각 그룹, 각 나라가 더 많이 차지하고, 감정적 우위를 차지하기 위해 전쟁을 한다. 돌연변이종인 인간은 세뇌 작용에 의해 이해관계를 따지며 전쟁의 명분을 만들어 낸다.

인간은 세뇌라는 기억 저장 기능을 가지고 있다. 그 세뇌의 기능에 따라 축적되는 사고의 판단으로 경쟁에서 서로 우위를 차지하고, 다른 사람의 것을 빼앗아 내 것으로 하면 이득이라는 결과를 만들기 위한 목적의식 때문인 것으로 판단된다. 늑대는 사납지만 다른 늑대와 결코 전쟁하지 않는다. 그러한 자연 속의 동물들은 자연의 원칙을 범하지 않으며, 그런 점에서 보면 늑대가 인간보다 낫다고 할 수 있다. 인간에게 어떤 원칙이 있나? 인간에게 무슨 종의 원칙이 있나? 인간은 요령이나 꾀와 같은 그때그때 변하는 세뇌에 의한 변칙이라는 속된 기능을 가지고 있다.

미국은 자평하기를 평등과 자유를 위해 두 번의 전쟁을 치러야 했다고 말한다. 남북전쟁은 그렇다고 해도, 아메리칸 인디언과 벌인 전쟁의 많은 부분은 평등과 자유와는 무관한 백인 쪽의 약속 위반과 불의하고 불법적인 행동 때문에 시작되었다.

인간은 욕망이라는 끝이 어딘지 모를 폭탄을 장착한 동물이다. 자기 자신과 늘 전쟁해야 존재할 수 있는 동물이기도 하다. 장난이 다툼이 되고 다툼이 분노에 불을 지르고 분노로 목숨을 걸기도 하는 치열한 싸움, 전쟁을 낳는다. 인간은 누구나 악마가 될 수도 있다. 악마가 된 사람은 악마가 될 수 있는 과정의 세뇌 작용에 의해서 악마가 되는 것이고, 착한 사람은 거기까지의 과정, 세뇌가 착한 사람이 될 수 있는 과정이 착한 사람을 만든다고 말할 수 있다.

한번 다른 사람에게 좋은 일, 도움이 되는 일을 하였을 때, 그 사람이 진정으로 마음에서 우러나오는 고마움을 표해, 그 가식 없는 진심을 가슴으로 느끼고, 전율하는 가슴 뿌듯했던 기억을 가지고 있는 사람은 그 기억이 가슴에 남아 있는 한 앞으로 남에게 해가 되는 일을 하지 않을 확률이 높고, 착한 일을 할 개연성이 농후하다고 할 수 있다. 반면 다른 사람에게 해코지해서 순간의 쾌감을 맛본 인간은 또다시 같은 행동을 할 개연성이 농후하다. 인간은 자신이 했던 행동의 세뇌 현상으로 같은 유형의 행동을 반복하는 특징을 가지고 있는 동물이다. 고로 전쟁을 한 번 경험한 집단이나 나라는 또다시 잔쟁을 일으킬 확률이 높다고 하겠다. 일본이란 나라가 좋은 본보기다.

또한 전쟁은 군인들이 일으키는 것이 아니라 몇몇 권력자, 정치인 노땅들이 시작하는 것이다. 그로 인해 죽고 다치는 것은 권력자나 정치인이 아니라 젊은 군인과 양민들이다. 전쟁이 있을 시기에 이십 대인 청년들은 전쟁터에서 죽음의 그림자와 싸워야 하는 운명에 던져진 소모품 신세인 것이다.

전쟁은 군주나 정치인들이 자신들의 이익이나 입지를 지키기 위한 수단으로 행하는 정치 행위의 산물로, 전쟁은 진정한 의미의 정치 도구다. 영국의 작가 쾨슬러는 "인류 역사에서 끈질기게 들리는 소리는 전쟁의 북소리다."라고 말했다. 그 말은 인류의 역사는 전쟁으로 점철됐으며 역사는 곧 전쟁이라는 이야기와 같다.

중국 춘추전국시대 진시황제의 진나라는 주변국들을 차례로 무너뜨리고 중원을 제패한 강성한 국가였다. 국력을 과시하기 위해 호화로운 궁전을 짓고, 전국에서 차출한 2만 명의 미녀 궁녀로 유명했던 진나라. 그 규모의 세를 과시했던 진나라지만, 그 위세가 오래가지 못하고, 항우라는 중국 역사에서 힘이 제일 센 장수라는 자의 군대에 의해 폐망하고 만다.

항우는 진나라 진시황의 궁궐을 접수하고, 그 화려함과 엄청난 규모의 궁궐에 입을 다물지 못하고, 또 하나 같이 미색의 수많은 궁녀들을 보고 또 한 번 놀랬다. 항우는 진나라를 함락하고 진나라 병사 250,000명을 포로로 잡았다. 그 250,000명의 포로를 어찌할까 고민하던 의심 많은 그는 나중에 포로들이 반란을 일으킬까 두려워한 나머지, 250,000명의 진나라 포로들을 구덩이에 산 채로 생매장하여 죽여 버린다.

우리가 250,000명 하면 그 숫자의 크기가 잘 가늠이 안 간다. 예로 고등학교 전교생이 운동장에 모이면 7백에서 천 명 정도인데 운동장을 꽉 채운 듯 바글바글하다. 그렇게 운동장을 꽉 채운 학생이 천 명이라 하고, 250,000명은 그 운동장을 꽉 채운 학생 수의 250배. 한 우두머리의 의심으로 250,000명의 인간이 땅 구덩이에 산 채로 묻혀 버리기도 하는 처참한 일이 벌어지기도 하는 것이 전쟁이다. 히틀러의 나치에 희생된 6백만의 유태인도 히틀러의 광적인 성격과 유태인과의 악연으로, 히틀러라는 한 인간의 잘못 세뇌된 감정에 의해서 6백만 명의 어마어마한 사람을 가스실로 밀어 넣고, 가스에 의해 시체가 되어 나오는 비극적인 일이 일어나기도 하는 것이 전쟁이다. 그 수가 6백만 명이라고 하니 그런 끔찍한 전쟁사가 80여 년 전쯤에 실제 있었던 일이라는 것을 믿고 싶지 않다. 그런 끔찍한 전쟁의 유태인 학살에 대해 현대인 중에 모르는 사람이 없을 정도의 천인공노할 참혹한 사건으로 인류역사가 끝날 때까지 기억될 것이다.

그런데 한 가지 그 학살의 결과는 잘 알려져 있는데, 원인은 단편적인 이야기로 묻혀 있는 것이 사실이다. 결과가 있으면 분명 원인이 있어야 하는데, 이스라엘이 미국을 위시해 피해에 대한 이야기는 차고 넘쳐나지만, 왜 그런 참혹한 일이 일어나게 되었는지 원인에 대해 이야기하는 것은 거의 볼 수도, 들을 수도 없는 것 같다. 그런 끔찍한 사건이 역사의 교훈이 되려면, 피해만을 강조하고 이야기하기보다는 원인에 대한 성찰이 필요하고, 그래야 그런 불상사가 다시는 발생하지 않게 예방할 수 있지 않을까 한다. 그래야 유태인 학살이라면 나처럼 진저리 치면서, 인류 역사를 따라오는 여운으로 괜히 《베니스의 상인》의 샤일록을 떠올리는 일이 없지 않을까. 살펴보면 유태인 학살과 같은 유사한 사건들은 셀 수 없이 많다.

　철학적, 사실적, 이성적으로 보면 장군이란 죽음을 내리는 관리고, 장군 한 명의 공적은 병사 만 명, 십만 명의 죽음으로 이뤄진다. 전쟁에서 사람을 죽이는 것은 살인이 아니라 공적이 되고, 훈장감이 된다. 인간은 왜 전쟁에서 사람을 죽이는 행위에 대해 다른 의미를 부여하고, 죄의식도 없이 이의를 제기하지 않을까? 전쟁이란 이름이 붙으면 그리해도 된다고 인간들은 그렇게 세뇌되어 있기 때문일 것이다.

　그래서 인간들은 한 명을 죽이면 살인자 악당이 되고, 만 명, 십만 명을 죽이면 영웅이 된다는 말에 세뇌되어 동의한다. 그것은 인간이 그렇게 세게 되었기 때문이다.

　어쨌든 전쟁은 사람 죽이기 게임을 줄인 말이다. 밀레니엄 세대 아이들이 제일 좋아하는 게임은 전쟁 게임이다. 상대편을 많이, 빨리 죽이거나 처치하는 자가 승자가 되는 전쟁과 똑같다. 지구상의 많은 어린이, 십 대들이 그런 전쟁 게임에 열중하고 환호한다. 인간의 DNA가 전쟁 선호적이라는 것처럼 말이다.

1차 세계 대전은 인류 역사상 가장 처참하고 잔인한 전쟁이었다. "인류가 미쳤다."라는 그 참상을 체험한 한 인간의 절규가 말해 주듯, 지옥도 이보다는 나을 것이라는 말이 나올 정도의 끔찍한 전쟁이었다고 한다. 1914년 사라예보에서 울려 퍼진 총성으로부터 참혹한 전쟁의 화살이 쏘아 올려진다. 장차 오스트리아제국의 다음 황제 1순위 대공 부부가 탄 자동차가 환영하는 인파를 지나며 손을 흔들며 답례를 하던 그 순간 총성이 울려 퍼지며 대공 부부가 쓰러졌다.

저격범은 19살의 가브질로 프린치프라는 세르비아 출신의 청년으로 그는 세르비아 지하 저항조직 '검은 손'이란 조직의 행동대원이었다.

저격 사건이 일어난 후 곧바로 전쟁이 일어난 것은 아니었다. 슬라브계의 세르비아에는 슬라브계의 맏형 격인 러시아가 세르비아의 뒷배가 되어 주었기 때문이다. 오스트리아가 망설이고 있을 때, 독일의 패기 넘치는 빌헬름 2세가 뒤를 봐줄 테니 너희 마음대로 해 봐라 하는 소위 백지수표를 건네준 것이 도화선이 되어 망설이던 오스트리아가 용기를 얻어 세르비아에 선전포고하며 1차 세계대전이 본격적으로 시작되었다. 그렇게 시작된 1차 대전의 키맨은 사실 독일의 빌헬름 2세였다.

그때의 독일제국의 초대 총리대신은 비스마르크였고, 그와 빌헬름 2세는 견해 차이로 대립하고 있었다. 비스마르크는 주변 강대국들과 좋은 관계를 유지하며 내실로 국력을 키우고 다져야 한다는 견해였다. 이와 반대로 빌헬름 2세는 우리의 국력은 충분히 강하며 주변국들을 신경 쓰고 두려워할 필요가 없다며 대립했다. 그 당시 그 둘의 나이 차이는 무려 44세였다.

독일제국의 마지막 황제가 된 빌헬름 2세, 그는 29세에 황제에 오른 패기 넘치는 젊은 황제였다. 그는 또한 영국, 프랑스에 비해 식민지가 없어 식민지를 갖기를 원했고 그로 인해 아프리카 식민지를 두고 영국, 프랑스와의 갈등으로 관계가 악화된 상태에서 1차 세계대전이 터졌다. 1차대전 초반에는 전쟁의 양상이 그렇게 커질 것 같지 않은 분위기였는데, 주변국들의 이런저런 이해관계가 부각되며 하나둘 참전국이 늘어나고 커지면서 생각지 못한 살육의 대규모 세계전쟁으로 치달았다. 그 참상의 결과가 어떠했냐 하면 동원된 병사수가 6,500만 명 사상자 수가 3,500만 명이라고 한다.

1910년대 전쟁은 소총과 대포가 무기를 대표하던 시절로 소총과 대포의 성능도 그리 좋은 편이 아니며 전쟁은 실제적으로 사람과 사람의 싸움이었다. 누가 누가 더 많이 상대를 죽이냐였다. 대량 살상 무기가 등장하기 바로 직전이어서 소총과 백병전으로 진행되었다. 그러나 4년 동안의 긴 전쟁 중에 다수의 신무기가 필요에 의해 등장하게 되었다. 연발로 발사되는 기관총, 탱크, 비행기, 전투기, 군함, 잠수함의 시초인 U보트 등이 1차 세계대전 중에 개발되어 등장하게 되었다. 1차대전 초기에는 대부분의 참전국들이 그리 심각하게 생각하지 않고 전쟁을 환영하는 분위기로 전쟁터로 가는 군인들을 웃으면서 환송했었다. 몇 달 정도 싸우다가 조금의 전과로 타협하고 끝날 것으로 예상한 것이다. 유럽의 수많은 전쟁이 그러했었기 때문이었다. 그러나 전쟁이 의외로 길어지고 참전국이 기하급수적으로 늘면서 세계 대전으로 발전하고 커져 무려 4년 동안 계속되었다. 1915년 일진일퇴하던 전선에 독일이 개발한 연발의 기관단총이 등장하며 많은 희생자가 발생하였다. 19세기 전술에 익숙한 지휘관들의 구시대 전술로 기관총에 의해 수많은 병사들이 희생되었다.

그렇게 결국 전쟁의 양상이 바뀌며 '참호'가 등장했다. 2m 깊이로 참호를 파고 참호 앞에 가시 철망을 쳐서 적의 접근을 어렵게 하였다. 양쪽이 6개월, 1년의 전투에서 서로 많은 희생자를 냈으나 100~200m를 전진, 후퇴하는 비효율적인 전투가 전부였었다. 장기화된 전투로 대규모 참호가 만들어지고, 그 길이가 북해에서 스위스 접경까지 760km나 되었다고 한다.

기관총과 대포를 피해 서로 참호를 파고 들어가 처음에는 희생을 줄일 수 있었지만, 장기간의 전쟁으로 인한 최대의 적은 위생이었다. 1914년 10월부터 1915년 3월까지 비가 계속 내렸으며 비가 안 온 날이 18일에 불과하였다고 한다. 계속된 비로 인해 참호 안은 물이 차올라 어느 때는 발목까지 또는 허리까지 차기도 했지만, 머리를 내밀거나 참호를 벗어나면 저격을 당해 죽을 수 있어 계속 물에 잠긴 참호에서 버티면서 전쟁을 할 수밖에 없었다. 참호에 다시 1.5m를 파 용변소를 만들었으나 계속되는 비로 참호는 똥오줌 물과 쓰레기, 진쟁 중 사망한 시신으로 인한 그야말로 최악의 환경이었다고 한다. 특히 시체 썩는 냄새가 지독해 그 냄새를 피하기 위해 담배를 더 달라고 아우성치기도 했다. 또

한, 쥐들이 참호에 창궐하고 시체를 파먹은 쥐들이 새끼 강아지만 하게 커 앉아서 눈을 붙이는 병사들을 공격하기도 해 얼굴 가리개 망이 등장하기도 했다.

계속된 비로 참호에 늘 물이 늘 차 있으니 양말, 군화, 군복이 젖어 있고 특히 발은 계속 젖어 있어 발이 붙고 세균 번식으로 결국 발이 썩어 들어가 결국에는 발을 잘라 내야 했다고 한다. 그 참상으로 '참호 발'이란 말이 생겨나기도 했다고 한다. 거기에 이가 생기기 좋은 환경으로 머리 뿌리에 파고들기도 해 병사들은 머리를 박박 밀어 버릴 수밖에 없었다.

그 시절 참호의 환경 때문에 등장한 것이 지금은 낭만의 상징이 된 트렌치코트였다. 비가 와도 몸이 젖지 않게 방수 기능의 긴 코트를 만들어 보급하였는데 그 이름이 트렌치코트였다. 트렌치란 참호란 뜻으로 비가 오는 참호에서 입는 옷이라는 것이다. 오늘날에는 비 오는 거리를 트렌치코트 입고 걷는 낭만적인 분위기를 상상할 수 있지만, 실은 비극적 전쟁 환경이 만들어 낸 산물인 것이다.

1차 세계대전의 사망자는 269만 명, 질병으로 쓰러진 병사가 350만 명 등으로 소모전이 계속된 최악의 살상 전쟁인 동시에 새로운 무기가 속속 등장한 전쟁이기도 했다. 특히나 참혹했던 전투가 프랑스 베르됭 지역에서 있었던 베르됭 전투였다. 그 전투에서만 프랑스군 37만 명, 독일군 33만 명이 희생되었다. 그 전투 후 불발된 폭탄이 자그마치 1,500만 발이나 발견됐다고 한다. 100년이 지났지만 아직도 베르됭 지역은 접근 금지구역으로 남아 있다고 한다. 그 참상이 못지않았던 전투가 솜 지역의 솜 전투였다. 솜 전투에서는 1초당 8명이 사망했고 4개월간의 전투에서 100만 명의 사상자를 냈다고 한다. 상대를 다 죽여야 전쟁이 끝날 거라는 분위기로 참혹했었다고 한다.

제1차 세계대전은 20세기 과학 기술의 시험장이었다고도 한다. 기관총, 탱크, 비행기, 전투기, 군함, 잠수함, U보트가 등장했다. 프랑스군으로 참전했던 알프레도 주베로라는 초급장교가 남긴 일기의 한 토막은 "인류가 미쳤다. 너무 끔찍한 학살극이다. 이처럼 끔찍한 공포와 대학살의 아수라장이 또 어디 있다는 말인가. 지옥인들 이보다 더 끔찍할까. 인류가 미쳤다."라고 적혀 있었다고 한다. 주베로는 그다음 날 독일군의 폭탄에 사망했다. 또 다른 병사 수첩의 기록을 보면 "우리는 전투에서 복귀한 뒤 점호를 안 했다."라고 했다. 한 번은 800명이 전투에 참여하고 부대로 복귀한 병사는 25명뿐이었다고도 썼다.

1차대전에는 끔찍한 독가스도 등장했으니 그 참상은 인류 전쟁사에서 가장 끔찍했다고 할 수 있다. 독가스를 마시면 폐가 녹아들어 가며 극심한 고통에 허우적대며 죽어 가는 심각한 가스도 사용됐다고 한다. 그 후 1925년 1차대전 종전 7년 후에 각국 대표가 제네바에 모여 전쟁에서 독가스 사용을 금지하는 국제협약이 이루어졌다.

독일의 항복으로 1918년 11월 11일 11시에 종전이 이루어졌다. 미국을 비롯한 연합군의 비행기 1,500대에 독일군 방어선이 무너지며 뚫리고, 독일 대표가 백기를 들고 항복 의사를 밝히며 종전 협정을 요구했다. 콩피에뉴라는 곳에 열차를 세워 놓고 프랑스 대표와 종전 협정을 체결 제1차대전의 대단원이 종료되었다. 1차대전을 돌아보면 인간이 얼마나 참혹하고, 잔인한 무슨 짓이라도 할 수 있는 동물인지 인문적, 철학적 견해로 생각해 보게 한다. 영국의 석학 버트런드 러셀 경도 내 고등학교 동창생 삼분의 일이 1차대전에서 희생됐다고 회상했다.

인류의 역사는 전쟁의 역사라고 할 수 있고, 전쟁은 필요에 의해 기술의 진보를 부추기기도 한다. 또한, 어느 철인은 전쟁은 인간이 오래 살아남기 위한 하나의 도구라고도 했다. 내가, 우리가, 나라가 더 오래 살아남기 위해서 전쟁은 필연일 수밖에 없다. 전쟁이 비극적인 것은 인간과 인간이 서로 죽이고 죽어야 한다는 것이다.

지구상에 살아 움직이는 모든 생물들은 인간을 제외하고 자연의 법칙, 자연의 섭리에 따라 자리 잡은 메커니즘에 의해 자연의 질서를 지키며 살아간다. 그런데 단 한 종, 인간만이 자연의 섭리나 자연의 원초적 법칙 같은 것도 없이 제멋대로 그때그때 요령으로 행동하며 예측 불가능한 전쟁 등 수많은 방법으로 서로 죽고 죽이며 살아간다.

각 나라가 환경에 따라 법이라는 것을 만들어 예측 가능한 사회와 질서 있는 나라를 원하지만, 그것도 수시로 변하고 이해에 따라 여차하면 무시한다. 예로 친구 등에 칼을 꽂기도 하고 친하게 지내자고 하다가도 갑자기 공격을 하기도 하며 서로 죽고 죽인다. 그게 인간이 벌이고 있는 일이다.

지구상의 생물 중 같은 종끼리 공격하고 죽이고 죽고 하는 종은 인간이 유일하다. 흉포하다는 사자, 호랑이, 늑대 등도 같은 종끼리는 공격하지 않고 서로 돕고 협조하며 살아간다. 그런데 왜 인간은 같은 종끼리 싸우며 죽이고 죽고 할까!

인간 이외의 생물은 태초부터 이어 온 먹이 사슬의 생존을 위한 원칙에 의해 일정한 방법으로 잡아먹고 잡아먹힌다. 한마디로 질서가 있으며, 어느 날 갑자기 육식동물이 풀을 뜯거나 초식동물들이 육식하거나 하는 일은 일어나지 않는다.

그러나 인간에게는 일정한 룰이나 원칙 같은 것도 없다. 그때그때 변하며 다양한 방법을 구사하며 서로 죽이고 죽고 한다. 인간 이외의 동물이나 모든 생물은 자연의 섭리, 먹이 사슬의 원칙에 의해 일정한 메커니즘을 가지고 있다. 허나 인간은 서로 죽이고 죽는 방법, 그 수법이 셀 수 없이 많고 다양하다. 또 인간이 다른 생물을 죽이는 방법은 셀 수 있는 몇 가지 정도인데, 인간이 인간을 죽이는 방법은 너무도 다양하고 잔인하다. 목을 매달고, 칼로 베고, 찌르고, 몽둥이로 머리를 빠개고 인간이 서로 죽이는 방법을 나열해 보면 너무도 끔찍하다.

우리가 알고 있는 홀로코스트의 육백만 명의 유태인을 발가벗겨 가스실로 몰아넣고 독가스를 살포해 죽이기도 했으며, 중국의 진나라를 폐망시킨 중국 역사에서 힘이 제일 센 장수라는 항우는 진나라와의 전쟁에서 생포한 진나라 군사 포로 25만 명을 후일 포로들이 반란을 일으킬 수 있다고 의심하여 구덩이를 파고 구덩이에 몰아넣고 생매장해 죽인 일도 역사에 기록되어 있다. 중세 제정 러시아 황제는 러시아 연방의 여러 위성 도시 국가 중 꽤 큰 편인 인구 육만 명의 도시국가가 심기를 조금 거슬렸다고 장수를 시켜 그 도시국가 육만 명을 한 명도 남김없이 몰살시키라고 명해 도시국가에 담장을 둘러치고 어린아이들까지 몰살시켰다고 한다. 그런데 살아남은 사람이 30명 정도 되는데 그 사람들은 그 도시의 성직자들로 평소에 사람들이 하느님에게 바치는 헌금을 횡령해 두었고 그 돈을 장군에게 바치고 살아남았단다. 성직자들이 하나님의 헌금을 빼돌린 것을 보면 그들은 이미 하느님이 없다는 것을 잘 알고 있었던 것 같다. 하느님이 정말 있고 몇천 년 앞까지 예비해 두었다는 것을 믿는다면 어찌 감히 하느님께 바치는 헌금을 빼돌리겠는가 말이다! 본론으로 돌아가서 이와 같이 인간이 인간을 해하고 죽이는 방법은 셀 수도 없이 많다. 진정 인간은 지구상의 변이종이 아닌가 하는 생각을 하게 된다.

인간사회에는 사람을 죽이는 수많은 방법 중에 사형이란 제도로 죽이는 방법도 있는데 그 방법도 다양하다. 중세 기독교가 득세했을 때 사제들이 사람들의 생사여탈까지 권리를 행사하며, 신에게 불경했다는 코에 걸면 코걸이 귀에 걸면 귀걸이라는 식으로 사람들을 죽였는데 그 방법이 매우 잔인했다. 사람을 널판지에 큰대자로 묶고 불을 질러 화형이란 방법으로 불에 태워 죽이기도 하고 깊은 강가에 시소 같은 장치를 해 놓고 동네 사람들 몇십 명이 보는 앞에서 신에 불경한 마녀는 죽어야 한다는 기도를 하고 반대쪽을 들어 올리면 마녀로 누명을 쓴 처녀는 물속으로 잠겨 죽는다. 목매달아 죽이는 교수형도 비일비재했다. 프랑스의 단두대형은 말 그대로 목을 잘라 몸과 머리를 두 동강을 내는 장치에 묶고 무거운 대각선의 날카로운 칼날이 쌩하고 위에서 떨어지며 목을 잘라 버리는 방법이다. 프랑스 혁명 당시의 구호인 "빵이 아니면 죽음을 달라."리는 혁명군의 외침에 왕녀 마리 앙투아네트는 "빵이 없으면 케이크를 먹으면 되지."라는 철없는 명언을 남겼다. 그녀는 결국 단두대의 손님이 되어 비극적인 최후를 맞았다.

하여튼 인간이 같은 종 인간을 죽이는 방법은 수없이 많고 다양하다. 이천 년, 천 년 전에는 귀족이나 토호가 죽으면 그 주인을 모시던 하인 노비를 저승에서도 주인을 모시라고 무덤에 같이 파묻기도 했는데 그 방법을 순장이라고 했다. 토호의 무덤은 크고 깊다. 관이 자리 잡은 뒤 그의 하인 노비들을 눈을 가리고 묶어 무덤 주위에 꿇려 앉히고 몽둥이로 뒤통수를 세게 갈겨 무덤으로 떨어지게 하고 죽었든 살았든 흙으로 묻어 버리는 식의 제도가 있었다. 세월이 흐르며 자연스럽게 그런 악습은 없어졌지만 중국에는 몇백 년 전인 명대까지 존재했었다. 중국 궁궐에서는 상당 기간 황제나 왕이 죽으면 그를 모시던 후궁들은 순장의 희생양이 되어 따라 죽어야 했다.

지구상에는 사람들이 잘 알지 못하는 사람이 사람을 죽이는 방법이 존재할 것이다. 소설이나 야담에 보면 끓는 물에 담가 죽이기도 하고 끓는 기름에 튀겨 죽이기도 하는 기상천외한 수법들도 다. 기독교에서는 성자를 붙여 준 중세의 칼빈이란 자는 각종 고문 기법과 만들어 낸 것으로 유명하며 신에 불경했다는 죄명으로 수많은 사람을 죽였는데, 그중 한 가지는 널빤지에 사람을 큰대자로 묶어 놓고 산 채로 살가죽을 벗겨 죽이는 것이었다. 중국의 절세미인으로 전해 오는 양귀비는 모시던 황제가 죽고 권력에서 밀려나자 권세를 누릴 때 악행을 많이 쌓았는지 최후가 비참했다고 한다. 설에 의하면 많은 독사뱀을 넣어 둔 우물에 빠져 죽었다고 한다.

앞선 사례를 보면 인간은 지구상의 생물종 중에 가장 잔인하고 저급하고 사악한 종이 아닌가 하는 생각이 든다. 이런 인간의 많은 문제점의 기저에는 인간의 지능이 그 중심에 있다. 데카르트의 "나는 생각한다. 고로 존재한다."라는 말처럼 생각할 수 있는 것까지는 좋다. 그러나 그 생각한다는 것이 무엇이냐가 문제다. 장점도 있겠지만 그 부작용도 수없이 많다. 지구상의 모든 인간이 각자의 자리, 지위, 환경 등에서 매 순간 쏟아 내는 발상, 꾀, 잔머리들이 뒤섞여 인간사회는 너무나도 복잡하다. 그래서 인간끼리 이런저런 이유, 생각, 감정으로 상대를 경원하고 죽이고 그 반대로 죽기도 한다. 이런 인간의 문제는 인간지능의 한계가 만들어 내는 비극이 아닌가 한다. 그러한 인간지능의 완전치 않은 한계가 인간을 파멸로 인도하는 데 가장 큰 원인을 제공하고 있다고 생각한다.

인간의 욕망, 권력욕, 물욕은 전쟁의 연료와 같다. 고로 인간계에 전쟁이 없어지려면, 그런 무한대의 인간 욕망이 없어야 하는데, 그것은 원초적으로 불가능하다. 인간계의 전쟁은 인간이 소멸되기 전에, 인간이 존재하는 한 전쟁은 계속될 수밖에 없다. 인간들이 전쟁을 시작하면 저승사자들은 지옥을 더 크게 확장해야 한다고 염라대왕에게 전보를 칠 것이다. 그러면 염라대왕은 죽음의 잔치를 준비하라고 신이 나서 명할 것이다. 아마도!

실제 전쟁에 참전해 전쟁의 참상이 어떤지 경험해 보지 못한 사람들은, 진짜 전쟁터의 참혹하고 처절한 실상을 알지 못한다. 전쟁 영화를 보고 전쟁은 저런 거구나 하고 판단한다면 그건 큰 오산이다. 전생 영화 같은 것은 재미 위주로 각본을 만들어 연출한 그림일 뿐이다. 해서 전쟁 영화로는 실제 전쟁의 그림자도 제대로 표현하고 계량하는 것이 불가능하다.

실제 전쟁의 살육 현장은 불확실성의 연속이다. 거기에는 원초적 본능이 허공으로 흩어지며 수만 가지 갈래의 인간 영혼의 부닥침과 그 영혼들의 아픔이요, 절규가 있을 뿐이다.

우리가 학교에서 배우고 기억하는 전쟁사는 인류 역사 속에 있었던 전쟁의 아주 극소수에 불과하다. 역사책에 기록된 전쟁 이야기는 서로가 그쪽 입맛대로 기술하고 영웅을 드러내고 명분을 내세우는 기록들이 대부분이다. 역사가들은 각자 자기 입장에서 말하는 것이고 진실은 감춰 둔다. 그러나 실제 전쟁터의 진실은 명분이나 큰 이상 같은 것이 아니라, 인간의 처절하고 절박한 생존을 위한 투쟁뿐이다. 진실한 것은 그것뿐이다.

전쟁터의 죽음들은 우리가 생각하는 영화나 드라마에서 보는 것처럼 극적이거나 멋있기도 한 드라마틱한 것이 아니다. 진짜 모습은 참혹하고 황당하기도 하고 어이없이 죽어 가기도 한다. 한 예로 2차 대전에 참전했다가 뭐 육박전이나 총 한번 쏴 보지도 못하고 그냥 앉아서 얼어 죽은 군인이 수만 명이라는 것이다. 탁상공론으로 러시아 원정에 나섰던 독일군, 혹한의 한파에 오도 가도 못하고 수만 명이 앉아서 얼어 죽고, 일본 군인들도 일본 본토의 결정으로 몇 개 중대가 눈이 내리는 산을 넘다가 눈이 허리까지 차서 오도 가도 못하고 탈진해 눈에 묻혀 전부 얼어 죽는다. 그렇게 전쟁에 내몰린 민초들은 어이없이 죽어 가는 일이 부지기수로, 전쟁터에서 죽어 가는 것은 대부분 선하고 유약한 전쟁터로 내몰린 민초들이다. 자기 의사와는 관계없이 권력이나 집단의 위력에 의해 전쟁터에 있게 된, 그래서 어이없는 죽음의 당사자가 되기도 하는 전쟁의 역사는 민초들의 한의 역사다. 러시아의 우크라이나 침공 전쟁 또한 푸틴의 욕망에 의해 시작되어 수많은 민초들이 어이없이 죽어 가고 집이 파괴된다.

사실 고대 전투도 소설이나 영화에서처럼 칼과 창이 부딪히고 화살에 맞아 죽고 했던 것보다는 기후나, 자연환경, 지역에 따른 상황, 환경에 의한 질병, 지휘관의 무모함에 의해 굶어 죽고, 얼어 죽고, 물에 빠져 죽고, 병들어 죽고 하는 경우가 더 많았다고 한다. 옛날에는 특히 제대로 훈련도 안 된 급히 소집된 많은 군사가 한꺼번에 밀려들어 가고 밀려 나오고 하다가 떼로 넘어져 밟혀 죽기도 하고, 물에 빠져 죽기도 하는 숫자가 더 많은 것이 옛날 전쟁의 진실이라고도 한다. 대개 숫자 많은 쪽이 이기는 그런 게임이었다고 하는 이야기다. 특별한 몇몇을 제외하고는 그랬다고 한다.

그 특별한 경우의 한 예는 수나라 백만대군과 고구려와의 전쟁을 들 수 있다. 숫자는 수나라 군대가 고구려군보다 열 배 정도였지만 고구려는 거의 산성으로 유리한 지형을 이용해 전면전을 피하고 방어와 기습으로 수나라 백만 대군을 패퇴시켰다. 고구려는 산지로 험준한 지형에 성을 쌓아 공략하기가 쉽지 않아 중국의 수, 당이 여러 번 대군을 이끌고 원정을 시도했으나 번번이 실패하였다.

전쟁 영화에서와 같이 멋있게 창칼로 폼을 잡고 부딪히며 승부하는 그런 모습은 그저 연출한 것이라 한다. 위에서 언급한 2차 세계대전 중 러시아 원정길에 올랐던 독일군은 모스크바를 앞에 두고 눈보라 치는 혹한에 제대로 한번 싸워 보지도 못하고 대부분의 군사가 얼어 죽고 굶주림으로 죽어 갔다고 한다. 바로 그 독일의 러시아 원정 실패는 기후 상황판단 미스로 인한 것으로, 독일의 폐망을 앞당기는 결과를 낳았다.

중국의 수나라와 당나라는 각각 백만대군으로 네 번이나 고구려 원정길에 올랐으나, 매번 고구려 함락에 실패하였다. 역사가들은 숫자만 믿고 고구려를 얕잡아 본 무모한 원정이었다고 쓰고 있다. 대개 작은 나라들은 수, 당나라 같이 큰 나라가 대군을 동원해 쳐들어오면 그 숫자에 눌려 싸워 볼 엄두도 못 내고 항복하게 마련인데, 고구려는 달랐다. 수, 당나라는 대군을 일으키기 전에 사신을 보내 왕이 직접 와서 황제에게 머리 숙이고 입적하라고 하였으나 고구려는 단칼에 거절하였었다. 거절은 곧 전쟁을 의미한다. 선전포고와 같은 것이고 고구려도 알고, 수나라 당나라도 아는 것이었다. 항복을 거절당한다는 것은 대국으로서 참을 수 없는 수모인 것이었다. 그래서 백만대군으로 쳐들어왔는데 번번이 실패하였고 역사가들도 전쟁사에 남을 전쟁으로 기억하고 있다.

고구려는 작은 나라이긴 하지만 여타 작은 나라와는 차별되는 여러 요소를 가지고 있는 특별한 조건을 가지고 있는 나라였다. 첫째 고구려 국토의 국경은 험준한 산세로 이루어져 있고 국토를 방위하는 산성이 산의 험준한 곳에 위치하고 있어 공략하기가 어려웠다. 둘째 고구려인은 기가 세기로 정평이 나 있었다. 그것은 국토가 산악지대가 많고 지형 자체가 사람이 살아가기에 쉽지 않아 자연환경에 적응하여 살아남기 위해서는 기질이 세질 수밖에 없던 것이다. 그래서 훗날 고구려, 고려 다음으로 조선을 세운 이성계는 아예 서북인은 관직에 나올 수 없게 제도로 등용 길을 막아 버렸다. 그것은 반란을 일으킬 확률이 높다는 이유에서였다. 자신이 서북인으로 반란으로 권좌에 올랐고, 자신 같은 길을 미리 막아 버리겠다는 데서 기인한 것이었다.

셋째 한반도에는 비슷한 국력을 가진 세 나라 고구려, 백제, 신라 세 나라가 있어 대대로 일진일퇴 전투가 일상화되어 있어 전투 경험이 풍부해 전쟁에 대한 두려움이 없으며, 늘 전쟁에 대비해 남자는 7살부터 일당 십의 용사로 만들어지고 있어 여타 소국들과는 근본적으로 다른 전투력을 가지고 있었다는 점이다.

마지막 당나라의 백만대군으로 고구려 원정에 오른 당 태종은 화차, 투석차 등 만반의 준비로 원정길에 올랐으나 급조된 백만 농민군은 어쩔 수 없는 것이었다. 역시 고구려의 험준한 지형, 숫자는 적지만 잘 훈련되고 단련된 정예군이 고구려에 있었다. 대국이라는 자부심을 가진 당나라로서는 목구멍에 걸린 가시처럼 뽑아 버리거나 뭉개 버리고 싶은 골칫거리였다. 그래서 다시 원정길에 올랐으나 먼 길인 고구려까지의 여정 자체만도 난관의 연속이었다. 매번 그러했듯 원정길의 강과 늪지대 등에서 병들어 죽고 늪지대에 빠지고 갇혀 오도 가도 못하고 죽어 가는 병사들의 숫자도 만만치 않았고, 백만대군을 이끌고 천 리 길이 넘는 고구려까지의 행군 자체만도 고난의 연속이었다. 만만치 않은 상대인 고구려를 정벌하기 위해서는 대군이 필요하였지만, 대군을 이끌고 험준한 먼 원정길 자체도 패전의 한 부분이었다. 결국 당나라의 고구려 원정은 실패로 끝났고, 당 태종 이세민은 연개소문이 쏜 화살이 눈에 박혀 부상을 입은 채 전의를 상실하고 또다시 패퇴하고 만다.

수나라와 당나라의 고구려 원정 실패는 전쟁사에 남을 교훈적 전쟁으로 본다. 옛날에는 대개 큰 나라의 많은 숫자의 대군이 쳐들어온다고 하면, 지레 겁을 먹고 항복하거나 납작 엎드려 처분만 기다리는 것이 대부분이었지만 고구려만은 달랐던 것이다. 대륙의 중원을 장악한 나라는 주변국들을 복속시키고 힘을 과시했었다. 그런데 고구려만은 매번 입적 복속을 거부하고 전쟁을 택했으며 패배한 적 없이 천년을 이어 갔다.

2차대전 종전 무렵의 일본군도 패색이 짙어져 전선의 단절, 고립으로 군수 보급품이 끊기고, 연합군의 압박을 받으며, 공포와 기아 상태로 버티다 군인 대부분이 전투에서가 아니라 반 이상 아사했다. 먹을 것이 없어 굶어 죽는 것이 제일 비참한 것이라고 한다. 그런데 전선의 포위망 속에 공포, 기아로 동료의 시체를 뜯어 먹기도 하다 굶어 죽는다면 그 참상이란 보지 않고, 당해 보지 않고는 표현이 불가능할 것이다.

그런데 일본의 극우는 아직도 그 시절 군국주의를 그리워하며, 전범의 후손인 아베 등은 일본을 다시 전쟁할 수 있는 나라로 만들겠다고 혈안이 되어 있다. 그들로 인한 전쟁으로 고통받았던 이웃 나라에 아직 진정한 사과 한마디 없이 말이다. 천황의 이름으로 한 전쟁은 잘못이 아니라고 정식 사죄를 회피하고 있다. 일본은 그런 잘못된 국뽕에 세뇌된 극우 분자들이 그대로 권력을 유지하고 권세를 누리고 있다.

일본은 센고쿠 시대처럼 다이묘가 자기 봉토를 자기 자식에게 세습하듯, 특정 가문이 해당 지역구를 세습한다. 아베도 3대째 세습의원이다. 일본에는 그런 세습의원이 25% 정도가 있다. 과

거의 다이묘 시대와 다를 것이 없는 정치 귀족이 존재한다. 또 자기에게 불리한 일이나 사건은 진실이 아니라고 변명하거나 거짓말로 덮어 버린다. 일본인들은 자기에게 유리한 거짓말은 거짓말이 아니라고 말한다. 그들이 다른 사람 앞에서 하는 말은 속마음, 진짜 마음이 아니다.

일본의 무모한 대동아 전쟁은 그들 자국민에게도 씻지 못할 큰 고통과 아픔과 희생을 강요했다.

인간이라면 도의적인 면에서도, 자국민에게도 사죄함이 상식일 것 같은데, 피해를 입힌 이웃 나라에도 사과하지 않는 일본 극우세력이 자국민에 언감생심 사과할 리가 없다. 표면적으로는 아닌 것 같지만 일본은 지금도 철저한 계급 사회이며, 일본 국민들은 그런 사실을 남의 일인 양 무심하게 받아들이고 있다. 그러고 보면 일본 국민들은 저항을 모르고 순응하는 역사를 이어 오며 권력자들에게 숙이는 충실한 하인으로 만족하는 것 같은 모습이기도 하다. 관이나, 권력자, 세력가들을 주인으로 인식하고 강자에 순응하는 것에 세뇌되어 있는 모습이다. 그래서 관리나 권력자들은 국민을 필요할 때 이용하면 되는 하인 취급을 하는 것을 당연시한다.

일본의 사상가 지도층이 자랑하는 유구한 일본 민족혼이라는 것도 사실은 메이지 시대에 급조된 것으로, 그 이전의 일본은 칼이 곧 법이었던 야만의 족속들이었다. 일본의 민족혼이란 야마토 다마시를 처음 주창한 인물은 요시다 쇼인인데, 그는 '존왕양이'를 주장하다 막부에 의해 처형당했다. 그는 훈장, 서당 선생으로 정한론을 주장하기도 한 인물로, 메이지유신의 주역들이 쇼인의 문하가 많아서 유명해졌다. 지금도 쇼인이 아베를 비롯한 일본 권력층의 정신적 지주가 되고 있다.

일본의 그 이전은 역사라는 것은 패거리 지어 땅따먹기하며 칼이 곧 법인 야만의 민족이었다. 일본인들은 칼 앞에 진실과 진심을 말할 수 없었으며, 마음을 감추고 스스로를 속일 수밖에 없었다. 그래서 일본인들은 겉과 속이 다른 두 마음의 인간이 되어야 했다.

영화 〈이오지마〉에서 보여 준 일례로 신혼의 신랑마저 전쟁터로 내몰고 수많은 일본인이 몇몇 전쟁 범죄자들의 잘못된 욕망이 일으킨 전쟁으로 인해, 본인들 의사와는 상관없이 전쟁터에서 죽어 가고, 또 전선에 고립되어 굶어 죽기도 했다. 그런 참혹한 전쟁 후에도 일본 우익 기득권자들은 대동아 전쟁이 일본의 힘을 만방에 보여 준 일본의 자랑이었다는 식이다. 천황의 이름으로 행한 전쟁이나 일은 모두 정당하며, 천황의 이름으로 사죄란 있을 수 없다는 논리로 일관한다. 천황의 이름으로 벌인 전쟁이나 일을 사과한다면, 천황에 대한 불경이고 일본의 불명예란 의식이 일본의 권력을 쥐고 있는 일본의 기득권 극우 분자들의 세뇌된 의식 구조이다.

그렇게 일본인들은 오랫동안 전통적으로 쇼군, 영주, 성주, 사무라이라 불리는 지역의 지배자들은 그 지역 전체의 주인이고, 일반인은 하인으로 그에 소속되어 있다는 의식이 오랜 일본 사회의 의식이다. 쇼군, 성주, 영주, 사무라이 그룹은 관할 지역 사람을 포함한 모든 것의 주인이다. 그렇게 지배자와 피지배자라는 관념이 오늘날까지 일본인들 정신 속에 깊이 세뇌되어 당연시되고 있다. 결혼하면 여자는 자기의 본래 성을 버리고 남편의 성을 따라야 하며 남편이 부인의 주인이 된다는 관념이다. 그래서 결혼한 여자 부인들은 남편을 주신(주인님)이라 부른다. 그렇게 오랫동안 세뇌된 복종 의식을 숙명으로 생각해 받아들이고 있다. 영주, 사무라이에게 토를 달거나 항의하는 것은 있을 수 없었다. 그래서 일본인들은 그런 의식에 세뇌되어 분명하게 'NO'를 말하지 않는다. 사무라이에게 대놓고 'NO'라고 말했다가는 목이 달아나기 때문이었다. 일본인들이 "고려하겠다." "알아보겠다." "생각해 보겠다."라고 답했다면 그것은 즉 'NO'의 일본식 표현이라고 이해해야 한다.

지금은 다 알려져 있지만 한국전쟁 이후 서양인들이 일본과의 거래에서 '고려해 보겠다'와 같은 거절을 '가능성이 있다'로 해석해 오해와 난해함을 겪었다고 한다. 한국이나 서양에서는 그런 표현은 승낙이나 가능성이 있는 것으로 생각하기 때문이다. 시대가 많이 변하고 발전한 대명천지 2천년대 지금도 일본의 지배계층, 극우 기득권자들은 변한 것이 없이 자신들의 관념, 주장, 결정이 곧 일본이라는 자만적 의식 그대로이다. 국민들도 오랜 세월 그런 사회 분위기에 세뇌되어 온 터라 기계적으로 순응하는 식으며, 일본의 기득권자들은 하인인 국민에게 사과 같은 것은 있을 수도, 고려 대상도 아니라고 생각한다.

2차 대전 막바지 패전의 그림자가 다가오는데도 극우 전범들은 한 명의 일본인이 남을 때까지 항전한다고 악을 쓰다가 원자탄 세례까지 받았다. 그러나 일본 극우는 하나도 변하지 않고 옛날 그대로다. 또다시 전쟁할 수 있는 나라를 만들겠다고 광분하고 있다. 일본의 국민들이 깨어나기 전에는 일본을 지배하고 있는 소수의 극우 기득권 지배 계층은 절대 변하지 않을 것이다. 그런데 일본의 일반 국민들도 천황이라는 허상에 깊이 세뇌되어 내려오는 의식에서 깨어나지 못하고 있는 것은 마찬가지이다. 그토록 인간의 세뇌 현상은 무서운 것이고 어려운 문제다. 오랫동안 천황 폐하 만세를 외치며 잘못 세뇌된 2차대전 전범들의 의식이, 아베를 비롯한 지금의 극우의 이상이며 그 전범들이 아베네들의 모범자다. 한국의 박정희와 그를 추종하는 친일파들도 그 범주에 있다.

2차대전의 괌 전투에서 일본군이 패퇴한 1944년 8월 이후 일본군 패잔병으로 27년 동안 괌의 밀림에서 나무 열매 등으로 연명하며 은신해 있던 일본 육군보병 오장(하사) 요코이 쇼이치가 1972년 먹을 것을 찾아 바닷가로 나왔다가 주민에 발각됐다. 그해 2월 일본으로 송환된 그는 "전쟁이 일본의 패배로 끝났다는 것을 1952년 무렵 알았지만 황군(천황의 군대)은 포로로 잡혀 수치를 당하느니 전사하는 것이 낫다고 교육(세뇌)받았기 때문에 항복할 수 없었다며, 살아 돌아와 죄송하다."라고 말했다. 그렇게 귀국 후 인터뷰에서 쇼이치는 "신민의 도리를 다하지 못해 죄송하다, 비록 세상이 바뀌었지만 천황 폐하에 대한 나의 충심은 변하지 않을 것"이라 말하기도 했다.

또 한 명의 패잔병 오노다 히로오는 1974년 3월 9일까지 29년 간 필리핀 밀림 숲속에서 숨어 지내며 필리핀의 무고한 시민을 여러 명 살해하기까지 하며 항복하지 않고 천황에 대한 충성 약속을 지켰고 앞으로도 변함이 없을 것이라고 말했다.

위의 두 일본군 패잔병의 예로 보더라도 인간의 세뇌 현상이 얼마나 무서운 것인지 다시 한번 단적으로 설명해 주는 증거이다. 인간이 한 번 세뇌되어 고정관념이 생기면, 그 고정관념이 그 사람의 영혼을 지배하게 되는 것이다.

일본이란 나라는 원래 사무라이들이 칼로 지배하던 나라다. 사무라이들이 만든 매뉴얼이 법이었고, 그걸 따라야 목숨을 유지하고 살아남을 수 있었다. 사무라이들이 불법을 행하건 비상식적으로 행동하건 거기에 대해 고개 쳐들고 대거리하거나 거절했다가는 목이 달아날 수 있었다.

그런 의식이 오랜 세월 사회 저변까지 스며들어 자리하고 있어선지 일본인들은 지금도 거절을 대놓고 "아니요."라고 말하지 않는다. 일본인들의 의식 행동에는 '다테마에'와 '혼네'라는 두 가지 마음이 있다고 한다. 겉으로 드러내 보이는 마음과 진짜 마음(속마음)이 그것이다. 사무라이의 칼이 법이었던 시대부터 살아남기 위해 길들여 온 의식이 관념으로 깊이 자리 잡아 이어져 온 데서 비롯된다. 그래서 지금도 일본인들은 대놓고 거절하지 않으며, 대신 고려해 보겠다, 생각해 보겠다 등으로 애매하게 말하는데 그게 거의 거절의 의미란다.

일본 수상 아베의 지향점은 에도 막부시대의 사무라이 풍의 쇼군과 같이 되는 것이란다. 그는 그렇게 강자가 되고 싶어 한다. 일본인들의 의식은 사무라이 시대부터 내려오는 관념으로 자리 잡고 있는 강자에게는 절대 맞서지 않고 고개를 숙인다는 불문율이 그것이다. 사무라이에게 맞서는 것은 곧 목이 달아나는 것이었으니까, 그 시절부터 내려오는 의식이 전통적인 사회의식으로 자리 잡은 것이라고 할 수 있다. 칼 찬 강자 쇼군, 최강자 사무라이, 아베가 강자가 되고 싶어 하는 것이 이해된다.

그래선지 일본인들은 강자에게는 비굴하게 고개를 숙이고, 약자에게는 밟고 올라서며 극악하게 괴롭히며 무시한다. 아베가 미국에는 비굴하게 따라다니며 굽신대고, 한국에 대해서는 억지를 쓰면서까지 찍어 누르고 싶어 하는 것만 봐도 그렇다. 미국은 일본보다 강자이고, 한국은 자신들 보다 약자라고 생각하기 때문인 것 같다. 그런데 한국이 훌쩍 커 버려 만만하게 본 것이 계산 착오로 드러나기 시작하자 당혹스러워하는, 2020년 초의 아베의 얼굴이다. 야비하게라도 한국의 중요 산업인 반도체를 무너뜨리겠다고, 핵심 소재 수출을 막는 회심의 카드를 꺼내 들었지만, 오히려 부메랑이 되어 돌아와 일본 소재 업계만 손해를 보는 결과로 박살이 나 버렸다. 니아가 한국의 불매운동으로 일본 지방도 파산하고 있다. 어쨌든 일본은 그런 의식하에서 지금도 극우 기득권층과 관은 강자요, 국민(민초)은 관의 지배를 받는 약자요, 하인이다. 일본 국민들도 그걸 당연한 듯 그렇게 에도 시대부터 길들여져 사회 흐름으로 깊이 자리 잡고 있다.

그 증거로 일본이 민주주의를 한다지만 전후 70년이 넘게 일본 사회에서 관의 조치나 불법, 탈법, 기득권자들의 부정한 짓에 대해 일본 국민이 항의나 데모 등 실제 행동으로 저항하는 일이 거의 없었다. 관은 민주주의에서 국민에 봉사하는 기관인데, 일본에서는 아직 관은 일본인을 관리하는 강자로 일본 국민은 그저 숙이고 감수하는 분위기로 이어져 오고 있다. 공직자가 국민을 위해서 일하는 개념이 아니라 관리라고 부르며, 관은 국민을 관리한다는 개념이다. 그런 의식의 관리와 기득권자들은 강자요, 보통 국민은 약자라는 의식이다.

 2018년~2020년에서만 보더라도 아베의 불법, 탈법이 뉴스로 보도된 여러 개의 대형 사건에도 일본 국민들은 남의 일인 양 아무 반응이 없고 외면하고 있다. 아베 등 기득권자들은 변명 같지 않은 변명 몇 마디뿐으로 당당하고 뻔뻔하다. 뭐가 문제냐, 나는 강자니까 그 정도는 보통 아니냐는 식이다.

 국가적 공식 행사인 벚꽃 축제에 자신의 선거구 구민들을 몰고 와 국고 세금으로 일급 호텔의 비싼 식사를 대접했다든가, 아베의 부인이 관계된 회사가 국가 소유의 도시 요지에 위치한 토지를 헐값(시세의 8분의 1 가격)에 불하받고, 그것을 위해 공문서와 관계부처 서류를 변조 조작했다는 대목에서는 놀라울 따름이다. 일본 이외의 다른 선진국 같았으면 그중 한 가지만으로도 수사받고 총리직을 내려놓고 감옥까지도 갈 수 있는 사건인데, 일본에서는 아무 문제가 안 되고 있는 것이 놀랍다.

 더군다나 아베는 코로나19 난국에도 히죽히죽 웃고 다니며, 군국주의 시대로 복원해야 한다고 전쟁할 수 있는 나라로의 헌법 개정을 추진하겠다고 한다. 일본은 아직도 구시대의 유물인 연좌제가 유효한 것 같다. 정치인들은 거의 대물림되고 회사, 가게 등을 집안 대대로 대물림하는 것 같다. 정치권의 아베, 아소 다로, 그 유명한 고이즈미 신지로 등 기량이 미달이거나 말거나 대물림되는 것은 문제가 안 되니 말이다.

 아베와 비슷하게 닮은 꼴인 고이즈미 전 총리의 아들 고이즈미 신지로의 기행은 이미 다 아니 생략하고, 도무지 이런 정도의 인간이 아버지의 후광으로 일본 차기 총리 후보 일 순위라는 사연에 아연실색하며 일본의 앞날이 안갯속이겠구나 하는 예감이다. 고이즈미가 하는 말은 정말 천재가 아니면 그 심오한 뜻을 알아먹기가 어려운 것 같다.

인간에게 가장 중요한 것, 더군다나 한 나라의 높은 공직자의 덕목은 인성, 성격, 학식, 인품, 품격, 존중, 연민과 나 이외에 대한 편안함을 주는 인간애다. 그런데 아베와 고이즈미 신지로에게는 거기에 해당되는 덕목이 어떤 것인가를 찾기가 쉽지 않다. 또 한 가지 둘 다 성장 과정의 성장통이라 할 수 있는 중고등학교 시절 맞수와 사나이 대 사나이로 맞짱 한 번 떠 보지 못했을 것 같은 나약해 보이는 느낌은 나만의 오해일까? 내 느낌에 그 둘은 남자다운 사나이 느낌이 아닌, 조건에 안주해 살아온 남자로서 사나이 냄새를 풍기는 것 같지 않다. 쉽게 말해 남자로서의 기준으로 볼 때 나약해 보인다.

그러나 일본 남자들은 여자에 대해서는 유감없이 마초 근성을 발산한다. 딴은 섹스 애니멀이라는 전통에서인지 여성은 남자의 소유로 범하는 것은 그게 뭐 죄냐는 식의 섹스관을 일본인들은 가지고 있는 것 같다. 전통적으로 사무라이들은 여자를 범하고 아무런 죄책감이나 책임감이 없었다고 한다. 사무라이의 당연한 권리 정도로 인식되어 온 그런 사무라이스러운 의식이 일본 남자들의 관념으로 깊이 자리 잡고 있는 듯하다. 그런 점에서만은 아베와 신지로는 유감없이 강한 일본 사나이다운 느낌을 주는 것 같다. 뉴스에 나온 신지로가 유명 여성 방송국 앵커를 임신시켰다는 대목이 그런 것 같다. 일본은 남자들에겐 천국 여자들에겐 지옥이다.

　일본이 민주주의 국가로 되어 있지만 실제로 일본인들 스스로 민주주의를 시작한 적도 없다. 아시아 여러 국가를 침략해 대동아 공영권을 만든다고 일본이 중심이라며 대륙 진출의 야욕을 드러내고 힘을 과시하던 그때, 그 시절 향수에 젖어 있는 듯이!

　일본의 민주주의는 일본인이 쟁취한 것도 일본인에 의한 것도 아니다. 지금 일본의 민주주의는 맥아더의 작품이다. 일본의 2차 대전 패전 후 7년 동안 미국이 군정을 실시하며 멕아더가 디자인하고 만들어 이렇게 하라고 세팅해 놓은 것이다. 강자가 하라는 대로 강자에게는 무조건 머리를 숙이는 관념에 의해 하라는 대로 따른 것이며, 그래서 일본인들은 자기 나라가 미국식 민주주의인가보다 하고 있는 것뿐이다. 그러나 일본의 우익 기득권자들은 줄기차게 일본 군국주의 시대 향수에 젖어 그 시대 체제로 돌아가고 싶어 하고, 아베를 필두로 그런 구도를 만들고 싶어 애쓰고 있다.

　아베가 일본의 치욕이라고 생각하는 헌법 9조, 패전국으로 영원히 전쟁하지 않겠다는 내용을 뒤집으려 하고 있는 것이다. 패전국이 아닌 정상 국가로 전쟁할 수 있는 나라로 만들고 말겠다고 혈안이 되어 있다. 어떻게든 헌법 9조를 지우고 전쟁할 수 있는 정상 국가로 힘을 길러 대륙으로 진출해 섬나라라는 콤플렉스를 지우려는 그 희망을 버리지 못하고 있다. 실제로 일본인들은 알게 모르게 섬나라 콤플렉스를 가지고 있다. 그래서 지속적으로 대륙으로 진출할 수 있는 가까운 나라인 한국을 수백 년 전부터 수없이 반복적으로 침략해 왔던 것이다.

일본이란 나라를 자세히 신경 쓰고 들여다보면 일본이 민주주의 국가가 아니구나 하는 것이 보인다. 일본은 전통 우익 기득권층과 관의 사고나 국민을 대하는 행동을 보면, 저들이 민주국가가 맞나 하는 사건, 사연들이 많다. 가까운 예로 닛산 자동차의 카를로스 곤 전 회장 사건이나, 한국 최고 법원의 징용공 강제 노역에 대한 배상 판결을 한국 행정부를 보고 그 판결을 뒤집어 무효화하라고 압박하며 아베 의지대로 경제 보복을 하는 것을 보면 그렇다. 그것은 민주국가의 삼권분립을 무시하는 상식적으로 말이 안 되는 일이다. 일본은 행정부 총리인 아베가 사법부 판결이나 결정을 뒤집거나 어찌할 수 있으니까, 한국 문재인 정부에 줄기차게 사법부 판결을 뒤집으려고 요구하는 것이 아닌가 하는 생각이 든다.

민주주의 국가의 기본인 삼권분립을 민주주의를 포기하지 않고서야 어찌 행정부 수장이 사법부 판결을 뒤집을 수 있냐 말이다. 그런 발상의 요구를 한다는 것은 일본 아베 정권하에서의 일본은 삼권이 고유하게 분리되어 있지 않다는 것을 간접적으로 말하고 있는 것이 아닌가 한다. 정말 요령부득하고 맨정신으로 감당이 안 되는 아베다.

일본 보통 국민들도 아베와 관, 그리고 우익들이 어떤 뻘짓을 해도 저항할 줄 모르는 것을 보면 요령부득이다. 또 민주주의 국가 국민이라면 국민의 신성한 주권이요, 권리인 참정권을 행사해 자신들의 의사를 표해야 하는 것이 아닌가 말이다. 일본의 선거 투표율은 매번 50% 언저리로 이외의 보통시민은 거의 선거에 관심이 없고, 민주시민의 권리인 참정권을 쉽게도 포기하는구나 하는 느낌이다. 한 뜻있는 일본인은 지배층에 오랫동안 눌려 살아온 패배 의식이 고정관념으로 굳어져서 스스로 인정해 버리는 것이라고 말하기도 한다. 그래서 아예 저항도 안 하고 순응하며 살아가는 것이 현명한 일이라는 사회 분위기가 있다고 말한다.

아베 부류의 기득권층들은 그래서 자신들이 무슨 짓을 하건 변함없이 우리 세상이라고 하며, 선거는 요식 행위로 그들 기득권만의 잔치로 형식화된 것 같다. 2019 도쿄도지사 선거 결과도 코로나 대응도 엉망이고 신문 방송에서까지 잔머리 꼼수, 인기영합적 정치인이라는 데도 60%가 넘는 득표를 하는 것을 보면, 지지자들만 투표하는 게 아닌가 하는 느낌이 든다. 보통시민은 정말 무관심 내지는 포기하고 산다는 듯!

일본은 투표 방식도 이상하다. 지지자의 이름을 투표자가 직접 한문으로 쓰는 방식이다. 일본의 40대 이상 장년의 3분의 1이 일본 글을 읽고 쓰지를 못한다는데, 그들이 기득권층일 리는 만무하다. 또 서민은 무시하고 안중에도 없어 하는 기득권층을 지지하지 않는 사람이 많을 것 같으니, 글 모르는 사람은 선거도 하지 말라고 선거 방식을 바꾸지 않는 것이 아닌가 하는 의심이 든다. 한문이 획이 많고 비슷한 모양의 글자도 많아 한문을 제대로 익히려면 20년이 걸린다고도 하고, 이름자는 흔히 쓰는 글자가 아닌 경우도 많아 한문을 배운 사람도 오래 지나면 뜯어 버리는 것이 다반사인데, 굳이 직접 써야 하는 선거제도를 유지하는 의도가 궁금하다. 현대 선진국이란 나라에서 이런 비효율적인 선거 방식을 유지하는 이유가 궁금하다. 혹시 기득권층 우익끼리 국가 권력을 요리해 먹기 위해 그러는 것이 아닐까 하는 의심이 든다.

참으로 일본이란 나라가 특이하긴 하다. 카를로스 곤 전 닛산 회장이 말하던 일본은 민주주의 국가가 아닌 이상한 국가라는 말이 아주 근거 없는 말이 아닌 듯하다. 그가 쫓겨나는 과정에서 겪었다는 감옥살이 과정 등을 보면 설득력이 없지 않다. 감방에서 종일 가부좌를 틀고 정좌하고 앉아 있어야 하고, 편한 자세로 벽에 기대어 앉아있거나 하면 간수가 야단을 치고 한다는 등 봉건시대에나 있었을 법한 사연들도 말이다.

  일본 사회의 속살이 감춰져 있어서 그렇지 일본은 아직 계급 사회요, 전근대 시대를 그대로 유지하고 있는 기득권자들의 나라다. 정치인들도 보면 옛날의 왕의 아들이 왕이 되고 하는 세습제가 아직도 그대로 시행되고 있는 듯하다. 아베, 아소 다로, 고이즈미 등 대개 부모의 지역구 타이틀을 세습해 의원이 되는 방식으로 이어진다. 아베, 고이즈미를 보면 보통 사람과 바보의 경계선쯤에 있어도 세습에는 아무 문제가 없구나 하는 느낌이 든다. 요즘 일본 방송을 보면 아예 대놓고 바보 아베, 바보 아베 하니 말이다. 아베처럼 중하의 지능을 가진 사람이 선호하는 사상에 세뇌되어 관념화하면, 그 관념이 그 사람의 의식을 지배한다.

  코로나19 사태 전후 아베의 행동이나 '돈'의 행방, 예측 불허의 말 잔치 등 어린아이용 크기의 아베 마스크를 쓰고 바보스럽게 놀고 있는 꼴이 너무 우스꽝스럽고 스릴 있어 보인다. 일본 방송국의 개그, 시트콤이 아베에 비해 창의성이 뒤지고 재미가 없어 잘 안 보고, 아베의 즉흥적이고 창의적인 아베 마스크 등의 시리즈에만 신경 쓰고 보고 있어 방송 관계자들은 고민이 될 것 같다.

  요즘 일본 시사 프로그램 방송은 온통 아베 마스크 논란이 아주 재미있다. 천문학적 예산이 요술 방망이 묘기처럼 뭉칫돈이 이리저리 거치며 어디론가 사라지곤 하는데 그 종착지가 어딘지 묘연하다면서도, 그것이 큰 문제가 안 되는 것을 보면 신기하고 코미디 아닌가 하는 생각이 든다. 일본 정부의 예산 집행은 대개 하청이다. 친분 관계의 유력자가 하청을 받아, 거기서 10~20%를 떼고 재하청을 준다. 재하청의 재하청을 거쳐 마지막은 30~40%만! 일본에서는 그런 일이 오랜 관행처럼 있어 와서인지 새삼스러울 것도 없다. 기득권자들은 시민의 여론 같은 것은 신경도 안 쓰는 것 같다. 기득권자와 관은 상전이고 보통 국민은 하인, 상하 관계로 오랜 세월 세뇌되어 온 일본인들의 관념이 이런 일을 그냥 일상으로 받아들이나 보다. 아베의 NO 마스크 예산만 해도 5천억 원이 넘는다는데 패스, 패스 또 패스로 수의 계약, 하청으로 이어지며 실제 마스크 구입비는 9백억 원 정도라는 것이 그렇다. 그러니까 4천1백억 원이 중간에서 어디론가 날아가 버린 것이다.

　2020년 아베의 일본은 참 재미있다. 하도급으로 이어지며 돈이 줄어든다. 왜 그래야 하는지 도무지 이해 난망이다. 공개 입찰을 하면 돈도 절약하고 시간도 절약할 수 있을 일본이 선진국이라는 것은 오해였고 착각이었을지도 모른다. 참모습은 중진국도 안 되는 후진국인데 말이다. 산업화를 다른 아시아 국가들보다 일찍 시작한 덕을 과분하게 누렸던 것뿐이다. 그것에 취해 기고만장 거품경제를 타고 너무 높이 올라가다가 떨어져 거품이 꺼지며, 잃어버린 30년으로 경제가 제자리걸음을 하고 있다. 그 와중에 코로나19 사태로 완전히 드러난 사회구조의 후진성과 사회 의식의 후진성이 적나라하게 드러났다. AI 시대에 전화, 팩스, 본인 확인 도장을 찍어야 모든 서류가 비로소 결재된단다. 아직도 1980년대 시스템 그대로인 것이 놀랍다. 일본의 전성시대 일본 역사상 처음 맛본 호황, 1980년대의 꿈에서 깨어나고 싶지 않았던 것인지도 모르겠다.

어쨌거나 일본은 기득권을 차지하고 있는 기득권층 우익들이 참 살기 좋은 나라다. 일본인들은 오랜 세월 그리 세뇌되어서인지 기득권자들에 저항하지 않는다. 자신들보다 강자라고 생각되면 당연시하며 고개를 숙인다. 관은 국민의 공복이라기보다 관리자로 강자의 개념이다. 그래선지 정치인이나 정부 관리들이 부당하다고 생각되는 일이 있어도, 다른 나라처럼 개인들의 데모 등 항의하는 모습은 일본 사회에서는 보기 힘들다.

일본이 민주주의 국가라지만 사실은 무늬만 그렇다. 2차 대전 패전 후 맥아더가 군정을 실시하며 만들어 놓은 그대로인 형식은 민주주의를 하고 있다고 표방하지만 실제 속살은 다이묘 시대나 마찬가지다. 우두머리 대장이 몰고 다니는 집단주의 개인의 주장, 의사 같은 것은 없다. 2차 대전 이전의 기득권층이 그대로 일본을 지배하고 있고, 대물려 그 자식들이 또 기득권자로 남아 일본을 지배하고 있다. 전범 집안의 후예인 아베, 고이즈미 전 총리의 아들 고이즈미 신지로만 보아도 그렇다.

30대의 고이즈미 전 총리의 아들 신지로가 경력도 일천한데 차기 총리감 1순위라는 것도 의아하다. 그런데 이 친구가 한심한 헛소리를 계속해 대니, 총리감 1순위라는 크레딧을 다 까먹고 있는 중이다.

일본은 사실 미개하고 어렵게 살던 나라였다. 그러던 것이 우연히 파도에 떠밀려 온 네덜란드 선원들을 통해 서양 문물을 일찍 접하고, 모방은 꼼꼼히 잘하는 덕에 조총 등을 만들고 하며 그들 나름의 발전을 이룬다. 그렇게 힘이 좀 생기자 수시로 한국에 쳐들어와 패악질을 일삼곤 하였다. 그때마다 한국에 상처만 남기고 결국엔 실패를 거듭했었고, 결국엔 2차대전을 일으켜 대륙에로의 야망을 불태우며 용을 썼지만, 결국엔 원자폭탄까지 얻어맞고 폭망하고 만다. 전쟁에 올인하며 다 쏟아부었으나 처절하게 패망한 후 먹을 것이 없어 먹을 것을 얻기 위해 여자들은 미군을 상대로 몸을 팔아야 했을 정도였다.

그러던 차에 한국 전쟁이 일어나자 그 전쟁 특수를 3년 동안 온전히 누려 일본은 반짝 일어선다. 그 여세로 미국 등 서양 문물을 흉내 내어 만들며 팔고 하여 1960년대부터 80년대까지 대호황을 누리며 급속히 팽창한 경제력으로 기고만장한다. 도쿄를 팔면 미국을 통째로 살 수 있다고도 떠들어 대기도 했다. 그런데 거기까지였다.

그 후 일본이 최고란 국뽕에 취해 도낏자루 썩는지도 모르고 지난 40여 년을 제자리걸음을 하며 일본 최고라는 나르시시즘에 젖어 깨어날 줄을 몰랐다. 그 세월 세상은 빛의 속도로 변해 가는데, 일본의 기득권자들은 군국주의 시대 의식에 멈춰있고, 일본 국민은 7~80년대 호황기의 향수에 취해 깨어나지 못하고 있다. 10년이면 강산도 변한다는데, 몇 번의 강산이 변한지도 모르고 말이다. 그런 모습이 2020년의 일본이다.

2020년 코로나19 사태가 발생하며 일본의 감춰져 있던 후진성이 드러났다. 후진적인 정치, 후진적인 정부 시스템, 후진적인 국민성, 팩스와 도장이 있어야 돌아가는 IT, 디지털 후진성의 민낯이 드러나 온 세상이 의아해한다. 세상은 디지털화가 가속화하고 있는데, 팩스와 도장을 고집하고 있는 넷 우익, 변화가 없는 정부와 국민들 때문에 디지털 후진성이 만천하에 알려졌다. 일본이 이제서야 디지털청을 만들겠다는데 그 담당 장관이 도장협회 회장이라고 하는 우스운 상황이다. 여기서 역사적으로 한국과 일본의 악연의 관계에서 떠오르는 한국인으로는 제일 먼저 일본의 임진왜란 침략으로부터 조선을 지켜 낸 이순신 장군과 류성룡, 그 이외에 현대의 국가 수난사 속에 한국의 얼을 지키기 위해 애쓴 김구 선생, 한용운, 안중근, 윤봉길, 이봉창 등이 있고, 조국을 배신 한 을사오적으로 대표되는 친일파와 마지막으로 떠오르는 인물이 박정희다.

박정희는 태생은 한국인으로 태어났지만 그는 뼈에 사무치도록 일본인이고 싶어 했었다. 그는 어쩌면 진짜 일본인인지도 모른다. 오래전 옛날부터 수백 년을 줄기차게 야만의 왜구들은 조선을 침탈하였다. 특히 경상도 지역은 일본과 가깝게 마주 보고 있어 왜구들은 수없이 침범하여 노략질에 한국인 납치, 부녀자 겁탈을 일삼던 왜구들이 흘려 놓은 씨앗의 후예가 아닌가 하는 의심이 들어서다. 생김새나 체격, 짧은 다리도 전형적인 일본인과 너무도 닮았다. 요즘 국민 밉상인 아소 다로의 모습을 보면 박정희가 연상될 정도로 너무도 닮았다. 박정희와 아소 다로 둘을 놓고 보면 형제가 아닌가 하는 착각이 들 정도로 참 많이도 닮았구나 하는 느낌이 든다. 체격도 판박이로 그렇고!

식민지 국민으로 일본인에 갖는 일반적인 열등감에서도 그렇지만, 박정희는 다른 한국인보다 심한 일본인에 대한 열등감으로 더욱 맹렬히 일본인이고 싶어 했다. 그런 그의 열등감과 열망은 의식적, 무의식적으로 박정희의 의식은 일본인화되어 갔다. 사무라이를 흠모했으며, 그런 그의 의식은 스스로 자신은 일본인이라는 최면으로 일본인이 되어 있었다.

그러한 본보기의 한 예로 여자에 대한 사무라이식 그의 관념이 그렇다. 청와대에서 여자를 강압적으로 끌고 와 짓밟는 염색 행각에서도 그가 심취했던 사무라이들은 여자를 짓밟아도 죄가 안 된다는 식의 사고가 그대로 드러나 있다. 일본에서 결혼하면 여자는 남편의 소유가 된다. 그래서 남편을 주인이라고 부른다. 지금은 의식이 많이 변해 있지만, 옛날 사무라이들의 여자에 대한 의식은 여자는 남자가 원하면 범하고 짓밟을 수 있는 존재였다. 책임감이나 죄의식 미안함 같은 것은 없다. 박정희의 여자에 대한 의식은 그러한 사무라이식 의식으로 관념화되어 깊이 자리 잡고 있다. 군사 독재하에서 여자들을 강제로 끌고 와 국민 세금으로 청와대 뒤편에서 술 시중을 들게 하고 범하고 하는 것에 그는 전혀 죄의식이 없었다. 보통 양심과 상식적인 인간이었다면 도저히 상상도 할 수 없는 짓이었다.

김재규와 신선호의 변호인이었던 강신옥 변호사가 재판부에 제출한 신선호 과장이 데려와 박정희 술자리에 앉힌 여자가 130명 정도였다고 한다. 공포의 독재정권 시절 무소불위의 중앙정보부 검은색 지프차는 거칠 것이 없는 것이었고, 방송국 녹화 현장의 텔런트, 배우, 공연장의 가수, 무용수 등 공연 중이건 녹화 중이건 그런 건 고려 대상도 아니었다.

배우, 탤런트, 가수들에게 서슬 퍼런 권력자인 감독, 방송국 피디들도 촬영, 방송 연출을 중단하고 꿀 먹은 벙어리가 될 수밖에 없었다. 그 시절 유명 배우, 탤런트, 가수 치고 끌려가 박정희 술자리 시중 안 든 사람이 없었다고들 한다. 박정희의 마지막 가는 길을 기념하는 술자리에도 심수봉과 햇병아리 대학생 탤런트 신 모 양이 배웅했으니 말이다.

그렇게 박정희는 일본이 한국과 아시아를 점령하고 기세를 올리던 시절에 태어나, 모든 것이 일본인들에 의해 일본식으로 돌아가던 세월 속에서 여타 많은 한국인들과 달리 일본을 흠모하며 일본인이 되고 싶다는 열망을 품고 자랐다.

박정희는 대구의 중하류에 속하는 그리 넉넉지 못한 가정에서 태어나 그 시절 직업이 보장(국민학교 선생)되는 사범 고등학교에 진학기 졸업을 한다. 그리고 서음 말령받은 곳이 한국인이라서 그런지 정말 시골 벽촌인 문경의 시골 소학교였고 그곳에서 사회생활을 시작한다. 그가 배치된 곳은 문경 시내에서 삼십여 리 떨어진 깡촌의 소학교로 말이 학교지 세 칸짜리 가건물 같은 건물에 학생이라곤 전교생이 4~50명에 불과한 학교였다. 그가 처음 맡은 학생은 15명 정도였다고 한다. 그곳에서의 생활은 세상과 단절된 것 같은 암울하고 답답한 것이었다. 그렇지 않아도 열등감에 쩔어 있던 그에게 그곳 생활은 자신이 한국인이라는 것, 부유하지 못한 집안 환경인 것, 인물, 체격 등 그의 열등감을 해소할 만한 아무런 동기 부여도 찾을 길이 없는 무료함이었다. 그러던 그곳에서 2년여 되던 해 박정희는 그의 일생에 전환점을 맞게 되는 한 광경을 목격하게 된다.

학교 일 때문에 문경 시내를 모처럼 방문하게 되고, 그때 문경에 일단의 일본군이 훈련을 위해 주둔하고 있었다. 거기서 박정희가 목격한 것은 그가 좋아하는 긴 일본도를 찬 훈련 중인 부대의 장교가 무슨 일인지는 모르나 일본 순사를 앞에 세워 놓고 훈계하고 있었다. 장교는 지휘봉으로 순사의 어깨를 툭툭 치기도 하고 배를 쿡쿡 찌르기도 하는데, 평소에는 위세 있고 무서워 보이던 순사는 차렷 자세로 하이, 하이를 외치며 꼿꼿이 서 있었다. 그 광경을 목격한 박정희는 그 장교가 무슨 개선장군 같아 보이고 몹시 부러웠다. 박정희는 학교로 돌아오는 길 내내 그 모습의 생각에 잠겼고, 돌아와서도 그 모습이 머리에서 떠나질 않았다. 그리고 그 장교가 한없이 부러웠다. 그 광경은 그의 열등감에 불을 질렀다.

그로부터 박정희는 일본국 장교가 될 수 없을까, 일본국 장교가 된다면 하는 생각의 포로가 되어 헤맸다. 그러나 신문이나 뉴스라는 것이 도시의 기득권자들 중심으로 제한적이던 시절, 작은 시골이었던 문경 군청이 있는 시내도 아니고 시내에서 삼십여 리나 떨어진 세상과 거의 단절된 시골 마을 학교에서 일본군 장교가 되는 길의 방법이나 조건 같은 것을 알 길이 없어 답답했다. 그는 그 방법을 알아보기 위해 교통수단이라고는 달구지나 두 발로 걷는 것 이외에는 방법이 없던 시대니 걸어서 문경 시내를 오가며 알아보았다. 몇 번을 오가며 얻은 양식과 상식으로 일본 육사는 자격이 안 되니 만주군관학교에 가기 위해 지원서를 보냈다. 그러나 조선 출신이란 불리한 조건 등으로 두 번이나 입학에 탈락해 실망한다. 그러나 일본국 장교가 되고 싶다는 열망도 그렇지만 세상과 단절된 듯한 벽촌에서 탈출하고픈 열망에 마지막이라 생각하고 지원서와 함께 혈서로 쓴 자신의 일본국에 대한 충심과 천황에 대한 '견마지로'의 충성 서약서와 같이 세 번째로 지원한다. 그리고 충성 서약이 통했는지 그가 그토록 원했던 대망의 만주군관학교에 입학을 허락받고 군관학교에 가게 되어 일본국 군인의 군관이 된다. 그러나 그토록 원했던 일본군 장교로 일본군 만주 주둔군에 배속되어 근무한 지 그리 오래지 않아 고향이나 한국에 배치되어 일본군 장교복을 입고 목에 힘주고 으스대며 모태 열등감을 해소하고픈 열망을 이루지 못한 채 일본이 패망하고 만다. 그러자 그는 변신의 선수답게 일본군 장교복을 벗어 던진다.

그리고 박정희는 변신의 촉을 동원해 앞으로 빛을 보게 될 것 같은 광복군에 들어가고자 광복군에 가서 기웃거린다. 그러나 광복군으로부터 일언지하에 거절당한다. 박정희로서는 나중에 그것이 다행스러운 일로 한국 상황이 전개되었기 때문이다. 한국 상황이 정상적인 상식으로 진행되었다면 광복군이 우리나라의 광복 이후 군의 중심이 되었겠지만, 미국이 자신들의 편의를 위해 한국민의 민족감정 같은 것은 무시하고 나라를 배신하고 일제에 충성했던 친일파들을 그대로 중용했다. 오히려 임시정부와 광복군 등 의식 있는 민족주의자들을 배제하였기 때문에 친일파들이 다시 득세하는 웃지 못할 비상식적인 상황이 미국에 의해 전개되었기 때문이다. 미국은 일제의 시스템으로 편하고 안정적으로 한국을 관리하면 그만이라는 속내였다. 그것이 힘없는 약소국의 비극이었으며 2020년 지금까지도 그 후유증에 한국민은 고통을 받고 있다.

박정희는 홀로 귀국하여 새로 창설된 한국군에 들어간다. 그런데 그때 이미 박정희는 빨갛게 공산주의에 물들어 공산주의자가 되어 있었다. 그가 공산주의에 물든 계기는 그가 부모처럼 따랐다는 큰형 박상희의 영향이었다. 박상희는 뼛속까지 빨간 진짜 빨갱이였고, 남로당 핵심 지하요원으로 활동하던 중 발각되어 대구에서 경찰과 총격전 와중에 사살되었다.

그렇게 형의 영향으로 빨갱이가 된 박정희는 군 내부 남로당 조직의 총책까지 맡으며 암약하였으며, 실제 김일성이 발행한 남한 남로당 총책 임명장까지 소지하고 있었다. 김일성에게 직접 받지는 않고 전해 받았던 것이다.

극심한 혼란 시기 그들은 곧 남한이 공산화할 것이라는 소문 속에 군 내부 남로당 추종 세력에 의한 여순 반란 사건이 터지고, 그 사건을 계기로 미군(유엔군)에 의한 군 내부 빨갱이 소탕을 위한 숙군 작업이 대대적으로 실시된다. 그 과정에서 체포된 박정희는 사형선고를 받게 된다. 전시나 준전시에서의 사형선고는 즉시 총살형이 집행되는 것이었고 그때그때 형이 집행되었으나, 박정희는 총책으로 남로당 조직원 명단을 가지고 있었으며 그 명단을 확보하기 위한 CIA의 취조 관계로 형이 집행되지 않고 연명하고 있었다. 결국 박정희는 변신과 배신의 아이콘답게 동지들을 배신하고, 군 내부 남로당원 명단과 전향서로 CIA와 딜을 하고 목숨을 부지한다.

미국 메릴랜드대학 칼레지팍 캠퍼스의 문서보관소에 보관된 기록을 보면, 박정희는 군 내부 남로당 총책으로 김일성이 발행한 남조선 군 내부 남로당 총책임명장과 함께 남로당 조직 공산당원 명단을 가지고 있었다.

미국 CIA는 한국군 내부 공산당원들을 파악해 남로당원들을 소탕하는 것이 시급한 문제였다. 그래서 박정희를 회유해 유엔군이 들어온 이상 공산당은 성공할 수 없으며, 남로당원 명단을 넘겨 주면 사형을 면제해 주겠다고 당근을 제시하여 약속하고 전향서와 명단을 넘겼다. 박정희는 결과적으로 동지들을 형장으로 보내고 그 대가로 목숨을 부지하게 되었다.

그 시대의 상황이 혼란스러웠고 민주주의, 공산주의가 진정 무언지 경험해 본 적도 없었기에 지식인들은 달콤하게 유혹하며 다가오는 것에 관심을 갖기도 하던 시대였다. 그런 와중에 사회 상황은 너무도 급변하고 있어, 본의 아니게 사회 상황에 휩쓸려 억울한 희생자도 속출했다. 실제로 민족주의자와 공산주의자를 구분하기가 쉽지 않고 불가능하기도 한 상황이었다.

그 시절 시대 상황이 그러했듯 박정희가 넘겨준 명단에는 들어 있었지만 진짜 공산주의자가 아닌 정확히 따지면 민족주의자도 여러 명 있었다. 그중에 장 중령은 민족주의자요, 정말 아까운 인재였다. 그는 철저한 민족주의자로 그 시절 엘리트 지식인이라면 한 번쯤 공산주의에 관심을 가졌고, 그 또한 그런 사람 중 한 사람이었다. 그는 이름난 수재로 그 유명한 동경제국대학 법학부를 우수한 성적으로 마친 최고의 엘리트 장교로 친지의 권유로 남로당 모임에 한두 번 얼굴을 내민 정도였다. 그 자신이 적극 원한 것도 아닌데 남로당원 명단에 있었고, 그것은 박정희가 적어 넣은 명단에 의해 그대로 끌려가 총살형에 처해졌다. 그 사실을 알고 있는 주위 사람들은 아까운 인재였다고 아쉬워했었다.

그렇게 민족의 비극이었던 그 시절 그 순간들 정말 사형 일 순위에 해당했던 박정희는 동료들을 배신한 대가로 목숨을 부지하고, 장 중령을 비롯한 많은 억울한 사람들이 희생된 시대상의 비극이었다.

극적으로 목숨을 부지하고 불명예 전역을 당해 백수로 지내던 박정희는 민족의 비극인 육이오 전쟁이 터지고 사람이 턱없이 부족했던 군에 복귀할 수 있었다. 군에 다시 복귀하여 포병장교로 육이오 전쟁에 참전하게 된다. 3년 여의 전쟁에 많은 군인과 민간인이 희생되었으나 박정희는 후방에서 지원하는 포병 장교였던 터라 큰 위험 없이 무탈하게 살아남았다. 육이오 전쟁 중 많은 사람이 희생되었고 한국 군대도 급속한 팽창으로, 계급 인플레이션이라고 할 정도로 두세 달 만에 한 계급씩 진급하는 경우도 부지기수였다. 32살에 투 스타가 탄생하기도 했다. 그런 기류에서 보면 빠르다고 할 수 없었으나 박정희도 전쟁이 끝나고 얼마 뒤 군대의 꽃이라고 할 수 있는 별을 달았다.

군에서는 별자리건 영관 장교건 누구나 일반 보직이나 참모보다는 지휘관이 되고 싶어 한다. 특히 보병 사단장은 별을 단 사람이면 누구나 희망하고 가고 싶은 자리다. 군 경력에서 지휘관인 대대장, 연대장, 사단장은 최고의 가점이 되기도 한다.

박정희는 1957년 후반 포병장교 출신으로는 쉽지 않은 보병 사단장이 되어 강원도 인제군 원통리에 주둔한 사단의 사단장에 보임되어 근무하게 되었다. 그게 아마 박정희 군 경력의 마지막 황금기라고 할 수 있다. 그 후 소장으로 진급은 하였으나 한직인 육관구 부사령관에 임명되었다. 육관구 부사령관이란 자리는 별자리들이 옷 벗기 전에 가는 자리로 알려져 있었고 박정희도 알고 있었다.

그래서 박정희가 인척 관계인 김종필 등 젊은 장교들과 쿠데타 모의를 하게 된 것이라 해석되는 대목이다. 군 경력은 거기서 끝이라는 사실이 그가 쿠데타 모의를 하게 된 동기가 되었고, 한직인 육관구 부사령관 자리는 그런 모의를 하기에 좋은 환경이었다. 사실 그 쿠데타는 실패할 확률이 95% 이상인 것이었다. 왜냐하면 미국이 장면 총리를 아주 좋아했고 미국 조야에 두터운 인맥과 신망이 있었다. 그러나 민주당 내부 사정의 갈등 상황과 내각제의 특성상 상징적 대통령인 윤보선의 욕심이 결과적으로 박정희의 쿠데타를 돕는 결과를 낳았던 것이다. 첫 번째는 양순한 신사인 장면 총리가 미 대사관이 아닌 천주교로 피신해 미 대사관에서 처음에 총리의 소재 파악을 하지 못한 점, 미 대사관이 두세 번의 쿠데타 세력을 물리기를 묻는 데 대해 윤보선은 분명한 대답이 없었던 것이 쿠데타 성공의 결정적인 원인이었다. 그 시절은 미국이 말 한마디면 쿠데타 세력을 물릴 수 있던 시절이었다. 그런데 윤보선은 장면이 물러나면 자신이 권력을 잡을 수 있다고 생각했던 것 같다.

박정희의 예로만 보더라도 인간은 세뇌 현상의 고정관념으로 의식화되어 행동하는 동물이라는 생각이 든다. 일본군 패잔병들은 항복은 천황을 배신하는 것이라 의식화되어 대부분 자살을 택했다. 괌에는 자살 바위라는 곳이 있다. 일본의 패전 후 그곳 전투에 참전했다 살아남은 간호원 수십 명과 일본군 패잔병들이 그 바위에서 천황폐하 만세를 부르며 바다로 뛰어내려 자살한 바위에 붙여진 이름이다.

사실 인간의 세뇌는 그리 어려운 것이 아니다. 인간의 지능은 세뇌에 취약한 지점에 세팅되어 있어, 집중, 반복적으로 목적한 바를 주입하면 그렇게 믿게 되는 구조로 되어 있다. 인간들은 검은 것도 희다고 반복해 듣다 보면 정말 그런가 하게 된다. 종교, 공산주의, 파쇼 나치, 독재자들이 존재할 수 있는 근원이 되는 인간의 취약성으로, 어떤 쪽으로든 주입된 관념이 인간의 정신세계를 지배하게 된다.

2차 대전 때의 일본인들이 천황에 충성하는 것이 국가나 자신에 최고의 가치라고 믿게 된 것은 그런 세뇌 현상을 단적으로 보여 주는 모델이었다. 하이 히틀러로 상징되는 2차대전 당시 독일의 국가주의 세뇌, 레닌의 공산주의 세뇌, 모든 사람이 차별 없이 똑같이 일하고, 똑같이 나누어 갖고, 똑같이 먹는다는 언뜻 듣기에는 솔깃한 말은, 실은 각자 욕망으로 들끓는 인간에게 대입이 불가능한 유토피아적인 공상일 수밖에 없다. 그저 민중을 세뇌해 바보로 만들어 그들의 목적에 도구로 이용한 것이다. 그 모든 비극의 기저에는 인간의 취약한 세뇌될 수 있는 기능이 자리하고 있다.

2차 세계대전과 그 후 기세를 올린 공산주의라는 허울 좋은 유혹에 휘말려 희생된 사람의 수가 2억 명이 넘는다. 전쟁이란 이름 앞에 인간은 존엄한 각각의 존재가 아니라 그저 소모품일 뿐이다. 전쟁은 인간을 인간이 아니게 만드는 괴물이다.

또한 1900년대 초중반 공산주의 광풍이 증명해 주었듯, 인간 사회에서 사상, 사상 논쟁이란 백해무익한 것이다.

전범국가 일본, 독일 등의 전쟁을 일으킨 이유도 알고 보면 꼭 전쟁을 해야 할 이유라기보다, 그들의 자기 세뇌에서 비롯된 것이었다. 일본은 '천황폐하 만세, 천황은 위대하다, 천황에 대해 영원히 충성한다'는 것이 이유였고, 독일은 '게르만 민족은 위대하다'는 자기 세뇌와 대가리들의 과욕이 전쟁을 일으킨 이유의 전부였다. 웃기지 않나 인간들, 일본 천황이 천세, 만세를 이어 가든, 위대하든, 독일 게르만 민족이 위대하든… 그걸 증명해 보이기 위해 전쟁을 일으켜 이웃 국가를 침략하고 엄청난 숫자의 사람이 비극적으로 죽어 가고, 그래서 일본 천황이, 독일 게르만 민족이 대단하고 위대하다는 것을 증명했나? 그걸 증명한들, 그걸 증명해서 어쩌자는 걸까! 인간들 하는 짓들 하고는 그게 만물의 영장이라는 인간들이 노는 꼴이다.

전쟁은 어떤 전쟁이나 모든 피해는 민초들의 것이고, 민초들의 목숨을 요구한다. 그런 민초들의 목숨이 달린 전쟁이 왕이나 대통령, 늙은 정치 권력자나 독재자의 이해나 감정풀이 대상이 되어 시작된다는 것이 아이러니다.

그런 사건은 역사 속에서 보면 유태인 학살 등 많이 있고, 앞으로도 없을 거라는 보장은 없다. 왜냐하면 인간의 감정의 장난은 어떻게 변할지, 어디로 튈지, 어떤 일을 벌일지 알 수 없기 때문이다. 이것만으로도 인간이 지구상 생물 중 가장 저급하고 저속한 동물이다.

생물인 동물 중에 같은 종끼리 상상할 수 없는 수많은 변칙적인 방법으로 죽이고, 죽고 하는 동물은 지구상에 인간이 유일하다. 그것도 떼거리를 지어 집단이나, 국가라는 힘으로 많이 죽이는 편이 영웅적이요, 영웅이라는 야만적 죽이기 내기를 하는 동물들이 인간이다. 일본군의 중국 남경 점령 당시 위관 장교 두 명이 일본도로 누가 먼저 포로로 잡힌 중국인 백 명을 먼저 죽이나 내기를 했다고 한다. 원래 일본 사무라이들은 칼로 사람 베는 것을 아무렇지 않게 여겼다지만, 과연 천박한 사무라이 후예답게 인면수심을 실천하는 일본인들답다는 생각이 든다. 이런 사연뿐이겠는가, 지구상의 생물계 중에 인간계가 제일 참혹한 곳이 아닌가 한다.

여타 동물은 같은 종끼리 먹을 것 같은 것을 가지고 싸워도 일대일로 싸우고 곧 힘이 좀 센 놈이 승자가 되고 진 놈은 순순히 인정하고 돌아선다. 동물의 다툼에는 변칙이 없다. 그런데 인간의 싸움은 변칙적인 방법도 불사하고, 예고 없이 등 뒤에서 칼로 쑤시기도 하고, 돌이나 몽둥이로 여러 명이 한 사람을 린치하기도 한다. 또 문명의 이기인 총으로 무차별 쏘아 대기도 하고, 대량 살상 무기를 만들어 쌓아 놓고 서로 겁을 주며 여차하면 터트릴 준비를 하고 있는 것이 인간들이다. 그 외에도 살상 가스, 생화학 무기 등 아주 야비한 방법들도 많다. 그런 것들이 만물의 영장이라고 하는 인간들이 고안해 낸 싸움이고 전쟁이다.

근래 몇 년 사이에도 시리아, 이라크, 사우디아라비아, 예멘, 이스라엘, 팔레스타인, 러시아, 우크라이나, 아르메니아, 아제르바이잔, 아프리카 이곳저곳에서 전쟁은 현재 진행 중이다. 인간 사회의 산업화에 따라 진화한 각종 무기가 대량 생산되고, 그 무기를 팔아먹기 위해서도 전쟁은 필요하다는 속내로 무기상들은 분쟁지역을 훑으며 동분서주한다. 전쟁이 없으면 그들 무기 제조상(대개 미국, 소련 등 선진국이라는 나라들이다)들은 망한다. 무기는 대개 비싸고 대량이어서 경제에서도 한 부분을 차지해 트럼프 같은 이는 일자리도 많이 생긴다고 자랑까지 한다. 사우디아라비아가 예멘에 미제 폭탄을 퍼부어 수백 명씩 죽어 나가고 있다. 국제사회의 우려와 같은 당 상원의까지도 사우디아라비아에 무기 판매를 취소하라고 설득해도 트럼프와 무기상들은 계속 사우디아라비아에 무기를 팔겠단다.

그래서 무기상들은 때로는 분쟁지역을 돌며 인위적으로 갈등을 부추기는 작전도 불사하며 무기 팔아먹을 방법을 연구하고, 갈등을 만들어 내기도 하는 짓도 마다하지 않는다. 대혓 무기상들의 행동내, 그늘은 늘 은밀하게 움직인다. 사실 그들 무기상들은 하수인이라고 할 수 있고, 실제 그들 뒤에는 미국, 소련 등 강대국들이 있다. 첨단 무기를 개발하는 데는 막대한 자금이 소요된다. 고로 실제 전쟁만큼 무기 개발, 무기의 업그레이드, 진화, 그리고 무기의 소비를 위해 강대국 들의 물밑 전쟁도 치열하게 하고 있다.

2차대전 패배로 영원히 전쟁을 안 하는 나라로 남겠다는 맹세를 하고 헌법 9조에 명시했던 일본, 그 2차대전 전범 집안의 후손으로 호전적인 집안 내력을 꼭 빼닮은 일본 수상 '아베', 그는 일본을 전쟁할 수 있는 나라로 만들겠다고, 헌법을 바꿀 궁리에 몰두해 있고 법을 무시하고 무기 판매, 수출국 대열에 합류하고 있다. 집안 내력이 자랑스럽다는 아베 같은 고정관념의 세뇌 현상은 인간의 치명적인 약점이다. 본인만 모르는 그런 고정관념은 일종의 사이비 종교에 빠진 관념과 같다. 아베처럼 그런 내력의 집안에 태어나 보고 익히고 자라면서 세뇌되어 관념화하면, 그 고정관념이 그의 인생 전반을 지배하게 되며 인간의 가치관으로 영향을 미치게 된다. 그리고 정신세계를 지배받으며 그것을 신념이라며 자랑스러워하게 된다.

아베를 비롯한 일본의 극우익들은 80여 년 전 대동아 전쟁을 일으킬 당시의 우익 전범들의 고정관념, 의식 구조와 거의 일치한다. 한 치도 다르지 않은 사상 그대로 판박이다. 아마 힘이 된다면 다시 이웃 나라를 침략할 수도 있을 것이다. 섬나라인 일본은 심한 콤플렉스를 가지고 있어, 대륙과 연결된 땅 한 자락이라도 차지하고 싶다는 원초적 야욕이 그들의 의식 속에 아직도 늘 꿈틀거리고 있다. 일본은 외딴 섬나라에서 벗어나고자 대동아 전쟁을 일으켜 만주에 만주국을 세우고 터전을 마련하려 했던 것이 그 증거가 될 수 있을 것이다. 2차대전 패배로 일본에 꿈은 물거품이 되고 말았지만 말이다.

독일은 전후 철저한 반성과 침략했던 이웃 국가에 사죄와 배상, 보상으로 나치의 과오를 청산하고, 이웃 나라와 화해하고 협력으로 좋은 관계를 유지하고 있다. 지금까지도 새로운 피해 사실이 밝혀지면 서슴없이 배상하고 위로하고 있다.

그러나 일본은 아직도 그들의 침략 만행에 대한 진정성 있는 사과와 배상을 거부하고, 오히려 그 시절을 영광스러워하며 향수에 젖어 있는 것이 그들의 현재 모습이다. 그런 사실은 아베와 극우 무리들이 일본을 다시 전쟁을 할 수 있는 나라로 만들겠다고 열을 올리고 있는 데서도 확인되는 것이다. 국가와 천황을 위해 일본 국민은 자신을 비롯해 모든 역량을 바친다는 메이지유신으로부터의 철저한 세뇌가 아직도 일본 사회를 지배하고 있다. 잘못 입력된 세뇌는 논리적인 사고와 이성적 판단을 할 수 없게 만든다. 일본의 극우들이 그 표본으로 세뇌와 고정관념화의 무서움을 다시 한번 실감하게 한다.

지금 이 시간에도 지구 곳곳에서 전쟁은 진행 중이다. 대표적으로 시리아의 엉킨 실타래 같은 혼란스러웠던 전쟁 상황은 아직도 아물지 않았다. 자신들의 오랜 삶의 터전인 고향을 등지고 떠도는 난민 문제는 아직 진행 중이다. 그 시절 시리아 문제는 왜 그렇게 얽히고설켜 복잡해졌을까. '오바마'의 인기 관리적 사고방식과 무소신, 우유부단으로 인한 머뭇거림에서 답을 찾을 수 있을 것 같다. 시리아 전쟁의 맥을 끊을 수 있는 찬스였던 아사드가 처음 화학 무기를 사용했을 때의 명분을 흘려보낸 데서부터 더욱 큰 비극은 시작되었다고 본다. 그때까지만 해도 화학 무기 사용은 어떤 이유로도 용납할 수 없다는 유엔, 국제사회의 합의가 존재했었다. 영국, 프랑스, 독일 등 세계 각국의 정상들이 하나 같이 화학 무기를 사용한 '아사드' 아웃을 TV에 나와 천명하며, 아사드는 더 이상 용납할 수 없다며 행동하려 할 때, 세계 최강국인 미국의 오바마가 망설이며 자신의 인기 관리 계산기를 두드리다 시간은 흘러갔고 아사드 아웃의 분위기도 식어 갔다. 그 후로는 화학 무기 사용도 용인된다는 분위기인 듯, 아사드는 러시아에 접근하여 푸틴을 등에 업고 여러 번 반복한다.

그때까지만 해도 시리아 전쟁 양상은 그렇게 복잡하지 않았었다. 아사드만 제거되었으면 어떻게든 해결에 실마리를 찾을 수 있었다. IS 같은 괴물도 출현하기 전이고, 보통 시민들이 난민으로 움직이기 전이었다. 프랑스의 올랑드 대통령이 아사드 아웃을 결연한 표정으로 말하던 모습이 지금도 선하다. 서너 개의 파벌이던 것이 난세에 그렇듯 IS를 비롯해 여기저기서 새로운 집단이 생겨나고 자라며, 해결책이 안 보이는 통제 불능 상태에 이른 것이다. 2~30만 명의 인명피해와 시리아 도시들은 파괴되고 죽음의 땅으로 변했다. 사람들은 살길을 찾아 맨몸으로 고향을 등지고 세계 여기저기를 떠도는 난민 신세가 되었다. 국제기구에 의하면 그 숫자가 자그마치 3~4백만 명 정도라고 한다.

우리가 익히 알고 있듯 키를 쥐고 있는 사람이 자신을 던져 용단할 때와 자신의 안위만을 염려할 때, 그 결과는 엄청난 차이가 난다는 또 하나의 교훈인 셈이다. 지도자의 필수 덕목인 정의에 대한 철학의 부재가 어떤 결과를 가져오는지를 확실하게 경험한 예로, 표면화되지는 않았지만 역사에서 누군가가 다시 한번 복기해 보는 사연이 되지 않을까 생각해 본다.

또 하나의 지속적 전쟁 상태인 이스라엘과 팔레스타인의 갈등 상태는 뾰족한 해법이 없는 종교 갈등으로 결코 끝날 수가 없다. 왜냐하면 어떤 종교든 신은 당연히 옳아야 하기 때문이다. 신의 이야기는 타협이나 양보가 용납이 안 된다는 정신이 원천적으로 밑바닥에 자리 잡고 있다. 그래서 종교 갈등은 전쟁으로라도 둘 중 하나가 멸망하든지, 없어지든지 해야 끝날 수 있다. 이 대목에서 또다시 세뇌 현상이 얼마나 무서운 것인가를 느끼게 된다. 종교 세뇌, 공산주의 세뇌, 도박 중독 세뇌 등 인간은 한번 세뇌되면, 그 고정관념이 인간을 지배한다.

 2018년 6월 11일 아침 뉴스에 또 이스라엘 스나이퍼(저격수)의 조준 사격으로 팔레스타인 지역의 비무장 시위대 4명이 죽고 삼십여 명이 다리에 총상을 입어 이제까지 수십 명이 죽고 천여 명이 넘는 부상자가 발생했다고 한다. 이스라엘군을 공격한 것도 아니고 철조망으로 분리되어 있는 팔레스타인 지역에서 비무장한 사람들이 자신들의 의사를 표현하는 시위대에 하체를 겨냥해 실탄을 발사하고 있는 이스라엘 병사들의 행위는 사격 놀이를 하고 있는 것처럼 보였다.

 평화적 시위를 하고 있는 팔레스타인 사람들에게 총질을 해 인명을 해치는 행위는 두말할 것도 없는 테러 행위이다.

 팔레스타인 가자 지구는 그야말로 사람이 살아가기에 부적합한 정도로 열악한 환경이다. 이스라엘의 철저한 봉쇄로 식량, 물, 식품 부족은 물론 약품 부족으로 다리에 총상을 입은 부상자 치료하기도 어렵고 식수난, 전력도 하루에 두 시간밖에 안 들어오는 그야말로 지옥에 버금가는 상황이다. 가자 지구는 지구상에서 가장 큰 감옥인 셈이다.

 이스라엘의 가자 지구에 대한 봉쇄, 공격, 압박 행위는 너무 악랄하고, 악착같고, 잔인하다. 서로 저주하고 있는 관계니 나 같은 먼 나라의 보통 사람의 상식은 통하지 않으리라!

 늘 상황이나 뉴스를 보면 이스라엘은 팔레스타인이 흥분하도록 부추기고 빌미를 만드는 것 같은 느낌이 든다. 예로 팔레스타인 지역을 조금씩 침범하여 팔레스타인 사람들이 오래 살아온 지역의 집을 중장비를 동원해 밀어 버리고, 거기다 이스라엘 정착

촌을 짓고 팔레스타인 사람들을 달려온 무력으로 쫓아내는 것 같은 짓을 노골적으로 행한다.

오랜 삶의 터전인 생존권을 침해당한 사람이라면 당연히 흥분하고 항의하는 것은 뻔한 일인데, 그러면 폭력 테러라며 적반하장 무력으로 제압하는 식이다. 그런 행동, 행위를 서슴없이 행하는 이스라엘의 잔인성을 대하면, 팔레스타인과 아무런 상관도 없는 우리 같은 사람도 인성이라고는 전혀 느낄 수 없는 악귀 같은 행위들에 인간으로서 해서는 안 될 저급한 최하가 아닌가 생각하게 된다.

67년 자신들의 선대들이 합의하고 서명한 분할 구역을 무시해버리고, 야금야금 무력으로 침범해 들어가는 행위는 오래되었고, 아예 팔레스타인 사람들의 팔을 비틀고, 목을 졸라 말려 죽이겠다는 기세인 것 같다. 국제사회의 비난에도 미국을 믿고, 등에 업고 안하무인으로 얼굴 가죽 두꺼운 철면피다. 이스라엘인의 피에는 셰익스피어가 《베니스 상인》에서 표현한 피도 눈물도 없는 고리대금업자 샤일록의 피가 흐르고 있는 것 같다는 느낌을 갖기에 충분하다.

십여 년 전 갈등 국면일 때 르포 기사에서 본 이스라엘 대학생의 인터뷰가 떠오른다. 그 학생은 인터뷰에서 옛날 팔레스타인을 가나안 땅에서 몰아낼 때 모두 죽여 버렸어야 하는데, 살려서 내쫓은 것이 오늘날 화근이라며, 할 수만 있다면 팔레스타인인들을 나 죽여 없애고 싶다고 말했다. 이스라엘, 팔레스타인 충돌 문제가 발생할 때마다 그 학생의 저주스러운 말이 떠오른다. 팔레스타인인들도 같은 심정이 아닐까 한다. 그 지점에서는 어느 한쪽이 멸망, 멸종하기 전에는 끝나지 않겠구나 하는 느낌에 인간의 한계를 느낀다. 어떻게 세뇌되면 저리될 수 있을까 하며!

요즘 이스라엘의 행위를 보면 미국을 등에 업고 못 할 짓이 없다는 듯이 기고만장하다. 미국의 무조건 이스라엘 뒷배가 되기를 마다하지 않는 행위는 또 무언가. 어떤 때는 미국이 이스라엘의 위성 국가가 아닌가 하는 착각이 들 때도 있다. 9.11 테러 이후 미국은 어떤 이유에서도 테러 행위는 절대 용납할 수 없고, 용납하지 않겠다고 조야에 맹세하듯 하며 테러와의 전쟁을 천명했다. 그리고 행동에 나서 아프간 전쟁, 오사마 빈 라덴을 색출하여 제거하는 등 지구상의 모든 테러에 대해서 단호히 행동할 것이라고 했었다.

그런데 얼마 후 이스라엘의 가자 지구 봉쇄로 기초 치료 약품, 식량난 구제를 위해 국제 민간 구호단체에서 비무장 구호 선박이 가자 지구로 향하고 있는 것을 이스라엘군 특공대가 공해상에서 공격해 9명의 사망자와 다수의 부상자가 발생하고, 배를 탈취하는 사건이 벌어졌다. 중무장한 군인이 비무장 민간인, 그것도 국제 구호단체의 선량한 민간인을 공격한 비이성적인 행태였다. 이는 분명 용납이 안 되는 야만적 테러 행위다. 이에 프랑스 등 세계 각국이 경악하고 비난 성명을 내고, 국제 법원에 제소해 응징해야 한다고 모두가 비난할 때, 테러 행위는 어떤 경우에도 용납해서는 안 된다던 미국은 꿀먹은 벙어리인 양 모른 채 외면했다. 참 얼굴 가죽 두껍고 인문적 소양이 일천한 국가라는 것을 인정하는 듯하다. 그래서 유럽인들이 미국, 미국인들을 천박한 졸부 취급하나 보다.

아무리 국제 정치에는 도덕률, 정의, 진실 그런 것들은 무의미한 힘의 논리, 이해와 술수에 의한 이익을 따라 움직일 뿐이라지만, 미국이란 나라의 정의는 무엇인지 알 수가 없다. 아니, 정의에 대한 이중적인 민낯을 엿볼 수 있는 대목이다. 미국의 정치는 돈의 정치에 매몰되어 돈 없으면 출마 자체도 불가능하다. 유태인들은 그런 점을 교묘히 이용하여 부동산 투기 등으로 얻은 '샤일록 머니'를 통해 미국의 정치를 조종, 조롱하고 있고 그 사실은 잘 알려진 일이다. 한 뜻있는 정치인은 유태인의 정치 후원금은 순수한 후원금이 아니라 몇 배의 기여를 요구하는 무서운 돈이라며, 그런 점을 알면서도 받을 수밖에 없는 것이 미국 정치의 딜레마라고 말한다.

그 증명으로 매년 1월 유태인의 신년 하례 단합대회가 열리는데, 미국의 상, 하원 등 모든 정치인이 유태인들에게 눈도장 찍기 위해 얼굴을 내밀고 때로는 대통령까지도 참석한다. 참석한 상, 하원 정치인들은 유태인과 이스라엘에 대한 공헌도에 따라 등수가 매겨져 줄을 세운다. 축하 차 참석하는 게 아니라 회의장 입장은 등수에 따라 순서대로 이루어진다. 그 와중에 조금이라도 앞으로 가기 위한 촌극도 벌어진다고 한다. 그것이 유태인들의 미국 정치인들을 다루는 방식이다. 그 꼴을 보면 미국이 이스라엘의 속국이 아닌지 의문스럽기도 하다. 이스라엘은 세계 최강이라는 미국을 자신들 의사대로 움직이고 조종할 수 있다는 자만인지 세계 각국의 시선은 아랑곳하지 않고 무시하며 기고만장하다.

세상은 빠르게 변하고 진화한다. 미국이 영원히 세계 최강국일 거라는 보장이 있는 것은 아니다. 이스라엘은 백여 개의 핵무기를 보유하고 있다며 자만하겠지만, 그 또한 무용지물이 되는 날이 찾아올 수 있다. 백오십 년 전쯤만 해도 쇳덩어리가 하늘을 날고, 달나라에도 가고 할 줄은 누가 알았겠는가. 지난 백 년의 발전과 변화는 그 이전 백 년, 이백 년보다 엄청나게 빠르게 변해 왔다. 아마 앞으로는 세상이 더 빠르게 변할 것이고, 지금은 상상도 하지 못한 변화, 발전이 있을 것이다.

지금의 강국인 미국, 소련 등은 총, 대포, 탱크, 전투기, 핵무기 등 그런 것들을 쌓아 놓고 세계를 향해 호령하지만 앞일은 알 수 없는 것이다. 세상은 점점 빠르게 변하며, 어떻게 변할지는 아무도 모른다. 컴퓨터, AI만 해도 그렇다. 반세기 전만 해도 상상할 수 없었던 AI가 사람의 복잡한 사고로 이뤄지는 체스, 바둑의 세계 최강자들을 쉽게 제압하는 것도 말이다. 미국, 소련이 가진 무기들을 무력화할 수 있는 신무기가 나오지 않으리란 법도 없다.

쏘고, 터트리고 하는 개념이 아닌 신개념의 무기일 수도 있다. 덩치 큰 나라가 강국이라는 원시적인 상식이 얼마든지 깨질 수도 있다. 작은 나라라고 패권 국가가 되지 말란 법이 있는 것도 아니다. 이미 그런 신개념의 무기를 연구하고 있는 나라도 있을 수 있고 말이다.

보통 지금까지의 상식으로 강력한 효과의 무기라면 강력한 탱크, 고용량의 폭탄, 원자탄, 생화학 무기가 상식이겠지만, 그것은 어느 순간까지의 개념일 수도 있고, 그렇게 도덕적으로 저급한 지금까지의 무기의 개념이 아닌, 위에서 언급한 신무기는 도덕적으로도 지금까지의 무기 체계와는 전혀 다른 개념의 무기가 되지 않을까 한다. 그런 무기가 불가능하다고 코웃음 치겠지만, 2~3백 년 전에 쇳덩어리에 수백 명을 태우고 하늘을 날 수 있다고 누가 말한다면, 미친놈이라고 정신병원에 보낸다고 하며 어이없어하지 않았을까!

전쟁이란 집단 학살 홀로코스트 등 참혹한 일들을 수도 없이 만들어 냈지만, 2차대전 와중에 일본이 저지른 처녀위안부 부대(정신대)라는 천인공노할 일은 이전의 전쟁사에서는 볼 수 없었던 일이었다. 섹스 애니멀이라고도 불리는 일본인들 아니면 상상도 할 수 없는 일본 정부가 기획하고 실행한 일본군 위안부, 일본 군인들의 성적인 욕구를 풀어 주어 사기를 진작시킨다는 목적으로 만들어진 이름하여 '정신대'다. 점령국의 13~18세의 여자들을 위계나 강제로 연행 끌고 가 연행 도중 강간을 일삼고, 군부대 안에 판자로 칸막이한 조잡한 막사 방에 한 사람씩 집어넣고 군인들의 노리개로 삼은 것이었다. 증언에 의하면 방 앞에는 군인들이 2~30명씩 줄을 서서 차례를 기다리고, 성에 대해 알지도 못하고 듣지도 못했던 어린 처녀들이 그런 군인들을 하루에 4~50명씩 겪어야 했다고 한다. 그 공포와 충격이 어떠했겠는가. 그것도 경악스러운 일인데 일본이 패망하자 철수하면서 위안부 처녀들을 모두 사살해 증거를 없애라는 지휘부로부터의 지시가 내려졌고, 그에 따라 구덩이나 수로에 위안부 처녀들을 몰아넣고 총, 기관총을 난사해 죽였다고 한다. 그러한 절체절명의 순간에 독립군이나 연합군의 습격으로 일부가 구사일생으로 살아남은 위안부 생환자의 증언으로 일본의 천인공노할 만행이 알려졌다. 또한 위안부 생존자가 그린 그림(구덩이 속에 십수 명의 처녀들이 몸부림 아우성치고 구덩이 주변에 둘러선 일본군들이 처녀들을 향해

총을 쏘는) 한 장으로 정신대로 끌려간 처녀들이 일본군 패망 후 왜 고향으로 돌아오지 못하고, 일제는 어떻게 그녀들을 죽였고, 죽어 갔는지 밝혀졌다.

일제는 한국인 처녀들을 제일 많이 끌고 갔고, 제일 피해가 컸다. 그 수가 무려 20만 명이 넘었는데, 그중에 살아서 고향에 돌아온 생존자는 250여 명에 불과했다. 생존자가 적었던 것은 패전 후 군 수뇌부의 지시로 증거 인멸을 위해 구덩이에 몰아넣고 사살하는 방법으로 다 죽여 없애라고 했기 때문이었다. 일본의 반인륜적 만행에 분노로 치가 떨린다. 한 미국의 역사학자는 그의 논문에서 일본군 위안부의 희생률은 보병부대의 제일 앞에 서서 적진으로 진격하는 소총병의 희생률보다도 몇 배 높은 희생률로, 끌려간 처녀들 대부분 사망하였다고 했다.

피해국들이 국제기구에서 대동아 2차대전 시 일본이 강제 연행한 위안부(정신대)와 징용자들의 명단을 공개하라는 요구에도, 일본은 자료가 일본대장성 서고에 남아 있음에도 패전 중 소실되어 남아 있지 않다며, 자료가 없다고 오리발로 일관하고 있다. 왜놈들 참으로 후안무치한 행위다. 일본이 패전했지만 국내적으로는 원자폭탄 두 방 얻어맞은 것 외에는 큰 피해는 없어 2차대전 중의 사료 등은 그대로 남아 있는 것이 맞다. 그러나 그들이 불리한 자료를 공개할 리는 만무하다.

지금도 한일 관계는 침략국과 피해국으로 별로 좋은 관계가 아니고 좋을 수가 없다. 독일처럼 일본이 과거 침략행위의 잘못을 반성하고 사과한다면 전향적으로 나아갈 수 있지만, 일본은 잘못한 것이 없고 사과할 의향이 없다는 자세로 일관하고 있다. 거기에 더해 일본 극우와 일부 관리들은 일본이 철도 등을 놓아 그 덕으로 한국이 현대화에 덕을 보았다는 망언을 하기도 한다. 또 65년 청구권 협정에서 일본이 배상한 돈으로 오늘날 한국이 더욱 발전할 수 있었다고 주장하기도 한다. 친일파 박정희가 쿠데타로 권력을 쥐고 미국과 일본의 요구에 의해 졸속의 청구권 협정으로 5억 불을 받기로 했지만 현금은 2억 불 뿐이고 3억 불에 대한 것은 현물이었다. 그 현물이라는 것은 일본이 신형 기계를 설치하고 더 이상 사용하지 않는 창고에 있던 구형 산업기계류가 대부분이었다. 한국으로선 그것이나마 절실히 필요한 사정이긴 했었다. 그리고 현금 2억 불도 거의 일본이 다시 회수해 가는 형편이었다. 지하철 등 기간시설 공사에 기술이 없던 한국은 일본 것을 쓸 수밖에 없었고 협정서에도 일본 것을 써야 한다는 단서가 있었다. 거기다가 지하철 객차도 일본 현지 가격보다 두 배 높은 가격을 쳐서 바가지를 씌우는 등 갑질을 일삼았다. 후에 일본 국회에서도 야당 의원들에 의해 그런 부도덕한 행위가 문제로 대두되어 추궁당하기도 했었다.

　일본 우익 정치인들이 한국에 대해 그런 패악질을 일삼았지만, 그러함에도 한국인들은 일본 보통 국민에 대한 악감정은 없는 편이다. 한국인들이 싫어하는 것은 일본에서 지금도 정치 일선에서 권력을 잡고 있는 일본 극우 전범그룹의 후예들로 아베를 비롯한 일본 극우에 대한 거부감과 반감이다. 그 사실은 일본 일반 국민이 한국 여행을 많이 오는데, 한국에 여행 와서 단체건, 개인이건 폭행이나 테러를 당하지는 않는다. 오히려 한국 사람들의 일본 일반 국민에 대한 평가는 나쁘지 않은 편이다. 예의 바르고 남에게 폐를 끼치지 않으며 상냥하다는 평이다. 반면 한국 사람이 일본 여행을 가서 일본 극우 성향 일본 국민들에게 폭행당하고 경원당하는 경우가 더러 있다. 또 한국인이나 재일 교포가 운영하는 가게가 많은 한국인 거리에서는 일본 극우단체의 데모가 자주 일어나고 있고 그 수준도 아주 저급하다. 근래에도 한국 여행객이 일본이 자랑하는 횟집에 손님으로 갖다가 겨자 테러를 당하는 경우가 있었다. 참으로 치졸한 일본 극우 성향의 업주와 종업원들이 벌이는 작태다. 그렇게 일본인은 한국인이 일본인 전부를 싫어하는 것으로 지레 인식하고 있지만, 사실이 아니고 교육 수준이 높은 한국인들은 전후 사정을 바로 알고 더욱이 일본 일반 국민도 피해자일 수 있다고도 생각한다. 한국인이 싫어하는 부류는 전쟁 범죄자의 후예들인 일본 극우 군국주의자들이다.

　일본 서점에 가면 혐한 서적이 혐한 서적 코너를 따로 만들어 수백 권이 쌓여 있다. 그러나 한국 서점에는 혐일 서적 코너는 고사하고, 혐일 서적을 찾을 수 없다. 그런 점에서 한국 국민의 인문적 소양, 인간적 수준이 일본인보다 높은 것이 아닌가 한다. 소문에 의하면 그런 혐한 서적이 일본에서 잘 팔려 돈벌이가 된다고 한다. 그래서 돈벌이 수단으로 일본 사회에서 허명을 얻은 교수, 정치인, 퇴직 공무원 등이 말이 되든 말든, 자극적인 표현이나 선동적인 소재로 책을 만들어 팔아먹는다고 한다. 자존감을 잃어 가는 일본인들은 그런 혐한 책을 사서 보며 정신 승리를 하며 멍든 마음을 달래고 있다니 참으로 안쓰럽다. 일본의 지식인이라는 자들의 인문적 모양, 철학이 얼마나 열악한지를 보여 주는 대목이다.

한국 사람이 보기에는 일본 국민들은 너무 순하고 기득권자들에 대해 관대하고 순종적인 것 같다. 아직도 예전 세뇌되었던 관리들이나 기득권자들과 주종 관계라는 의식이 오늘날까지 그대로 남아 있는 것이 아닌가 한다. 아베로 대표되는 전범의 후예들(그들은 2차대전 전범들의 의식 구조와 동일하다)이 아직도 일본의 기득권자로 권력을 장악하고 있는 것을 보면 말이다. 일본의 일반 국민들이 조금 더 강해지고 국민으로서 내 권리를 당당하게 주장하고 기득권자와 관리들의 하인이라는 의식에서 벗어났으면 한다. 그래서 일본을 다시 전쟁할 수 있는 나라로 만들기 위해 혈안이 되어 있는 일본의 극우 기득권자들의 망동을 제어해 주었으면 한다.

일본 전쟁 범죄자의 후예인 일본 우익들은 자신들의 선대가 저지른 '정신대'란 이름으로 연행한 20여만 명의 위안부와 노동력이 필요해 '징용'이란 이름으로 연행해 끌고 가 죽도록 부려 먹고 희생된 25만 명에 대한 사과 한마디, 반성도 없었다. 그러면서 북조선이 납치했다는 12명에 대해서는 즉시 송환과 사죄하라고 연일 방송, 신문으로 국제사회에 목청을 높이고 있다. 납치자 가족을 앞세워 사진을 목에 걸고 북조선의 범죄행위를 고발한다며 정부, 민간 단체 등 요란한 선전전을 펴기도 하고, 외국에까지 가기도 하며 대단한 피해국 코스프레를 하고 있다. 자신들의 엄청난 반인류적 범죄행위는 거짓으로 얼버무리며 외면하면서, 자신들의 범죄 행위에 비하면 티끌만 한 자신들의 피해는 용납할 수 없다고 선전하고 있다. 참으로 후안무치한 행동이다. 물론 북조선의 일본 민간인을 납치한 행위는 용납할 수 없는 범죄로 규탄받아야

마땅하고 조속히 해결되도록 북조선은 합당한 조치를 취해야 하는 것은 맞다. 그러려면 자신들은 먼저 대동아 전쟁 당시 북조선에서 강제 연행, 납치해 위안부, 징용으로 끌고 간 반인륜적 전쟁 범죄부터 사과해야 하는 것이 먼저가 아닌가 한다. 한국과 북조선에서의 자신들의 엄청난 범죄행위는 눈 가리고 외면하면서 자신들의 작은 피해만을 목청 높여 제삼국에까지 북한을 압박해 달라고 구걸하듯 하고 있다. 그것이 일본 우익의 민낯이다. 일본은 먼저 북한에서 납치한 정신대, 징용 피해자에 용서를 구하고, 일본 대장성 서고 안에 보관된 강제 연행 납치자 명단을 공개해야 할 것이다.

일본은 2차대전 원폭 피해에 대해서 매년 큰 규모로 자신들은 피해자라는 선전의 의도가 깔린 행사를 열고 있다. 지구상에서 원자폭탄을 맞은 유일한 나라이고 큰 피해를 본 것은 맞다. 그러나 왜 원자폭탄 세례까지 얻어맞게 되었는지 그 원인에 대한 반성이 수반되어야 하는 것이 상식적이지 않은가! 원폭 투하 전 오키나와 공격에 참여했던 미군의 회고담을 보면, 패색이 짙고 이미 수적으로나 화력으로나 전황이 기울은 상황인데, 한 명이 남아도 항전한다며 부녀자까지 악을 쓰며 덤벼드는데 소름이 돋았다고 했다. 천황의 황군이 항복하는 것은 천황을 배신하는 것으로 죽는 것이 낫다고 세뇌되어, 괌의 밀림에서 27년간 숨어 지낸 일본군 육군 오장 쇼이치의 예에서 보듯, 끝까지 항전하라고 잘못 세뇌된 당시 일본인들의 악귀 같은 항전이 의미 없는 희생을 줄이고 전쟁을 끝낼 최후의 수단인 원자탄을 투하하게 만들었던 것이다. 일본 극우는 그런 자신들이 제공한 원인은 철저히 외면한 채 교묘하고 야비하게 수단 방법을 가리지 않고 자신들의 구부러진 정당성과 피해만을 내세운다.

일본 정치인들에게 고한다. 살아생전에 일본의 진정성 있는 사죄의 말을 듣고 싶다는 몇 분 안 남은 위안부 할머니들, 징용으로 끌려가 강제 노역으로 지금까지 후유증을 앓고 있는 징용 피해 할아버지들에게 사과와 보상을 하라.

히로시마, 나가사키, 난징, 드레스덴, 런던, 뮌헨, 상트페테르부르크, 서울, 평양 등의 도시들은 1900년대 전쟁의 상흔을 입은 도시들이다. 그 상처의 기억과 상징으로만 남아 있는 참혹한 역사는 인류가 인간의 이름으로 미래를 말하기 이전에 먼저 스스로 성찰하고 역사와 인류에게 해명해야 할 질문이기도 하다.

"인간은 세뇌의 동물이다. 전쟁은 인간의 세뇌 기능에 의한 산물이다."(정영근)

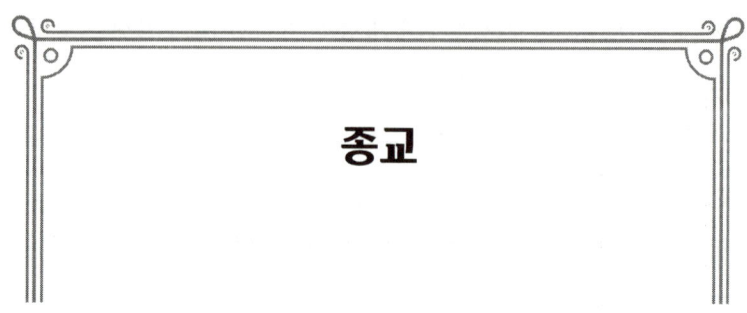

종교

 인간이 있는 곳에 종교가 있고, 종교가 있는 곳에 인간이 있다. 종교란 무엇인가? '종교'의 사전적 의미는 일반적으로 초인간적, 초능력적, 초자연적, 초월적 힘에 대해 인간이 경외, 존숭, 신앙하는 일의 총체적 체계라고 되어 있다. 여기서 초자연적이란 자연의 이법을 넘어서 자연을 초월한 그 어떤 존재나 힘에 의거하여 어떤 모양, 형상이란 의미로, 사실에 기반한 것이 아닌 형이상학적 논리에 기반하는 것이다.
 고로 종교가 내세우는 신은 실존, 휴먼, 휴머니즘의 인간적인 범주에 있지 않다. 종교는 그렇게 형이하학적이고 휴머니즘의 감성, 개념 같은 것은 없다. 신은 인간의 상식, 정의, 지혜, 예의, 도덕 등 인간적인 것과 대척점에 있는 실재하지 않는 초월적 형상의 신화다. 한마디로 종교는 세뇌다.
 종교, 신에 대해 오래전부터 수많은 논쟁과 논란이 있었지만 모두가 수긍할 만한 결론은 없다. 허나 신은 영원하다는 것, 인간은 유한하다는 것에는 이론이 없다. 거기서 한번 생각해 보자.
 신이 영원하다는 것은 신은 시간과 공간의 제약을 받지 않는다는 것이고, 시간과 공간의 제약은 실존하는 모든 존재(생물)의 필연적인 조건이다. 생성 탄생, 변화 발전, 성장 노화, 사멸의 과정은 곧 실존의 증거로, 시간과 공간의 제약을 받지 않는다는 것은 바로 비실존의 증거라고도 할 수 있다. 그러니까 신은 비(非)실존이므로 영원하고, 인간은 실존하므로 유한한 것이다. 그렇게 보면 신은 실제 존재하지 않는, 없는 것이라고 결론 지을 수 있는 것이 아니겠는가! 신이 영구 불멸의 존재이고 진리라는 것은 크리스천, 또는 여러 종교의 신을 믿고자 하는 사람에게만 통용되는 관념이다. 따라서 모든 인간에게 적용되는 보편적인 진리는 아닌 것이다. 그러므로 신은 인간이라는 꾀쟁이들이 만들기 좋은 아이템이다.

'영생을 얻으리라' 하는 찬송가 가사처럼 영생을 얻어 죽을 걱정 없고, 배고프지도 않고, 아프지도 않고, 춥지도, 걱정거리도 없다면 무엇으로 무료한 그 영겁의 세월을 소일하며 견딘단 말인가. 인간에게 영원한 생명이 무슨 소용이겠는가, 인간의 생명이란 한 번뿐이고 유한하기 때문에 소중한 것이 아니겠는가! 죽지 않고 영원히 산다면 그 생명이 무슨 가치가 있고 귀중하겠는가.

과연 인간이 영원히 산다면 생존을 위한 노고, 유한한 인간의 죽음에 대한 두려움, 공포에서 비롯된 종교는 없어지고 필요 없게 될까? 내 생각에 인간의 속성으로 볼 때 천만의 말씀이다. 그렇게 되면 분명히 '영생을 얻으리라'의 반대로 '당신은 죽을 수 있습니다. ○○○를 믿으면, 당신은 영원히 안식할 수 있습니다.' 하는 종교가 생겨날 것이라고 감히 장담한다. 죽을 수 있게 해 준다는 종교가 생겨날 것이다. 인간의 보편적 수준이 그러하고, 사이비 종교에 세뇌되듯 인간은 세뇌의 동물이니까. 그런 인간의 약점을 노리는 부류가 우리 사회에 넘쳐나니 그렇다는 이야기다.

종교의 치명적인 경직성의 문제는 어떤 종교든 그 종교의 교리, 논리가 모든 것에 우선하며, 그 교리가 100% 옳다고 하는 전제와 믿어야 하는 강제가 요구된다. 어떤 종교든 그 종교의 교리, 논리에 대해서 타협하거나 양보하지 않는다. 물러설 여지가 없다.

그로 인해 인간 사회의 전쟁 대부분인 95% 이상이 종교 전쟁이나 종교 갈등에 의한 전쟁인 것이 그를 증명하고 있다. 모든 종교는 그들 '신'의 교리가 100%이고, 그 교리 앞에서 물러서거나 타협 할 수 없다는 데 그 원인이 있다. 종교 갈등이 있을 때 휴머니즘을 언급하는 것은 모순되며, 그런 식의 타협안이나 선전을 구사한다면 그것은 일종의 속임수일 수 있고, 일종의 트릭에 속는 문제일 수 있다. 종교는 어느 종교나 인간을 위하고 행복하게 구원해 준다는 점을 내세우지만, 종교의 실상은 갈등의 화수분인 셈이다.

또 모든 종교는 모순된 논리에서 출발한다. 거의 모든 종교가 시작되는 시작점은 '어떤 전제'를 무조건 인정하고 받아들인 다음에 그 전제 위에서부터 이야기가 시작된다. 전지전능하다든가, 힘이 센 놈이라든가, 우주의 기를 운용한다든가 하는 등의 확인되지 않은 전제를 인정하고서부터 이야기가 전개되는 것이다. 그러니까 각 종교가 내세우는 주장, 논리를 무조건 인정하고 받아들여야 하는 데서부터 출발한다. 종교는 근본적인 것, 기하학적인 것은 건드리면 안 되며, 건드릴 시에는 노한다. 부수적인 것, 지엽적인 것, 무조건적인 믿음만으로 논해야 하고 왈가왈부해야 하는 것이다. 종교적인 이야기는 상식적이거나, 논리적일 필요가 없다. 그래서 인간이 두려워하는 재앙, 불행, 화를 막아 준다거나, 종말이나 천지개벽 같은 재앙이 올 때 우리만이 구원, 구제할 수 있고 살아남을 수 있다거나 하는 확인할 수 없는 허황된 이야기를 내세우기도 하는데, 그걸 무조건 믿을 수 있는 능력이 있어야 한다.

신의 종교 기저에는 정령설(Animism)과 자연숭배설(Naturism)이 자리하고 있다고 볼 수 있다. 이 두 교설에 대한 해설과 반박은 상당히 다양하고 길다. 우리가 정령설을 채택하든, 자연숭배설을 채택하든 어느 경우에 있어서나 인간의 신에 대한 초월적 상상력은 그 대상을 말소시키는 결과만 가져온다. 이로써 정령설이든 자연숭배설이든 비실제성이 확인되는 바다. 그 영혼을 사랑하는 것이든, 단순히 사람의 공포심에 의하여 변용된 자연력을 사랑하는 것이든 그 어느 경우에 있어서나 종교는 결국 일종의 집단적 환상에 귀착될 수밖에 없다.

결국 종교는 실제성을 구하는 결과로 귀결된다. 왜냐하면 인간이 변용된 사회를 숭배하면 그는 진정한 실제(Reality) 즉 진정한 힘을 숭배하는 셈이 되기 때문이다.

사회적 집합체 자체의 힘만큼 더 실제적인(Real)것이 무엇이겠는가? 종교는 매우 영속적이고 심오한 경험이므로 진정한 실제와 부합하지 않을 수 없는 것이다. 따라서 이러한 진정한 실제는 신이 아닐진대 그것은 말하자면 신을 떠받들고 있는, 신 바로 밑에 있는 실재(인간) 즉 사회일 수밖에 없다.

실존주의적으로 보면 전통적 종교의 지적 내용을 받아들이지 않고 신앙 대상의 실제성으로 보는 것이다. 사람들의 과학적 지적 발달과 합리주의의 발전에 의하여 종교는 점차 현대를 관통하면서 소멸해 가는 운명에 있다고 볼 수 있다.

원시 종교는 말하자면 우리 주변(사회)에서 존재하는 것들과 선하게 행동하는 것, 또는 악한 것들의 영들을 만들어 낸 것들이었다. 종교의 본질인 성스러운 요소는 여전히 설명을 필요로 한다. 또 종교, 종교인들은 그들의 신이 진정 존재한다는 것을 확인하고 증명하려고 애쓴다. 그 자체가 신은 만들어진 것이라는 것을 은연중 증명하는 것이 된다. 그러나 옛날에는 사람들 대부분의 지적 수준이 평균적으로 열악해 성스럽다는 신에 대해 의문을 가질 수가 없었다.

유럽의 대형 가톨릭교회 건물, 이슬람사원을 보면 그 규모나 화려함, 웅장함에 압도당하는 느낌이 든다. 대부분의 보통 사람들은 그 위용에 압도당해 정말 신의 힘을 느끼는 것처럼 심리적으로 제압된다. 어쩌면 그런 점을 노리고 거대한 교회나 사원을 지었는지도 모를 일이다.

대부분의 사람들이 거기까지라면 일부 사고력이 풍부한 사람은 그 수준을 넘어, 과연 이렇게 거대한 석조 건물을 짓기 위해 크레인, 거중기도 없던 시대에 얼마나 많은 사람들이(대부분의 노예로 불리었을) 피땀과 눈물을 흘렸을까 하며 숙연해할 것이다.

세계 곳곳의 역사적으로 대단한 위용을 자랑하는 거대한 건축물들은 사람(전쟁 포로, 노예라는 이름의 사회적 약자들)의 희생과 그 피와 땀, 눈물로 쌓아 올린 것들이었다. 이집트의 스핑크스, 피라미드, 중국의 만리장성, 유럽의 거대 교회, 사원 등등이 그러하다. 그런 거대한 역사적 건축물들을 바라보며 대단하다,

웅장하다는 감탄사만으로 끝난다면, 그 이면에 숨어 있는 수많은 민초들의 한은 누가 위로해 줄까!

생물은 유한한 생명에 주기를 갖는다. 생명의 유한성 때문일까, 인간은 그 반대되는 영원성을 몹시 갈구하며, 여러 가설에 유혹을 느낀다. 그래서 인간 역사에서 보면 인간들은 영원성을 갖고 싶어 무던히 애썼으며, 많은 노력과 사연의 흔적들을 남기고 만들어 내기도 했었다. 영원성이란 무생물에게는 자연적인 것이고 생물에게는 주어질 수 없는 것이다. 그런 인간의 모순적인 약점으로부터 종교가 잉태되고, 모든 종교는 영원성을 내세우고 사람들을 유혹한다. 인간은 이성이 싹트면서 인간 생명의 유한성을 의식하게 되고, 그 사실에 대해 공포감을 느끼기도 하고, 실감하기도, 실감하지 못하기도 한다. 또 인생은 짧다는 말을 오며 가며 듣는다. 생이 짧다는 사실에 좀 우울하다가도 인간은 생에 잘 질리기도, 변하기도, 절망하거나 희망하기도 한다. 변덕이 심하다. 그런 요상한 마음과의 싸움에 사람들 대부분은 시달린다. 그러나 그 요상한 마음과의 싸움에서 이겼다는 단 한 사람이 있는데 그가 부처 석가모니다.

이 지구상에 수많은 생명이 살고 죽고 또 태어난다. 그 생명들 중에 하루살이도 있다. 하루밖에 못 산다는 하루살이의 치열한 삶을 이해했을 즈음 나는 중년의 중늙은이가 되어 있었다. 십 대, 이십 대에는 불을 향해 치열하게 날아드는 하루살이를 보며 삶을 하루밖에 못 산다는데 왜 저리 불을 향해 뛰어들까 이해하지 못했었다. 사실 지금도 내 나름대로 삶을 이해했다곤 하면서도 얼마나 삶을 잘 아는지는 모르겠지만 말이다. 좌우지간 종교라는 것은 이런저런 그 내막을 들여다보다 보면 문제점이 참으로 많다. 무조건 믿으라니…!

그런 관계로 깨인 사람이나 지능이 높은 사람은 곤란하다. 목사, 종교학자, 종교 지도자라는 사람들 이야기를 들어 보면 대개 적당히 무식하고, 모순성, 무논리성이 금방 보이고, 앞에 한 말과 뒤의 말이 다르고, 횡설수설로 들리기도 해 답답하다. 그래도 교인들은 아멘을 연발하며 고개를 끄덕이고 있다. 하나님, 예수, 천당만 가끔 가미하면 아무 문제도 없다. 보통의 인간 지적 능력이 세뇌에 취약한 수준에 머물러 있어 종교가 놀기 아주 좋은 환경이다. 아무튼 종교 논쟁은 벽에 대고 논쟁하는 것만큼 무의미하다. 그래서 종교계에서 성공했다거나 유명하다는 사람들은 거의가 상당히 무식하고, 맹목적이고, 약 장수처럼 무언가를 막 주장할 수 있는 능력을 가진 사람들이다. 근엄한 표정은 기본이다. 그것도 능력이라면 능력이다. 사람들의 대부분이 열악한 사고력을 가지고 있어 유혹과 세뇌에 취약하다. 그러나 본인들은 그걸 모르고, 오히려 자신이 현명하고 똑똑하다고 생각한다. 그러한 사실이 만물의 영장이라는 인간 사회의 현실적 모습이다.

종교는 어떻게 시작되고 생겨나는 것일까? 역사적으로 되짚어 보면 종교는 대부분 열악한 환경에서 시작된다. 자연스럽든 인위적이든 사람이 연명하고 살아가기 어려운 환경, 권력의 억압과 탄압 등으로 온전히 살아남기가 힘든 상황 등에서 싹이 튼다. 사람은 어려운 환경에 맞닥뜨리거나 타계의 해결책이 없는 절망적인 순간에 하늘을 본다. 그리고 무언가를 갈구하고 원망도 하고 희망을 기원하기도 한다. 막연한 상황에 하늘에 대고 소원을 빌기도 하고, 왜 어찌하여 내게 이런 시련을 주었냐며 묻기도 한다. '하늘이시여' 하면서 원망하거나 소원하고, 때로는 희망하며 공상에 상상도 한다. 그런 것들이 모여 어느 순간 종교적 형상화를 띤다. 그러한 인간의 생각과 상상력의 속성, 욕망, 희망이 신앙의 종교화 현상의 시초가 되는 것이다. 그 근원이 되는 인간의 세뇌 기능이 있어서 종교화가 가능하고, 이 때문에 시작되며, 사람들은 그렇게 만들어진 이야기에 세뇌되는 것이다. 종교는 인간이 있는 곳 어디에나 존재하게 된다. 신은 예나 지금이나 어느 사회에서든 있어 왔다. 종교는 무엇인가. 어떤 절대적인 힘을 가진 것인가? 능력이 월등한 어떤 형상인가? 모든 자연이 힘의 원천인 전능한 존재인가? 그런 능력으로 인간을 어려움, 아픔, 막막한 상황에서 구해 주고 소원을 해결해 줄 것 같은 흑기사인가? 앞서 말한 이러한 형태를 인간이 그려 내고, 차츰차츰 형상화한 가설과 스토리가 만나는 것이 종교다. 그런 스토리의 어마어마한 힘을 가진 주인공이 신(神)이란 존재다. 그리고 세뇌될 수 있는 인간이 스스로 세뇌되어 그것을 자신의 신으로 삼는다.

 역사의 기록을 보면 대표적인 종교의 반 이상이 중동 지방에서 시작되었다고 한다. 중동 지역이 지금은 검은 황금이라는 석유로 부를 누리고 있지만, 몇백 년 전만 해도 살아남기가 참으로 어려운 환경이었다. 낙타를 타고 목숨을 걸고 사막을 건너다니며 장사를 하거나 유목 생활을 하며 연명했다. 하지만 생존도 생활도 쉽지 않은 열악한 환경의 땅이었다. 거기에 강대국의 침탈, 자주 바뀌는 지배자, 권력을 가진 자들의 착취와 탄압에 시달려야 했다. 더욱 힘든 점은 희망이 보이지 않는다는 것이었다. 열악한 환경의 땅, 거기에 더해 권력의 힘이 사방에서 착취와 탄압으로 목을 조여 오는 현실에서 남은 것은 하늘뿐. 하늘을 보며 무언가를 갈구하고, 원망하기도 하며 소원을 빈다. 그렇게 견디기 힘든 환경의 어려움에 맞닥뜨리게 되면, 마음과 의식으로 원망하거나 소원하며 기적을 꿈꾼다. 인간의 희망이 모여서 형상화되면 이윽고 마음속에 신을 하나씩 가지게 된다. 그런 것들이 모이고 집단의 조정을 거쳐 종교가 된다. 그런 식으로 열악한 환경에서 주로 종교가 싹트고 생겨난다.

지구상의 대표적인 종교 기독교, 이슬람이 중동에서 시작되었고, 불교도 인도에서 꽃은 피워 냈지만 시작은 중동이었다. 어떤 환경에서도 인간은 욕망과 희망을 꿈꾸는 속성을 가졌다. 갈구하는 마음에 끝은 없다. 그러한 특성 때문에 호모사피엔스가 끝까지 살아남았는지도 모르겠다. 인간은 목숨이 붙어 있는 한 꿈을 꾼다. 예시로 사형수가 목에 올가미 밧줄이 걸리는 순간에도 기적을 꿈꾼다고 한다. 그게 인간의 속성이며 생명에 대한 무한 애착이다. 영화나 드라마에서는 인간의 그런 마음을 노리고 기적을 연출하기도 한다. 죄인이든, 충신이든, 독립투사든 오랏줄이 목에 걸리는 순간 흑기사가 짠하고 나타나 그 오랏줄을 끊고 사형수를 구해 말을 타고 홀연히 사라지는 장면을 한 번쯤은 보았을 것이다. 그런 장면은 인간의 욕망과 환상을 자극한다. 또 실제화될 수 있다는 트릭으로 인간에 마음을 공상의 세계로 인도하기도 한다. 그렇게 인간은 공상 속에서 무엇이든 만들고 지우고 또 만들 수 있다. 그런 인간들 속성의 산물인지 이 세상에는 신이 너무 많다. 수십만, 수백만, 아니, 아마 더. 마음의 흐름은 어떻게 정의될까. 분명한 것은 같은 시간, 같은 장소에서 기도하는 많은 사람의 의식 속에 있는 신의 모습도 다 다르다. 그래서인지 예수를 뿌리로 하는 종교의 숫자가 공식적으로 칠백 개 혹은 천육백 개라고 하는데, 어떤 이는 훨씬 더 많다고 말한다. 그렇게 신은 다양한 모습으로 정말 신출귀몰하고 전능하게 마음을 두드리며 사람들을 유혹하고 자리 잡고 있다. 인간이 존재하는 한 신, 종교는 같이 존재할 것이다.

종교는 인간의 지능에 의한 세뇌 기능, 세뇌 작용의 산물이기도 하다. 한마디로 정리하면 종교는 세뇌다. 달리 말할 거리가 없다. 여호와의 아들 예수가 자신들을 천당으로 데려갈 거라고 굳게 믿는 아저씨, 아줌마들은 펄쩍 뛰겠지만, 달리 증명할 거리가 없는 것을 어쩔 수 없다. 인간의 지능이 여타 동물보다 높아 가지게 된 세뇌 기능이 아니었다면 종교는 생겨나지도 존재하지도 않았을 것이다. 세뇌 기능이 사람보다 조금 부족한 강아지, 고양이, 돼지 등은 예수를 안 믿는다. 공산주의 광풍도 인간 세뇌를 이용해 한때 덩치를 키우고 번성했었지만, 인간 세뇌 기능의 최초 수혜자는 예수와 종교가 아닌가 한다. 인간의 지능이 딱 지금의 수준에서 멈춘, 세뇌에 취약한 지능 수준에서 멈춘 부작용의 최대 수혜자가 예수고 종교다.

인간의 지능도 동물 수준에서 멈췄거나, 평균 지능지수가 IQ 150 이상이었다면 종교는 존재하기 어려웠을 것이다. 왜냐하면 인간 지능이 동물 수준이었다면 강아지나 고양이 수십 마리 모아 놓고 여호와의 전능과 이를 믿으라 설교하는 꼴과 같을 것이다. 평균 지능이 150 이상이면 종교의 허상과 모순성, 그 실상을 금방 파악, 확인하고 판단하며 정리까지 해 버릴 것이다. 그런데 왜 전지전능하다면서 구름을 타고 나타나지도, 천둥번개를 이용하여 나타나지도 않는단 말인가. 죽은 놈 되살리고 전쟁으로 팔다리 잘린 사람을 다시 복구시키고 암으로 고생하는 사람들의 암세포가 사라지게 전능 시범 한번 보여 주면 지구상 70억 명이 다 여호와, 예수를 믿고 연보금 꽉꽉 지를 텐데 왜 꽁꽁 숨어서 사기꾼들 돈벌이 수단으로 전락하고 있는지 도무지 이해가 안 간다. 딱 한 번이면 될 텐데, 그런 능력은 없는 건가? 전지전능하다면서…!

이 세상에 수많은 사기꾼이 돈벌이가 된다는 소문에 몰려들어 난장을 치고, 수많은 종교가 난립해 번성하는 것은 인간의 지능이 세뇌에 취약한 탓에 발생하는 부작용이요, 사연들이다. 인간의 모든 인지, 사고, 판단, 행위, 발전의 가치로 평가되는 모든 것은 세뇌 현상으로부터 출발한다. 세뇌된 기억, 지식, 앎이 그간의 행동, 행위의 근간을 이룬다. 동물은 본능적인 한계 안에서 작동하지만, 인간은 세뇌의 인지, 자각으로부터 그 행위가 시작되고 행동한다.

그렇게 영향을 주고받는다고 하는 자체가 세뇌의 순환이다. 사람은 세뇌 작용에 의해 자신이 믿고자 하는 것을 믿고, 종당에는 그것이 관념으로 굳어지며 신념이 되는 그런 세뇌 과정이 인간이 가진 취약점의 한 단면이다. 한번 의식이 고정 관념으로 자리 잡으면, 그 사람은 그 틀에서 벗어나기가 쉽지 않다. 그런 현상은 지식인들에게도 예외는 아니고 딜레마로 작용한다. 인간의 그런 특성이 종교가 자리 잡고 뿌리를 내릴 수 있는 토양이 되는 것이다.

고대 인간이 먹을 것을 구하는 데 큰 어려움이 없는 정도가 되어 먹고사는 데 여유가 생기자 차츰 문화가 싹텄다. 철학적인 의식도 갖게 되면서 죽음에 대해서도 생각하게 되었을 것이다. 인간은 죽음이라는 유한성 앞에서 죽음에 대한 공포와 두려움의 정신적 압박을 느끼게 되고, 거기에서 필연적으로 무한성을 동경하기 시작한다. 그 시절 상식으로는 이해할 수 없는 자연 현상, 자연의 변화와 조화를 경험하며, 자연을 관장하는 어떤 힘, 자연을 운용하고 다스리는 힘의 존재가 있을 것이라고 믿게 된다. 그리고 그런 힘을 가진 존재가 우리를 도와준다면, 내 편이 되어 준다면 하는 바람이 생긴다. 상상 속에서 기적을 꿈꾸는 기대가 형상화한 것이 또 하나의 신(神)이며, 이를 믿고 의지하는 샤머니즘 형태의 종교가 만들어지곤 한다고 생각된다.

 종교는 유한한 인간이 필연적으로 느끼는 존재의 불안과 죽음의 두려움을 극복하기 위한 한 방편이기도 하다. 인간은 실존으로 유일하게 지구상의 동물 중에서 자신의 존재를 느끼는 동물이다. 죽고 사는 것을 스스로 느끼는 유일한 동물이다. 인간도 여타 동물처럼 지능이 본능적인 수준이었다면, 내일이 어떻게 되고 장차 죽는다는 것을 느낄 수 없었다면, 종교는 생겨나지도 생길 필요도 없었을 것이다. 고로 '인간(실존) 의식, 자각, 세뇌=종교' 같은 공식이 성립되지 않을까.

 최근 종교학자들이 신앙·종교의 영적 정신세계에 대한 과학적 접근, 뇌의 작용에 대한 연구를 하는 신경신학(Neurotheology)이라는 새로운 학문이 발전하고 있다. 종교적 신념, 영적 체험 등과 뇌 기능의 관계를 연구하는 분야라고 한다. 종교적 믿음도 뇌 기능일 것이니, 이 연구를 통해 종교의 과학적 토대를 마련할 수 있지 않을까 하는 바람인 것이다. 허나 종교적 믿음, 신념이 실재가 아닌 단지 세뇌 작용의 형이상학적 추론에 의한 것이라 밝혀지면 의도와 달리 종교계의 딜레마가 되지 않을까 우려된다.

진화론, 우주의 탄생 변화와 과학 같은 물리적 이론에 밀리는 종교계가 수천 년 전 미개하던 시절에 만들어진 이야기의 연좌제와 같은 논리를 아직도 그대로 답습하고 있다. 세뇌에 취약한 계층을 유혹해 겨우 연명하며 초조해 보인다. 그래서 무언가 당위성을 찾긴 해야겠는데 인간들이 너무 똑똑해져 옛날식으로는 안 되겠다는 위기의식에 그동안에도 꾸준히 과학에 기웃거렸었다. 그리고 과학계가 뇌 기능에 대한 연구에 상당한 실적을 보이자 종교계도 숟가락을 얹으며 끼어드는 것이다.

종교계는 종교적 믿음, 종교적 신념, 영적 체험 등과 뇌 기능의 관계를 연구해서 신앙에 대한 과학적 타당성을 확보하려고 한다. 그래서 종교학자들이 인간의 뇌의 작용에 대한 신학적 의미를 찾아 신경 신학(Neurotheology)이라 명명하고 학문으로 연구 발전시키겠다는 것이다. 허나 신앙이 자존적, 자아에 의한 믿음이냐, 아니면 세뇌에 의한 따라 하는 믿음이냐를 간과한다면 무의미한 시도다. 왜냐하면 종교의 신앙이 개개인의 자아, 자존적 의식에 의해 선택된 믿음인지 강제된, 의도된 세뇌에 의한 믿음인지를 파악하는 것이 선행되어야 의미를 부여할 수 있을 것이다. 강제된 세뇌에 의한 믿음이라면 무슨 의미가 있겠는가.

왜 이런 전제를 하느냐 하면 세계적 종교의 믿음, 종교인이 어떻게 형성되는지 보았을 때, 대부분이 어떤 종교 기반 환경에 의해, 무의식적으로 강제된 신앙이 그 저변을 이루고 있기 때문이다. 자신의 지적, 자존적, 개인의 선택적 신앙이 아니라 나라, 사회, 집단, 가정의 의도로 세뇌된 신앙이 세계 신앙 지도의 현실이기 때문이다. 예로 사우디아라비아, 이라크, 이란, 시리아 등에서 태어나면 이슬람교도가 되는 것이고, 태국, 미얀마 등에서 태어나면 불교도가 되는 것이고, 필리핀, 멕시코, 남미 국가 등에서 태어나면 대부분 구교가 된다. 또 가톨릭신자 역시 국가, 사회, 가정의 집단 세뇌로 종교가 결정되고 있다.

인간의 지능은 그렇게 대단히 훌륭하거나, 어떤 기준을 잡을 수 있을 만큼 높지 않다. 대부분의 인간이 세뇌에 취약한 지능을 갖고 있다는 근본적인 문제가 있다. 이러한 현실인데 어디를 기준으로, 어느 수준의 지능을 기준으로 신경신학을 연구할 것이며, 취사선택해 신경신학을 대입한들 무슨 의미가 있겠는가. 뭐 명분 만들기 용도라면 모르지만 말이다.

그렇게 선택적·자의적 믿음이 아니라, 사회적 강제에 의한 종교적 믿음, 의존적 신념은 극히 위험한 현상을 초래하기도 한다. 실례로 탈레반, IS 같은 괴물이 될 수도 있기 때문이다. 집단적 세뇌의 폐해는 인간 사회의 많은 문제를 야기하고, 실존의 근본적인 문제로 대두되기도 하지만 뾰족한 해결책이 없기에 그 심각성은 가볍지 않다.

인간 사회의 역사와 같이하는 사이비 종교도 그중 하나다. 사이비 종교 집단은 선한 종교로 위장하거나 종교를 빌미로 사기나 범죄를 일으키는 집단이다. 겉으로는 진실하고 정상적인 종교인 것처럼 포장하지만, 실제로는 특정 소수만의 이익을 위해 활동한다. 그들은 과도한 헌금을 요구하거나 과대 홍보를 한다든가, 강제적인 합숙 훈련을 자주 하여 집중 세뇌를 시도하고 사회적·법적 문제를 많이 일으킨다. 신의 뜻이란 연막을 치고 순종만을 요구한다면 사이비 종교 집단을 의심해야 한다.

사이비 종교 교주나 사이비 종교에 잘 빠지는 사람들의 특징이 있다. 《심리 조작의 비밀》이라는 책을 낸 일본 정신의학과 전문의인 오카다 다카시는 이런 사람들에게서 발견되는 공통적인 특징이 있다고 한다. 성격적으로는 의존성 성격 장애인 경우가 많다. 주체적으로 어떤 일에 대해서 결정하지 못하고 상대방 판단에 의존하고, 항상 타인의 눈치를 보고 상대를 지나치게 배려하는 특징이 있다. 이런 사람은 자신을 대신해 결정해 줄 사람이 곁에 없으면 심한 불안감에 빠지기도 한다. 이 외에도 정보를 비판적으로 수용하지 못하거나, 상대방의 암시에 쉽게 동조하는 피암시적 경향이 높고, 높은 이상을 꿈꾸지만 열등감이 높다. 이런 사람들은 주변에 믿고 의지할 바른 사람이 없으면 쉽게 사이비 종교에 빠진다고 한다. 그리고 지능 지수가 낮은 편에 속하는 사람들은 보이는 한 면이 세상의 전부이고, 사고의 폭이 좁아 사이비 종교나 사기에 취약한 편으로 유혹의 대상이 된다고 한다.

실제로 1978년 가이아나 정글에서 914명의 신자가 집단 자살한 '인민사원 사건'과 비슷한 메커니즘의 양상으로 진행되는 것이 사이비 종교의 특징이다. 1950년대 미국 인디애나에서 시작된 '인민사원'이란 이름의 종교 집단은 목사의 기괴한 행동과 반사회적 행태로 인해 미국에서 뿌리를 내리지 못했다. 이 때문에 교주인 짐 존슨 목사는 1,000여 명의 신자를 열대 낙원이라며 가이아나 정글로 데려가 강제 노동을 시켰다. 교주의 지배하에 낙원을 꿈꾸던 914명의 교인들은 이후 밝혀진 이유가 없는 채 교주 존슨의 명령에 따라 청산가리를 탄 과일주스를 마시고 집단 자살하였다. 이 사건은 극단적인 사이비 종교의 파멸적 형태를 보여 주는 상징적 사건으로 집단 자살에 대한 많은 연구를 낳기도 했다.

한국에서도 1987년 종말론을 내세우던 오대양이란 사교가 집단 자살을 한 사건이 있었다. 오대양이란 사이비 종교에서 운영하는 회사에서 교주를 포함한 32명이 집단 자살한 사건이었는데, 이 역시 극단적인 사이비 종교의 단면을 보여 주는 사건이었다. 이러한 사이비 종교의 극단적 행동이 일어나는 이유는 무엇일까. 허황된 교리와 주장과 현실적, 상식적 괴리로 그들의 주장이 부서지거나 더 이상 버텨 낼 동력이 바닥났을 때, 후퇴할 수도 없는 막다른 골목에 몰렸을 때 극단적인 방법으로 결말을 맞는 것이다.

IT, 인터넷 정보화 시대인 오늘날 2018년 한국의 TV 방송 취재로 공개된 또 하나의 사이비 종교의 실태는 더욱 충격적이었다. 어떻게 유혹되었는지 400여 명의 신자들이 자신들의 전 재산을 교회에 바치고, 교주를 따라 피지로 가서 강제 노역을 했다는 사실이 공개된 것이었다. 귀신을 쫓고 영혼을 맑게 한다는 종교적 의식이라는 타작마당은 딸과 엄마, 아버지와 자식, 엄마와 아들이 마주 보고 서서 서로 뺨을 때리고, 가위로 머리카락을 자르기도 하며 가족 관계를 붕괴시키는 시도를 했다. 각 개개인으로 신의 충복이 되어야 축복을 받을 수 있다는 논리다.

더욱 충격적인 사실은 교주와 그 수하 간부의 구타에 의해 사망한 노인의 아들 인터뷰다. 자신의 아버지 죽음은 하나님의 뜻이고, 아버지는 거기까지인 것 같다는 인터뷰 증언을 들으면서 사람들은 아연실색하지 않을 수 없었다. 수사진에 의해 피지에서 구출된 신자들 역시 하나같이 국내에 들어오고 싶지 않고, 교주의 뜻에 따라 계속 그곳에 남아 있겠다고 했다. 사이비 종교든, 정상 종교든 종교적 세뇌가 참으로 무섭다는 느낌이다. 물론 특정 광신도 그룹의 현상이겠으나, 이 정도면 종교적 신념이라기보다 종교적 망상이나, 아니면 영혼을 빼앗긴 허깨비들이라 해야 할 것 같다.

체포된 목사는 성경 말씀과 하나님의 뜻에 따라 한 일이라고 주장했다고 한다. 실제 그렇게 믿고 있는 것인지, 아니면 자신의 행동을 종교적으로 합리화하려는 것인지 그 속을 알 수 없지만, 일반인으로선 끔찍하고 이해 난망이다. 인간이 세뇌에 취약함과 인간의 자존적 사고의 수준이 그리 높지 않다는 것을 또 한 번 느끼는 대목이다.

본론으로 돌아가서 좌우지간 신경신학(Neurotheology)의 발전으로 종교적 신념, 영적 체험이 뇌 기능과 관계가 있다면, 또 한편으로는 뇌 기능을 바꿔 줌으로써 신앙적 믿음을 변화시킬 수 있는 날도 머지않은 듯하다.

뇌 기능을 바꾸거나 조절하여 광신도를 무신론자로 만들거나, 종교가 없는 평범한 시민을 뇌 기능을 바꿔 줌으로써 광신도로 금방 만들 수 있다면 과연 그런 세상을 누가 원할까. 과학을 가지고 괜한 짓 하는 게 아닌가, 과학을 욕보이는 것이 아닌가 싶다.

정말 그게 가능해진다면 곤란해지고 혼돈에 빠질 곳은 종교계일 것 같다. 왜냐하면 종교계를 대표하던 종교학자, 신부, 목사의 뇌 기능을 바꾸어 무신론자로 만든다면 그들은 신의 존재를 부정할 것이 아닌가. 그래서 그들이 '종교는 환상이며 신은 허상이다'라고 한다면 종교계가 곤란한 지경에 빠질 테니까 말이다. 또 무신론자의 뇌 기능을 조절해서 유신론자, 광신도로 만들어 놓은들, 신의 존재를 증명하는 것이 아니라, 과학, 의술의 장난쯤으로 될 테니, 종교계는 논리의 부재이긴 마찬가지일 것이다.

 정말 결정적인 문제는 유신론자가 되고 무신론자가 되는 것이 아니라, 그에 의해 종교, 신의 이야기는 인간 지능에 의한 '세뇌'의 장난, 뇌의 세뇌 작용에 의해 만들어지는 환상이요, 허상이라는 것이 증명되는 것이리라. 그야말로 그러지 않아도 종교, 신의 위력이 줄어들고 있고, 미국에서도 청교도들이 세운 나라라는 것이 무색하게 성당, 교회가 하나둘 문을 닫고 젊은이들은 신의 믿음을 떠나 신에 대해 무관심인 상황이다. 신, 종교라는 것은 인간 세뇌 작용의 산물이라고 밝혀지는 꼴이니, 종교계에는 오히려 치명타가 아닐까 한다.

 그러니 더 진행되기 전에 종교계는 얼른 나서서 '신경신학'이라는 것은 신을 모독하는 것이라고, 신을 가지고 장난하지 말라고 당장 때려치우라고 야단을 쳐서 뜯어말려야 할 것이다. 종교적 신념, 영적 체험 등과 뇌 기능과의 관계를 증명하고 연구해서 종교계가 얻을 것이 별로 없을 것 같다는 것이 나의 결론이다.

 어떤 심리학자는 옛날 황제, 왕, 권력자들도 일종의 신(神)이라고 한다. 종교계의 힘 있는 신 예수, 알라, 부처 등 종교에만 신이 있는 것이 아니라, 유명한 황제나 왕들이 사실은 더 신다운 신이었다고 말한다. 실제 로마 황제는 신으로 황제에 등극하며, 명문화된 신이었다. 나는 사실 비슷하다고 생각한다. 이 주장을 시장에 풀어놓으면 아마 꽤 논쟁거리가 되지 않을까 한다. '왕도 신이었다'와, '왕은 그냥 왕이지 무슨 신이냐' 하며 말이다.

사실 왕이 되는 것도 하늘의 선택을 받은 것이라고도 옛날에는 말들 했었다. 대단한 힘을 가져서 보통 사람과 다른 저 높은 곳에 앉아 있는 강한 사람이 왕이었다. 게다가 사람의 생사여탈권을 권력으로 휘두를 수 있는 옛날로 보면 그렇다. 그야말로 권력을 가진 힘센 놈, 세상을 들었다 놨다 할 수 있는 능력과 권한을 가졌으니 말이다. 신의 이야기와 왕의 이야기는 닮은 점, 유사한 점이 많다. 그래서 내가 신과 왕이 비슷하다고 생각하는 이유다. 거기에 더해 왕은 실제 인물(실존)이고, 신은 실재하지 않는 가설, 형이상학적 비실존이다. 또 비슷한 점이 있다. 유명한 왕이나, 비교적 큰 신들은 공히 그 탄생 신화, 비화가 있다는 것이다. 그런 탄생 신화는 거의 비슷한 스토리로 전개된다. 우연의 일치인지는 몰라도 동서양의 유명한 황제나 신들의 탄생 비화는 거의 비슷한 메커니즘으로 진행된다.

황제나 신들의 탄생은 보통 사람들이 태어나는 방식, 절차와 차별화하는 것이다. 보통 사람의 탄생은 성인 남자와 여자의 교접에 의해 잉태하여 태어나는데, 유명한 황제, 왕, 신들은 보통 사람과 같이 남녀의 교접에 의해서 태어나는 것이 아니라 처녀가 특별한 방법으로 잉태를 해서 태어난다는 것이다. 그런데 신기하게도 동서양이 비슷한 메커니즘을 가지고 있다. 사실 신기할 것까지는 없다. 옛날이라고 해도 무언가를 도모할 때 그중 좀 깨인 놈, 그룹의 리더나 머리가 좀 잘 돌아가는 놈이 머리를 굴렸을 것이다. 보통 사람과 똑같이 남자, 여자가 붙어서 태어났다면, 거기에 특별하다는 의미를 부여하기가 어려우니 보통 사람들과 차별화한 스토리를 만들어 낸 것일 터다. 그렇게 만들어진 것이 처녀 잉태라는 기상천외한 스토리다. 동서양을 막론하고 인간의 머리를 굴려도 이야기는 뻔하며, 그 한계는 동서양이 비슷하다.

중국인들은 특히 용을 사랑하고 좋아한다. 그 이유는 중국 초대 황제의 탄생 비화에 용이 연관되어서란다. 황제의 어머니 되는 처녀가 길을 가다가 목이 말라 강물을 한 바가지 퍼 마셨다. 거기에 장차 용이 되어 하늘로 승천할 이무기의 알이 있었고, 처녀는 그 이무기의 알에 의해 잉태하여 장차 황제가 될 아이를 낳았다. 그가 중국 첫 번째 황제가 되었으며, 중국 기자신화의 주인공이라는 것이다. 또 모두가 알고 있는 것이 있지 않은가. 하나님의 아들 예수는 처녀 마리아가 여호와의 성령을 받아 그 하나님의 성령으로 처녀 잉태를 하여 예수를 낳았고, 그래서 예수는 하나님의 아들이 되었다는 것 말이다.

이렇게 숫처녀 잉태 메커니즘은 신화, 새로 세워지는 나라의 황제, 왕의 탄생 가설로 많이 등장한다. 그런데 서로 베낀 건지, 대놓고 베낀 건지 너무 똑같은 스토리의 탄생 신화가 천여 년이 넘게 이어졌다. 옛날에 민초들은 글을 아는 것도 아니고 뉴스 같은 것도 없었다. 권력자들이 콩이라면 콩인 거고, 팥이라면 팥인 줄 알았다. 입에 풀칠하기도 어려워 나랏일 걱정할 처지도 못 되니 서로 마음 놓고 표절했는지 그렇다.

이집트의 태양신 호루스(Horus)를 비롯해 많은 신, 황제가 숫처녀 잉태로 태어났다. 예수 이전에 숫처녀 잉태로 태어난 신이나 황제들은 아래와 같은데 모두 생일이 12월 25일이다.

호루스(이집트) 숫처녀 잉태로 탄생(생일 12월 25일)

아티스(그리스)

디오니소스(그리스)

크리슈나(인도)

미스라(페르시아)

예수(이스라엘)(생일 12월 25일)

이 이외에도 많은 신이 숫처녀 잉태로 태어났다. 그리고 보면 아무리 표절을 해도 사람들은 그런가 보다 하지 알 길이 없을 테고 탄생 시기나 지역적으로 거리가 멀어 윗사람들이나 아는 비밀이었을 것 같다. 신들은 그렇게 하나같이 숫처녀 잉태로 태어나고 생일까지도 대놓고 표절을 했다. 예수보다 먼저 탄생한 신화의 주인공들이 여럿 있는데, 하나같이 숫처녀 잉태로 태어났고 모두 생일이 12월 25일이다. 그리고 보면 예수의 신화가 혹시 표절이 아닌지 의심이 든다. 에이, 설마. 그런데 앞에서 보듯 증거가 쭈욱 있으니 어떡하냐.

또 이집트 종교 신화와 기독교 종교 신화는 거의 비슷한 유사성이 있다. 이집트 종교는 유대 기독교 신학의 중요한 근본 기초가 되었다고 한다. 그래선지 이집트 종교 신화와 기독교 종교 신화는 거의 같다고 할 만큼 유사성이 많다.

대한민국, 한국의 신화도 숫처녀 잉태는 아니지만 보통 사람의 그것과 차별화하고 있다. 한국의 '단군 신화'는 곰이 동굴에서 마늘만 먹고 연명하며 인고의 시간을 견디어 계시를 받아 사람으로 환생했다. 그 사람이 환웅과 혼인하여 낳은 아들이 단군이다.

5000년 전 단군이 고조선이란 나라를 세운 것이 한국의 신화다.

신라의 신화는 2000여 년 전 박혁거세라는 사람이 '신라'라는 나라를 세웠는데, 그는 특이하게도 알에서 태어났다고 한다. 신라는 한반도의 남동쪽에 위치하고 있고, 그 시절로는 돋보이는 발군의 화려하고 찬란한 문화를 이루고 있었으며, 후에 한반도의 삼국을 통일한 나라다. 신라의 금으로 만든 왕관은 지금도 그 아름다움과 화려한 모습으로 빛나고 있다. 그 신라의 신화가 알에서 태어났다는 시조 박혁거세 이야기다.

위에서 언급된 신화 이외에도 동서양을 막론하고 많은 신화가 있는데, 신화의 탄생 비화의 진행 메커니즘이 거의 유사하다는 것이다. 그렇게 옛날에는 나라마다 신화가 한 가지씩 있었다고 보면 된다.

나는 오래전부터 신, 종교는 '인간 전용'이라고 생각했다. 아무리 생각하고 문헌을 찾아봐도 인간 이외에 신이 필요한 생명체나 생물을 찾을 수가 없었다. 동물 중에도 신, 하나님의 고매한 말씀이 필요한 종은 없을까. 찾고 대입해 봐도 오직 인간뿐이라는 결론이 도출되었다. 스스로 자기 자신의 존재를 인지하는 유일한 동물이자 실존. 그래서 스스로 만물의 영장이라고 자칭한 인간은 자신들이 만물의 영장이라면서 종교가 왜 필요했을까? 신은 왜 필요했을까?

인간이 필요에 의해서 만들어진 것이 종교라면, 종교는 인간의 작품이 분명하고, 그러면 신 또한 인간의 작품인 것이다!

몇 년 전 《신의 역사》라는 책을 낸 로마 가톨릭 수녀 출신인 캐런 암스트롱은 '신성이란 인간의 창조적 상상력의 산물'이라며 신이 인간을 창조한 것이 아니라 인간이 신을 창조했다고 하는 내용으로 화제를 불러왔다. 그녀는 7년간 수도원 생활을 했다. 그녀는 '인간의 신에 대한 관념은 새로운 심리적 욕구에 대한 반응으로 생겨났다'라면서, '인간은 각 세대마다 신에 대한 특유의 상상력을 발휘해 왔다.'라고 결론을 내린다. 신은 인간의 상상력의 산물이라는 이야기다.

옥스퍼드의 세인트 앤스 칼리지에서 문학을 공부했고 수녀원까지 갔던 수녀님이 왜 그런 결론을 내렸을까. 세상의 좀 똑똑한 사람 중에는 뭐가 있나 하고 신학을 공부했다가 그 종교의 실상에, 돌아서서 반종교적으로 변한 사람도 있다. 깊이 파헤칠 능력이 있는 지능을 가진 사람들의 판단으로는 종교가 껍데기는 휘황찬란한데, 내용물은 너무 부실하고 이야기가 앞뒤도 안 맞고 믿음을 강제하는 황당함에 실망하는 경우가 대부분이라 한다. 그래서 겁없이 전지전능한 신과 맞서겠다는 사람이 유명한 분들 중에 많이 있다. 앞에서 언급했듯이 인간의 지능이 평균 150 이상이었다면 종교는 인간 사회에 존재하지 못했을 것이다. 조금만 신경 쓰고 들여다보면 속살이 보인다. 내용물이 아무것도 없다. 그런데 종교로서는 다행스럽게도 대부분의 인간은 속살을 헤집어 판단할 만큼의 지능에 못 미친다. 종교에 세뇌되기 적당한 수준에 머물러 있다는 것이 종교계로선 좋은 일인 것이다.

미국의 18세기 시인, 언론인 비어스는 '종교는 도저히 알 수 없고 확인되지 않는 세계의 본질을 무식한 사람들에게 설명한다'라고 했다. 18세기만 해도 종교의 힘이 지대했던 시기인데, 비어스란 사람은 두려움을 몰랐던 게 분명하다. 중세 종교 재판이란 팔다리가 날아가고 목이 떨어지고 살가죽이 벗겨지는 식으로 교회의 복수는 살벌했다. 나치 독일의 게슈타포, 소련의 KGB, 한국 박정희 독재 시절 중앙정보부 지하실 등도 한 끗발 했다지만 중세 교회의 고문에 비하면 애들 장난 수준밖에 안 된다. 기독교에서 성자가 붙은 칼뱅이란 자가 고문 기법을 고안해 내는 데 발군의 실력자였다. 널빤지에 큰대자로 묶어 놓고 살가죽 벗기기, 마녀로 지목된 여인을 홀딱 벗겨 한쪽 발목을 밧줄로 묶어서 공중에 매달아 놓기 등이 그 기법들이었다. 기독교에서 꽤 유명한 성자까지 붙은 칼뱅이란 작자는 내가 보기에 딱 변태다. 그렇게 중세에 종교 재판에 걸리면 패가망신으로 이어졌다.

한국의 지성을 자처하는 도올 김용옥도 그랬다. 신학교까지 갔던 김용옥은 기독교가 거짓이라며 반기독교인이 되었다. 프로이드, 니체, 쇼펜하우어, 마르크스, 리처드 도킨스 그리고 죽을 때가 되면 나약해지는 인간들은 대개 신을 찾는데 스티븐 호킹 박사는 유고집에서 '신은 없다. 누구도 우주를 관장하지 않는다.'라는 견해를 밝히고 떠났다.

19세기 영국에서는 전통적인 기독교 신앙에 대항하는 자유주의, 인본주의적인 물결이 거세게 일어났다. 서머싯 몸은 《인간의 굴레》에서도 당시의 그런 분위기를 반영하듯 주인공 필립이 기독교 신앙을 버리는 것으로 인간의 하나의 굴레를 벗어나는 것으로 설정, 이야기를 진행하였다. 영국을 포함한 대부분의 유럽 국가들이 오늘날 기독교 문화와 전통을 가지고 있지만, 기독교 신앙은 이미 죽어 버린 그 원인을 백여 년 전의 그런 사회적 분위기에서 찾아 볼 수 있다.

진정한 자아를 발견하고 온전히 제 삶의 의미를 찾고자 하는 모든 것이 현대인의 공통된 열망이다. 알게 모르게 자신의 삶을 사로잡고 있는 인생의 굴레가 무엇인지에 대한 성찰과 해답을 발견하고 정리하는 일이 자아를 찾는 데 중요한 것 같다. 교회를 가고 안 가고가 신을 믿는 척도는 아니다. 후배 중에 가족 따라 교회는 가는데 신을 믿지는 않는 사람도 있다. 교회는 왜 가는지 물으니 명상, 자신에 대한 반성, 일에 대한 구상, 인간관계 등 조용히 생각해 보는 시간을 갖기 위해 간다고 대답했다. 그래, 나는 그런 방향이 현대 교회에 필요한 방향일지도 모른다고 생각해 본 적이 있다.

종교는 사실 인간의 여러 굴레 중 하나다. 종교에 세뇌되고 속박되면 종교가 그 인간의 굴레로써 영혼을 조종하게 되고, 자아를 상실한 채 종교의 속박 속에 살게 된다. 그렇게 종교에 속박되면, 그런 인간은 그 종교가 자신을 구원해 줄 거라는 희망으로 살아간다. 그런데 그 수많은 종교가 과연 다 인간의 영혼을 구원해 주었나? 그 많은 종류부터가 문제다. 하나님, 예수의 말씀이 사실이라고 치자. 그 말씀 주장은 하나이고 옳은 방향은 하나일 것이 아닌가. 그렇다면 옳은 방향 하나를 제외하고는 수백 개, 아니 하나를 제외한 천 개가 넘는 교파는 엉터리 주장으로 사람들을 현혹하고 있는 것이 아니겠는가 말이다. 그 대부분의 엉터리 주장을 하는 교회의 사람들은 누가 구원해 주나, 성경을 보면 사랑, 구원, 은혜는 하나님을 옳게 섬기고 따를 때이고, 이교도나 잘못을 행하면 가차 없는 복수와 불같은 체벌을 내린다고 되어 있다. 시편 등을 보면 보복, 복수가 살벌하다. 한 예로 이스라엘이 비행기

폭격으로 비행기도 없는 팔레스타인을 천 명, 이천 명씩 개미새끼 죽이듯 하는데, 원수까지도 사랑한다는 기독교가 하는 소리는 거짓이 아니냐고 하니까, 이교도는 해당이 안 되고 다 없애 버려야 한다고 말한다. 옛날 이교도들을 가나안 땅에서 몰아낼 때 다 죽여 버렸어야 하는데 살려서 쫓아낸 것이 두고두고 화근이란다. 예수는 원수까지도 사랑하고 보듬는 다는 말의 메아리가 다 사라지기도 전에 이스라엘이 이교도들을 깨부수는 것은 당연한 일임을 열변하는 목사, 이런 종교의 위선에 할 말을 잃는다. 참 공허한 이야기, 그것이 종교가 아닌가 한다.

 종교란 인간에 태생적 나약함, 의존성, 불확실성에 대한 의지하고픈 심리에 기생하는 인간의 굴레인 것 같다. 그리하여 인간은 자신을 영원하게 할 능력은 없지만, 수없이 많은 영원한 신은 신을 만들어 내는 능력은 있다고…!

 만들 능력은 있다. 프랑스 철학자 몽테뉴도 말했다. "사람은 구더기 한 마리조차 만들지는 못하면서, 수십 종류의 신들을 만들어 낸다."라고. 고대 인간은 죽음이라는 유한성 앞에서 나는 죽으면 어떻게 될까, 알게 모르게 들려오는 사후 세계는 있는 것인가, 하며 막연한 무한성을 동경하였다. 현대에는 과학으로 거의 밝혀진 자연의 변화, 여러 현상의 조화에 대해, 옛날에는 그러한 조화를 다스리는 힘이 있을 것이라는 확신을 가지고 태양, 큰 산, 특이한 바위, 큰 나무에 그런 가공할 힘, 능력이 숨어 있을 것이라 믿었다. 그런 것들에 정신적으로 의지하며 붙인 이름이 '신'이며 이를 믿고, 내 편이 되어 달라는 생에 불안함을 의지하며 샤머니즘 형태의 믿음에 의해 만들어진 것이 '종교'다. 이어 사람들의 지식,

의식과 과학의 발달로, 종교도 좀 더 과학적인 모습, 의식으로 변화 적응하며 변해 온 것이 오늘날의 종교의 모습이다. 그러나 여전히 인간은 종교라는 수단을 통해 신앙이라는 수련 과정을 거쳐 신의 무한성에 묻어가고자 한다. 그렇게 인간의 나약함과 의존성에 의해 생겨난 종교들은 사랑, 평화, 희생, 자비, 창생, 인의 같은 최선의 가치들을 내세우는데, 왜 종교간 전쟁은 끊이지 않고 계속되는 것일까?

인류 사회가 발전하면서 종교는 사회 환경 지역에 따라 각기 단체를 형성하고, 저마다의 종교 본 연의 교리, 진리와 별도로 지역, 같은 생각을 가진 부류가 모여 각기 이념을 만들어 냈다. 또 그 안에 수많은 이해 집단이 생기고, 그들의 각자 이익을 보호하고 세력을 넓히려 시도하며 갈등이 생기고 필연적인 충돌로 종교 간, 세력 간 분쟁은 피할 수 없는 것이 되었다. 배타적, 독선적 사상을 말하는 경전들도 종교간 분쟁의 근본 원인이 되며, 종교 지도자란 사람들도 자신의 입지를 넓히고 강화하려는 목적으로 종교적 해석을 임의대로 왜곡해 주장하는 것도 종교 간, 세력 간 분쟁과 전쟁이 끊이지 않는 이유다. 이는 종교가 존재하는 한, 인간이 존재하는 한 해결될 수 있는 일이 아니다. 장담컨대 쭉 계속될 것이다. 인간이 세뇌될 수 있는 지능에 머물러 있는 한!

괴테는 인간은 우주를 관조함에 있어서 하나님이나 자연의 본질을 파악하려는 수단으로 애써 이념을 세우고 개념을 형성하려는 것을 도저히 막을 수 없다고 말하고 있다. 여기서 우리는 특별한 곤란에 부딪친다. 즉 이념과 경험(현실)의 사이에는 일종의 도랑이 튼튼히 파여 있어서 온통 힘을 기울여 그것을 넘어 보려 노력해도 헛된 일같이 보인다. 이성, 오성, 상상력, 신앙, 감정, 망상 등을 가지고 또 그 이외의 별 방도가 없다면 바보짓을 해서라도 타고 넘으려 노력을 해도 쉽지 않다. 그러나 그 노력은 쉼이 없다. 철학과 신학과의 사이에는 그만큼 상당한 거리가 있다.

정치와 종교에 있어서 정교분리라고 하지만, 눈속임일 뿐 정교는 분리된 적이 없다. 항상 공생했었고, 지금도 마찬가지다. 정치와 종교는 서로 보완하며, 서로 주고받으며 때로는 사이좋게, 때로는 견제하고 으르렁대기도 하며 서로의 세력을 유지하였다. 둘은 한패도 적도 아닌 공생 관계였다.

입으로는 신의 진리, 정의, 사랑을 외치면서 집권자, 권력자의 편에 서서 가난한 자, 민초들을 착취하는 것을 도우며, 자신들도 한몫 챙기는 성직자들은 언제 어디에나 있었다. 파라오를 신으로 모시면서 민초들을 착취한 이집트의 승려들, 농노들 위에서 사실상의 신으로 군림하며 호의호식했던 중세의 교황들과 사제들, 귀족과 함께 국부의 대부분을 독점했던 프랑스 대혁명전의 사제들이 그 예다. 그렇게 종교는 역사 내내 권력과 같이 그들도 권력의 한 축이었다.

사람이 종교를 만들지 종교가 사람을 만들지는 않는다고 말한 사람은 유명인 중에도 많이 있다. 당신들이 믿고 있는 신(神)의 정의나 종교의 교리가 절대적인 진실이라고 믿어도 좋은데, 보편적이고 공통된 절대성은 존재하지 않는다. 당신에게 절대적인 관념이 타인에게 전혀 다른 상반된 관념으로 느껴질 수 있다는 점은 인식해야 한다.

종교는 갖은 방법을 동원해 종교를 미화(예배 의식에서도)하지만, 역사 속에서 본 종교의 내면의 진실은 너무도 추하고 거짓과 위선으로 점철되어 있다.

사람은 여타 다른 동물에 비해 높은 지능을 가진 동물로 자신의 존재를 인식하는 실존(생물로 자신의 존재를 스스로 인지하고 느끼는 동물을 실존이라 함, 즉 인간)으로 지구상의 유일한 동물이다. 따라서 자기 자신과 영원히 모순된 존재다. 왜냐하면 실체는 동물인데 지능에 의해 스스로를 인간이라 하고, 다른 동물과는 전혀 다른 존재라며 형이상학적 논리와 이상적 범주라고 하고 있기 때문이다. 그로 인해 인간은 많은 문제점을 가진 채 온갖 만행을 펼치며, 지구상에 수많은 문제를 야기하고 있다.

인간은 지능을 우리(사람)의 신(神)으로 삼지 않도록 조심해야 하는데, 이미 지능은 많은 신을 만들어 사람들에게 속박과 해악을 끼치고 있다. 무슨 소린지 하겠지만 인간이 만든 신은 인간이 신인 것이고, 그것은 결국 지능이 신을 만들었다고 할 수 있기 때문이다. 인간의 지능이 동물과 같은 수준에서 멈췄다면 지구상에 신 같은 것은 생겨나지 않았을 테니 말이다.

사람들은 신, 종교 하면 좋은 것, 인간에게 유익한 것이라 하지만, 그것은 신의 협박과 종교의 위선적인 선전의 결과일 뿐이다. 종교는 인간에게 유익한 적이 거의 없었다. 종교의 역사와 종교로 인해 인간이 얼마나 고통받고 공포에 떨었는지 그 실체를 헤집어 보면 경악을 금치 못할 것이다.

찬란했던 로마 제국이 쇠퇴하며 망해 가기 시작한 AD 500년경부터 종교 개혁과 르네상스가 시작된 1500년경까지 천여 년 동안을 역사에서 중세라 하고, 또 다른 표현으로 이 시기를 암흑기라고 부른다. 왜 암흑기라 하냐면 이 시대에 살았던 사람들에게는 종교 세력에 의한 공포 때문에 캄캄한 어둠의 시대였기 때문이다. 이 시기 종교는 번창했으며, 아마 종교 재판과 마녀사냥이란 말을 들어 보았을 것이다.

중세 이전까지는 성경에도 윤회 사상이 존재했었다. 사람은 영혼이 있는 존재로 죽으면 영혼이 하늘로 올라가 새로운 몸을 받아 다시 태어난다는 이론이 있었다. 플라톤의《국가론》의 '에르 신화'에서도 말하고 있는, 그리스 철학에서는 기본 교리로 윤회를 말하고 있었다.

원래 교회는 힘이 세지 않았다. 그런데 인간사가 그렇듯 교회는 궁리 끝에 그때까지 상식이었던 윤회 사상을 교리에서 지워 버리고, 인생은 딱 한 번뿐으로 바꿔 버렸다. 그래서 죽으면 인생은 딱 한 번뿐이며, 죽으면 천국이냐 지옥에 가고, 영혼이 천국에서 영원히 행복하거나 지옥에 떨어져 영원히 불지옥에서 고통 속에 살아야 한다고 바꾸었다. 그리고 천국에 갈 수 있는 길을 아는 곳은 오직 교회뿐이라고 했다. 천당에 갈 수 있는 길은 교회를 다니고 교회의 말을 잘 듣는 길뿐이었다. 그래서 사람들은 교회를 다녔고 교회 성직자의 말이라면 무조건 순종했고 죽는 시늉까지 마다하지 않았다.

교회의 두 번째 전략은 우민화 정책이었다. 자신들 이외에 문맹률을 높여 사람들을 바보로 만드는 것이었다. 사람들이 책을 읽거나 사고하는 것을 막아 우민화를 시도했다. 자기들만 지식을 독점하며, 사람들을 통제했다. 교회가 공인하지 않은 책을 가지고 있거나, 읽는 것을 불법으로 규정했다. 그런 책을 가지고 있거나 읽으면 잡아들여 지독한 고문으로 목숨을 앗았다. 교회는 사람들을 철저히 무식하고 우민화되게 하여, 교회가 사람들을 좀비처럼 마음대로 조종할 수 있게 만들었다. 성직자와 기득권자들은 그 기득권을 지키기 위해 자신들과 사람들 사이에 지식 담장을 높이 쌓아 지식과 사회 이법을 독점해 그들의 기득권을 지켰다. 글을 알면 책을 읽고 생각을 하게 되면 사고의 폭이 넓어져 새로운 세상이 펼쳐지게 마련이다. 그러고 보면 우리 세종대왕님은 정말 성군으로 칭찬받아 마땅하다고 생각한다. 우리나라가 한글이 없었다면 지금처럼 눈부신 발전을 못 했을 것이라고 나는 믿는다. 우리나라의 발전은 한강의 기적보다 한글의 기적이라고 해야 된다고 생각한다.

　본론으로 돌아간다. 당시에는 책을 보거나 가지고 있는 자체를 처벌 대상으로 종교 재판에 부쳐 고문으로 죽이고, 그 사람이 가지고 있던 집과 재산을 몰수해 교회 소유로 삼았다. 그 시절 종교 재판에 회부된다는 것은 곧 죽음이었다. 종교 재판 시기에 유행하던 다른 하나는 책을 불태우는 것이었다. 그래서 사람들은 책을 자발적으로 불태웠다. 책을 보거나 가지고 있는 것만으로 종교 재판에 회부되었다. 교회는 종교 재판과 마녀사냥 등의 공인된(공인이라지만 독재자가 마음대로 법을 만들 듯 자신들이 만든) 방법으로 책을 보았다. 신에 불경했다는 이유 등으로 사람들을 잡아들여 죽을 때까지 고문하는 방식으로 통제하였다. 교회가 인정한 책 이외의 것을 보면 죽이고, 죽은 자의 집 등 재산을 몰수해 교회는 점점 부자가 되었다. 종교 재판과 마녀사냥이 피크를 이뤘을 때 영국 국토의 반이 교회의 소유였다. 프랑스 혁명 이전에는 교회와 사제들이 국토의 대부분을 소유했었고, 일반 국민은 대부분 농노 신세였다.

프랑스 종교 박물관에 가면 특이하게도 유아의 해골이 쭉 전시되어 있는 것을 볼 수 있다. 오래전인데 그때 당시 사회학 전공으로 석사 과정을 하고 있는 후배에게 도대체 그 유아들의 해골은 왜 전시된 것이며 그 의미는 무어냐고 물어보았다. 후배는 유럽의 고대 사원, 수녀원 등의 뒤뜰과 지하실 등을 파 보면 유아의 해골이 수없이 많이 나온다고 했다. 그런데 그 사연이 믿기지 않고 황당하다. 중세에는 동네 사람 모두가 교회 소속이었고 교회 사제들의 말이 곧 법이나 마찬가지였으며 생사여탈권까지 가지고 있는 형국이었다. 중세에 종교 재판에 걸려들면 그 사람 집안은 끝나는 것이나 마찬가지였다. 동네 여인들도 다 교회 소속으로 교회가 죽는 시늉을 하라면 그대로 죽는 시늉을 하며 따라야 하던 시대였다. 요즘 같은 세월에도 성직자들의 성추문이 수없이 터져 나오는데 중세라고 달랐겠냐고 하며, 그 시절 동네 처녀들은 사제들의 소유나 다름없었다고 한다. 그 소리를 듣던 때는 오래전이라 믿기지 않고, 그렇다 해도 그게 유아의 해골과 무슨 상관인지 물으니 그가 대답했다. 중세에는 콘돔도 없었고 이렇다 할 피임법도 알려지지 않았다. 사제들이 처녀들을 추행하면 원치 않게 임신하기도 했고, 그러면 사제들의 권위에 손상이 갈까 봐 은밀하게 처리한 결과라는 것이었다. 낙태의 기법도 모르던 때니 임신의 표시가 나는 만삭에는 수녀원 골방 같은 데 처박고 아이를 낳으면 조용히 뒤뜰에 묻어 버렸다. 믿을 수 없어서 '그런 일을 누가 하느냐, 소설 쓰는 것 아니냐' 하니 후배가 말하길, 뒤치 다꺼리하는 늙은 수녀들이 한다는 것이었다. 그러면서 그 시절 늙은 수녀가 수녀원에서 쫓겨나면 영락없이 홈리스 신세로 죽을 판이었기에, 늙은 수녀들이야 사제들 발바닥이라도 핥아 줄 판이니 이러한 교회의 횡포가 천여 년을 이어졌다는 것이다. 늙은 수녀들에게는 그게 살길이었다. 머리를 한 대 얻어맞은 것처럼 띵 했다. 몇백 년 전 우리나라도 민초들이 입에 풀칠하고 살아남기가 힘들었지만 그래도 유교, 불교로 윤리라는 것은 존재했었다. 그러나 서양 사회는 윤리라는 것이 없어 잔인한 생존 경쟁만이 존재한 것 같다는 생각이 들었다. 고문의 잔인함 정도, 사람을 죽이는 의식의 차이에 동서양의 인식 차이를 느낀다. 서양은 이해관계와 법이 전부인 반면, 동양 특히 한국(조선)에서는 사람을 죽이는 것에는 인륜이라는 화두가 따라붙는다는 점에서 차이가 있다고 본다. 좌우지간 서양의 중세란 정말 암흑기였구나 하는 연민이 있다.

인간의 모든 일에 기초가 되는 지능. 지능은 인간에게 편리함과 강한 힘이 되기도 하지만, 지능의 근본적인 문제는 인격과 개념이 없다는 것이다. 또 인간의 지능 수준이 세뇌에 취약하다는 것이다.

옛날 로마 전성시대의 로마 황제는 신으로 등극했다. 로마 황제가 되면 신분이 인간에서 신으로 변신하였다. 사실 로마 황제가 아니어도 옛날 한 나라의 왕이나 황제는 신이라고 해도 문제될 것도 없고 아무도 토를 다는 사람이 없었다.

예수가 신이 된 것도 그 시절 로마의 사고방식에 의해 신이 되었던 것이다. 로마 황제가 될 사람은 로마의 공의회(원로 회의)에서 형식상 추인하는 절차를 거쳐 신이 되는데, 예수도 공의회의 투표에 의한 절차를 거쳐 신으로 추인되어 신이 된 것이었다. 니케아 공의회에서 투표로 신이 된 예수. 그 시절 로마의 상황은 치열한 권력 다툼과 탄압 속에서도 사회 저변에서 끈질기게 세력을 넓히며 버티던 예수의 추종자들, 막센티우스와 황제 자리를 놓고 경쟁하던 콘스탄티누스가 예수의 추종자들에게 도움을 청했고 예수의 추종자들은 기꺼이 응해 지원을 하였다. 결국 콘스탄티누스가 막센티우스를 누르고 황제가 되자, 그 반대급부로 황제의 양보와 허가로 기독교가 햇빛을 보게 되고 예수는 유한한 예언자에서 신으로 변신하게 되었던 것이다. 그렇게 예수는 죽은 지 300여 년이 지난 뒤 이스라엘에서가 아니라 로마에서 신으로 거듭나게 되었다. 아마 예수는 저승에서 자신이 신이 된 것을 모르고 있을지도 모른다. IT, 5G, 6G 가 최고 수준에 이르면 저승과도 소통할지도 모르니 그때 기독교에서 이 소식을 통보해 주기 바란다.

그런데 로마는 이제 그 영광스러웠던 시절에서 내려와 허상을 대부분 벗고 어느 정도 상식적인 제자리를 찾았는데 예수는 아직도 로마 공의회 투표로 얻은 신의 굴레를 쓰고 있다. 너무 시대에 맞지 않고 뒤떨어진 채, 허상으로 이익 집단의 불모가 되어 있는 모습이 안쓰럽고 연민을 느낀다. 여호와의 나라 이스라엘, 선택받은 백성 유태인들은 예수는 여호와의 아들이 아니라며 예수를 신으로 대접하지 않는다. 그냥 다윗 왕가의 후손으로 이스라엘 독립을 위해 투쟁하다 간 독립투사, 선지자라는 것이다. 이스라엘의 유대인들은 크리스마스에 아무것도 하지 않는다. 그런데 다른 나라들이 여호와 하나님의 아들 신인 예수의 생일이라며 난리법석을 떨고 있다. 여호와를 2천 년 넘게 신으로 모셔 온 유태인들이 아니라는데, 다른 나라 사람들이 예수가 여호와의 아들이라고 벅벅 우기고 있는 형국이다. 강아지도 주인과 도둑을 구분하는데 똑똑하다는 유태인들이 자기들 신의 아들인지 아닌지를 몰라보겠는가 말이다. 그래서 나는 예수가 하나님의 아들이 아니고 이스라엘의 독립투사라고 믿는다. 좌우지간 예수는 훌륭한 사람이다.

그런데 기독교의 성경은 사랑을 말하지만 말뿐, 저주와 위선, 복수의 배타성이 다 들어 있는 아주 위험한 책이다. 뭐 내 생각이 그렇다는 것이고, 모든 인간이 생각은 자유니까.

압박과 탄압의 그 시절 시대상에서 살아남기 위한 독한 마음의 처절한 몸부림이었겠지만…!

"신은 우리를 처벌하고 싶을 때, 기도에 응답한다."(와일드)

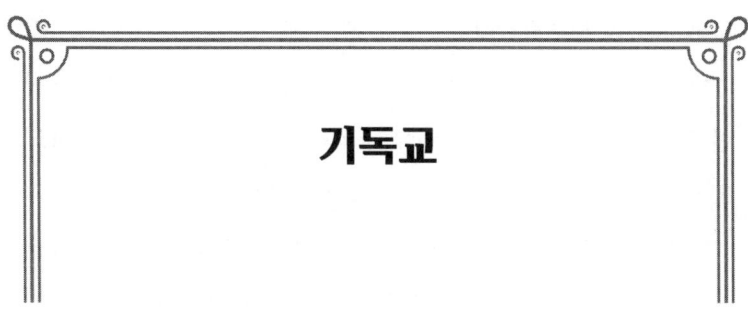

기독교

'태초에 하나님이 천지를 창조하시니라.' 언제 창조되었는지는 언급이 없고, 오래전에, 태초에 창조하였다고 하니 두루뭉술할 뿐이다. 육일간의 천지 창조 작업은 아주 간단하다. 구체적인 설명 없이 하나님이 그냥 만들었다는 것이다.

첫째 날, 하나님께서는 '빛이 있으라'라고 말씀하셨고 곧 빛이 있었다.

둘째 날, 하나님께서는 궁창을 만드셨다. 그 넓은 공간을 하늘이라 하셨다.

셋째 날, 천하의 물을 한곳에 모이게 한 후, 그 모인 물을 바다라 칭하셨다.

넷째 날, 하늘의 궁창에 있는 빛들 즉, 해와 달과 별들에게 각각 역할을 맡기셨다. 광명의 창조라기보다 광명으로 그 기능을 수행케 하셨다는 뜻.

다섯째 날, 하나님께서는 바다와 물속에 사는 고기들과 공중에 나는 새를 만드셨다.

여섯째 날, 하나님께서 육축과 기는 것과 땅의 짐승들을 종류대로 창조하셨고 이 모든 것을 만드신 후 만물의 으뜸인 사람, 곧 남자와 여자를 창조하셨다.

제칠 일은 하나님이 피곤하시어 안식하셨다. "하나님의 지으시던 일이 일곱째 날이 이를 때에 마치니 그 지으시던 일이 다하므로 일곱째 날에 안식하시니라'"(창 2:2)

태초에 하나님이 천지를 창조하시니라, 하고 육 일 동안 하나님이 무얼 창조하였는지를 구분하고, 인간 창조(창 2:4-25)에 대한 부연 설명을 하고, 칠 일째는 쉬셨다.

그런데 그렇게 전지전능하신 분이 피곤하시다는 게 좀 이해가 안 가는 부분이다. 좌우지간 참 쉽다. 참 간단하다. 천지 창조란 대공사가 가상의 전능하고 힘센 하나님(하나님은 이름인 것 같은데, 하나님이 인간 신인지, 해상의 신인지는 설명이 없다)이 '있으라', '만드셨다', '하셨다', '칭하셨다'라고 하는 것으로 천지를 창조하셨다는 말로, 그야말로 간단히 천지는 창조되었다. 그러니까 결국 기독교란 어떤 가상의 전지전능을 인정하는 데서부터 이야기가 시작된다는 스토리다. 과학이 발달하기 전 옛날 옛적 이야기로, 스토리가 만들어지던 시기에나 통할 법한 내용으로 너무 허술한 이야기다.

지구 탄생의 비밀이 과학적으로 밝혀진 건 이렇다. 45억 년 전 빅뱅에 의해 탄생한 지구는 새빨간 불덩이였다가 빙하 시대 등 수십억 년의 변화와 진화로 안정기인 오늘날에 이르렀다. 지구는 둥글고 우주 공간의 중력에 의해 안정적인 상태로 인간을 비롯한 생물, 생명체가 살 수 있고 존재할 수 있다. 이러한 사실적, 현실적, 형이하학적 사실에 비해, 기독교 창조론의 이야기는 어린 아이들을 위한 옛날이야기 수준으로 허술하고 공상적인 것 같다.

지구가 어떻게 생겼는지도 모르던 시대, 이 세상 상식이 올바르게 정립되기 전에 있을 수 있었던 한 해프닝이다. 그것이 어두웠던 시대를 관통해 오면서 수천 번 고쳐지고 다듬어졌으나, 기독교 주장, 논리의 그 부실함은 지구가 둥글다는 것도 몰랐다는 데서 볼 수 있다. 지구는 둥글고 자전하고 공전하며 생명체가 살 수 있는 과학적 최적화의 상태라는 것도 전능하다는 하나님의 교회는 몰랐던 것이다. 18세기 초기까지도 지구가 둥글다는 것도 그들(교황, 신부, 사제, 목사)은 몰랐다. 하나님은 지구를 평평하게 만드셨고 지구 끝은 수천수만 길 낭떠러지라며, 명석한 두뇌와 탐구로 지구는 둥글고 돈다는 진실을 알아 낸 사람들을 못살게 굴었다. 그렇게 사실을 말하는 사람들을 하나님을 모독하는 못된 놈들이라며, 종교 재판에 넘겨 사형시키라고 호통을 쳤다. 고문도 하고 실제로 죽이기도 했다. 옛날 유럽의 사제들은 부자이고 거기다 사람을 죽이고 살려 두는 생사여탈권까지 가지고 있었다. 옛날이라고 하지만 유럽의 기독교란 참으로 요령부득의 황당 스토리다. 그 중세 사제들의 고문은 잔인하고 상상을 초월하는 것으로 악명 높다. 그중 '성'자가 붙은 성 칼뱅이란 자는 잔인한 고문 방법을 고안하는 창조의 대가였다고 한다.

　하나님, 그 신에 대한 불경죄는 대개 화형이다. 화형은 산채로 널빤지에 큰대자로 묶고 불을 붙여 불태워 죽이는 것인데 중세에 화형당한 사람이 부지기수라고 한다. 하나님의 불경죄란 코에 걸면 코걸이 귀에 걸면 귀걸이 식의 사제들 맘대로의 형국이었다고 한다. 사람들은 교회의 말이라면 죽는 시늉까지도 마다하지 않았다. 사제한테 밉보이면 남자는 불경죄, 여자는 마녀로 지목되면 끝장이다. 중세 암흑기에 유행처럼 회자되는 화두는 종교 재판과 마녀사냥이었다. 종교 재판과 마녀사냥은 그 시절 교회의 공인된 권한이었으며 교회에서 행해졌다. 사람들을 잡아들여 그냥 죽을 때까지 신에 불경했다고 갖은 고문으로 죽이면, 그 죽은 사람의 집과 재산을 몰수해 교회의 재산으로 해 교회와 사제들은 부자가 되었다. 그러니 종교 재판으로 사람을 많이 죽일수록 교회는 비례하게 부자가 되었다. 교회의 우민화 정책으로 문맹률이 높아지니 철저히 우민화되게 하여 교회가 사람들을 좀비처럼 마음대로 조종할 수 있게 만들었다. 기득권자들이나 파쑈 권력은 우민화 전략을 좋아했고, 역사에서도 보면 우민화는 기득권을 지키는 데 좋은 방법이었다.

 그 막강한 신을 앞세운 종교 권력은 비대해졌고 재력까지 가져서 절대 권력이 되었다. 권력과 권한은 부패하기 마련이다. 그 타락상은 극에 달했다. 교회는 면죄부 장사에 더 나아가 이미 죽은 자의 면죄부까지 팔아먹는 지경까지 이른다. 죽은 자의 면죄부를 사면 지옥에 떨어졌던 사람의 주소가 천당으로 바뀐다는 것이다. 아무리 그런 사기에 넘어가겠냐고 하겠지만, 책도 다 불태우고 교회가 조종하는 대로 움직이며 사고의 회로가 멈춰 버린 사람들로서는 교회가 그렇다면 그런 것이라고 꼭 믿게 되어 있었다. 지금 한국 사람들이 돈 벌어서 강남에 집 장만하는 게 꿈이듯, 그 시절 사람들은 죽도록 일해 돈 벌어 면죄부 사는 것이 꿈이었다. 이런 중세 역사에 그 시절 사람들 참 한심하다 하겠지만, 사실은 지금도, 지금 사람도 별반 다르지 않다. 현대화와 사회 구조, 형태가 다를 뿐 사람들의 인생은 자신도 모르게 세뇌, 조작되어 있다.

그러나 그러한 자신의 진정한 모습을 알거나 바로 파악하고 볼 수 있기란 어렵거나 불가능했다. 예로 1950년대 공산주의자들 그들은 공산주의라는 것에 목숨을 걸기도 했었다.

본론으로 기독교의 타락상이 극에 달해 일일이 나열하기도 벅찬 지경으로, 로마 교황은 황금덩이에 앉아 있는 것도 지루했는지 밤이면 교황청 지하실에서 사제들과 여자들을 불러들여 난교 파티까지 벌였다. 성관계를 오래 잘하는 사제에게는 상금을 주는 지경에까지 이르렀다. 그 지경에 이르자 의식 있는 시민 마르틴 루터 신부가 기독교(구교)의 타락상에 문제점을 지적했다. 그는 개선되어야 할 문제점 95개항을 적은 격문을 교회 문에 붙여 놓고 개선을 요구했다. 학계에서 로마 교황청의 사료, 역사 일지 등을 공개하라고 요구해도 절대 공개 불가로 버텼다. 현재 로마 교황청은 의외의 일격에 요놈 봐라 감히 하며 루터에게 소환장을 발부했다. 그 시절 로마 교황의 말은 무조건 옳다고 하던 때, 교황청의 소환장은 무시무시한 저승사자의 부름 같은 것이었다. 루터가 제 발로 응했다면 보나 마나 널빤지에 큰대자로 묶여 화형을 당했을 텐데, 루터는 소환에 불응하고 도망 다니고 숨어 목숨을 부지하고, 거기다 수녀원을 집단 탈출한 수녀 스물여섯 명 중 아름다운 수녀와 결혼해 자식을 낳고 살았다고 한다.

사실 중세 기독교(구교)는 범죄 집단이었다. 또 비양심적이었다. 기독교가 갈릴레이(Galilei)에게 지은 죄를 사과하는 것도 조금은 양심적인 프란체스카 교황이 된 다음 2016년에야 그 잘못을 350년 만에 인정했다. 350년 넘게 진실을 외면하고 교황청은 비양심으로 끈질기게 버텨 왔었다. 종교는 물러섬이 없어야 하고 언제나 옳아야 한다는 폐쇄성에서 기인한 것이다.

'만드셨다', '칭했다', '하셨다'로 간단히 우주 만상과 지구까지 창조하신 분이 왜 지구는 둥글게 만드셨다고 기록하거나 말하지 않았을까. 진실을 말하는 사람 여러 명이 곤욕을 치르고 죽게 했는지, 그 죄는 누가 책임지는 건지, 코털 하나까지도 왜 필요한지 필요한 자리에 챙기셨다면서 말이다. 하나님에게 충성을 맹세했다는 충성스러운 돌팔이 전도사분 왈, 하나님의 잘못이나 실수는 용납이 안 되는지 성경 어딘가에 암시해 두셨을 텐데 사람이 놓치고 있다는 것이다. 성경은 심오한 것이라서 아직 인간이 알 수 없는 부분이 너무 많고, 그래서 지금도 많은 성경학자들이 연구하고 있다고 하나님을 위해 변명을 늘어놓는 모습은 그리 똑똑해 보이지 않아 참 안쓰럽다. 지구는 둥글다고 한 말씀만 해 놓으셨으면 이런 우스꽝스러운 코미디는 없었을 텐데 안타깝다. 해와 달, 화성, 목성도 둥글다고 말이다.

하나님께서는 흙으로 사람을 빚고 생기(Breath of life)를 코에 불어넣으셨고, 곧 사람은 생령(Living soul)이 되었다. 하나님이 하나님의 형상대로 사람을 창조하셨다(창 1:27). 이 말씀은 인간에게 처음부터 영이 있었다는 것을 가리킨다고 해석한다. 몸(Body)과 혼(Soul)과 영(Spirit)이 인간에게 있다고 한다(이 견해는 소위 영혼과 몸의 이분설과 대조되는 삼분설이라고 한다). 영의 인간은 하나님을 알아보게 해 주는(동물은 몸과 혼의 자의식이 있는 생명이지만, 하나님을 아는 능력 즉 종교적 본성을 지니고 있지 않다고 인간과 동물을 그렇게 구분함) 하나님을 아는 능력, 영(spirit)으로 종교적 본성을 지니고 있는 것으로, 동물의 생명과 인간의 생명 사이에는 건널 수 없는 심연이 가로놓여 있다고 인간과 동물을 창세기에서 구분하고 있다. 그 문제에서 인간과 동물의 차이는 근본적으로 지능의 문제인데, 뭘 구구절절 말을 만들어 설명하고 있는지 참…!

왜 지능의 문제냐 하면 인간이면서 지능이 낮은 저능인, 동물의 지능 수준인 사람은 동물과 같은 본능적인 수준의 범주에 머문다.

아담과 하와, 그 인간 최초의 거주지는 하나님께서 가장 아름다운 동산, 에덴을 지으시고 아담과 하와가 살아간다는 가정으로 허락하셨다. 그리고 인간은 본래 선택의 의지를 갖고 태어났다며, 인간에 대한 도덕적 시험을 하셨다고, 아담과 하와의 에덴동산 사건에 대한 스토리가 진행된다. 순종이냐, 불순종이냐 둘 중 하나를 선택하라 하시고, 그 금령만이 아니라 순종해야 할 이유라고 하지만 '네가 먹는 날에는 정녕 죽으리라'라는 말은 분명 협박이다. 결국 아담과 하와는 먹음직스러운 실과(사과)를 따 먹고 에덴에서 쫓겨나는 신세가 되었다는 이야기다. 뱀은 하와를 유혹한다. "하나님이 참으로 너희더러 동산 모든 나무의 실과를 먹지 말라 하시더냐"(창 3:1) "선악을 알게하는 나무의 실과는 먹지 말라 네가 먹는 날에는 정녕 죽으리라 하시니라"(창 2:17) 그런데 뱀은 하와에게 계속 속삭인다. '결코 죽지 아니하리라 하나님은 선하시니 벌하지 않는다.' '피할 구멍이 있다.' 하고 하와를 유혹했다. 하와는 뱀의 말에 귀를 기울였고 그 말을 믿었으며, 이어서 그 말에 따라 여자(하와)가 그 실과를 따 먹고 자기와 함께 남편(아담)에게도 주며 그도 먹은지라, 그것은 그들의 모든 무죄성의 종말을 고하는 사건이었다고 한다.

그 실과(사과)를 따 먹어 하나님에 불순종하든지, 거절하고 하나님에 순종하든지 둘 중 하나였던 그 시험에서 결국 실과를 따 먹고 남편에게도 줌으로써 그들은 즉시 죄인이 되었다는 이야기다. 그로 아담과 하와는 에덴동산에서 쫓겨나고 떠나 수고로운 생활을 하게 되었고, 쫓겨난 뒤 그들은 자식을 낳았다. 이 대목에서 한번 생각해 보자. 하나님이 모든 만물을 창조하셨다 하고, 기는 것, 나는 것도 만들었다고 했다. 그럼 뱀도 하나님 작품이다. 그런데 사악한 뱀, 뱀을 왜 사악하게 만들어서 그런 사단이 나게 하셨냐는 것이다. 연출자 하나님이 의도한 거 아니냐 말이다. 아담과 하와가 죄인이 아니라 하나님이 교사범이 되어야 하는 게 맞지 않나, 상식적으로!

뱀이 듣기 좋은 말로 하와를 유혹했다니, 뱀이 어찌 말을 하며, 하나님은 언제 뱀에게 말을 가르치셨으며, 어찌 사악한 기운을 뱀에게 불어넣었냐는 것이다. 뱀도 하나님 뜻에 따랐다면 이 역시 하나님의 작전이다. 기독교는 앞뒤가 안 맞는 논리와 내용으로 그때그때 변명과 수정, 첨가로 6천 번이 넘는 빼고 넣고, 수정하기를 반복해 왔다. 전도사님이 갑자기 당황해 '사탄 뱀은 하나님 작품이 아니라고' 하면 하나님이 우주 만물을 창조하셨다는 것이 거짓이 되는 것이 아닌가. 천지 창조 만물을 만드셨다고 하지 않았냐는 말이다. 뭔가 억지스럽고 너무 허술한 것이 진행 과정이나 각자의 역할이 허술하다. 좌우지간 하나님의 작품, 하나님의 각본, 하나님의 감독 아니었나. 어쨌든 하나님의 의도대로 진행돼야 하는 것이 더 설득력이 있고, 이야기의 연속성을 이어 갈 수 있다고 사료된다.

그런데 아담은 뒷전이고 하와가 주연으로서 하나님의 말씀을 거역하고 죄를 만들고 죄인이 되는 역할을 맡았다는 것도 의문이다. 그것은 아마 이스라엘의 전통적인 가부장의 권위를 보호하고, 여자는 남자의 보조물 정도로 보는 사고에서 기인한 게 분명하다. 출생부터가 있어도 그만, 없어도 그만인 갈비뼈 하나에 불과한 여자. 하나님의 선택된 백성 유태인의 가부장적인 절대적 권위의 사고에서 기인한 것이라 사료된다. 가부장의 권위는 보호되어야 하고 가사와 허접한 일은 여자 몫이라는 그들의 사고를 바탕으로 만들어진 거라고 생각된다. 아직까지도 기독교 문화권에서 여자는 뒷전이고 악역으로 남자를 위해 존재하는, 오죽했으면 시몬 드 보부아르가 《제2의 성》(Le Deuxième Sexe)이란 책으로 신랄하게 고발했을까, 기독교 문화권에서의 여자에 대한 차별을! 여자는 남자와 동등한 제1의 성이 아니라 기독교 문화권에서는 실재하지도 않는 제2의 성, 남자 뒤에 선 제2의 성이라 그녀의 선언했다.

그녀의 도발은 프랑스를 비롯한 유럽의 기독교 문화권에 핵폭탄급 충격파를 던진 하나의 사건이었다. 교황청은 당황하여, 지체 없이 《제2의 성》을 금서로 지정했다. 노벨문학상 작가인 알베르 카뮈는 그 책을 모두 수거해 폐기해야 한다고 열을 올리기도 했다. 노벨상까지 받은 소설가라면 지성인이라 할 수 있는데 그런 자가 좀 한심했다.

"여호와 하나님이 에덴동산에서 그 사람을 내어 보내어 그의 근본된 토지를 갈게 하시니라 이같이 하나님이 그 사람을 쫓아 내시고 에덴동산 동편에 그룹들과 두루 도는 화염검을 두어 생명나

무의 길을 지키게 하시니라"(창 3:23-24) 이제 와서 생명나무 가는 길이 접근 금지? 웃기는 일이다. 이제 갈 사람도 없는 것 아닌가. 진즉 불 칼을 세워 아담과 하와가 접근하지 못하게 했다면 인간은 무죄였을 것인데, 무슨 심보로 아이들 갈 수 있게 길을 활짝 터놓고 요 녀석들 빨리 가서 따 먹어라 하고 기다렸단 말인가. 이건 완전히 인간에게 원죄라는 죄목을 씌우기 위해 꾸민 각본, 작전이다! 하나님은 자신이 만든 로봇 장난감 아담과 하와가 열매를 따 먹을 것을 뻔히 알면서 계획대로 유도해 죄를 뒤집어씌운 것이 아닌가 말이다. 컴퓨터 만든 회사의 사람이 그 컴퓨터가 어떻게 기능하고 작용하는지, 어떤 용도인지 확실히 아는 것처럼, 하나님은 뻔히 알면서 계획대로 유도한 것이라 볼 수 있다. 몇백년, 천년 뒤의 일까지 예비해 두었다면서, 당장 보통 사람의 상식, 판단으로도 뻔히 알 수 있는 결과를 하나님이 예견하지 못했겠냐 말이다. 하나님, 장난이 너무 심하십니다. 그래 놓고 사기 유혹에 넘어간 아담과 하와에게 죄인이라며, 거기에 그 후손도 대대로 이어 모두 죄인이라니 억장이 무너지네요. 옛날 옛적의 유물이 된 연좌제까지 적용해서 아직도 써먹고 있으니 웃겨서 팔짝 뛰겠네요. 이건 고소하면 법원, 대법원, 미국 연방 대법원에 가도 100% 인간 승리이다. 그래서 인간은 무죄다. 원죄는 무슨 놈의 원죄, 그것도 연좌제로 대대로 대물림이라니. 웃기는 짬뽕이다…! 대한민국 강원도 산골에서 태어난 나까지 날 때부터 죄인이라니 말이 되냐고요, 하나님. 너무합니다.

그런데 그러면서 교회에서 아이를 낳은 부부가 있으면 축복 예배를 한단다. 아들이건 딸이건 축하한다고 하며 함박웃음을 짓곤 한다. 보통 사람은 그래도 되지만 교회에서는 축하한다고 하며 함박웃음을 지으면 안 되는 거 아닌가요? 아니 날 때부터 죄인이라 하지 않았습니까. 또 한 명의 죄인이 태어난 겁니다. 엄숙한 표정으로 '또 한 명의 죄인이 이 세상에 왔습니다. 이 죄인이 장차 커 가며 교회에 열심히 나오고 십일조 헌금 많이 해 하나님 나라에 재물을 쌓는 데 공헌해 죄 사함 받기를 예수님 이름으로 기도합니다.' 엄숙하게 기도하며 걱정스러운 표정을 지어야 그게 인간의 도리가 아닌가 말이다. 그런데 속으로 장차 헌금할 인간 하나 늘었구나 하며 함박웃음 지으며 축하한다니 참.

요즘 컴퓨터, 인터넷, IT 시대로 세상 이치, 상식에 빠삭한 젊은 이들이 교회와 점점 멀어져 교도들이 세운 나라 미국에서도 교인이 줄어들어 문 닫는 교회가 늘어나고 있는 추세란다. 거기다 신부, 목사들이 성욕을 주체 못 해 생긴 성폭력 범죄 폭로(중세에는 마녀가 되거나 천당에 못 갈까 봐 조용히 침묵했으나 요즘은 고발하는 추세다)로 법원에서 배상하라는 배상금 판결에, 배상금 마련하느라 성당, 교회 건물 부동산에 팔아, 겉은 근사한 성당 건물인데 안에 들어가면 콘도미니엄이 된 건물이 보스턴, 시애틀 등에 여럿 있다. 그런데 설상가상으로 미국에서 태어나는 아이 중에 기독교인이 되는 비율이 24% 정도란다.

교회 안 가면 지옥행이라는데, 네 명 중 1명만 천당행(그것도 끝까지 가 봐야 아는 것)이고 3명은 장차 지옥행인 현실이다. 그런데도 목사님, 신부님 축복이라니요. 축복 예배라니요. 너무한 거 아닙니까. 사실 옛날에는 죄인의 후손이니 그도 당연히 죄인이라는 논리 연좌제가 사회 통념이었다. 왕의 자식이 대를 이어

왕이 되고, 성주의 아들이 성주가 되고, 노예(노비)의 자식은 대물림으로 노예가 되는 것이 상식이었다. 2000여 년 전 복음서도 그런 사회 통념에서 쓰였을 것이다. 뉴스라는 것이 있을 리 없고 구전이 전부이던 시절 왕, 귀족, 기득권자들의 말이 거의 법이던 시절, 사람들은 그들이 그렇다면 그런 거라 믿는 어두웠던 시대, 연좌제도 당연시되던 시대에 쓰인 복음서의 논리가 지금도 그대로 답습되는 종교의 경직성이 가히 경탄스럽다.

이제 시대가 변해도 한참 변했다. 컴퓨터, IT, 인터넷 시대 2020년대인 지금까지 구시대적 논리를 그대로 써먹으니 사람들이 외면하는 것이다. 이제 좀 차원 높은 논리를 개발해야 되는 게 아닌가 한다. 시대를 앞서가는 명상원이라든가, 교회가 아니라. 목사님들 아직도 '죄인의 후손이 죄인인 것은 너무도 당연한 것 아닙니까' 하고 옛날 중세 레퍼토리로 열변 토하지 말고 공부들 좀 하시고, 생각들 좀 하세요. 그리고 설교 노트 보고 한 달에 한 번씩 똑같은 레코드 설교도 좀 그만하시고요. 예? 교인 중에 사기꾼 아들딸 있으면, 사기꾼 아들이니 당신도 사기꾼 할 겁니까? 아니지요. 이제 안 통한다는 것을 친절히 알려 드립니다. 연좌제 폐지, 불법 된 지가 언제인데.

"아담이 그 아내 하와와 동침하매 하와가 잉태하여 가인을 낳고 이르되 내가 여호와로 말미암아 득남하였다 하니라 그가 또 가인의 아우 아벨을 낳았는데 아벨은 양 치는 자이었고 가인은 농사하는 자이었더라"(창 4:1-2) 이 대목에서 보면 아담의 두 아들은 날 때부터 성분, 배역이 정해져 있는 것을 알 수 있다. 양치기(유목민, 유태인) 농사꾼(농경민족, 팔레스타인)으로 아예 날 때부터 유태인 입장에서 정해 놓고, 유목민 좋은 놈, 농사꾼 카인은 나쁜 놈으로 규정하고 있다. 아담의 두 아들 카인과 아벨, 카인은 죄로 말미암아 죄의 길을 걸은 자요, 아벨은 믿음으로 말미암아 구원의 길을 걸은 자다.

"아벨은 자기도 양의 첫 새끼와 그 기름으로 드렸더니 여호와께서 아벨과 그 제물은 열납하셨으나 가인과 그 제물은 열납하지 아니하신지라 가인이 심히 분하여 안색이 변하니"(창 4:4-5) 무엇 때문에 이러한 차별이 생긴 걸까, 무엇이 달랐는가?

이에 대해 한 유식한 목사님 왈, 히브리서에 그 답이 있다고 한다. 히브리서 11장 4절에 의하면 '믿음으로 아벨은 카인보다 더 나은 제사를 하나님께 드림으로 의로운 자라 하시는 증거를 얻었다. 아벨에게는 하나님을 믿는 마음이 있었으나 카인에게는 없었다'라고 말한다. 객관적이지 않고, 주관적인 차별이지 않냐 하니 '성경에 그리 암시되어 있다고 범인이 왈가왈부할 수 없다.'라고 한다. 참 기독교적인 논리다. 그냥 솔직하게 처음부터 의도된 이스라엘 신화의 주연 신인 여호와 하나님, 선택된 백성 유태인, 유목민의 신 하나님 주연의 이야기이기 때문이라고 해라. 유태인은 뿌리가 유목민이고 그 상징이 아벨, 카인은 오랜 갈등의 상징인 농경민족 팔레스타인의 상징인 카인, 하나님은 그렇게 차별화해 이야기를 풀어 가는 것이다. 양을 키우는 수고도 일 년 내내 농사를 지어 얻는 곡식 과일도 둘 다 노동의 땀이 서린 선물이다. 유목민 유태인의 신이라서 유목민의 선물은 반기고, 적대적 민족인 팔레스타인의 대표로 설정된 카인의 선물은 배척한 것이라고 하는 것이 솔직하지 않은가. 많은 부연 설명이 구차하다.

말로는 천하의 유일신이라면서, 사랑을 말하며 우주 만물을 창조 했다면서, 이러하든 저러하든 신(神)이라는 자가 인간의, 그것도 자신이 만들었다는 두 사람의 땀이 서린 선물을 차별이나 하니 한심하다. 그러한 차별의 결과로 화가 난 카인은 아벨을 들로 데려가 돌로 쳐 죽였고, 그 결과 인류 최초의 살인범, 살인자의 낙인이 찍혔다. 카인은 하나님 앞을 떠나 이 세상을 유리하는 자가 되었다. 후에는 부인을 얻어 살았고, 카인의 범죄는 그의 뒤를 이어 여러 세대에 엄습하였다고 적혀 있다(창 4:16-24). 대대로 저주를 하고 있다. 하긴 지금도 계속된다고 하니 유구무언이다.

그렇게 아담의 두 아들을 모든 시대를 통틀어 두 종류의 인간 대표로 하나님이 주신 것이라 한다. 한 부류는 믿음으로 하나님과 동행해서 사는 자들이요, 다른 부류는 하나님을 거역하고 불순종하며 사는 자들이라고 말하고 있다. 땀 흘려 농사지어 수확한 곡식을 선물로 드린 것이 왜 불순종인지는 설명이 없다. 비논리적이다.

"가인이 여호와의 앞을 떠나 나가 에덴 동편 놋 땅에 거하였더니 아내와 동침하니 그가 잉태하여 에녹을 낳은지라 가인이 성을 쌓고 그 아들의 이름으로 성을 이름하여 에녹이라 하였더라"(창 4:16-17) 이게 무슨 소린가. 그럼 아담과 하와, 카인과 아벨이 최초의 인간이라면서, 그러니까 놋 땅에는 이미 많은 사람이 살고 있었다는 이야기네! 카인의 아내가 임신을 하고 아이를 낳았다면 카인과 동년배 아닌가. 그럼 그 부인의 부모가 있을 것이고 그렇다면 상식적으로 아담, 하와, 카인, 아벨이 최초의 인간이 아니라는 것을 성경은 스스로 고백하는 것이 아닌가. 하나님, 헷갈립니다.

놋 땅에 이미 많은 사람이 살고 있는데, 뭐 최초의 인간 만든다고 조각가도 아니면서 흙으로 사람을 빚고 장난질하십니까. 속보이게 아니 그러하나이까. 흙으로 빚었다면서 교황청에 걸린 성화의 아담과 하와는 탯줄 자른 흔적인 배꼽이 꼭 찍혀 있네요. 하긴 그건 환쟁이가 실수한 것이겠지. 그런데 카인이 아내와 동침해 낳았다는 아들 이름이 에녹인데, 셋은 아벨이 죽은 뒤 아담이 낳은 아담의 혈통이고, 셋의 7대손의 이름도 에녹이다. 셋의 계보가 메시아의 혈통이라고 하는데, 좀 헷갈린다. 사실 성경은 각 부족의 여기저기 널려 있던 복음서를 모아 편집해 만든 것이고, 그동안 육천 번 넘게 빼고 더하고, 수정하고, 살을 붙이고 하면서 오늘날에 이르렀다는데, 근본적인 문제가 있는지 아직도 앞뒤가 안 맞고 뒤죽박죽인 점이 너무 많다. 거시기 털까지 딱 필요한 자리에 두고 만드셨다는 하나님의 말씀이 왜 이런 오락가락 실수가 많은지.

"아담이 다시 아내와 동침하매 그가 아들을 낳아 그 이름을 셋이라 하였으니 이는 하나님이 내게 가인의 죽인 아벨 대신에 다른 씨를 주셨다 함이며 셋도 아들을 낳고 그 이름을 에노스라 하였으며 그 때에 사람들이 비로소 여호와의 이름을 불렀더라"(창 4:25-26)아담은 130세에 자기의 모양, 곧 자기의 형상과 같은 아들을 낳아 이름을 셋이라 하였고 아담은 셋을 낳은 후 팔백 년 동안 자녀를 낳았으며 그는 930세를 살고 죽었다(창 3:3-5).

참으로 재미없다. 그냥 말로 다한다. 인간이 단세포 아메바도 아닌데 어찌 똑같은 꼭 닮은 자식을 낳게, 또 백삼십 세에 아들을 낳고, 거기에 더해 비아그라도 없던 시대에 팔백 년 동안 자손을 만들었다니, 아무리 신화라지만 좀 그러하옵니다. 완전 삼류 공상 연극 각본이다. 하긴 어느 나라 신화나 구전되는 신선 이야기가 있고 몇백 년을 살았다는 이야기가 있긴 하지만 구백삼십 년은 너무한 것 아닌가! 좀 덜 똑똑한 전도사님은 무엇한지 거기에 대해, 예수 이전에는 사람이 오래 살았다 하면 그냥 다 믿었다는 것이다. 하긴 그래야 교인 될 자격이 되지…! 살았다고 변명한다. 살인자 죄인 카인의 가계를 어느 정도 기록한 후, 창세기는 셋의 혈통을 기록하고 있다. 아담과 하와의 혈통이라는 셋의 계보로 7대 손은 에녹인데 그는 육신으로 그리스도의 조상이었고, 하나님과 동행한 자이며 죽음을 보지 않았다. 에녹 시대에 이미 그리스도(예수)에 대한 암시와 예언이 있었다.

    창세기의 이야기를 요약해 보면 사탄의 속임수에 의한 인간을 꾀어내어 하나님과 멀어지게 되고, 죄인에 대한 하나님의 의로운 심판을 말한다. 그러면서도 하나님의 은혜, 인류를 보존하시기 위해서 은혜를 베푸신 것, 메시아 장차 오실 인간의 죄를 대신 짊어질 구속자를 내다보시며 하나님은 약속해 주셨다는 것. 창세기는 대충 그런 이야기다. 그런 스토리로 기독교는 시작을 한다. 창세기는 창조, 타락, 홍수, 열방(하나님의 주권, 통치권), 아브라함의 생애, 이삭의 생애, 야곱의 생애, 요셉의 생애 처음에는 전 인류를 다루고, 이어서 선택된 아브라함의 가계를 다룬다. 결국 이스라엘, 선택되었다는 유태인의 신화임을 스스로 증명하고, 아브라함의 가계를 쭉 나열한다. 현실적인 예수의 애비 없는 자식을 면해 주기 위해 노력하여 이스라엘의 전통인 가부장의 권위까지, 양아버지로서 예수에게 온전히 흠 없는 권위를 부여해 주기 위한 노력이 눈물 나게 가상하다.

　대충 그런 이야기가 기독교 성경 창세기의 줄거리다. 창세기에서 가장 중요한 부분은 당연히 기독교 논리의 시초라 할 수 있는 아담과 하와의 원죄다. 즉 뱀의 유혹으로 아담과 하와가 선악과를 따 먹고 원죄를 지음으로서 에덴동산에서 쫓겨났고, 그 원죄로 인해 대를 이어 인간은 죄인이 되었다는, 사람들(교인들)은 성서에 그렇게 쓰여 있으니까 그게 옳다고 단순히 생각한다. 선악과 사건을 근원적으로 따져 보는 사람은 거의 없다.

　그 선악과 사건의 동기, 과정, 결론, 거기에 부여하는 의미와 규정하는 것들이 정당한 것인가를 우리 한번 성경 원문으로 따져 판단해 보자.

　그들은 하나님이 잘 꾸며졌다고 말하는 에덴동산에 살게 되고, 처음부터 완전한 인간이었다고 볼 수 없는 미완의 인간이었다. 아담과 하와가 선악과를 따 먹기 전에는 선과 악도 모르고 눈도 흐릿했다. 시야가 흐리니 벌거숭이인 것도, 자신의 존재도 인식하지 못했다. 그저 동물 수준의 자아를 가진 채 다른 짐승과 뛰어놀았다. 배고프면 나무 열매 따 먹고 해가 지면 아무 데서나 쓰러져 잤다. 그들은 에덴이라는 잘 꾸며진 우리에서 사육되는 한 쌍의 들짐승과 같았다. 그러나 여타 동물과 같이 본능적 자아 욕구는 가지고 있었다. 그래서 먹음직스럽고 탐스러운 선악과를 따 먹고 싶어 하는 그 욕구에 또 뱀의 유혹까지 더해졌다. 결국 그들은 선악과를 따 먹고 비로소 눈이 밝아져 자신들이 벌거벗은 사실을 알고 무화과 나뭇잎으로 치마를 삼았다(창 3:7). 부끄러움을 알게 되었다는 것, 비로소 정상이 된 것이리라! 그러니 인간이 되었다고 할 수 있다. 선악과를 따 먹은 후 비로소!

에덴동산 스토리 앞뒤를 살펴보면 동물 수준의 상태였던 그들에게 원죄라는 철학적, 고차원적 시험을 한다는 것, 그 자체가 모순이고 난센스였다. 그저 신화를 만들기 위해 인위적으로 만들어진 장치라고 하는 것이 사실인 것 같다. 더욱더 연좌제로 죄가 대물림된다는 논리는 시대상의 개연성 부재로 현대의 기독교 논리, 당위성에 결함이 되는 부분이 아닌가 한다.

그 시절 연좌제가 사회 통념으로 당연시되던 2000여 년 전 시대에 쓰여 중요한 골격이 된 대물림 논리와 그 의식 세계는 민주화로 인해 이제 구시대적이다. 격세지감의 현대에선 연좌제란 기득권을 유지하기 위한 방편, 즉 구시대의 유물이 되었다. 그렇게 사회 정의에 반하는 제도가 역사 속의 유물이 된 지금도, 기독교에서는 죄인의 후손인 인간은 그도 당연히 죄인이라는 주장은 이제 내려놓아야 하지 않는지 기독교에게 묻고 싶다. 2000년 전에야 연좌제가 당연시되고, 사람들은 그렇게 세뇌되어 있었다. 대부분의 사람이 문맹 상태였기에 사고의 회로가 거의 작동하지 않는 수준이어서 통했지만, 요즘 사람들에게 그런 논리가 통할 리가 없다.

요즘 젊은이들에게 아담과 하와가 원죄를 범해 그 후손인 인간은 대대로 죄인이며, 고로 당신들도 죄인이라 한다면 피식 웃을 것이다. 애비가 죄인이라고 그 아들도 죄인이라는 논리가 도무지 말이 되냐며. 그 대목은 기독교의 딜레마다.

성경이, 복음서가 쓰이던 시대의 연좌제는 사회 상식이자 통념으로 그대로 받아들여지며 당연시되었다. 그러한 2000년 전 사회 통념에 의해 죄인의 후손은 그도 죄인으로 쓰인 것이지 않나.

대명천지 현시대 2021년 연좌제는 박물관의 유물이 된 지 오래다. 허나 지금도 기독교는 죄인의 후손은 당연히 죄인이라고 연좌제를 붙잡고 있으니 좀 딱하고 안쓰럽다. 기독교의 더욱 걱정되는 점은 지도층의 퇴보다. 쉽게 말해 목사들의 수준이 너무 떨어지고 열악하다는 것, 심하게 말하면 시정잡배 수준인 자들이 목사라며 별의별 말을 되는 대로 뱉어 내며 예수를 들먹이는 점이다. 인격적인 품격, 지성을 보이는 목사를 눈 씻고 찾아도 보이지가 않는다. 자신이 하나님 예수와 동급이라며 인간 신(神) 행세를 하는 자들도 여럿 있다. 어느 뜻있는 인사는 협잡꾼, 사기꾼들이 한국 기독교를 점령했다고 한탄하기도 한다.

한국 기독교의 앞날에 가호가 있기를….

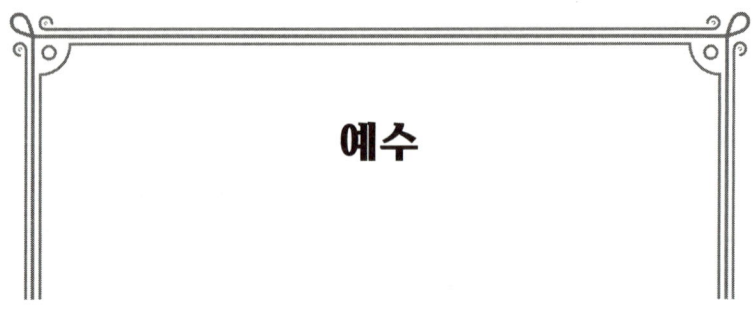

예수

 2천여 년 전 예수가 세상 현실 세계에 발을 딛고 공생활을 시작한 때의 당시 정치, 사회 상황은 암울하고 처절한 상태였다. 겉으로 보기엔 로마정이 세상을 평정하고 전쟁은 멈췄고 평온한 것처럼 보였다. 그러나 로마의 일급 식민지였고 동서 모든 교류의 교착 지점이었던 팔레스타인의 내외적 상황은 불안하였고, 부조리하였고, 처연했다.

 첫째로 정치 사회적 국내 상황은 계층 간의 균열과 긴장으로 심각한 상태였다. 당시 상류층이었던 사두계파는 토착세력의 권력기관이었던 산헤드린을 요리하면서 같은 민족의 다른 계층을 멸시하고 차별하였다. 중간층으로 민족주의 정신과 율법주의 정신에 충실하였던 바리세파와의 반목은 심각했다. 바리세파는 무식하고 가난했던 땅의 사람들을 불신하고 경멸했다. 반면 '땅의 사람들'은 상류층과 바리세파 집단을 뼈에 사무치게 증오하였다. 선민을 자처한 이스라엘 사람들이 이방인을 차별하고 경멸했지만, 동족간의 계층 불화와 불신의 정도는 이스라엘과 이방인 간의 불신과 불화의도보다 더 깊었다고 했다.

 경제적 수탈도 극심했다. 당시의 자영 농민들은 헤롯 왕가와 세리들이 결탁한 고리대금업자들로부터 얻은 부채를 상환하지 못하여 담보로 잡힌 자기들의 토지를 점차 고리대금업자에게 빼앗기는 부작용이 속출했다. 자영 농민은 영세 농민으로, 영세 농민은 부채 농민으로, 다시 이들은 노예로 전락하고 있었다.

한 젊은이가 요르단강을 따라 유대 광야를 향해 걸어가고 있었다. 그 젊은이는 바로 예수였다. 그는 지금 말로만 전해 들은 세례자 요한을 찾아가고 있었다. 사해 서북 지방에는 에세네파에 속하는 종교 집단이 활동하고 있었으며 쿰란 교단의 활약이 지속되고 있었기 때문이다. 그들은 예루살렘을 장악하고 있는 종교 집단으로부터 추방당했고, 정치적 권력층으로부터는 위험한 단체로 경계의 대상이 되어 있었다.

그러나 많은 사람들은 이스라엘의 장래는 그들에 의하여 희망을 찾으며 하늘나라가 건설된다면 그들을 통해서 이루어질 것이라는 기대를 걸고 믿고 있었다. 그들은 신앙의 순수성을 지키고 있었으며, 민족 해방의 정열을 불태우고 있었기 때문이다.

그들 가운데서 한 지도자가 공공연히 나타나 등장했다. 그는 세례자 요한이었다. 그는 모이는 군중들에게 거리낌 없이 큰 소리로 가르치고 있었다. 그 교훈은 이스라엘 사람들에게 익숙한 구약의 교훈을 요약한 것이었다. 회개하지 않는 개인과 민족은 곧 멸망할 것이라고 자신만만하게 설교하였다.

요한의 교훈을 믿고 따르려는 사람들은 회개를 선언하고 그 뜻을 굳히는 의미에서 세례를 받았다. 요한을 둘러싼 많은 군중들 속에 한 갈릴래아의 젊은이가 나타나 섞여 있었다. 요한을 만나기 위해 떠났던 예수였다. 많은 군중이 모였고 그들은 요한의 설교를 진지하게 듣고 있었다. 요한은 예수를 보았다. 그 낯선 젊은 이를 끌리듯 바라보았다. 그리고 자신도 모르게 예수 앞으로 다가갔다. 둘은 한참을 말없이 서로 마주 보았다. 두 사람은 침묵 속에서 각자 깊은 대화를 나누었다. 두 사람은 똑같은 것을 서로 느꼈다. 같은 사명과 뜻을 갖고 있으며, 누군가의 보내심을 받아왔다는 직감이었다. 어쩌면 이 두 사람을 보낸 이는 야훼일지도 모른다. 성경은 그렇게 설정하고 있다. (현재의 성질은 예수가 죽은 지 300년이 지난 뒤 예수추종자와 로마 권력에 의해서 집대성을 갖춤)

얼마 후에 예수는 자신에게도 세례를 베풀어 달라고 청했다. 요한은 '당신은 나보다 위대한 분입니다. 회개할 것이 없는 당신에게 어떻게 세례를 주겠습니까?' 하고 사양했다. 그러나 예수는 '예로부터의 전통을 위해서, 그리고 여기에 모인 많은 사람들을 봐서 사양할 필요가 없지 않겠느냐.' 하고 거듭 청했다. 요한은 예수의 뜻을 따랐다.

예수는 볼 것을 보았고 만날 사람을 만났다. 그러나 요한은 뜻밖의 인물을 만났고 감당할 수 없는 권위에 부딪쳤음을 느꼈다. 이로부터 예수는 높이 올라가는 삶을 택했고, 요한은 스스로를 낮추어 가는 길을 걸어야 했다.

며칠 뒤 요한은 서슴지 않고 말했다. '세상 죄를 지고 가는 하나님의 어린양을 보라, 나는 그의 신 들메를 풀어 드릴 자격조차 갖추지 못한 사람이다'라고. 그리고 그는 자기를 따르던 제자들에게도, 앞으로는 나보다 저 예수의 제자가 되는 것이 옳다고 양보하였다. 요한은 스스로의 존재와 운명을, 밝은 태양이 떠오르기를 기다리던 새벽별 같은 것으로 자인했다. 또 요한은 그렇게 살다가 죽어 갔다. 예수도 그 사실을 부인하지 않았다. 그것을 두 사람을 보내 준 이의 뜻으로 믿었기 때문이다. 요한은 감옥에 있으면서 한때 그 사실을 의심했는지 모른다. 그러나 예수는 그 뜻을 의심하지도 않았고 그대로 자신의 삶과 역사를 밀고 나갔다.

그렇게 예수가 등장하였고 이후 기독교의 이야기는 예수 중심으로 전개되어 간다. 그런데 왜 하나님의 아들 예수의 등장과 이야기는 삼십 대 중반부터 전개될까. 그 이전에 삼십 대 중반까지의 삶에 대해서는 일언반구도 없고, 언급하려고도 않는다. 오직 유아 박해를 피해 이집트로 망명했다가 헤롯왕이 죽은 뒤에 돌아왔다는 것뿐이다.

헤롯왕이 2세 이하 어린아이를 모두 죽이라고 명령했을 때, 예수는 유아 박해를 피해 이집트로 피신한 것으로 복음서는 말하고 있다. 좀 무리가 아닌가? 시골 가난한 목수 아들이 외국으로 망명을 한다는 것 말이다. 수많은 어린 유아들이 헤롯에 의해 희생되었다는데, 유독 예수만이 이집트로 망명했다는 것 말이다. 예수가 절대로 죽어서는 안 될 귀중한 생명이었다는 것은 혈통의 중요성을 의미하는 것이고, 그런 혈통이라면 그건 다름 아닌 다윗 왕가의 혈통이었을 것이라는 것 아닌가. 식민지 상태에서 몰락한 왕족이지만 조국 이스라엘이 독립을 찾으면 다시 왕으로 추대되어 다윗과 솔로몬의 영광을 재현할 귀중한 핏줄이었기 때문이었을 것이다. 예수는 왕족들의 주선으로 이집트까지 피신할 수 있었을 것이라는 것이 설득력 있는 정설이다. 가난한 시골 목수 아들이 외국으로 망명할 수 있었다면, 다른 모든 유아들의 외국 망명 또한 가능했을 것이다. 그런데 실상 많은 유아가 희생되었다는 것은, 예수가 이집트로의 망명, 헤롯이 죽을 때까지 그곳에 머물렀다는 것은 다윗 혈통을 이어받은 '왕족'이었음을 간접적으로 증명한 것이라고 볼 수 있다. 그 이외에도 예수가 왕족이나 대단한 혈통이라는 것은 여러 곳에서 나타나고 있다. 예수가 첫 번째 기적을 행했다는 가나의 혼인 잔치에 관한 복음서 기록 이야기(요 2:1-12), 잔치 도중 포도주가 떨어지자 예수의 어머니는 예수께 포도주가 떨어졌다고 알렸다(요 2:3). 예수는 맹물을 포도주로 만드는 기적을 보여 주었다고 한다. 그것도 큰 돌 항아리 여섯 개에 가득 차는 양이었다. 그 시절 경제 여건으로 볼 때 서민의 결혼 잔치에 포도주가 떨어지기 전 소비한 물량에 예수가 만든 여섯 항아리의 포도주를 소비할 만한 잔치가 과연 있을까. 그것만으로도 그 잔치는 대단한 집안의 결혼 잔치로 예수의 어머니도 관계된(아니라면 음식이 떨어진 것을 손님이 왜 신경 쓰겠나) 잔치였다는 추정할 수 있다.

　마태복음 1장 1절에서 17절까지 예수의 족보에 대해서 언급하고 있는데, 거기에는 '아브라함의 후손이며 다윗 왕가의 후손인 예수'라고 명백하게 기록되어 있다. 요셉 역시 다윗 왕가의 후손으로 비록 몰락한 왕족이기는 하지만 요셉과 예수는 다윗 혈통을 이어받은 왕족이었음이 거의 확실하다.

　헤롯이 죽고 나서 예수는 부모와 함께 이스라엘로 돌아왔고, 예수의 성장 과정에 대해서 마태, 마가, 요한복음은 한결같이 침묵한다. 누가복음만이 예수의 소년 시절에 대해 짧게 언급한다. 예수가 12살 나던 해에 과월절에 부모와 함께 예루살렘에 참배하러 갔다가 성전 랍비(Rabbi)들과 논쟁을 벌인 것으로 기록되어 있다(눅 2:41-52). 그 이외의 복음서의 어느 부분에도 예수의 성장 과정에 대한 기록은 없다. 그 원인은 성서를 만들고 편집하는 과정에서 신이 된 예수의 신성에 반하거나 흠결이 될 만한 요소는 철저히 배제되었기 때문이고, 지금의 성서가 로마 제국의 콘스탄티누스 황제 시절에 편집되었기 때문으로 학자들은 보고 있다. 이때가 예수가 죽은 지 3백여 년이 흐른 뒤로 그때까지 각각의 복음으로 있던 것을 예수가 신이 되면서 필요에 의해, 복음서들을 모아 성서로 편집하였던 것이다. 그 과정에서 예수의 신성은 추가되고, 신성에 누가 되는 인간적인 면모나 요소는 편집, 삭제하였던 것이다. 성경에서 제외된 복음서를 외경이라 한다. 예수가 하나님의 아들이라고 신이된 것은 로마 제국에 의해서이고, 이스라엘 유태교에서는 예수를 야훼(하나님)의 아들로 인정하지 않고 있다. 이스라엘인들에게 예수는 조국의 독립을 이루기 위해 투쟁한 독립투사이고, 선지자일 뿐이다. 예수가 신이 된 것은 로마 황제 콘스탄티누스의 정치적 입지를 위한 정적 막센티우스를 꺾기 위한 상황으로부터 파생된 정치 행위이고, 니케아 공의회에서 투표에 의해 예수가 신으로 공표되었던 것이다. 그 사정은 뒤에서 자세히 알릴 것이다. 야훼는 이스라엘이 이천 년 동안 모신 그들의 신이다. 그들이 예수는 야훼의 아들이 아니라는데, 예수가 진짜 야훼의 아들이라면 자신들이 2천 년 동안 모신 '신'의 아들을 몰라볼까! 강아지도 주인과 도둑은 구분하는데 말이다. 당사자들, 이스라엘인들은 아니라는데, 로마 제국이 멋대로 공의회란 곳에서 투표로 가결되었으면서 예수는 신이라고 공표했던 것이다. 그렇게 로마 제국으로부터 지금까지 다른 민족, 다른 나라 족속들이 예수는 야훼의 아들이고, 신이라고 아득바득 우기고 있는 꼴이다. 예로 내가 나는 신이 아니라고 하는데, 다른 사람들이 너는 신이라고 하는 것과 다름없다. 그렇게 우스꽝스러운 처지에 놓인 예수는, 지금도 지구 곳곳에서 기도라는 방법으로 예수를 향해 갖은 요구와 주문을 하고 있어 예수의 영혼은 지금도 편할 날이 없다.

이스라엘 사람들, 유태교도들은 12월 25일 크리스마스에 아무 것도 하지 않는다. 그들에게 예수는 신이 아니라 이스라엘의 독립, 로마 제국의 식민지배에서 벗어나기 위해 투쟁한 다윗 왕가의 한 사람이며 이스라엘의 선지자이자 독립투사일 뿐이다.

예수는 조국 이스라엘의 독립을 이룩하기 위해서, 다윗 왕가의 왕권을 회복하기 위해서, 그리고 백성의 지지를 모으기 위해서 수년간 은밀히 준비했었다. 예수는 AD 28년 가을에 요르단강에서 세례자 요한에게 물로 세례를 받으면서 소위 공생활(公)이라는 것을 시작했다. 공생활이라는 것은 예수의 공개적인 정치활동을 의미하는 것이었다. 예수의 공생활 시작을 기독교에서는 야훼의 아들로 종교적 활동으로 묘사하지만 그것은 예수의 정치 활동이었다. 예수는 공개적인 정치 활동 이전에 민중 속에 자신의 활동 기반을 은밀하게 다져 놓았었다. 이미 열두 제자를 확보해 두었으며, 세례자 요한으로 하여금 자신이 가야 할 길을 미리 닦아 놓도록 예비했었다. 요한복음에 의하면 가나의 혼인 잔치에 예수도 그의 제자들과 함께 초대를 받고 와 있었다. "예수와 그 제자들도 혼인에 청함을 받았더니"(요 2:2) 가나의 혼인 잔치는 예수가 공생활을 하기 전이었고, 그 잔치에서 예수는 어머니께, "예수께서 가라사대 여자여 나와 무슨 상관이 있나이까 내 때가 아직 이르지 못하였나이다"(요 2:4)라고 분명히 말하고 있다. 또 민중 속에 은밀하게 자신의 지지 기반을 다지고 있었으며, 그 예비 중 하나가 바로 세례자 요한이었다.

세례자 요한은 모인 사람들에게 이렇게 외쳤다. 나보다 더 훌륭하신 분이 내 뒤에 오신다, 나는 몸을 굽혀 그의 신발 끈을 풀어 드릴 자격도 없는 사람이다, 나는 너희에게 물로 세례를 베풀었지만 그분은 성령으로 세례를 베푸실 것이다. "사람의 계명으로 교훈을 삼아 가르치니 나를 헛되이 경배하는도다 하였느니라 너희가 하나님의 계명은 버리고 사람의 유전을 지키느니라"(막 7:7-8)를 보면 세례자 요한은 예수를 위해 미리 준비된 존재였다. 요한은 많은 사람에게 새로운 '메시아'가 나타날 것을 암시하였고, 새로운 '메시아'에 대해 칭송을 거듭하고 있었다. 그리고 예수가 공생활을 시작하며 세례자 요한에게 세례를 받으러 갔을 때, 세례자 요한은 자기가 말하던 새로운 '메시아'가 바로 예수라고 공개적으로 증언하였다. 요한은 실제로 예수와 사촌 관계였다고 한다.

예수는 AD 28년 가을 요르단강에서 세례자 요한에게 세례를 받은 이후 갈릴래아 지방에서 수많은 군중집회를 가졌으며, 자신이 새로운 '메시아'임을 선포했고 유태교 경전에 대한 자신의 새로운 해석으로 설교하며 백성들의 지지를 호소했다. 복음서 속의 오천, 칠천 명이니 하는 숫자가 나타나고 있는 것처럼 예수의 군중집회에는 실제로 수많은 인파가 몰렸으며 군중들은 열광적으

로 예수를 지지했다. 백성들은 새로운 '메시아'의 출현을 학수고
대하고 있었던 터였고, 어느 누구라도 자신들이 로마의 탄압에서
벗어나게 해 주기를 바랐다. 더군다나 백성들은 솔로몬과 다윗의
옛 영광을 그리워하고 있었고, 예수 자신은 다윗 왕가의 혈통임
을 분명히 밝혔었다. 예수의 존재는 태풍의 눈으로 부상했다. 백
성들 사이에서 예수는 이스라엘의 새로운 왕(메시아)으로 불렸
다. 그 소문은 분봉왕 헤롯 안티파스와 로마 총독빌라도, 그리고
그 당시의 대제사장이었던 가야파의 귀에까지 전해졌다.

   빌라도는 예수에 관한 보고를 받고도 별로 놀라지 않았다. 여
태까지의 경험으로 몇 명의 자칭 '메시아'가 나타났지만 군중들의
지지를 얻지 못했었기 때문이다. 새로운 '메시아'의 출현은 심심
치 않게 있는 일이었고, 총독이 손쓸 필요도 없이 백성들에 의해
서 처리되고 사라졌다. 예수가 스스로 새로운 '메시아'를 선포했
다고 해서 놀랄 것도, 우려할 일도 아니었다.

   그런데 여기서 한 가지 짚고 넘어가야 한다. 예수는 그의 명칭
에서 죽기 전과 죽은 후(로마가 예수교를 인정한 후)의 명칭에
서 오해가 있다. 현대의 기독교인을 비롯한 많은 사람들은 예수
그리스도(Jesus Christ)가 고유 명사라고 착각하고 있지만 예
수 그리스도는 인명을 나타내는 고유 명사가 아니었다. 예수의
고유명사는 그냥 '예수'였다. 예수가 스스로 메시아임을 선포하
고 나서부터, 예수는 '메시아 예수'로 지칭되었다. 히브리어 '메
시아'(Mashiah)는 희랍어로 번역되면서 '크리스토스'(Kristos)
가 되었고, 크리스토스(Kristos)는 크라이스트(Christ)의 어원
이 되었다. 그래서 '메시아 예수'는 '예수 그리스도'(Jesus the

Christ)가 되었는데 훗날 이것이 축약되어 '예수 그리스도(Jesus Christ)'가 되었다. 그리스도는 '구세주' 또는 '구원자'라는 뜻을 지닌 기능적인 명사였는데 'Jesus the Christ'가 'Jesus Christ'로 변형되면서 고유 명사인 것처럼 오해된 것이다. 그리스도(Christ)와 같은 의미를 가지고 있는 히브리어 메시아(Mashiah)에 대해서도 현대인들에게 잘못 인식되어 있다.

예수는 자신이 '메시아'라고 선포했었다. 현대의 기독교인과 사람들은 '메시아'를 신(神)적인 용어로, 신의 아들이라는 개념으로 알고 있지만 당시의 예수가 선포한 '메시아'는 신적인(혹은 종교적인) 의미가 아니었으며, 신의 아들이라는 뜻은 더욱 아니었다. 히브리어 '메시아'의 원래의 뜻은 '기름 부음을 받은 자'라는 뜻인데 그것은 정치적인 용어였다. 그것은 이스라엘의 정치적 권력을 지닌 왕을 뜻하는 것이었다. 고대 이스라엘 왕국의 모든 왕들은 실제로 기름 부음을 받고 그들(왕)은 모두 '메시아'로 지칭되었었다. 따라서 '메시아'라는 칭호는 예수만이 아니라 이스라엘 왕국의 모든 왕들에게 적용되는 칭호였다. 예수가 스스로 '메시아'임을 선포한 것은 자신이 야훼의 아들임을 선포한 것이 아니라, 로마의 식민지가 되어 주권을 상실한 이스라엘 왕국의 왕권을 되찾겠다는 의지의 뜻으로 자신이 이스라엘의 왕이라고 선포한 것이었다. 그런 것이 로마가 기독교를 인정하면서 예수를 따르던 기독교인들에 의해 기독교의 교리에 맞도록 훗날 왜곡되어 신(神)적인 용어가 된 것이다.

역사에는 사실과 기록 등으로 실재했던 정사(正史), 사실이 아니고 누군가의 필요에 의해 만들어진 말로 전해진 야사(野史), 신적인 의미로 만들어진 신화(神)가 있다. 이스라엘이 예수를 야훼의 아들로 인정하지 않는 것은 정사(正史)에 의한 것이고, 기독교에서 예수가 야훼의 아들이며 신이라는 것은 로마 제국과 예수의 추종자들의 정치적 타협의 산물이다. AD 325년 소집된 니케아 공의회(Nicaea)에서 예수는 유한한 예언자가 아니라 오늘부터 신이라고 투표로 결정했다. 예수는 죽은 지 3백여 년이 지난 뒤 느닷없이 신이 되었다. 이후 로마 제국과 예수의 많은 추종자 기독교인들에게 예수가 니케아 공의회에서 신(神)으로 공식 승인되면서 신으로 거듭났음을 알렸다.

시이저나 네로 등을 비롯한 많은 역대 로마 황제들이 황제가 되면 신으로 취임했던 것처럼 예수는 인간들의 이해관계, 정교 야합에 의해서 어쩔 수 없이 신이 되어야 했다. 당시에는 뉴스라는 것이 존재하지 않았다. 뉴스가 없었던 1,000~2,000년 전 옛날에는 왕이나 힘 있는 자는 대개 신적인 위치였고 신이라 하면 신인 것이었으며 그런 대접을 누렸었다. 옛날 한국의 왕들도 마찬가지였다.

그동안의 군중집회로 군중들의 '호산나여, 지저스!' 하며 환호하는 모습을 보고 고무되어 있던 예수는 공생활을 시작한 이듬해인 AD 29년 4월(유태력으로는 3789년) 니산월에 과월절 축제를 위해서 나귀를 타고 예루살렘에 입성했다. 예수를 보기 위해 수많은 군중들이 모여들었다. 어떤 사람들은 올리브 나뭇가지를 꺾어다가 앞길에다 던지기도 했고, 또 어떤 이들은 종려나무 가지를 흔들면서 호산나를 외치고 예수 일행을 뒤따랐다.

예수는 나귀에서 내려 성전 뜰 안으로 들어갔다. 뜰 안은 어린

양과 비둘기를 파는 장사꾼과 환전상들의 사고 파는 소리로 시끄러웠다. 장사꾼들을 보고 있던 예수의 얼굴은 차츰 분노의 기색으로 변해 갔다. 제자들은 근심스러운 표정으로 예수를 보고 있었고, 그때 갸롯 유다가 살며시 예수 곁으로 다가서더니 예수의 귀에 대고 작은 소리로 말했다. '선생님 그러시면 안 됩니다.' 예수는 여전히 분노한 표정으로 유다를 흘끔 보고 나서 장사꾼들이 있는 쪽으로 성큼성큼 걸어갔다. 예수는 제일 먼저 환전상에게 다가서더니 다짜고짜 환전상의 책상을 뒤엎어 버렸다. 책상 위에 있던 동전들이 사방으로 흩어졌다. 그리고는 비둘기상의 비둘기들을 날려 보냈으며, 어린양들이 매여 있던 고삐를 풀어서 양들을 도망치게 했다. 비둘기들이 푸드득거리며 날았고, 놀란 양들이 울음소리를 내면서 군중 사이를 이리저리 뛰어 다녔으며, 상인들의 욕지거리로 성전 앞뜰은 삽시간에 아수라장이 되어 버렸다. 예수는 격양된 목소리로 크게 외쳤다.

'누가 너희에게 거룩한 성전 앞에서 이런 짓을 하라고 했느냐! 여기는 성전이다. 기도하는 곳임을 너희가 모른단 말이냐, 거룩한 제단을 너희가 장사꾼의 소굴로 만들어 버릴 셈이냐?'

그러나 상인들은 예수의 힐책 따위는 아랑곳하지 않았다. 상인들은 그곳에서 자릿세를 내고 장사를 하고 있었으며, 지금껏 누구에게도 이런 시비를 당해 본 적이 없었다. 일 년에 한 번 있는 과월절 대목에 어디서 왔는지도 모를 낯선 사내 때문에 상인들은 엄청난 손해를 보게 된 것이었다. 상인들이 예수를 그냥 놔둘 리가 없었다. 상인들은 일그러진 표정으로 잡아먹을 듯 예수를 쏘아보며, 예수의 주변으로 한 발 한 발 다가서고 있었다. 예수는 그제야 '아차!' 하는 생각이 들었지만 때는 이미 늦었고 그 자리를 모면할 방법이 없었다. 예수가 상인들에게 몰매라도 맞는다면, 그것은 십 년 공부가 도로아미타불이 될 것이었다. 다윗 왕가의 혈통을 이어받은 왕손이, 그것도 독립된 이스라엘의 왕권을 꿈꾸는 '메시아'가 상인들에게 몰매를 맞는다면 예수는 끝장이었다. 제자들이 나서서 패싸움을 한대도 승산도 없지만, 그 사실 역시 예수의 정치 생명에 치명타가 될 것이 뻔한 사실이었다. 유다는 예수를 쳐다보았다. 겉보기에는 의연한 태도로 버티고 서 있었지만 예수의 눈빛은 흔들리고 있었다. 예수의 초조한 눈빛은 오직 유다만이 읽어 낼 수 있는 것이었다. 그때 체격이 우람한 베드로가 곤경에 빠진 스승을 구하기 위해 나서는 것이었다. 다른 제자들도 베드로의 뒤를 따랐다. 자칫 패싸움이 벌어질 판이었다. 유다는 뒤에서 베드로의 팔을 잡았다. 베드로는 이 판국에 왜 잡느냐는 듯 신경질이 담긴 눈길로 유다를 보았다. 그때 유다의 뇌리에 번개같이 스쳐지 나가는 것이 있었다. 그것은 순발력 있는 사람만의 재치였다. 유다는 버럭 소리를 질렀다. '지저스!' 유다는 박수를 치면서 계속 소리를 질렀다. '지저스, 지저스, 지저스!' 그의 외침과 박수는 순식간에 군중사이로 번져 나갔다. 군중들은 다함께 박수를 치면서 지저스를 외쳤다. 본래 군중의 심리, 속성이란 단순하고 우매한 것이었다. 사리를 따지기보다 분위기에 휩쓸리고 부화뇌동하는 것이 군중심리였다. 사실 이 사건의 발단은 예수로부터 비롯되었으며, 잘못도 예수에게 있는 것이었다. 상인들의 입장에서는 아닌 밤중에 홍두깨요, 마른하늘에 날벼락이었다.

순간의 선택이 10~20년, 아니 일생을 좌우한다는 말같이 예수는 순간의 실수로 평생을 망칠 뻔했다. 하마터면 상인들에게 몰매나 맞는 '우스꽝스러운 메시아'로 전락할 뻔했던 예수는 유다의 재치로 그 위기를 모면할 수 있었다. 모든 군중들이 박수를 치면서 '지저스!'를 외쳐 대자, 상인들은 예수의 존재를 인식했고, 상인들도 예수에 대한 소문을 익히 들어 온 터였다. 예수가 수많은 기적을 행했다는 것과 백성들 사이에서 새로운 '메시아(왕)'으로 불린다는 사실도 알고 있었다. 상인들은 분위기와 예수의 존재를 알고는 슬금슬금 뒤로 물러났다. 상인들이 꽁무니를 빼는 기색이 보이자 예수는 다시 큰 소리로 외쳤다.

　'다시는 죄를 짓지 말라! 거룩한 성전을 더럽히지 말 것이며, 장사꾼의 소굴로 만들지 말라, 그때는 내가 용서치 않으리라.'

　지금까지 예수는 주로 비유를 사용해서 설교했으며, 지배층에 대한 비방은 되도록 삼가왔었다. 그것은 예수가 백성들의 지지를 확고히 모으기도 전에 빌라도와 안티파스의 탄압을 받을지도 모른다는 우려 때문이었다. 사실 예수가 처음부터 지배층을 비난했더라면 예루살렘 입성도 못 해 본 채 지배층에 의해서 제거되었을 것이었다.

　예수는 백성들의 지지를 충분히 모았다고 생각하고 본격적인 투쟁을 할 때라고 생각했다. 성전 앞에서 행해진 예수의 연설은 전에 볼 수 없었던 직접적이고 강경한 표현을 사용해 지배층을 공격했다. 예수는 안티파스를 '여우같은 인물'이라 표현했고, 빌라도를 '로마 정권의 충견(犬)'이라고 비난했으며, 바리세파 사람들을 '위선자의 무리'라 야유했으며, 사두개파를 '독사 같은 매국노 일당'이라고 힐난하면서 지배층에 대한 거침없는 공격을 퍼부었다. 군중들은 예수의 거침없는 발언에 후련함과 통쾌함을 느끼면서 예수에게 찬사를 보냈다.

당시 유태교는 세 갈래의 분파를 형성하고 있었는데, 바리세파, 사두개파, 에세네파가 그것이었다. 그리고 예수의 열두 제자 중 열한 명은 모두 갈릴래아 지방 출신이었는데 유다만이 유대 지방 출신이었다. 유다는 바리세파에 속했으며 공식적인 랍비(Rabbi: 유대민족의 율법교사) 훈련을 거친 랍비 자격을 취득한 사람이었다. 그는 뛰어난 머리를 가진 열성당에서 예수에게 파견한 사람이었다. 대부분이 어부인 다른 열한 명의 제자와는 다르게 학식도 훌륭한 사람이었다. 예수 자신도 에세네파의 랍비 훈련을 거쳐서 에세네파의 공식적인 랍비였다. 예수가 신격화되면서 공생활 이전의 살아온 일들이 지워졌는데, 이건 그런 과정에서 지워진 일 중 하나다.

예수가 수많은 환자를 치료해 줄 수 있었던 것도 에세네파의 랍비 훈련 중 비전의 치료술을 익혔기 때문이라고 알려지고 있다. 유다가 열성당에서 파견된 사람이라는 것은 예수와 유다만이 아는 비밀이었다.

이 사건 직후 유다는 열성당 아지트로 가 열성당의 총수 엘리아잘을 만나고 왔다. 그는 열성당에서 너무 강경 노선을 밟는 것을 걱정한다는 것과, 오늘 선생님은 빌라도와 안티파스 그리고 가야파까지 적으로 만드셨다며, 아직 우리의 힘은 너무 미약하니 힘을 기를 때까지 기다리고, 저들의 공격 목표가 되는 것을 피해야 한다고 열성당의 뜻을 전했다.

그러나 예수는 당에서 나에게 지원을 중단한다 해도 나는 태도를 바꾸지 않을 것이라고 강경 노선을 밀고 나갈 뜻을 분명히 했다. 그동안 백성들의 지지를 충분히 모았다며, 지금이야말로 전면적인 투쟁을 전개해야 할 때라 생각한다고 했다.

한편 열성당과 유다의 우려는 현실로 드러나고 있었다. 부하들로부터 예수의 연설 내용을 보고 받은 분봉왕 안티파스는 노발대발했다. 자신을 '여우 같은 인물'이라 했으며, 그로 자신이 군중들의 웃음거리가 되었다는 사실에 참을 수가 없었다. 그 발칙한 놈을 당장 잡아 들여라. 안티파스가 예수 체포를 명령했다는 것은 빌라도에게 즉각 전해졌다. 빌라도 자신도 안티파스와 마찬가지로 자신을 '로마의 충견'이라고 비난한 예수의 배짱에 놀랐지만, 자신을 '개'라고 표현했다는 것은 도저히 용서할 수 없는 일이었다(그 시절 식민지 총독이 식민지 국민 하나 처치하는 것은 일도 아니었고, 식민지 국민의 목숨이라는 것은 파리 목숨과 같았다). 사실 대로마 제국의 총독을 비방한 행위는 반역죄에 해당하는 것으로 십자가형 감이었다. 그러나 빌라도는 만약의 사태를 우려하지 않을 수 없었다. 작금의 군중들에게 열성적인 지지를 받고 있는 예수를 처형한다면, 유혈 폭동이 일어날 수도 있고 그렇게 되면 자신의 지위도 위태로워질 수 있다. 이유 여하를 막론하고 식민지에서 유혈 폭동이 일어나면 총독인 자신의 책임이기 때문이다. 빌라도는 한참의 궁리 끝에 묘책을 생각해 냈다. 자신의 손에 피를 묻히지 않고 대제사장 가야파의 손을 빌어서 예수를 죽일 작정을 했다. 유태인의 율법에는 '거짓 메시아를 자처한 죄'라는 것이 있다. 거짓 메시아는 산헤드린의 재판을 거쳐 돌로 쳐 죽일 수 있는 것을 빌라도는 알고 있었다. 더군다나 대제사장은 로마 총독이 임명한 꼭두각시에 불과하지만, 공식적으로는 대제사장 가야파는 이스라엘의 '메시아'이다. 그러니 가야파도 예수를 미워할 것이 당연하다고 생각했다. 빌라도는 즉시 안티파스에게 친서를 보냈다. 폭동의 불미스러운 일이 염려되니, 예수를 대제사장 가야파의 손에 의해 이스라엘의 율법대로 '거짓 메시아'를 자칭한 죄로 처단하기로 했으며, 안티파스 전하가 독자 행동을 할 시에는 모든 사후에 발생하는 불미스러운 사태의 책임은 귀하의 것이라는 내용이었다. 빌라도의 친서를 받은 안티파스는 빌라도의 무례함에 화가 나 이를 부드득 갈았다. 시간이 조금 지나 화가 가라앉은 안티파스는 달리 좋은 방도가 있는 것도 아니고, 가야파의 손으로 예수를 제거한다면 자신이 원망 들을 일도 없고 손해될 게 없다고 생각했다. 안티파스는 부하들에게 예수 체포를 중지하라고 명령했다.

 결국 성전 앞 예수의 연설로 인해 빌라도는 개가 되었고, 안티파스는 여우가 되었으며, 예수 자신은 가엾은 어린양이 되었다. 가엾은 어린양을 사이에 두고 개와 여우는 서로 으르렁대며 예수의 운명은 그렇게 흘러가고 있었다.

 빌라도는 대제사장 가야파를 불러 마주 앉았다. 빌라도는 진지한 표정으로 말했다. '대제사장께서는 예수라는 사람을 알고 있습니까?' 대뜸 예수 이야기를 꺼내자 가야파는 속으로 뜨끔했다. 가야파 자신도 예수의 문제로 은근히 걱정을 하고 있던 터였다.

"소문은 들었습니다. 예수가 대제사장을 위선자라고 했다면서요."
"바리새파 사람들을 위선자라고 말한 것으로 알고 있습니다."

"그 얘기가 그 얘기 아닌가요, 바리세파 사람들을 욕한 것은 대제사장을 욕한 것이나 마찬가지 아닌가요."

"그렇게 볼 수 있겠지요."

"예수는 자기가 이스라엘의 새로운 '메시아'라고 주장하면서 백성을 현혹하고 있습니다. 대제사장은 예수가 '메시아'라고 생각합니까?"

"그렇게 생각하지 않습니다."

"그렇다면 예수는 거짓 메시아인 셈이 되는군요."

"그렇습니다."

"하늘에 태양이 둘일 수 없듯이 이스라엘의 메시아도 둘이 될 수 없습니다. 우리 로마 제국은 가야파 님을 이스라엘의 유일한 메시아로 인정하고 있습니다."

가야파는 자기의 귀를 의심했다. 이스라엘의 유일한 메시아라고 하지 않는가.

"감사합니다."

"예수를 그대로 놔뒀다가는 무슨 소란을 피울지 모릅니다. 본관은 예수가 더 이상 소란을 피우지 않기를 희망합니다."

"그럼 어찌하면 좋겠습니까…. 본관이 예수를 잡아들이면 간단하겠지만, 그럴 명분이 없어요. 사실 예수는 로마법을 어긴 일은 없어요. '거짓 메시아'를 자칭한 죄로 로마법으로 다스릴 수는 없는 일입니다."

"그렇다면 예수를 이스라엘의 율법대로 다스리기 바랍니다."

가야파는 속으로 쾌재를 불렀지만 체통 때문에 내색할 수는 없었다. 가야파는 잔잔한 미소를 지으며 대답했다.

"알겠습니다."

"본관이 이런 얘기를 하는 것은 순전히 대제사장님을 위해서라는 것을 명심하시기 바랍니다."

"잘 알고 있습니다."

가야파는 빌라도 앞을 물러나와 처가로 향했다. 장인 안나스와 이 일을 의논하기 위함이었다. 안나스를 만난 가야파는 빌라도와 나눈 얘기를 그대로 안나스에게 전했다. 잠자코 듣고 있던 안나스는 무겁게 입을 열었다.

"그래서 자네는 어찌 할 생각인가?"

"산헤드린을 소집할 생각입니다."

"그래서?"

"예수가 거짓 메시아를 자청한 죄를 율법대로 처리할 것입니다."

그러자 안나스는 눈살을 찌푸리더니, '쯧쯧쯧' 하고 혀를 차는 것이었다. 가야파는 무슨 영문인지 몰라서 어리둥절한 표정으로 안나스를 보았다. 안나스는 나직하게 말을 이었다.

"빌라도가 왜 그 일을 자네에게 맡겼는지 알고 있는가?"

"대충 짐작은 하고 있습니다."

"그렇다면 자네는 백성들의 원망을 들어도 좋다는 말인가?"

"그런 건 아닙니다만 빌라도가 원하고 있습니다."

"빌라도가 원한다면 빌라도 자신이 알아서 처리하도록 내버려 두게, 자네가 개입할 문제가 아니야."

"하지만 예수는 바리세파를 위선자라고 비난했습니다."

"위선자같이 보였으니까, 위선자 소리 듣는 게지."

"더군다나 예수는 메시아를 자청했습니다. 당연히 이스라엘 율법에 의해서….”

"그만두게.”

안나스는 손을 내저으면서 가야파의 말을 막는 것이었다. 그리고 담담한 어조로 말을 이었다.

"수많은 백성이 예수를 따르고 있네, 백성들의 지지를 기반으로 예수가 이스라엘의 독립을 이룩해 낼 수만 있다면 그는 진정한 '메시아'가 될 걸세. 조국의 독립을 얻을 수만 있다면 누가 메시아가 되든 무슨 상관이겠나. 만약 자네가 예수를 잡아들인다면, 자네는 사두개파와 똑같이 취급받을 것이야, 민족 반역자 소릴 듣고 싶지 않거든 알아서 처신하게.”

"제가 그 일을 처리하지 않는다면 빌라도는 저를 해임할지도 모릅니다.”

순간 안나스의 노안에 노기가 서리더니 버럭 소리를 지르는 것이었다.

"그깟 대제사장 자리가 대체 뭐란 말이냐, 일개 로마 총독에 의해서 임명되는 대제사장 자리가 그토록 소중 하더란 말이냐, 그까짓 대제사장 자리를 지키기 위해서 민족의 반역자가 되어도 좋단 말이냐!”

가야파는 당황해서 말을 더듬었다.

"어… 어르신네 고정하십시오. 저, 절대로 자리에 애착이 있어서 그러는 것은 아닙니다.”

"그렇다면 됐네. 더 이상 얘기할 것도 없네.”

가야파는 머리를 조아리며 말했다.

"제가 생각이 모자랐습니다. 용서하십시오. 어르신네 뜻대로 따르겠습니다."

 가야파는 얼굴이 뜨겁게 달아오르는 것을 느끼며 안나스 앞을 물러 나왔다. 그리고는 언제부턴가 식민지 근성에 물들어 버린 자신이 부끄럽게 생각되었다. 가야파도 조국의 독립을 염원하던 젊은 시절이 있었다. 식민지 굴레에서 벗어나게 해 달라고 얼마나 많은 기도를 했으며, 독립에 대한 열정으로 가슴을 불태웠던가. 그러던 자신이 로마 총독의 눈치나 살피는 용렬한 인간이 되어 있다니! 그리고 가야파는 자신이 앞에 나서지는 못할지언정, 암암리에 독립투사들을 도우리라 마음먹었다. 그런 줄도 모르고 빌라도는 예수가 돌팔매질을 당했다는 소식을 기다렸는데, 열흘이 넘도록 아무 소식이 없었다. 빌라도의 총리 공관은 지중해 연안의 가이사랴(카이사레아)에 있었다. 축제 기간 동안 소요 사태를 염려해 예루살렘에 와 있었는데 이제 공관으로 돌아가야 했다. 가기 전에 가야파를 불러서 예수를 반드시 처형하리라고 단단히 다짐을 하고 가이사랴로 돌아갔다. 가야파는 빈틈없이 준비하기 위해서 시간이 걸리는 것이라고 둘러댔다. 빌라도, 안티파스, 가야파의 사이에서 자기 생명이 오락가락하는 것도 모르는 예수는 그 무렵 요르단 강 근처에서 새로운 계명에 대해서 설교하고 있었다. 예수는 유다의 충고를 받아들여 지배층에 대한 공격과 비난을 삼가면서 온건 노선을 띠고 있었다. 예수가 갈릴리와 유대 지방을 왕래하며 여러 차례 집회를 가지는 동안 몇 달이 훌쩍 지나갔다. 그동안 빌라도는 가야파에게 서신을 보내 예수의 처형을 독촉하였지만, 그때마다 아주 그럴듯한 핑계로 대처하면서 시간이 흘러갔다.

AD 29년도 저물어 가는 12월에 예수의 일생일대의 한 획을 긋는 중대한 사건이 발생했다. 그건 바로 세례자 요한의 죽음이었다. 세례자 요한의 죽음은 예수로 하여금 초강경 노선으로 급선회하게 만들었다. 그때부터 예수의 운명은 파국으로 줄달음치기 시작했다. 사건의 근본적인 원인은 지난 4월 성전 앞 광장 사건이 불씨였다. 빌라도가 가야파를 시켜 예수를 처형할 것으로 믿었던 안티파스는 몇 달이 지나도 예수가 처형되지 않고, 군중집회를 이어 가자 안티파스가 예수와 빌라도를 모두 괘씸하게 생각하면서 화풀이할 구실을 찾던 중 세례자 요한이 안티파스를 공개적으로 비난하였던 것이었다. 그 무렵 안티파스는 자신의 제수를 아내로 삼아 함께 살고 있었다. 그 점을 세례자 요한이 공개적으로 비난한 것이었다. 안티파스는 구실을 찾던 중 화를 내며 너 잘 걸렸다 하고 요한을 잡아다가 목을 베어 버렸다. 예수는 사촌형이 안티파스에게 무참히 살해당하자 요한의 장례를 치르고 난 뒤 안티파스와 빌라도를 공개적으로 비난하는 것은 물론이고, 무력 충돌까지 불사하는 과격한 혁명가로 변모했다. 유다의 간곡한 만류와 때를 기다려야 한다는 만류에도 예수는 유다의 말에 귀를 기울이지 않았다. 예수의 가슴속에서 타오르는 분노의 불길은 예수 자신도 억제할 수가 없었다.

사태가 그렇게 흘러가자 빌라도와 안티파스는 예수 체포령을 내렸다. 예수는 숨어 다니며 산발적인 무력 투쟁을 계속했다. 그것은 열성당의 투쟁 방식과 비슷한 것이었다.

다시 해가 바뀌어 AD 30년 3월 예수는 계속 숨어 다니면서 투쟁할 수 없다고 생각하고 전면적인 무력 투쟁을 계획했다. 전국적인 규모의 민중 봉기를 일으켜서 단기간에 이스라엘의 독립을 성취해야 한다고 생각했다. 예수는 거사를 과월절인 4월 7일로 정하고 비밀리에 준비를 해 나갔다. 헌데 문제가 생겼다. 열성당이 거사를 반대한 것이었다. 열성당이 반대하는 이유는 거사가 도저히 성공할 가능성이 없으며, 그로 인해 수많은 백성들이 피를 흘리게 된다는 것이었다. 열성당 지도부에서 거사를 중지하라고 강력하게 충고했지만 예수는 뜻을 굽히지 않았다.

AD 30년 4월 5일 거사가 이틀 후로 임박하자 예수와 제자들은 예루살렘으로 잠입하기 위해 베다니에 은신하고 있었다. 그날 밤 유다는 예수와 단둘이 마주 앉았다.

"당에서 최후통첩이 왔습니다."

예수는 아무런 표정 없이 담담한 얼굴로 유다를 보았다. 유다는 품에서 단도를 꺼내 예수 앞에 놓았다. 예수가 조용히 입을 열었다.

"이게 뭔가?"

선생님께서 끝내 거사를 고집하신다면, 선생님을 제거하라는 명령입니다. 유다의 말에 예수는 잔잔한 미소를 지으며, 자기 앞에 놓인 단도를 유다 앞으로 밀어 놓으며 나직하게 말했다.

"그렇다면 당의 명령에 따르게."

"선생님, 다시 한번 간청하겠습니다. 거사를 중단해 주십시오."

"그럴 수 없네."

예수의 말은 낮고 조용했지만 단호한 의지가 깃들어 있었다. 유다는 천천히 단도를 집어 들면서 말했다.

"선생님 용서하십시오."

실로 예수는 위대한 인물이었다. 예수는 죽음을 바로 앞에 두고도 조금도 동요하는 빛이 없이 오히려 평화로운 얼굴로 조용히 눈을 감는 것이었다. 단도를 움켜쥔 유다의 손이 부르르 떨렸다. 눈을 감고 있는 예수는 여전히 평화로워 보였다. 그런 예수를 유다는 도저히 찌를 수가 없었다. 유다는 단도를 들었던 손을 떨구며 떨리는 목소리로 말했다.

"저는 도저히 할 수가 없습니다."

그제야 예수는 눈을 뜨고 유다를 쳐다보았다. 유다가 다시 말했다.

"기어이 거사를 감행하시려거든, 선생님께서 저를 죽이고 가십시오."

그렇게 말하면서 유다는 다시 예수 앞으로 단도를 밀어 놓았다. 예수가 조용히 입을 엽을 열었다.

"자네는 죽음이 두렵지 않은가?"

"죽음을 두려워하지 않는 자가 어디 있겠습니까. 하오나 저는 제 임무를 수행하지 못했습니다. 제가 선생님을 막지 못할 바에야 차라리 선생님의 손에 죽겠습니다."

"그렇다면 자네 목숨은 지금부터 나의 것이네. 내 뜻에 따르도록 하게."

그렇게 말하고 예수는 방을 나갔다. 유다는 자신이 끝없는 암흑의 구렁텅이로 빠져드는 것 같은 절망을 느꼈다. 그날 밤 예수와 유다를 비롯한 제자들은 예루살렘성 안으로 몰래 잠입했다. 다음 날 저녁, 예수와 열두 제자는 모두 모여서 저녁 식사를 함께 나누었다. 아무도 입을 여는 사람이 없었다. 여느 때와는 다른 분위기였다. 모두들 이 저녁 식사의 의미를 알고 있었다. 예수와 열두 제자가 모두 모여서 식사할 수 있는 것은 어쩌면 마지막일지도 모른다는 생각들을 하고 있었다. 이 저녁 식사는 훗날에 '최후의 만찬'이라는 이름으로 불리게 되었지만, 만찬이라고 할 만큼 성대한 것도 풍요로운 것도 아니었다. 그들이 평소에 먹었던 것과 다름없는 소박한 식사였을 뿐이었다. 저녁 식사를 마친 유다는 슬며시 빠져나와 열성당의 지도자인 엘리아잘를 찾아갔다. 예루살렘 거리는 예년과 다름없이 붐볐으며 축제 분위기로 넘실거리고 있었다. 가는 도중 유다는 두 번이나 로마 경비병의 검문검색을 받아야 했다. 빌라도가 내일 거사를 모르고 있을 턱이 없었다. 예년의 과월절에 비해 경비가 훨씬 강화되어 있다는 것을 알 수 있었다. 유다는 엘리아잘에게 자신이 예수 제거 임무를 수행하지 못했음을 말했다. 그리고는 기왕에 일이 벌어지고 말 것이라면, 열성당도 예수를 지원해 함께 거사하는 것이 어떻겠냐고 말했다. 유다의 말을 다 듣고 난 엘리아잘은 침통한 표정으로 말했다.

"못난 사람 같으니라고, 기름을 지고 불속으로 뛰어드는 것을 알면서 우리도 같이 뛰어들자는 말인가?"

유다는 할 말이 없었다. 엘리아잘은 침통하게 말을 이었다. 불속으로 뛰어든 예수 자신이야 어쩔 수 없다고 치더라도, 그로 인해 피 흘리게 될 수많은 백성들의 피 값은 누가 치른단 말인가, 어떻게 해서든 이 일은 막아야 하네. 이에 유다가 말한다.

"하지만 제 능력으로는 불가능합니다."

엘리아잘은 잠시 생각에 잠기더니, 즉석에서 편지를 써서 유다에게 내밀었다. 이것을 빌라도에게 전해 주게. 유다는 선뜻 편지를 받지 못하고 엘리아잘을 쳐다보았다. 엘리아잘이 침통한 표정으로 말을 이었다.

"어쩔 수 없는 일 아닌가."

엘리아잘의 말처럼 그것은 어쩔 수 없는 일이었다. 더 큰 비극, 피바람을 막기 위해서 예수는 속죄양이 되어야 했고, 빌라도에게 넘겨져야 했다. 유다는 엘리아잘의 편지를 받아들었다. 그때 엘리아잘의 눈에 물기가 어리는 것을 유다는 보았다. 유다인들 왜 모르겠는가, 제 동족을 원수 로마인에게 넘겨야 하는 그 아픔을, 엘리아잘은 유다를 외면하면서 떨리듯 말했다. 어서 가게, 그리고 몸조심하고. 유다는 엘리아잘의 편지를 들고 빌라도가 있는 임시 관저로 갔다. 관저는 경비가 삼엄했다. 경비병에게 용건을 말한 후, 한참만에야 빌라도 앞으로 안내되었다. 유다는 빌라도에게 편지를 건네주었다.

빌라도는 편지를 다 읽고 난 후에 흡족한 미소를 지으면서 말했다.
"예수는 어디 있느냐?"
"그보다 먼저 저에게 한 가지 약속을 해 줘야겠습니다."
"무엇이냐."
"예수님 이외의 다른 사람들은 손끝 하나 다치지 않게 하겠다고 약속하십시오."
"그뿐이냐, 예수에게 걸려 있던 현상금까지 너에게 주도록 하겠다."
"현상금은 필요 없습니다. 다른 사람은 다치게 하지 않겠다는 것만 약속하십시오. 당신의 황제 이름으로."
"무엄하구나, 감히 뉘 앞에서 황제 폐하를 들먹이느냐."

"당신네 황제 이름으로 약속하기 전에는 한 발짝도 움직이지 않을 것입니다."

"그 무식한 어부들을 잡아다가 어디에 쓰겠느냐, 내게 필요한 것은 오직 예수뿐이다."

"그러니 약속하라는 것 아니요."

유다의 강한 의지를 본 빌라도는 하는 수 없이 부하들 앞에서 큰소리로 외쳤다.

"나 본디오 빌라도는 로마 황제 티베리우스 폐하의 이름으로 오직 예수만을 체포할 것을 약속하노라, 이제 되었느냐?"

"되었소…."

"그럼 어서 예수가 있는 곳으로 안내해라."

유다가 앞장서고 경비대장과 경비병들이 유다를 따라가는데, 빌라도가 다시 외쳤다.

"예수를 넘겨받거든 그 자에게 은화 30냥을 주도록 하라. 그리하여 이 빌라도는 약속을 지키는 사람이라는 것을 보여 주어라."

시간은 자정을 넘어 새벽 3시가 되어 가고 있었다. 지금 예수는 제자들과 겟세마네 동산에 있을 것이었다. 유다는 다리가 후들거리는 것을 억지로 참아 가며 겟세마네 동산으로 향했다. 동산 가운데에 사람들의 모습이 보였다. 틀림없이 예수와 제자들이었다. 유다는 경비대장에게 잘 설명해 양해를 구하고, 경비병들을 뒤에 남겨 두고 혼자서 예수 일행이 있는 곳으로 다가갔다. 푸르른 달빛을 받은 예수의 얼굴은 창백하게 보였다. 유다는 예수 앞으로 가 털썩 무릎을 꿇었다. 고개를 들고 예수를 쳐다보는 유다의 눈에서는 두 줄기의 눈물이 소리 없이 흐르고 있었다. 유다는 울먹이는 소리로 말했다.

"선생님, 용서하십시오. 이렇게 할 수밖에 없었습니다. 빌라도의 부하들을 데리고 왔습니다."

예수가 나직하게 대답했다.

"이미 알고 있었네."

이미 알고 있었다면 어째서 피신하지 않았단 말인가? 그런 의혹의 눈길로 제자들은 예수를 쳐다보았다. 유다가 울먹이며 다시 말했다. 어찌 아셨습니까?

"안나스 어른께서 사람을 보냈네."

"그렇다면 왜 몸을 피하지 않으셨습니까?"

"이스라엘 왕국의 '메시아'가 어찌 로마의 졸개들을 피해서 도망치겠는가."

그때 경비병들이 더 기다리지 못하고 예수 일행이 있는 곳으로 다가왔다. 제자들은 저마다 칼을 뽑아 들고 싸울 태세를 취했다. 예수가 근엄한 목소리로 제자들을 나무랐다. 칼을 거두고 물러서거라. 제자들은 일제히 예수 뒤로 물러섰다. 베드로가 예수 곁으로 다가서며 작게 속삭였다.

"선생님, 어서 피하십시오."

"아닐세. 자네들이나 어서 피하게."

"선생님, 피하셔야 합니다."

그때 경비대장이 외쳤다. 저자를 체포하라! 경비병들이 창을 겨누고 다가서자 제자들은 조금씩 뒤로 물러났다. 예수가 제자들에게 외쳤다.

"어서 가지 못하겠느냐."

제자들은 할 수 없이 그 자리를 떠나 숲속으로 사라져 갔다. 경비병들이 달려들어 예수를 묶었다. 유다의 가슴은 찢어질 듯이 아팠다. 유다는 울음 섞인 목소리로 다시 입을 열었다.

"선생님, 마지막으로 여쭙겠습니다. 선생님께서는 이번 거사가 정녕 성공하리라고 생각하셨습니까?"

"성공하지 못할 것을 알고 있었네."

"그걸 아시면서 어찌 일을 강행하셨습니까?"

예수는 유다를 내려다보면서 담담하게 말했다.

"이스라엘의 독립이 거저 주어질 것 같은가? 가만히 앉아 있는데 독립이 제 발로 찾아올 것 같은가? 독립은 거저 주어지는 것이 아니라 투쟁해서 빼앗아야 하는 것이네. 훗날 우리의 후손들에게 우리가 조국의 독립을 위해서 싸웠다는 것을 보여 주고 싶었네. 설혹 우리 손으로 독립을 이루지 못한다고 하더라도, 우리가 독립을 위해서 노력했다는 그 사실이 중요하지 않은가. 그런 정신과 힘이 쌓여 독립을 이루게 될 것일세. 훗날…."

"단지 투쟁했다는 것을 보여 주기 위해서 말입니까, 그걸 위해서 백성들이 피를 흘려야 한다는 말씀입니까?"

"독립이라는 나무는 어차피 피를 먹고 자라는 것, 피를 먹고서야 그 열매를 맺을 수 있는 것."

그때 경비병들이 예수를 끌고 가기 시작했다.

"잘 있게, 유다. 내가 가장 사랑했던 제자여."

유다는 목이 메서 말이 나오질 않았다.

아아, 나의 조국 이스라엘이여! 나는 저 하늘의 별이 되어 너의 독립을 지켜보마, 안녕 사랑하는 예루살렘이여.

유다는 자신의 목을 나뭇가지의 오랏줄에 매달아 한 많은 생애에 마침표를 찍었다. 한편 빌라도 앞에 끌려온 예수도 죽음의 문턱을 향해 다가서는 중이였다.

"네가 유태인의 왕이라는 예수냐?"

"그렇다."

"로마에 반역한 대가가 무엇인지 아느냐?"

"반역이라고 말하지 말라. 나는 내 조국의 독립을 위해서 싸웠을 뿐이다."

"네가 본관을 '로마 정권의 충견'이라고 비난했다는 게 사실이냐?"

"로마인이 로마에 충성했다는 것이 어찌 비난이라 생각하느냐? 그것을 비난으로 생각한다면 너는 총독의 자격이 없는 어리석은 자다."

빌라도는 약이 올랐지만 인내심을 발휘하면서 물었다.

"그렇다면 너는 본관을 찬양한 것이란 말이냐?"

"이스라엘 백성이 로마 총독을 찬양했다면, 그 자는 민족반역자이거나 아니면 정신병자이거나 둘 중 하나일 것이다. 나는 정신병자도 아니고 반역자도 아니다."

예수의 말이 좀 아리송했기 때문에 예수의 말뜻을 파악하느라 잠시 생각했다. 비난도 아니고 칭찬도 아니라면 그럼 무어란 말인가. 예수는 지금 빌라도를 우롱하고 있는 것이었다. 그것을 깨달은 빌라도는 내심 상당히 약이 올랐다, 빌라도는 예수의 얼굴을 더 이상 쳐다보기도 싫었다. 예수의 죄상을 길게 따질 생각도 없었다. 예수가 식민지 백성을 선동하여 로마에 대한 반역을 획

책한 것은 당연히 반역죄로 다스려야 하는 것이었다.

빌라도는 예수에게 십자가 형(刑)을 선고했다. 십자가형은 로마에 반역한 죄인에게만 적용되는 가장 무서운 형벌이었다. 십자가에 매달린 사람은 극심한 고통 속에 죽어 가야 했고, 죽은 후에도 계속 십자가 위에 방치되어 들짐승이나 까마귀에게 살점이 뜯겨야 했다. 당시 십자가 위에서 죽은 사람은 장례를 금지시키고 있었는데, 그것은 그 참혹한 모습을 백성들이 보고 느끼게 함으로써, 로마에 대한 반역 행위를 사전에 예방하는 효과를 위한 것이었다.

AD 30년 4월 7일 유태력으로 3790년 니산월 15일에 예수는 십자가형이 집행됐고, 예수의 머리 위에는 '유태인의 왕'이라는 패가 붙여졌다.

오후 3시 경에 예수는 숨을 거두었다. 식민지 백성이라는 비극적인 운명으로 태어나 폐위된 왕족 다윗 왕가의 후손으로, 왕정의 부활과 조국 이스라엘의 독립을 꿈꾸다가 뜻을 이루지도 못하고 십자가 위에서 예수는 그렇게 한 많은 생을 마감했다.

예수가 죽었다는 소식을 들은 안나스는 평소 친분이 두터웠고, 산헤드린 회원으로 인품이 좋은 인사를 빌라도에게 보내 예수의 장례를 치르게 해달라고 부탁했다. 빌라도는 거부했으나, 계속 설득하며 백성들이 소요를 일으킬지도 모른다는 점을 인식시켰다. 빌라도로서도 소요 사태를 은근히 걱정했기에 결국 상당액의 뇌물을 받고 나서 장례를 허락했다. 안나스의 배려로 십자가에 방치되는 것을 모면하고, 관습대로 무덤에 안장되었다. 그러나 그것이 예수의 영혼의 안식을 뜻하는 것이 아니었다. 예수는 죽은 후에도 끝없는 구설수에 시달려야 했으며, 종당에는 예수의 죽음은 엉뚱하게 왜곡되어야 했다.

AD 70년 예수가 죽은 지 40년이 지나고 예루살렘이 완전히 멸망하였다. 그리고 유태인들은 이스라엘 예루살렘 땅에서 추방되어 유럽 각지로 흩어졌다. 예수의 추종자들 역시 예루살렘을 떠나갔다.

그 당시의 유럽은 로마 제국의 시대였다. 유럽 대부분의 국가들이 로마의 지배하에 있었으며, 로마의 영향권 안에 속해 있었다. 예수의 추종자들은 끊임없는 로마의 탄압과 차별을 받아야 했고, 그러면서도 끊임없이 먼저 나갔다. 어느 시대나 그렇듯 밑바닥 인생이란 처절함과 어려움의 연속이었으며, 그럴수록 기댈 곳은 종교적 희망뿐이었다. 이스라엘 땅에서 쫓겨나 유럽 전역으로 흩어진 유태인들에게 구심점이 되는 것은 이스라엘의 독립과 왕권을 찾기 위해 투쟁하다 죽은 예수였다. 예수의 추종자들은 예수의 가르침을 전파하기 위해서 노력했으며, 그것이 오직 삶의 의미가 되는 위안이었다. 로마가 지배하는 세상에서 예수의 가르침을 전파하기 위해서는 로마를 적으로 삼을 수가 없었다. 그들에게 하나의 선교 대상은 로마였다. 세월이 흐르면서 해체되어 버린 조국에 대한 애착은 희미해졌고, 로마가 지배하는 세상에서 뿌리를 내리고 살아남기 위해서는 로마를 무죄로 만들어야 했으며, 로마의 죄는 이스라엘 민족에게 전가되어야 했다. 예수의 추종자들이 살아남는 방법은 그것밖에 없었다. 예수가 로마에 대한 반역죄로 죽었다는 사실은 감춰져야 했다. '메시아'를 자칭한 죄로 율법에 따라 동족에 의해서 고발당한 것처럼 왜곡되어야 했다. 그것은 초기 기독교의 생존을 위해서 어쩔 수 없는 일이었다. 그러나 그것만으로 그들의 박해를 면할 수 있었던 것은 아니었다. AD 313년 예수가 죽은 지 거의 300여 년이 흐른 뒤에야 정치 상황에 의해서 예수 추종자들의 기독교는 겨우 로마 제국의 공인을 받을 수 있었다.

AD 313년 로마 제국의 부황제였던 콘스탄티누스(Constantinus) 1세와 리키니우스(Licinus) 황제가 선포한 밀라노 칙령에 의해서 비로소 공인을 받고 자유를 얻은 기독교는 그때부터 로마 제국을 등에 업고 새로운 역사의 장을 펼쳐 나가기 시작했다. 그러나 중요한 것은 기독교가 공인된 그 무렵까지도 예수는 신(神)이 아니었고, 그때까지 예수는 유한한 예언자요, 이스라엘의 독립을 염원한 다윗 왕가의 후손이자 선지자일 뿐이었다. 예수가 신이 된 것은 정치 상황의 권력 투쟁자와 예수 추종자들의 기독교의 거래로 예수를 신으로 추대하기로 한 것이 AD 325년의 일이었다. 예수가 죽은 지 300여 년이 지나서였다.

AD 313년 부황제였던 콘스탄티누스는 자신의 정적이었던 막센티우스를 제거하기 위해서 여러 세력의 도움을 필요로 했다. 당시 모진 탄압과 박해 속에서도 일반 대중 속에 상당한 세력을 형성하고 있던 기독교인들에게도 도움을 요청했고, 기독교인들은 당연히 콘스탄티누스에게 협조했다. 콘스탄티누스는 기독교인들의 적극적인 도움으로 막센티우스를 제거하는 데 성공했다. 그 후 기독교인들은 콘스탄티누스에게 반대급부를 요구했고, 콘스탄티누스를 도운 대가로 얻어 낸 것이 바로 AD 313년 밀라노 칙령에 의한 기독교의 공인이었다.

콘스탄티누스는 리키니우스 황제의 동의하에 기독교를 공인하였지만, 후에 리키니우스 황제는 기독교의 공인을 철회하려고 했다. 리키니우스가 기독교의 공인을 취소하려 드는 이상 리키니우스와 기독교가 공존할 수는 없었다. 콘스탄티누스는 기독교와 리키니우스 중에 하나를 선택해야 했다. 콘스탄티누스는 기독교를 선택했다. 그가 기독교를 선택한 것은 자신의 세력을 안전하게 확보하기 위해서는 리키니우스보다 기독교가 필요했기 때문이다. 콘스탄티누스가 기독교를 지지하게 되자 리키니우스는 콘스탄티누스를 제거하려고 했다. 이에 콘스탄티누스는 기독교와 연합해서 리키니우스에 대항했고, 이 싸움은 콘스탄티누스의 승리로 돌아갔다.

AD 324년 콘스탄티누스가 황제의 자리에 올랐다. 기독교가 콘스탄티누스를 도와서 리키니우스를 제거하고 황제 자리에 오를 수 있게 도왔던 대가로 얻어 낸 것이 다름 아닌 예수의 신격화였다.

당시 로마 황제는 전통적으로 모두 신(神)으로 간주되었고, 로마 황제가 되면 신으로 취임하는 것이 관례였다. 로마 황제가 되는 것은 인간에서 신으로 변신하는 의미였다. 그런 로마 제국 안에 서 황제 이외에 또 하나의 신이 탄생 존재한다는 것은 콘스탄티누스의 엄청난 양보였으며, 그것은 기독교가 그의 황제 즉위에 큰 역할을 했음을 의미하는 것이었다. 그 시절 권력자들의 아집으로 볼 때 콘스탄티누스는 상당히 융통성 있고 시류에 적응하고 이용할 줄 아는 인물이었기에 가능했던 것으로 본다. 그는 멀리 보고 예수를 신으로 추대하는 데 적극적으로 협조했다.

AD 325년에 소집된 니케아 공의회는 로마 황제가 신으로 추대되는 방식대로 예수가 유한한 예언자가 아니라 신으로 추대한다는 것을 공의회의 투표로 확인했다. 그렇게 예수는 신으로 추대되었고, 기독교의 신으로 공식 선포되었다. 이 세상에 알 수 없는 일이 일어나기도 한다지만, 예수는 졸지에 죽은 지 300여 년이 지난 시점에 추종자들에 의해서 신으로 재탄생한 것이다. 유한한 이스라엘의 다윗 왕족 후예로 이스라엘의 메시아(왕)를 자처하며 이스라엘 독립을 위해 투쟁했던 독립투사, 선지자가 아니라, 추종자들과 정치 상황에 의해 예수는 신이 되어야 했다. 예수의 추종자들에게는 진작부터 신적인 존재이긴 했지만 말이다. 로마 제국에서 기독교의 공인과 예수의 신격화는 모두 로마 제국 내의 정치적인 권력다툼의 이해관계 와중에 생겨난 파생 상품이었던 것이었다. 예수가 인간이었던 동시에 신이라고 말이다.

예수가 신으로 선포되면서 예수의 이야기 전기 중에서 그의 인간성을 드러내는 기록들은 엄격히 선별하여 삭제, 수정되어야 했다. 시쳇말로 마사지를 받아야 했다. 예수가 실패한 혁명가이자 독립 운동가였다는 것이 삭제되었다. 예수의 정치적인 군중집회는 이스라엘 유태교의 계명을 설교하기 위한 종교적인 집회로 왜곡되어야 했다. 예수가 지니고 있던 인간적인 요소들은 소년기를 비롯해 하나도 남김없이 박탈되고 왜곡되어야 했다.

그 대신 예수의 신성을 입증하는 새로운 요소들이 만들어지고 기안되어 예수에게 부여되었다. 그 대표적인 예가 예수의 부활과 승천에 관한 기록과 예수의 탄생 신화다. 현대의 많은 성서학자들은 네 가지 복음서 속에 나타나는 예수의 부활과 승천에 관한 기록은 복음서의 저자들이 쓴 것이 아니라 후대의 사람들에 의해서 첨가된 것이라고 보고 있다.

기독교가 공인되기 이전이었던 AD 303년 당시 로마 황제였던 디오클레티아누스(Diocletianus)에 의해서 기독교의 모든 문서가 소각되었기 때문에 기독교인들은 콘스탄티누스의 재정적 지원으로 새로운 신약 성서의 사본들을 제작했는데 그것은 AD 331년에야 완성되었다.

오늘날 초기 신약 성서 사본은 약 5천 개 정도가 남아 있다고 하는데, 그것들은 모두 AD 331년 이후에 제작된 것이며, 그 이전의 것은 단 한 점도 보존되지 않았다.

AD 367년에 알렉산드리아의 아다나시우스(Athanassius) 주교에 의해서 신약 성서의 정전(正) 목록이 작성되었는데, 그것은 오늘날의 신약 성서 목록과 일치하는 것이었다. AD 393년에 아다나시우스 목록은 히포 공의회에서 제거되었다. AD 397년에 카르타고 공의회에서 다시 제거됨으로써, 오늘날의 신약 성서 목록이 완성되었다. 정전 목록에 포함되지 못하고 외경(外)으로 취급받은 것들은 베드로복음, 이집트복음, 마리아복음, 필립복음, 진리복음, 안드레아행전, 요한행전 등이 있는데, 이 외경서들은 대부분 예수의 인간적인 요소가 신성에 위배된다는 이유로 정전 목록에서 제외되었으며 이단 문서로 규정되어 일반 공개가 금지되었다. 한마디로 말해서 성서는 예수의 추종자들과 로마 권력이 야합, 서로의 이해로 인간들에 의해서 검열되었고 삭제, 추가되었으며, 수정에 편집됨으로써 철저하게 왜곡된 것이었다. 이런 사실은 로마, 이스라엘 정사(正史)의 기록을 보면 알 수 있다.

이후 기독교는 로마 권력을 등에 업고 승승장구 당시 세계라고 할 수 있는 유럽 대륙으로 뻗어 나갔다. 로마 권력도 기독교를 권력 유지, 강화에 요긴한 요소로 이용했으며, 신성이라는 것이 의외로 효과적이고 잘 먹힌다는 것을 알게 되었다.

언로가 거의 없던 그 시대에 시민(사람)들 통제하는데 그보다 좋은 아이템이 없었다. 기독교 또한 권력의 비호하에 권력의 한 축으로 부상하며 권력의 맛을 알아 가면서 상부상조하며 그 세력을 차츰 넓혀 갔다. 그야말로 기독교는 물 만난 물고기마냥 얼마 전까지 탄압받던 처지에서 갑작스레 황금기가 도래한 것이었다.

그렇게 로마 권력에 기대어 극적으로 부상하고 신성이라는 만능 요술 아이템으로 차츰 권력을 키워, 한때는 비대해진 기독교 권력이 정치권력보다 우위를 점하기도 했다. 무시 못 할 권력으로 자란 기독교는 정교 야합으로 무소불위의 권력으로 변모해 갔다. 그리고 권력의 속성이 으레 그렇듯 썩어 갔다. 중세 전후로 그 도가 지나쳐 거대 권력이 되어 기독교 로마 교황의 말은 무엇이든 무조건 옳다 하는 황당한 지경에 까지 이르렀다. 사제들이 종교 재판, 마녀사냥으로 시민의 생사여탈권까지 쥐락펴락했다. 신성 모독이라는 코에 걸면 코걸이 귀에 걸면 귀걸이 식의 죄명으로 사형까지 명하고, 그 방법도 아주 잔인했다. 널빤지에 큰대자로 묶고 화형으로 불태워 죽이는 것이었다. 기독교 권력은 신의 뜻이니 신성 모독을 내세우면 못 할 짓이 없었다. 찬란했던 로마 제국이 망하고 힘을 잃어 간 5세기경부터 15세기 전후 르네상스 문화가 시작되고 종교 개혁이 일어났던 때까지 약 1,000여 년을 중세라 하는데, 또 하나의 의미는 암흑기라고 한다.

그 시절 유행처럼 회자되는 화두는 종교 재판과 마녀사냥이었으며, 기독교 교회는 번창했다. 원래 교회는 힘이 그렇게 강하지 않았었다. 그러던 것이 기독교의 궁리 끝에 기독교 교회는 딱 두 가지를 바꾸는 정책으로 급속히 힘이 강해져 갔다. 첫째는 교리에서 윤회를 빼 버린 것이다. 그때까지의 교리에는 윤회 사상이 존재했었다. 사람은 영혼이 있는 존재로 죽으면 영혼이 하늘로 올라가 새로운 몸을 받아 다시 태어난다는 이론이 있었다. 그리스 철학에서의 기본 교리로 플라톤의 '국가론' 속 에르의 신화에서도 윤회를 말하고 있다. 그것이 그 시절 철학이나 교리의 상식이었다. 교회는 거기서 윤회 사상을 지우고 인생은 딱 한 번뿐으로 바꿔 버렸다. 그리하여 기독교의 교리는 두 가지로 나뉘었다. 죽으면 천국에서 영원히 살거나, 아니면 불지옥에 떨어져 영원히 고통 속에 살아야 한다는 것이었다. 그리고 천국을 갈 수 있는 길을 아는 곳은 오직 교회뿐이라는 것이었다. 불신 지옥을 피할 수 있는 유일한 곳은 딱 한 곳, 교회뿐이었으므로 동네 사람 모두 교회에 나오고 교회의 말이라면 순종적으로 죽는 시늉까지도 마다하지 않으며 교회 말을 잘 듣게 되었다.

두 번째 교회의 전략은 사람들의 우민화 정책이었다. 문맹률을 높여 사람들을 바보로 만드는 것이었다. 책을 보거나 가지고 있는 자체를 처벌하고 책을 못 보게 했다. 책 같은 것을 보고 잡생각을 하면 하나님의 뜻에 반하는 것이니 교회의 하나님 말씀만을 듣고 순종하여야 한다는 것이었다. 그래서 종교 재판이 유행하던 시기 또 하나의 화두는 책을 불태우는 것이었다. 책을 가지고 있거나 책을 읽는 것이 처벌 대상으로 사람들은 책이 있으면 스스로 불태우거나 버리게 만들었다. 그렇게 사람들이 책을 읽고 사고하는 것을 원천 차단해 우민화 시도를 하였다. 자기들만 지식을 독점하여 사람들을 통제했다.

교회가 공인하지 않은 책을 가지고 있거나 읽는 것을 알면 교회가 잡아들여 고문해서 죽였다. 기독교의 고문은 지독하고 요즘 사람들이 생각하는 고문의 범위를 한참 넘는 잔인한 것이어서 사람들은 견디지 못하고 거의 다 죽었고, 그렇게 죽을 때까지 고문을 했다고 한다. 철저히 무식하고 우민화되게 하여 교회가 사람들을 좀비처럼 교회 뜻대로 조종할 수 있게 만들었다.

기득권을 지키기 위해서 자신들과 사람들 사이에 지식 담장을 높이 쌓아 지식을 독점해 그들의 기득권을 지켰다. 역사에서 보면 우민화 전략, 정책은 기득권자들에게 그들의 기득권을 지키기 위해 유용하고 좋은 방법의 하나였다. 역사에서 보면 여러 번의 분서갱유 사건이 동서양에서 있었다.

교회는 종교 재판과 마녀사냥 등 공인된 방법으로 여차하면 사람들을 잡아들여 죽을 때까지 고문하고, 죽은 자의 집 등 모든 재산을 몰수해 교회는 점점 부자가 되었다. 종교 재판과 마녀사냥이 피크를 이뤘을 시절 영국 국토의 반 이상이 교회의 소유였으며, 프랑스도 프랑스 대혁명 이전까지의 국토 농지의 대부분을 교회와 사제들이 소유했었다. 교회는 타락할 대로 타락하고 성직까지도 사고팔며 사람들을 잡아다 고문해 죽이는데 왜 사람들은 저항하지 않았을지 의문이다. 그 시절 사람들은 우민화의 효과로 천당의 존재를 굳게 믿었으며, 천국에 갈 수 있는 길을 아는 곳은 오직 교회뿐이라는 관념의 포로가 되어 있었기 때문이었다. 불신

지옥을 면할 수 있는 유일한 곳은 딱 한 곳, 교회뿐이라고 굳게 믿었다. 사람들은 모두 교회 소속이었으며, 교회의 말이라면 무조건 따르고 순종했다. 그래서 역사에서 중세 천여 년을 암흑기라고 말한다. 유럽의 음악가, 예술가들도 모두 교회 소속이었다. 또 마녀사냥이란 부녀자 특히 처녀들에게는 공포의 대상이었다. 동네에 어떤 안 좋은 일이 있으면 마가 끼어 그렇다며 희생양을 찾는데, 대개 동네 처녀나 부녀자가 그 대상이었다. 성직자나 권력자가 대상을 지목하고, 신성 모독, 불경 등과 같은 죄명으로 마녀에 지목된 처녀는 꼼짝없이 제물이 되었다. 옛날, 노비나 힘없는 백성은 이리 치이고 저리 치이며 어느 나라나 그러했듯 변명 한마디 못 하고 처벌받았지만, 마녀사냥에 비하면 아주 양반 수준으로 멍석말이 정도였지 죽이지는 않았다. 특히 어린 처녀들은 사제의 눈 밖에 나거나 거스르면 목숨이 바람 앞에 등불이었다. 그러한 기독교 권력의 횡포 중 고문이 자심했고 아주 잔인했다. 기독교 고문의 대표주자격인 자는 이름 앞에 거룩한 '성자'까지 붙은 칼뱅이란 자였다. 독재국가의 고문기술자들도 울고 갈 각종 잔인한 고문 도구, 기법, 방법을 고안해 낸 것으로 유명하다. 그 모든 죄명이 신에 대한 불경이나 신성 모독이란 이유로 행해졌다고 한다. 신성 모독이란 교회나 사제가 갖다 붙이기에 따른 자의적인 것이다. 글도 모르는 무지한 사람들에게 그러한 기독교 권력은 얼마나 공포스러웠겠는가. 그리고 보면 요즘 독재 국가의 시민 탄압은 중세 기독교 무소불위의 권력의 횡포에 비하면 아주 얌전한 애교 수준이라는 생각이 든다. 결국 성직자까지 사고팔며 면죄부 장사에 이르러서는 갈 데까지 갔으며, 면죄부 장사의 시작은 독일의 한 대주교가 대주교가 되기 위해 과한 뇌물로 사용한 돈 때문에 빚쟁이가 되었고 빚 독촉에 밤잠을 설치며 궁리 끝에 생각해 낸 것이 면죄부 장사였다. 그 주교는 로마 교황에게 면죄부 장사 계획을 프레젠테이션을 하고 커미션 약속을 해 면죄부 장사 허가를 받아냈다. 그리하여 면죄부 장사가 시작되었는데, 의외로 생각했던 이상으로 장사가 잘돼 대박 상품이 되어 그 대주교는 골머리 썩히던 빚을 순식간에 갚고 돈방석에 앉았다. 그 소식을 접한 성직자들 너도 나도 면죄부 장사에 뛰어들었다. 교황은 수백 군데서 커미션이 들어오니 마다할 이유가 없었다. 돈방석이 아니라 금방석이라, 매일 밤 교황청 지하실에서 성매매 여성들을 불러들여 문란한 생활을 지속했다. 그렇게 해도 돈이 남아돌고 줄지를 않으니 그저 좋아할 따름이었다. 그렇게 장사가 잘되자 더 욕심이 생겼다. 인간의 욕망이란 끝이 없는 법, 그래서 한 발짝 더 나가 이미 죽은 자의 면죄부 장사까지 하기에 이르렀다. 이미 죽어서 땅에 묻힌 아버지, 어머니, 할아버지. 우민화의 이름으로 면죄부를 사면 죽은 자 영혼의 주소가 지옥에서 천당으로 옮겨진다는 것이었다. 어리석은 인간들, 하지만 흉볼 것 없다. 그 잘났다고 하는 호모사피엔스의 수준이 거기까지이니까. 아마 백 년 이백 년 후에 사람들이 이 시대의 인간들을 보면 우리가 중세를 보며 느끼는 감정과 거의 같을 것이니까! 그러나 한심할지언정 호모사피엔스의 마음은 여렸다. 결국 효심을 지극해 죽은 할아버지, 아버지, 어머니 면죄부를 사기 위해 뼈 빠지게 일했다. 그렇게 모은 돈으로 불지옥에서 고생할 죽은 가족의 면죄부를 사 람들이 사 주니, 사제들과 교황은 돈을 더 벌어들였다.

허나 무엇이든 도가 지나치면 덧나는 법. 보다 못한 훼방꾼이 나타났는데 그가 바로 마르틴 루터였다. 그 지경에 이르자 16세기 사제 마르틴 루터는 95개의 기독교 죄상, 개선해야 할 점을 적어 로마 교황청 산하 교회 대문에 격문을 붙여 놓았다. 그것이 도화선이 되어 면죄부 장사는 끝나고 종교 개혁에 이르렀다. 그 결과물이 오늘날의 개신교, 프로테스탄트교회가 탄생하게 된 교회 개혁이었다.

그런 인간의 속성은 지금의 교회라고 다르지 않다. 교인이 조금 많아지면 목사는 신의 흉내를 내며 신의 대리인을 자처하기도 한다. 돈 문제를 비롯한 성희롱 등 여러 문제가 끊이지 않는다. 1980년대 미국의 한 성공한 부흥 목사의 부인이 사치를 부렸다. 바로 백만 불짜리 개집을 지어 사회에 물의를 빚은 일로, 잘나가던 남편 부흥 목사님이 한순간에 나락으로 떨어지는 계기가 되기도 했다.

펜실베이니아 주 검찰 대배심 보고서에 의하면 지난 70년 동안 가톨릭 신부 300여 명이 1000여 명의 신도를 성적 유린을 했다고 했다. 펜실베이니아 주의 가톨릭 교구에서 1940년부터 70년 동안 약 300명의 신부들이 1000여 명이 넘는 소년, 소녀 신도들을 성적으로 추행, 강간한 사실이 주 검찰 대배심 보고서에 의해 드러났다. 드러나지 않고 묻힌 것을 더하면 그 수가 드러난 것보다 많을 것이라 한다.

오래전부터 관련 사안을 다뤄 온 대배심은 보고서에서 실제 성적으로 유린당한 어린이들과 이들을 농락한 신부들의 '진짜 숫자'는 300명과 1,000명을 훨씬 넘을 것이라고 추정했다. 교회 비밀

기록이 없어진 것이 많고 끝내 조사단에 나타나지 않은 피해자들이 많을 것으로 보기 때문이다. 보고서의 서두에서 '교회가 몇몇 개혁 조치를 했지만 교회의 지도자급 사제들 대부분이 책임과 처벌을 피해 갔다'라고 지적했다.

특히 어린 소년과 소녀들을 강간한 사제라는 이들의 책임을 맡은 고위층(신부)은 아무 일도 하지 않는 데 그치지 않고, 모든 비리를 은폐한 것이라고 통렬하게 비판했다. 교회의 고위층은 대부분 보호받았으며 또 승진한 경우가 많았다면서 가톨릭교회의 성적 스캔들에 대해 아직 덮기에는 지금 너무 이르다고 결론 내렸다.

펜실베이니아 주의 검찰총장은 관련 수사가 계속되고 있다고 밝혔다.

신부들의 신도 성 강탈과 유린 의혹은 미국 각지에서 수십 년 동안 제기되고 있으나, 지금까지 검찰당국 수사나 대배심이 구성된 곳은 미국 50개 주 중 아홉 곳에 불과하다고 지적했다. 미국 가톨릭 주교단은 이전에 전국적으로 1만 7천 명이 넘는 신도들이 교회에서 신부 등에게 성적으로 추행, 강탈당했다고 보고한 사실을 인정한 바 있다. 메스미디어가 거미줄처럼 깔린 현대 미국에서의 실태가 이럴진대 그 이전, 백 년 전, 4~5백 년 전에는 어떠했겠는가, 더군다나 사제, 목사들의 권력이 사회를 지배하던 중세쯤의 실태는 그들 맘먹은 대로였을 것이다. 앞에서 언급했던 프랑스 종교 박물관의 수많은 유아의 해골이 말해 줄 것이다. 중세는 물론 200~300년 전까지도 서양 사회에서 가톨릭의 사제, 목사들은 권력자였다. 어린 수녀와 동네 처녀들은 사제, 목사들의 간단한 목표물이었다는 후배 역사학 석사님의 말을 믿지 않을 수가 없을 것 같다. 사제나 목사가 강압적으로 권력을 휘두르다가, 여성들이 임신을 하면 옛날 드레스는 요즘 임부복처럼 펑퍼짐하니 표도 안 났다는 것이다. 막바지에는 수녀원 골방 같은 데 있다가 출산을 하면 그대로 지하실이나 뒤뜰에 묻어 버렸다고 한다. 뒤처리는 늙은 수녀들이 충실히 한다.

지난 70년이라면 1900년대 중반부터가 아닌가. 거의 우리 세대와 같은 시대에 미국의, 그것도 도시 주에 속하는 펜실베이니아 주에서 300명의 사제(그것도 밝혀진 것만)들이 어린 소년, 소녀들을 성추행하고 강간을 저질렀다니 놀랍다. 다른 대부분의 주는 모른 척 외면하고 조사를 기피하고 있다는 것도 의외다. 차라리 신부들도 구시대의 관습에 메이지 말고 개신교처럼 결혼을 하라고 권하고 싶다.

옛날이나 지금이나 인간은 여러 사람 앞에 서면 그게 자신의 능력 또는 힘이라고 의식하게 된다. 개신교도 마찬가지다. 미국이나 한국에서도 개신교의 유명세를 얻은 목사라는 사람들이 돈 문제와 더불어 여신도를 농락하고 성적인 착취를 하는 사건이 심심치 않게 일어나고 있다. 2019년에 구속된 대형 교회 목사는 어릴 적부터 부모를 따라 교회에 나와 20대가 된 목사를 자신을 예수처럼 믿는다는 점을 이용해 저녁에 아파트로 불러들여 성 착취를 자행했다. 이러한 수법에 당한 피해자가 십여 명에 달했다. 자신감이 붙었는지 나중에는 유부녀까지 손을 뻗치기도 했다. 고민 끝에 이건 아니다 하고 그 사실을 고발한 23세의 대학생 신도의 말에 따르면 이렇다. 평소 믿고 따르던 목사가 할 말이 있다고 해서 갔더니 목사 혼자였다. 그래도 아무 의심 같은 것은 하지 않았다. 교회 이야기 몇 마디를 하고 기도하자고 해서 기도를 하는데 에덴동산에 대한 내용을 말하는 것이었다. 내용인즉 에덴동산에서는 모두 아무런 가식이나 부끄러움이 없어 모두 벌거숭이 알몸으로 하나님의 말씀을 따랐다면서 우리도 옷 같은 것 걸치지 말고 기도하자며 옷을 벗으라고 요구하였다. 목사가 옷을 벗으니 엉겁결에 따라서 옷을 벗을 수밖에 없었다. 목사는 에덴동산에서 아담과 하와도 하나님이 지어 놓은 방식으로 몸을 섞었고 그것은 하나님의 뜻에 따른 성스러운 행위라고 주장했다. 목사는 말도 안 되는 주장을 펼치며, 혼란스러워하는 신도를 강간했다. 사건이 벌어진 후에 신도는 자신과 같은 처지인 신도가 더 있다는 것을 알았다. 한 번은 목사가 또 오라고 해서 갔더니 여섯 명이 이미 와 있었다는 것이다. 또 에덴동산의 시민이 되자며 옷을 벗으라고 하고 요구했다. 권력을 이용한 말도 안 되는 성적 추문과 강제 행위가 이행되었다.

　결국 신도는 고민 끝에 이 사실을 폭로하고 고발하였다. 지금 그 유명하고 고명하신 목사님은 감옥에서 수양 중이라고 한다. 이 세상에는 상식적으로 아연할 수밖에 없는 요상한 일이 음지에서 끊임없이 일어나고 있다. 인간 사회란 그 속을 자세히 들여다보면 또 다른 형태의 지옥이다.

　후배 사회학 석사님 왈, 한국에서 목사로 성공하려면 학벌이 아주 높거나, 유식하거나, 상식적이거나, 논리적이거나, 양심이 쥐꼬리만큼이라도 있으면 안 되며 그런 스펙은 결격 사유란다. 한국 기독교를 연구한다는 석사님의 말씀이니 토 달 생각도 없다. 계속해서, 성공하려면 옛날 거리의 약장수처럼 큰소리로 거짓말을 서슴없이 떠들어야 하고, 하나님 예수를 믿으면 그로 인한 당근이 돌아온다는 유혹을 수시로 힘찬 어조로 떠벌려야 하고, 말의 앞뒤가 맞는지는 신경 쓸 필요 없다고 한다. 하나님 예수님을 중간중간 부르면서 거짓말이건 무엇이건 계속 주장할 수 있어야 한다는 것이다. 지금 성공했다는 대형 교회 목사들이 설교하는 것을 들어 보면, 그들이 대충 신의 경지다. 중구난방으로 자신들 편한 대로 그때그때 감정대로 자신의 이름으로 주장하고 있다. 정치, 사회, 대통령, 장관, 사상 등 그들은 자신이 심판자가 되기도 한다. 성경 몇 구절만 외워 하나님과 예수를 들먹이며 그 사이에 자신이 있다고 상기시킨다. 인문적인 소양은 열악할수록 성공할 확률이 높다. 교인들의 인문적인 소양도 열악한 것은 마찬가지이기에 서로 잘 맞고, 교인의 지능 수준이 평균적으로 그리 높지 않으며, 대부분의 세뇌에 취약한 지점에 맞춰져 있기 때문에 지적이거나 고상하고 품격 있는 설교는 방해 요인으로 오히려 잘 안 먹힌다고 한다. 교인 중에 소수의 지능 수준이 높거나 논리적인 사람은 신경 쓸 필요가 없다. 하나님의 이름으로 무언가를 마구 주장해 대는 것이 표도 안 나고, 그들도 나름 하나님의 이름에 적응하며 따라오거나 자기 밥그릇 챙기는 쪽으로 동화되기 때문이다. 근엄한 표정에 큰 소리로 아멘 하면 만사형통이다. 큰 소리가 중요하다.

하나님과 자기가 직접 소통한다면서 에덴동산에서처럼 벗고 놀자 하다가 감옥 간 목사뿐만이 아니다. 하나님 까불면 나한테 죽는다고 지껄이고, 교인 특공대 300명으로 청와대 쳐들어가 문재인 전 대통령의 목을 자신이 날려 버리겠다는 전광훈이 훌륭한 목사라며 천여 명이 따라 다니는 것을 봐도 내 말이 꽤 설득력이 있지 않느냐는 이야기다.

2019년 여름, 정말 가을이 가기 전에 자기가 문재인 (전)대통령을 청와대에서 끌어내 목을 칠 거라고 떠벌리고, 또 예수님이 자기 말을 잘 듣는다며, 광화문 집회에 나오면 코로나19에 절대 안 걸린다느니, 야외에서는 코로나19에 절대 안 걸린다느니 하며 억지연설을 주장했다. 또 자기 교회 사람들은 한 사람도 코로나19에 안 걸렸다고도 떠벌렸는데, 그만 코로나19에 걸리고 마누라, 전도사, 주위 사람에게 다 옮기고 말았다. 그 교회 교인들도 백여 명이 양성이 나왔는데, 그 와중에도 코로나19는 사기라며 죽어도 짹 하는 참새 마냥 구는 것이다.

그런데 전광훈 씨 완치됐다지만, 코로나19 후유증이 장난 아니라는데 안됐다. 그렇게 교인은 하나님이 지켜 주기 때문에 코로나19 같은 것 절대 안 걸린다고 떠벌리고 다녔는데, 하나님이 외면한 건지 허풍쟁이가 되었다. 그래선지 목소리도 전만 못하고 인간적으로 연민을 느낀다. 코로나19 완치자가 늘면서 상당수가 후유증을 호소하는데, 근육통, 수시로 찾아오는 편두통, 무력감 등 만만치 않다고 한다.

좌우지간 한국에서 목사로 성공하려면 무식해야 한다. 그것도 왕창 무식해야 하고 얼굴 가죽 두꺼우면 금상첨화다. 인간의 70% 정도가 인문적인 소양이 수준 이하이며 그로 인해 세뇌에 열악하여, 어느 종교에나 포섭되기 쉽고 천당이라든가 하는 당근을 앞세우면 언제든 넘어갈 수 있는 조건을 충분히 가지고 있는 텃밭을 이루고 있는 것이 인간 군상이다. 그 증거는 세계 종교의 분포가 증명하고 있다. 사우디아라비아, 이란에서 태어나면 이슬람 교인이 되고, 미얀마, 태국 등에서 태어나면 주위에 휩쓸려 불교도가 되는 것이고, 이스라엘에서 태어나면 유태교도가 되고, 일본에서 태어나면 수많은 잡신 중에 골라잡아 모시고 사는 것이 인간 수준이요, 그것이 리얼 인간 군상의 쩐 모습이다. 일본인은 아기가 태어나면 신사에 가고, 결혼식은 성당에서 하고, 장례식은 절에서 한다.

위에서 말한 나라의 사람들이 성경을, 코란을, 불경을 다 읽고 스스로 사고해 자아의 판단으로 이슬람이 되고, 불교도가 되고, 기독교인이 되겠는가? 아니다. 주위 환경, 주위 사람이 그러하니 따라서 그리 세뇌되는 것이고, 그것이 인간의 한계다.

인간은 자신 앞에 사람이 열 명만 모여도 목에 힘이 들어가고 이 얼마나 내가 대단한지 자랑하고 싶어 한다. 인간은 참 재미있는 동물이다. 종교가 그걸 잘 설명해 준다.

신은 어떻게 왜 생겨나는 것일까?

인간은 극한 상황이나 절망적인 상황, 도저히 해결책이 안 보이는 사방이 꽉 막힌 어려움에 처하면 하나 남은 공간인 하늘을 본다. 그리고 왜 나에게 이런 시련을 주냐 하며, 하늘에 대고 자신의 어려움을 토로하고 무언가를 소원한다. 울분의 넋두리도 하고 원망도 한다. 그러면서 하늘에 대고 이 어려움을 벗어날 수 있게 해 달라고 애원한다. 그런 애원들이 시간이 지나며 쌓이고 모여 신앙이 되고 그런 상황에서 신이 탄생한다. 그것은 인간 누구나가 가지고 있는 소원, 공상 속의 형상이기도 하다. 신은 공상 속에 늘 만들어지는 형이상학적 존재이다. 그래서 하늘에 소원하니 타계가 생기고 해결되더라, 하는 말이 떠돌고 그런 것이 모여 신이 생겨난다. 그리고 거기에 이런저런 인간의 상상력, 바람 등 살을 붙이고 스토리가 만들어지는 것이 신화이자 종교가 된다. 그렇게 신과 신화의 탄생 스토리는 동서를 막론하고 비슷하고 대동소이하다.

첫째, 신화의 스토리가 만들어질 때 보편적으로 보통 인간과 차별화하는 것이다. 보통 사람이 태어나는 과정인 남녀의 교접에 의해서, 보통 사람과 같은 방식으로 태어난다면 특별한 권위를 부여하기가 곤란하니까, 앞에서도 언급했듯이 차별화한 스토리를 만든다는 것이다. 그런 식으로 보통 인간과는 다르고 특별하다는 스토리 메커니즘이 많은 신화의 스토리 라인으로 비슷하다. 거기까지가 인간의 능력이고 또 사람들은 그런가 하며 믿고 하는 것이 인간 지능과 세뇌의 한계이다.

세계 인간계의 3대 종교는 기독교, 이슬람, 불교라고 할 수 있다. 그중 기독교, 이슬람이 중동에서 시작된 것은 다 아는 사실이고, 불교 또한 시작점은 중동이다. 불교가 인도에서 꽃을 피웠지만 처음 생겨난 출발지는 중동에서였다.

중동이 지금은 검은 황금이라는 석유가 쏟아져 나와 부를 누리고 있지만 몇백 년 전의 중동은 인간이 참 살아가고 살아남기가 어려운 땅이었다. 거의 대부분의 땅이 사막이고 인간 삶의 필수 요소인 물이 귀해 사람이 살아가기에 아주 열악한 곳이었다. 사람이 아주 어려운 상황에 처하면 누구나 늘 희망 사항을 품게 되고, 그런 심정이 이심전심 모여 믿음의 종교가 태어나게 된다. 종교가 아니더라도 초등학교 때 지리부도에 나오는 사막을 오가며 장사를 하는 대상 이야기, 낙타를 끌고 목숨을 걸고 사막을 건너 장사해서 살아간다는 이야기에 공포감 같은 것을 느낀 적이 있었다. 나침반도 없던 시대에 별을 보고 방향을 잡아 가고 오아시스를 못 만나면 죽을 수 있다는 이야기에 말이다. 그런 환경에서는 필연적으로 마음속 환상에 소원을 빌게 되고, 그러한 소원이 종교로 발전하는 것이 아닌가 한다.

인간 사회가 동물의 세계만큼만 공정한 질서가 있다면 신이란 것이 필요하지도 생겨나지도 않았을 것이라 생각한다. 전 세계 방방곡곡에 수없이 많은 신, 죽을 수도 없는 신, 그 불쌍한 신들 말이다.

산업화 이후 사람들이 먹고사는 걱정과 수고가 덜해졌다. 과학의 발달과 미디어의 진화로 지구에서 일어나는 일, 잘 모르던 사실과 진실을 알게 되었다. 신이라는 형이상학적 환상은 그냥 환상이라는 것을 사람들은 눈치채고 대충 다 알고 있다. 그래서 종교의 입지가 점점 어려워지고, 청교도들의 나라인 미국에서도 교인이 자꾸 줄어 교회 운영이 어려워 문을 닫는 교회가 속출하고 있다.

그러나 모두 문을 닫지는 않을 것이다. 인간은 불완전체로 그 나약함은 의지하고 기댈 곳을 필요로 한다. 또 인간 지능의 한계, 그 부근에 속하는 사람들, 여러 계층의 지능 그리고 세뇌의 아이러니가, 추상적 관념일 뿐이지만 결국 인간이 존재하는 한 그들의 소망을 갉아먹으며 사는 신은 소멸하지 않을 것이다.

신앙은 그리스도인이 예수를 믿는 것이라고, 교회는 믿음을 강조한다. 신앙은 믿음이라며 교인들에게 믿음을 요구한다. 그런데 인간이 그 무엇을, 무언가를 믿는다는 것은 무엇인가? 그것은 기하학적으로 세뇌 작용이다. 그리고 사실적으로 세뇌 현상이다. 인간은 지구상 유일한 실존적 세뇌의 동물이다. 그러니 신앙(종교)은 곧 세뇌라는 공식이 성립된다고 할 수 있다. 사회 현상에 따라 인간은 사회에서 요하는 종교에 세뇌되는 것이 자연스러운 현상이다. 그렇게 인간의 세뇌 작용은 어떤 것에나 세뇌될 수 있는 보편적인 것이며, 그건 각각의 종교가 특별하거나 무언가 대단한 것이 있어서가 아니다. 어떤 나라, 어떤 장소에 있느냐에 따라 그곳의 종교에 인간의 보편적 세뇌 작용이 운동한 결과일 뿐이다. 말하자면 빨간색으로 세뇌하면 빨간색이 되는 것이고, 검은색으로 세뇌하면 검은색으로 세뇌되는 것이다. 이슬람이냐, 가톨릭이냐, 불교냐 하는 것과는 상관없는 인간 지능의 세뇌 작용으로 어떤 것을 입력하느냐의 차이일 뿐인 것이다. 종교는 특별하거나 대단한 것도, 신비한 것도 아니며 인간 지능에 의한 세뇌 작용일 뿐이다.

사람들, 개개인으로 당신이 믿고 있는 신(神)의 정의나 종교의 교의가 절대적인 진실이라고 믿는 것은 각자의 자유다. 그러나 보편적이고 공통된 절대성은 존재하지 않는다는 것, 그런 절대성은 지구상에 존재하지 않는다. 왜냐하면 당신에게 절대적인 관념이 타인에게 전혀 상반된 관념으로 느껴질 수 있기 때문이다. 마르틴 루터와 카트리나의 예로 보듯 기독교의 수많은 시행착오는 기독교이든 여타 종교이든 간에 인간에 의해서 만들어졌다는 것은 부인할 수 없다. 인간에 의해 만들어졌으며, 이제 절대성의 신화만으로 향유하는 시대는 지나간 것이 아닌가 한다. 이런 화두는 종교계 지도자 종교학자들도 이미 알고 있고 부분적으로 논의되고 있는 것으로 안다. 그런데 어느 시대나 기독교의 기득권 그룹은 종교의 기본 정신이나 정의를 행하고 소화할 수 있는 인격이나 지식, 보편적 상식이 부족하다. 종교가 추구하여야 할 공헌 정신을 망각한다. 교인들이 자신의 자산, 능력, 힘으로 착각 그런 어리석은 마음의 욕망을 채우는 도구로 이용되어 왔다. 예나 지금이나 그 방법, 경향이 조금씩 다를 뿐 대동소이하다. 그러함은 인간의 속성, 욕망의 한계인지도 모른다. 종교(기독교)의 역사를 보면 크고 작은 사건, 사연들이 헤아릴 수 없으니 말이다.

그중 대표적인 것이 중세 유럽 기독교계에서 들불처럼 유행했던 종교 재판과 마녀사냥인데, 이것들은 너무나 유명하고 그 황당 스토리들은 기겁할 정도로 소름 돋게 한다. 그중 하나 마녀사냥 재판 가운데 가장 잘 알려진 사건이 있다. 바로 영국 랭커셔 펜들 힐(Pendle Hill) 마녀 재판이다. 마녀로 지목되어 체포된 마을의 평범한 부녀자 12명, 그들은 9살짜리 여자아이의 증언으로 12명은 마녀로 몰려 마녀가 되었고, 조사 중 고문으로 한 명은 먼저 숨졌고 11명이 최종 재판에 넘겨졌다. 그중 10명이 마녀(악마)로 교수형에 처해졌다. 심판관은 단 두 명. 사제와 그 지역 실세 관리다.

그렇게 중세 유럽의 종교 재판, 마녀사냥은 마을에 무슨 안 좋은 일이나 소문이 생기면 악마가 끼었다거나, 마법을 걸었다거나 하는 등으로 동네 처녀들을 지목해 분풀이하거나, 사제 및 치안 재판 판사 등의 야심과 욕망의 희생양을 삼기도 했다. 중세 유럽의 마녀사냥은 유행처럼 번져 갔고, 그 시절 특히 처녀들은 숨 막히는 공포 속에 살아가야 했으며, 사제는 그들에게 저승사자와도 같은 존재였다.

또한 종교는 기적을 좋아한다. 기독교부터 모든 종교가 기적을 좋아한다. 왜냐하면 모든 종교에서 기적은 그들의 당위성을 높이고 그들이 내세우는 교리를 설명하는 데 좋은 소재가 되기 때문이다. 기독교는 예수의 부활, 승천으로부터 수없이 많은 기적이 등장하고 만들어지기도 한다. 사실 소재는 만들려고 들면 무궁무진하다. 자연 환경의 변화부터 아픈 사람의 치유도 자주 등장하는 레퍼토리다. 한 예로 삼십여 년 전 한국에서 한 교파의 어떤 기도원이 유명하다고 소문이 자자했다. 불치병 환자가 그 기도원에 들어간 뒤 기적같이 불치병이 치료되고 나았다는 소문으로 말이다. 그런데 그게 트릭이었다는 것이 얼마지 않아 폭로로 탄로 나 시들해지기도 했다. 많은 환자 중에 어쩌다 한 환자가 좋아지거나 나으면 그 환자와 가족, 교인들이 기도원 문 앞에서 한 달 넘게 계속 기적이라고 선전을 하고 간증 책도 한 권 나온다. 그런데 죽은 자는 말이 없다고, 그 기도원에서 죽은 사람은 조용히 지하실 뒷문으로 수십 구의 시체가 나간다고 기도원 잡역부가 증언했다. 의사들에 의하면 병원에서 의학적 한계로 가망이 없다고 사망 예비 판정을 받은 암 등 중병 환자 중에서도 그 원인을 알 수 없이 정말 기적적으로 치유되는 경우가 있는데 그 확률이 의학 통계로 3% 정도 된다고 한다. 마음을 정리하고 공기 좋은 산사 같은 곳이나 물 좋은 곳을 찾아가 변화되고 마음을 편히 먹으면 환경 때문인지, 간혹 그렇게 기적 같은 일이 있다고 한다. 그런데 그런 통계가 어느 나라, 어느 지역, 어떤 종교의 국가이건 거의 비숱하다고 한다. 통계로 2~3% 정도라고 한다. 그러면 기독교 신자이거나 기독교 국가, 지역에서는 하나님의 은총 가호가 되는 것이고, 불교 환자나 불교 국가나 지역에서는 부처님의 공덕이 되는 식이다. 그런 메커니즘이 대충 기독교건 여타 종교이건 그들이 해석하는 기적이라는 아이템의 공식이다.

또 하나 기독교의 심판의 아이템 '소돔과 고모라'. 기독교에서는 여호와 하나님의 유황불 심판으로 멸망했다고 사람들에게 공포스럽게 규정하고 설명한다. 오랜 세월 동안 너희도 하나님, 예수님에 밉보이면 유황불 같은 심판의 대상이 될 수 있다고 말이다. 기독교계에서는 긴 세월 그렇게 해석하고 규정했지만, 현대의 과학은 '소돔과 고모라'는 지형에 따른 지구의 운동에 의한 대형 지진으로 도시 전체가 폭삭 주저앉고 화산 용암이 뒤덮은 자연 재해가 원인이었다는 것을 밝혀내었다.

지질학자 그레이엄 해리스는 성서에 등장하는 '악의 도시' 소돔과 고모라의 발굴 작업에 의한 잔해들을 분석 연구한 결과 이들 두 도시의 소재지로 추정되는 싯딤 골짜기에 대규모 지진이 발생했던 사실을 밝혀내었다. 당시 골짜기 일대의 지반이 지진에 의한 압력을 못 이겨 액화되면서 소돔과 고모라를 삼킨 것으로 결론지었다.

이들은 싯딤 골짜기가 위치한 리산 반도가 사해를 끌어안은 분지로 토양 자체가 허술하기 그지없는 토사 등으로 구성되어 있다고 말했다. 지진 등 외부적 충격을 받을 경우 액화 현상을 일으킬 가능성이 높다며, 싯딤 골짜기가 열이나 충격을 받으면 곧잘 녹아 버리는 '역청' 구덩이가 많다고 전한 성서의 기록(창 14:10)도이 같은 추정을 뒷받침한다고 주장했다. 리산 반도는 아직도 지진대의 활동이 활발한 지역이라고 지적한 해리스 박사는 지진으로 인한 고열에 휘발성이 강한 역청이 녹아내리면서 유황과 불이 비처럼 내리듯이 보였을지도 모른다며, 소돔과 고모라는 지반이 녹아내려 땅속에 파묻혔으며 이로 인해 사해가 해일을 일으키면서 이 지역을 완전히 뒤덮었을 것이라고 덧붙였다.

이 또한 구약 성경은 "롯의 아내는 뒤를 돌아 본고로 소금 기둥이 되었더라"(창 19:26)라고 전하고 있지만 사실은 익사했을 가능성이 크다는 것이 이들의 주장이다. 박사들은 산으로 피신한 롯이 아래를 내려다보았을 때는 분지로 밀려든 사해 옆에 염도 높은 바닷물이 여기 저기 소금 기둥을 만든 후였을 것이고 이 광경을 목격한 롯은 아내가 소금 기둥으로 변했다 전함으로써 개인적 비극을 신화의 차원으로 승화시켰을 것이라고 추론했다. 이와 같은 각종 종교의 신화 기적은 평범하지 않거나 늘 목격할 수 있는 것이 아닌 자연의 변화 현상을 만나면 그들이 원하는 의미로 승화시켜 스토리를 만들어 내곤 한다. 그렇게 특별한 일이나 사연이 생기면 기독교 국가나, 사회에서는 하나님의 기적이 되고, 불교 국가나, 사회에서는 부처님의 공덕이 되고, 이슬람 국가나 지역에서 일어나면 알라의 계시가 되는 것이다. 그러한 일들이 보통의 사람들에게는 먹혀드는 실정이라는 인간의 한계가 그 잘났다는 호모사피엔스의 아이러니다.

그렇듯 인간의 관념이란 그 주체에 따라 다양하고 엄청난 차이로 나타난다. 각각의 사람들은 항상 자신의 관념이 옳다고 하는 당위성을 부여하며 굳게 믿는다. 하지만 절대적으로 옳고, 올바른 객관성의 관념이란 있을 수 없다. 그러나 인간은 절대 관념은 위험한 독이라는 것을 간과하며 인정하지 않으려 한다.

현존하는 지구상의 신을 안 믿는 사람들도 신앙을 가지고 있다. 개인 신앙, 그 사람 자신이 믿고 있는 그 사람의 관념이 그것이다. 그 관념이 각 개인의 신앙인 셈이다. 그러나 대부분의 지능은 집단 관념의 영향권에 머물고 있다.

니체는 '신은 죽었다.' 혹은 '교회는 신의 무덤이다.'라고 말했다. 그것은 니체의 오류다. 신이 어떻게 죽을 수 있겠는가, 신은 만들어질 때부터 죽을 수 없는 존재로 만들어진다. 인간을 영원으로 인도하려면 신은 죽어서는 안 되는 존재다. 그래서 신의 전능함에서 발견할 수 있는 단 한 가지 약점은 죽을 수 없다는 것이다. 그런데 니체가 신이 죽을 수 있다는 능력까지를 신에게 부여해 준 꼴이다. 신앙인들은 니체를 욕할 것이 아니라 감사해야 한다. 니체가 신의 전능에 단 하나 남아 있던 죽을 수 없다는 약점까지 해결해 주어 진정 한 점 부족함이 없는 완벽한 능력에 도달하게 해 주었으니 말이다.

이렇게 논리란 마구 만들어질 수 있고, 필요에 따라 만들어 주장하고 이용할 수도 있는 것이다. 성경이 만들어지던 그 시절 그때의 선지자(리더)들도 그러한 정도의 꾀, 잔머리는 가지고 있었고, 그들의 머리에서도, 머리로도 성경 같은 스토리는 장구한 세월 속에 얼마든지 만들어 낼 수 있는 것이다. 실제로 만들어져 오늘날까지 전해 오지 않았는가. 수천 번 고치고 첨가하고 하면서 말이다. 그러고도 지구가 둥글다는 것 하나도 몰라 그 사달을 만들고 만 것은 좀 아쉽지만…! 요즘 사람만 잔머리를 굴릴 줄 아는 게 아니다. 2천 년 전 그 시절 사람들도 머리를 굴려 사람들 끌어 모으고 속여 먹을 방법을 생각해 낼 줄 알았다. 속이고 속아 넘어가는 인간의 수준과 한계, 그것이 문제로다. 인간, 호모사피엔스의 한계가 그러한데 그래도 데카르트는 "나는 생각한다, 고로 존재한다."라며 인간에 대해 긍정적으로 표현했다.

좌우지간 니체는 죽을 수도 없는 신을 죽을 수 있게 해 준, 신으로서는 참 고마운 놈이라 생각하지 않을까? "개구쟁이들이 파리를 죽이듯 신들은 우리를 장난으로 죽인다."(셰익스피어)

셰익스피어가 살았던 1500년대는 종교 재판, 마녀사냥으로 교회가 사람을 잡아들여 개미 새끼 죽이듯 고문해 죽이고, 죽은 자의 집 등 재산을 몰수하여 교회가 거의 모든 농지를 소유했던 시대였다.

신에 대한 불경, 신성 모독이란 죄명. 그거 엿장수 맘대로 아닌가…!

이슬람(회교)

　현재 세계에서 교세가 큰 종교는 기독교, 이슬람교, 불교라고 할 수 있다. 그런데 기독교의 성경과 이슬람교 코란의 갈등은 오랜 세월 이어져 왔다. 유일신의 말씀과 계시를 적은 두 성서 모두 가르침이 훌륭하고 인간을 위한 것으로 청렴한 삶, 내세, 평화를 이야기하고 모범적인 인간상을 이야기한다. 그런데 현실 세계에서는 갈등과 무력 충돌이 난무하고 서로 경원하며 저주한다. 과연 예수나 마호메트가 그런 것을 원하고 가르쳤을까? 평범한 소시민인 나의 판단으론 아니라고 생각한다. 그 가르침을 이용하는 인간들이 각자의 이해와 조직의 욕망의 도구로 삼고 이용하기 때문이다.
　메카의 상인이었던 마호메트는 정기적으로 산에 올라 금식과 기도를 행하는 착실한 가장이었다. 40세이던 어느 날 히라산 동굴에서 기도하고 있을 때 천사 가브리엘이 나타나 "마호메트여, 너는 알라의 사자이니라." 그러고는 "읊으라!"라고 했으나 음유시인 같은 재능이 없었던 마호메트는 못한다고 손사래를 쳤다. 그러자 천사가 마호메트를 뼈가 으스러져 죽을 것같이 껴안고 나서 다시 한번 낭송을 명했다.

그러자 놀랍게도 마호메트 입에서 아름다운 시구들이 흘러나왔다. 오늘날 약 19억 이슬람교도들이 알라의 영원한 '계시'로 숭앙하고 있는 코란은 그 시구들이 훗날 집대성된 것이라고 한다.

약 1400년 전까지는 아랍인들이 부족신을 모시는 다신론자들이었으나, 선지자 마호메트로 인해 경전, 성스러운 언어, 신이 보낸 선지자, 유일신의 역사 등을 한꺼번에 갖게 됐다. 성경은 수세기에 걸쳐 히브리 민족을 중심으로 이스라엘을 건설했으나, 코란은 단 100년 만에 서쪽으로는 북아프리카와 남부 유럽, 동쪽으로는 오늘날의 중국과 인도의 국경 부근까지 뻗어 나가 거대한 교세 문명을 만들어 냈다.

'이슬람'이란 말은 '평화'라는 뜻을 담고 있지만 코란에 명시된 '바른길'을 걷는 자들만이 누릴 수 있다. 그럼에도 무력에 대해서는 무력으로 대응하라는 코란의 문구가 이슬람 극단주의자들에게 영향을 미치고 있다. 성경에도 하나님의 이름으로 폭력이 행사된 이야기들이 나오지만 코란처럼 신의 계시로 간주되는 것은 아니다. 전체적으로 코란은 이교도에 대한 성전보다는 정의, 자비, 연민을 강조하고 성경처럼 기도와 종교 의식에 관한 법도를 가르친다. 결혼과 이혼, 남자와 여자의 관계, 훌륭한 자녀의 양육 방법 등에 대한 지침을 제시한다.

뜻있는 이슬람 학자는 IS 등 이슬람 극단주의자들과 일부 이맘(통솔자) 율법사들이 문제라고 말한다. 이들이 자신의 지위, 영향력(권력), 금전적 이익을 위해 자신의 추종자들을 코란의 한 부분을 왜곡하고 부추겨 상대를 공격하고 이익을 도모하고 있어 이슬람 전체의 이미지를 나쁘게 하고 또는 폭력 집단으로 오해하게 하는 빌미를 제공하고 있다고 개탄한다. 한 예로 IS가 기승을 부리던 때, 이슬람 극단주의자들이 이라크 박물관에 진열된 역사 유물들 중 알라 이외의 것은 우상이고 가치가 없는 것이라며 해머로 깨부수는 일이 있었다. 또 다른 이율배반적인 예는 비슷한 시기 이란 테헤란 도심에서 스무 살 청년이 십 대 여자 애인을 태우고 교통 법규도 무시하며 과속으로 달리다가 삼십만 불이 넘는 슈퍼 스포츠카가 전복해 두 사람 다 그 자리에서 숨지는 사고가 발생했는데, 그 청년이 이란 이슬람 최고 지도자의 손자였다는 사실이 토픽으로 알려진 적이 있다. 이런 사연들로 인해 이슬람하면 폭력을 떠올리게 하고, 그 지도부는 부패한 집단 같은 느낌을 갖게 한다. 진정한 마호메트의 가르침인 청렴한 삶, 평화와는 정반대되는 모습들로 경계해야 할 일이라고 말한다.

성경과 코란은 둘 다 아브라함이라는 공통의 조상을 상정하고 있고, 세상을 창조하고 유지시키는 유일신에 대한 믿음을 언명하고 있다. 또 둘 다 인간에게 회개와 복종 그리고 청렴한 삶을 요구한다. 그리고 둘 다 하나님의 단죄와 최후의 심판을 경고하며, 내세에 대해 천국과 지옥의 개념을 갖고 있다.

그러나 경전으로서의 성경과 코란은 다르다. 코란(낭송을 뜻한다)은 마호메트가 받은 계시가 구전되고 암송됐기 때문에 특별한 체계 없이 쓰여 있다. 총 114수라(장) 가운데 한 가지 주제에만 초점을 맞춘 수라는 없다. 대체로 연대순이 아니라 긴 수라에서 짧은 수라 순서로 정리됐다.

성경처럼 코란도 신성한 권위를 주장한다. 그러나 유태교, 기독교인은 성경을 받은 인간의 말로 받아들이지만 이슬람 교인은 코란을 알라의 영원한 말씀 그 자체로 받아들인다. 기독교 신학 용어로 코란은 로고스(하나님의 말씀)로서 그리스도 그 자체에 해당한다. 그리스도가 육체로 현현한 말씀이라면, 코란은 책으로 구현된 말씀이다.

코란은 유태교, 기독교 신자들을 다른 '이교도'들과는 달리 같은 '경전의 백성들'로 인정한다. 여기서 '경전'은 성경이 아니라 신이 쓴 천상의 글이다. 이슬람교도들은 이를 완벽하게 옮긴 것은 코란밖에 없고, 신의 계시를 받은 자들이 원래의 내용을 왜곡하거나 오역했다고 간주한다.

이런 관점에서 코란은 성경의 개정판이 아니라 유태교 경전과 기독교 경전의 실수를 바로잡은 '재(再)계시'인 것이다. 성경보다 800년 뒤에 쓰인 코란의 유일성과 우위를 말하기 위한 장치가 아닌가 한다.

코란에서는 아브라함, 모세, 다윗, 세례자 요한, 예수 심지어 성모 마리아 같은 인물들이 모두 이슬람교도들이다.

아브라함은 아버지의 종교를 거부하고 알라를 따랐기 때문에 최초의 이슬람교도로 묘사된다. 아브라함의 아버지는 성경에서는 언급되지 않는다. 아브라함이 메카에 이슬람 최고의 성지 카바를 세운 이야기도 성경에는 없다. 코란에서 아브라함은 중추적 역할을 한다. 히브리인들이 아브라함과 사라의 아들인 이삭을 통해 뿌리를 찾듯이, 코란은 아브라함과 하갈의 아들인 이스마엘을 통해 아랍인들과 마호메트로 이어지는 선지자들의 계보를 말해준다. 이슬람교가 기독교의 구약을 뿌리로 한다는 것이 여러 군데에서 나타난다.

코란에서 예수는 자신의 후계자로 마호메트를 예언한다. 코란은 예수가 신의 아들이라는 주장을 거부하며 삼위일체의 거리를 다신론으로 간주한다. 예수는 죽지 않고 알라가 하늘나라로 구출했다고도 하고 있다. 어쨌든 성경과 코란은 밀접한 관계인 것은 부인할 수 없는 사실이다.

이슬람 수니파와 시아파의 대립은 예언자 마호메트(570~632년)가 후계자를 정하지 않고 급사하면서 이슬람 공동체의 후계자 선정 문제를 두고 촉발됐지만, 돌이킬 수 없는 갈등으로 비화한 것은 4대 칼리프(Caliph, 이슬람의 교주, 상속자) 알리 이븐 아비 탈리브(Ali ibn Abi Talib)가 암살되면서부터였다. 알리(656~661년 재임)가 661년 1월 29일 '칼리프 제도' 자체에 반감을 품은 일파에 의해 살해당했다.

610년 대천사 가브리엘의 계시를 받아 4년 뒤 세상으로 나와 전도를 시작한 마호메트는 메카의 집권자들의 탄압을 받자 622년 신자들과 함께 메디나로 이주(헤지라, 이슬람력 원년)했다가 군대를 키워 630년 메카를 정복한다. 그리고 적극적인 포교에 나선 지 불과 2년 만에 그는 식중독으로 추정되는 병으로 숨졌다. 천사로부터 하늘의 뜻을 계시받아 신의 능력을 갖게 된 자가 식중독으로 사망했다는 게 인위적인 느낌이 든다. 그에게 15세 연상의 아내 카디자와의 사이에 아들이 없었다. 혈육이라고는 유년의 마호메트를 키운 삼촌 아브 탈리브의 아들인 사촌 알리가 유일했고, 더욱이 알리는 마호메트의 딸 파티마와 결혼한 사위이기도 하다. 마호메트에 이어 이슬람 공동체 '움마'를 이끌 최고 지도자 '칼리프'는 마땅히 마호메트의 혈육이어야 한다고 주장한 이들은 알리를 초대 칼리프로 추대했다. 그들은 '시아트 알리'(알리의 무리)라 불렸고 시아파의 원조다. 반면, 칼리파는 움마 지도부가 협의를 통해 역량과 마호메트의 덕성을 고루 갖춘 적임자를 뽑아 추대해야 한다고 주장하는 이들이 있었다. 아랍어 '순나(예언자의 모범)'에서 따온 '수니'가 그들이었다. 시아파는 혈통으로, 수니파는 능력으로 칼리프를 정해야 된다는 대립이었다. 그런 첫 번째 대립에서 압도적 다수였던 수니파의 뜻에 따라 마호메트의 친구이자 장인인 아부 바크르가 초대 칼리프(632~634년)가 됐고, 이후 24년 동안 3명의 칼리프가 탄생했다. 시아파에 대한 차별은 있었지만 그래도 마호메트의 계시를 따르는 한줄기요 한솥밥을 먹던 양 파벌은 3대 칼리프 우스만 이븐 아판의 암살 후 알리를 4대 칼리프로 추대했고, 갈등의 앙금을 씻을 수 있는 기회를 맞이했다. 시아파의 알리는 유일한 칼리프이자 첫 이맘(통솔자)이었고, 이전 3대는 자격 없는 찬탈자에 불과했다. 그런 알리가 제위 5년 만에 암살당한 거였다. 알리 사후 장남마저 수니파의 사주를 받은 아내에게 독살당했고, 차남 역시 수니파와의 전투에서 전사했다. 그로 알리의 혈통 예언자 마호메트의 혈통이 끊겼고, 시아파 수니파를 묶고 있던 실낱같은 봉합의 끈도 함께 끊겼다. 그로부터 정통 칼리프 시대도 막을 내렸다. 그리고 1,400년간 수니파와 시아파는 함께할 수 없는 철천지원수가 되어 오늘날까지 대립하며 싸우고 있다.

과연 마호메트는 이 상황을 어떤 마음으로 보고 있을까. 그의 가르침은 청렴한 삶, 평화, 내세에 대한 준비를 이야기했는데, 지금같이 시아파와 수니파의 무력 충돌이 난무하고 피 터지게 싸우고 있는 현실은 마호메트가 원하던 길은 아니리라. 또 수니파, 시아파 그들의 생각도 궁금하다. 종교인, 종교 집단의 아집은 말릴 수가 없고, 항상 각 집단이 옳아야 한다는 것이다. 그래서 각 종교, 각각의 대립과 전투는 끝이 없다.

이슬람이면 이슬람의 다섯 기둥을 알아야 한다. 다섯 기둥은 5대 의무라 한다.

첫 번째: 신앙 고백
두 번째: 기도
세 번째: 메카 순례
네 번째: 금식
다섯 번째: 자선

첫 번째, 알라이외에 어떤 신(神)도 존재하지 않으며 마호메트는 알라의 예언자라고 선언한다.

두 번째, 하루에 5번 기도해야 한다. 기도할 때 머리는 메카가 있는 방향으로 향해야 한다.

세 번째, 평생 한 번 이상은 메카의 성지 순례를 한다.

네 번째, 라마단 기간에는 해가 뜰 때부터 해가 질 때까지 금식을 해야 하며 그동안에는 어떠한 음식도 금해야 한다.

다섯 번째, 구빈세는 수입의 2.5%를 내어 내 이웃 중 가난한 자에게 도움을 주어야 한다. 자신이 먹고살 만하고 이웃도 다 먹고살 만하면 이맘에게 준다.

이슬람의 큰 연중행사는 라마단이라고 할 수 있다. 라마단은 일정 기간 '금식'을 하는 이슬람 계율의 한 행사다. 금식(사움)은 굶어 봐야 굶는 고통을 알 수 있다는 하나의 체험 활동의 계율로 음식의 소중함을 알기 위한 마호메트 가르침의 실재 체험 행사라 할 수 있다. 해 뜰 때부터 해 질 때까지는 아무 것도 먹어서는 안 되기 때문에 음식을 준비했다가 해가 지고 저녁이 되면 음식을 나누어 먹는다. 성지 순례는 이슬람의 또 다른 큰 행사이며, 이슬람이면 평생 한 번은 성지 순례를 해야 한다. 사우디아라비아에 있는 메카 '카바 신전'을 방문해 그 카바 신전의 벽을 한 번 만지며 그 주위를 돈다. 마호메트를 생각하며 기도하는 것이다.

이슬람의 또 한 가지 율법의 하나로 이슬람 여인들은 히잡을 써야 하는데, 니캅(눈만 내놓음) 흰색은 처녀, 검은색은 유부녀로 구분한다. 제일 심한 것은 부르카(전신을 가리는)라고 이슬람 극단주의자들이(이슬람 율법주의자들) 코란을 자의적으로 해석해 여자들에 요구하는 것으로 아프가니스탄의 탈레반이 점령지 여인들에게 요구하고 있다.

또 무슬림은 일부다처제를 허용하고 있는데, 현대에 와서는 많이 희석되어 간다고 할 수 있다. 원래 그 시작은 옛날 각 부족 간의 치열한 전투로 인해 남자들이 많이 죽어 인구 문제와 함께 미망인들의 생존 등의 문제로 일부다처제가 시작되었다고 한다. 현대에 와서는 옛날보다 먹고사는 문제가 많이 완화되고 여러 여건상으로 일부다처제가 바람직하지 않지만, 남자들의 이기심인지 아직 제도로 남아 있는 실정이다. 제도적으로 두 번째, 세 번째 부인을 얻으려면 첫째 부인의 동의를 받아야 하고, 판사의 허락을 받아야 한다. 제도와 사실은 그렇지만 그것이 꼭 지켜지는 것은 아니다. 이슬람권에서 여자의 권한이나 힘이 워낙 약하다 보니 허락이라는 것은 사실 유명무실하다고 할 수 있다.

　이슬람을 세운 마호메트는 고아였다. 마호메트가 어머니 배 속에 있을 때 아버지는 돌아가셨고 어머니도 마호메트가 여섯 살 때 세상을 하직했다. 마호메트의 부인 하디자는 마호메트가 25세 때 만났으며, 하디자는 그때 40세였다. 하디자는 여자이지만 드물게 성공한 사업가로 재력을 가진 여인이었다고 한다.

불교

1980년 61명의 세계적 석학과 저명한 문필인들이 인간 문제의 해결을 위한 '과학과 이성'보다 '종교적 신앙'을 절대시하는 일부 종교가와 종교의 그 경향에 대해 강력한 경고를 하고 나선 적이 있었다. 구미 철학, 종교계에 충격과 파문을 던졌던 이 경고는 '현세적 휴머니스트 선언'으로 독단적 권위주의자들의 종교를 비난하고 있는 것이었다.

이 선언에 서명한 인물은 행동주의를 제창하는 하버드대학교 심리학자 버러스 프레더릭 스키너, 작가 아이작 아시모프, 철학자 월터 카우프만과 시드니 훅, DNA를 발견한 노벨상 수상자 프랜시스 크릭, 뉴욕주립대학교 교수단의 폴크 루츠, 영국 상원 부의장 바바라 우튼, 캐나다 철학자 케이 닐센, 버트런드 러셀의 미망인 도라 러셀 등이었다.

이 같은 선언을 하게 된 동기는 기독교 근본주의자들이 현세적 휴머니즘을 속죄양으로 만들려는 요란한 비난을 더 이상 참을 수 없었기 때문이라고 밝혔다. 성명서에서 지목한 대상은 기독교 근본주의자, 성경 직역주의자, 교조주의자뿐만 아니라 급속히 팽창하는 중동 지역의 이슬람 교권주의자, 교황청의 전통적 권위 주장, 유태교의 민족주의 종교 성향, 아시아 지역의 반계몽주의적인 토착 종교도 포함시키고 있다.

이 같은 종교들의 독단적 권위주의가 인간의 지적 자유, 인권, 과학의 발전을 위협하고 있다고 비난했다. 특히 선언문은 논리와 경험론에 입각해서 세워진 도덕적 기준에서 볼 때 종교적 절대주의자들이 설정한 도덕 기준에 반대한다고 지적했다. 이들이 비도덕적이라고 지적한 예의 하나는 유아 세례, 청소년에 대한 견진성사, 등 대상자들이 충분히 이해하고 동의할 수 있는 성인이 되기도 전에 종교적인 맹세로 속박시키는 것은 비도덕적이라는 것이다.

인간의 윤리 도덕 기준은 신이 아닌 인간의 이성으로부터, 자연법칙으로부터 느껴지는 감성으로 형성되는 것이 가장 자연스럽고 바람직하다는 것이다. 물이 높은 곳에서 낮은 곳으로 흐르듯 그 자연의 법칙은 꾸밈이 없고 정직하다. 인본주의의 자유로운 규율 아래 각개의 독창성을 존중하는 환경에서 가장 이상적인 도덕, 윤리, 정의를 정리할 수 있고, 인간의 이성과 자연법칙으로 정의로운 윤리, 도덕 기준을 가질 수 있다. 그러한 방향이 인간 사회의 기준이 된다면 그런 사회는 인간이 살 만한 세상이 될 것이다.

여기서 나는 종교(모든 종교)가 내세우는 것처럼 인간에게, 인간 삶에 종교가 도움이 되었느냐를 역사적 전반에 걸쳐 한번 생각해 보자고 제안한다. 인간이 종교의 도구화되었던 것은 아닌지도 함께 말이다.

종교를 객관적으로 들여다보면 그 내면은 끔찍한 것이다. 위선, 가식, 부패, 개악, 부도덕 등 흑막으로 가려진 실상은 범죄 집단쯤 된다. 종교는 항상 이익 집단처럼 은밀하게 행동하며 그들의 이익에 집착했다. 그들에게 방해되는 것에 대해서는 회유와 협박, 제거를 서슴지 않았다. 그리고 각 종교는 그들의 세력과 이익을 위해 전쟁도 서슴지 않았으며, 그로 말미암아 지구상의 전쟁의 95%가 종교로 비롯된 것이라는 진기록을 가지고 있다. 이쯤 되면 중세 종교 재판, 마녀사냥의 흑역사를 제외하더라도 종교가 인간에게 기여했다기 보다, 아주 심각한 해악을 끼쳤고 지금도 계속되고 있다고 할 수 있지 않나. 오늘날에도 지구상에 계속되고 있는 시리아, 이란, 팔레스타인, 이스라엘의 전쟁 또한 종교가 그 주인공이다.

이러한 사실들로 볼 때 불교는 그래도 인간에게 가장 해악을 안 끼친 유일한 종교인 것 같다. 각 종교의 신(神)적인 원론은 접어두고 역사적, 현실적 관점에서 볼 때 불교는 전쟁을 먼저 일으킨 예는 거의 없는 것으로 안다.

불교는 생명을 귀히 존중하고 어떤 미물이라도 그 생명체의 자주성을 고귀하게 여긴다. 그래서 모든 생명체에 경외심을 가지고, 함부로 해하거나 죽이지 않는다. 티베트의 승려들은 외출할 때 조그만 빗자루를 손에 들고 걷는다. 혹시 미물, 작은 생명체라도 밟아 죽이지 않을까 해서다. 자기가 발을 디딜 자리에 개미나 작은 벌레라도 있으면 빗자루로 쓸어 보내고 발을 디딘다. 그런 정신을 받들어 불교에서는 육식을 하지 않고 채식을 원칙으로 하며, 지금까지 그 원칙을 이어 오고 있다(돌중들이야 뒷구멍으로 고기와 술도 마다하지 않지만!).

불교는 엄밀히 말하면 신의 종교가 아니다. 한 인간이 영욕을 극복하고 욕망의 지옥에서 벗어나 해탈하여 마음에 평화를 가진 경지에 오른 단 한 사람, 그가 붓다 석가모니다. 그의 길을 경배하며 따르는 것이 불교다. 흔히 보통 사람들은 석가모니 붓다를 신으로 생각하지만 그는 신이 아닌 깨우친 자, 인간의 욕망을 넘어선 시범자다. 불가능하다고 결론 난 마음의 갈등, 욕망, 영욕을 명상과 수행 정진으로 극복하여 마음에 평화를 얻고, 수억의 마음 갈래 그 영욕을 하나의 마음으로 극복한 고결한 시범자다. 그래서 불교에서는 석가모니의 발자취를 따라 명상과 수행 정진 고행으로 마음을 추스르고 닦아 마음을 다스리고자 하는 가치를 추구한다. 보통의 사람들이 붓다를 생각하고 합장하며 시간을 갖는 자체로 잠시나마 마음에 안온함을 느낀다면 석가모니를 신(神)이라고 한들 뭐라 하겠냐 만은, 수행 정진하는 스님들에게 붓다는 시범자요 인도자다. 나 또한 붓다는 신이 아닌 인간의 영욕의 갈등과 번뇌를 벗어던진 유일한 인간이자, 고귀한 시범자요, 모범자라고 생각한다.

　석가모니 깨달음의 내용을 보면 '즉심시불, 일체유심조'라는 것이다. 즉 극락과 천국이 인간 각자의 마음속에 있다는 것이다. 인간이 그 마음을 어디에 두고 어떻게 행하고 다스리느냐에 따라 행복과 불행, 천국과 지옥이 자리한다는 것이다. 인간을 비롯한 이 세상에 존재하는 만물이 서로 경원하지 않고, 욕심으로 싸우지 않고, 중상모략으로 분열하지 않고, 서로가 서로를 연민하고 축복한다면 그런 곳, 그런 마음이 바로 우리들의 극락이요, 천국일 것이라는 말이다.

　석가모니 붓다가 성불한 후 그가 설파한 가르침은 영욕으로 가

불교 | 517

득 찬 '예토'를 벗어나 '서방 정토'로 나아가자는 것이었다. 인간 서로가 욕망의 탐욕으로 시비를 불러 살육과 전쟁, 강탈, 모함의 지옥을 만들지 말고, 존중 자비로 극락세계 '피안'을 만들자는 것이었다. 불교의 불경 중에 기초적이고 많이 알려진 한 구절 '아제 아제 바라아제, 바라승아제 모지사바하'(가자 가자, 저 언덕으로 가자. 우리 함께 저 언덕으로 가자. 아, 깨달음이여, 영원히!)는 우리 인간이 마음의 집착에서 벗어나, 번뇌를 털어 버리는 것만으로도 피안의 경지라는 붓다의 가르침인 것이다.

중세 시대까지만 해도 종교는 인류의 문화를 대변하는 가장 넓은 범주를 차지하고 있었다. 권력과 종교가 같이하며 권력은 종교를 종교는 권력을 이용하며 이해를 같이했었다. 그런 관계로 거의 모든 문화에 종교가 관여되고 지대한 영향을 주며, 문화는 종교의 일부로 인식되었었다.

그러나 근대와 현대로 접어들면서 종교에서 교육, 복지 등이 분리되어 나가면서 종교는 시대의 변화로 크게 위축되었다. 토마스 아퀴나스는 '철학은 신학의 시녀'라고 규정했지만, 오늘날에 와서 종교의 범주는 철학보다 작으며 인간의 기호에 따른 선택 사양에 불과하게 됐다. 즉 과거 맹목적 권위를 떨치던 종교는 이제 화석화된 옛 영광 속에만 존재하게 됐다. 오늘날 문화의 영역은 종교보다 넓다. 그런 점에서 문화의 코드를 타고 들어간 종교 영화가 할리우드 등 여러 나라에서 제작되면서 종교의 내면을 관조하기도 한다.

종교를 소재로 한 영화 중에서 불교 소재의 영화도 상당한 비중을 차지하고 있는 것 같다. 할리우드 영화 〈리틀 부다〉(1993년),

〈쿤둔〉(1997년), 〈티벳에서의 7년〉(1997년) 등이 있고, 불교 영화는 아니지만 〈매트릭스〉(1999~2021년)나 〈인셉션〉(2010년)처럼 불교의 세계관이 투영된 영화도 있다. 불교를 소재로 한 한국 영화는 여러 편 있었지만 이렇다 할 성공을 거둔 예는 드물었는데, 불교의 사후 세계를 다룬 〈신과함께〉(2017~2018년)라는 영화가 그야말로 공전의 성공을 기록했다. 영화 〈신과함께〉는 지옥이라는 무한한 상상의 공간을 활용한 종교 영화라는 한계를 극복하면서 1, 2편 모두 관객 천삼백만이 넘는 성공을 기록했다. 불교의 49제, 즉 사후 49일 동안 이뤄지는 7번의 심판이라는 사후 세계를 소재로 하고 있다. 불교의 사후 세계에서 핵심 역할을 하고 인간의 사후를 관장하는 염라대왕과 저승사자 등으로부터 심판을 받고 사후 세계의 위치가 정해진다는 것이다. 그러나 불교 경전은 반드시 그렇게는 말하지 않는다. 강력하고 분명한 선과 악은 7번의 심판이 필요 없이 형이 확정되거나 극락왕생 또는 윤회가 결정되기도 한다고 한다. 즉 현행범과 같이 정황이 뚜렷하면 법원의 복잡한 심리 절차가 필요 없다는 말과 같다. 현실 세계에서도 그렇다는 것이 아니라, 인간의 정신세계 안에서 불교의 사후 세계에 대한 법문이 그렇다는 이야기다.

불교는 윤회론을 주장하므로 환생을 긍정하는 것으로 이해하기 쉽다. 그러나 불교의 목적은 윤회로부터 벗어나는 깨달음이며, 이렇게 된 분이 바로 깨인, 깨어난 자 붓다이다.

불교는 인본주의 종교이기 때문에 모든 붓다는 우리와 같은 인간 세계에만 존재한다. 즉 아미타불이 존재하는 극락이란 '서쪽의 먼 곳에 위치하는 살기 좋은 인간계의 삶터라는 말이다. 극락과 관련해서 흔히 언급되는 '극락왕생'이라는 말 역시 '극락에 가서 태어난다'라는 의미다. 윤회를 통한 극락에서의 재생, 이것이 바로 극락왕생인 셈이다.

실제 불교에는 극락 외에도 기독교의 천국과 유사한 신들의 세계인 천당이 있다. 천당하면 혹자는 기독교를 연상할지 모르지만, 사실 천당이라는 명칭은 천상 세계를 나타내는 불교 용어다.

그렇다면 왜 불교도들은 천당이 아닌 극락을 추구하는 것일까? 그것은 극락이 천당보다도 더 좋은 세계이기 때문이다. 어떻게 신들의 세계보다 인간계가 더 좋을 수 있을까? 불교는 감각적인 쾌락보다는 마음의 공부를 통한 내면의 향상과 평온을 우선시한다. 이 때문에 탁월한 붓다의 세계는 천당보다 우월할 수 있다. 이런 관점은 유신론적 종교와는 다른 불교만의 독특한 이상 세계관이라 할 수 있다.

극락 외에도 불교의 세계관에서는 마왕도 특별하다. 마왕하면 흔히 저승사자와 같이 지옥에 있고 그곳에 살 것으로 생각하기 쉽다. 그러나 불교의 마왕은 지옥이 아닌 천상 세계에 산다. 단테의 〈신곡〉에서 루시퍼가 지옥의 가장 밑바닥인 9층에 머무는 것과 대비되는 사뭇 다른 장소와 이해 방식인 셈이다.

오늘날의 관점에서 본다면 불교의 마왕은 법을 무력화시키는 거대 자본가에 비견될 수 있다. 이들은 최고의 법무팀을 거느리고 합법과 불법을 오가며 법에 걸리지 않는 삿된 행동을 거리낌 없이 하며, 더 많은 이윤을 추구한다. 2008년 전 세계를 금융 위기로 몰아넣은 리먼 브라더스 사태는 이들의 과도한 욕심이 빚은 세계적인 참사였다. 당시 부채 규모가 660조라는 천문학적 금액이었다. 그러나 이 사건의 주역들은 대부분 다른 방식으로 그들의 부를 만들고 상속했으며, 피해를 본 것은 전 세계의 애꿎은 서민과 중산층들이었다. 불교에서의 마왕은 바로 그런 존재들과 비슷한 셈이다. 천당과 지옥을 양분하고 선과 악 혹은 신과 악마로 대비하는 구조는 분명하고 이해되긴 쉽다. 그러나 그런 명확성은 인간 세계에서는 존재하기 어렵다. 그렇기 때문에 불교는 보다 실질적인 관점에서 접근한다. 불교의 마왕은 높은 천당에 살지만 삿된 존재라는 인식이다.

불교의 극락과 마왕에 대한 관점은 분명 일반적이지 않다. 그러나 사회적인 현실에서 비추어 본다면, 이런 방식은 분명 타당성이 있다. 그래서 나는 흔히 불교가 어려운 것이 아니라 이 세상이 어려운 것이며, 불교는 이런 세계를 반영하고 있을 뿐이라고 말하며 이해한다.

'종교는 인민의 아편'이란 말이 있다. 입으로는 신의 진리를 외치면서 실제로는 권력자의 편에 서서 가난한 대중을 착취하는 것을 도우며, 같이 권력자가 되어 재물을 탐한 성직자들은 언제 어디에나 있었다. 파라오를 신으로 모시며 국민들을 착취한 이집트의 승려들, 농노들 위에서 사실상 신으로 군림하며 호의호식했던 중세의 로마 교황과 그 떨거지 사제들, 귀족과 함께 국부의 대부분을 독점했던 프랑스 대혁명 전의 사제들. 열거하자면 끝이 없을 사연들이 차고 넘친다.

종교는 세뇌다. 인간의 세뇌 작용이 종교를 잉태하고 낳는다. 인간의 세뇌 작용이 딱 종교에 넘어가기 적당한 수준에 국한되어 있다. 생각해 보자. 능력 있는 목회자가 돼지 100마리를 모아 놓고 전능의 여호와와 천당과 지옥에 대해 설교를 열심히 했다. 결과는? 돼지들은 절대 안 넘어간다. 저 인간 왜 저리 열을 올리나 하며 멀뚱멀뚱 쳐다보기만 하고 한 마리도 안 넘어간다. 다른 동물들도 동일하다. 오직 인간만이 그 수많은 신, 종교와 사기꾼들에게 넘어간다. 그 점이 바로 '종교는 세뇌'라는 증거인 것이다. 만물의 영장이라고 으스대지만 그 인간계에만 '종교'라는 것이 존재한다. 썩은 고기에 쉬파리가 꼬이듯, 세뇌될 수 있는 어리석은 인간이 있기에 종교가 생겨나고, 종교는 인간의 세뇌를 먹이로 하여 존재한다. 그렇기 때문에 '종교는 세뇌'다.

인간의 적은 인간이다. 같은 종이 적인 경우는 아마 인간이 유일하지 않나 싶다. 다른 맹수라고 하는 동물도 같은 종끼리는 서로 공격하지 않고 공생한다. 그런데 인간은 서로를 적으로 공격하고 죽이곤 한다. 인간의 이중성이야말로 섬뜩함 그 자체로 최악이다. "부루투스, 너마저." 시저의 마지막 말이 시사하듯, 아침까지 한편이라고 웃던 자가 오후에 등 뒤에서 칼을 꽂기도 하는 동물이 인간이다. 스쿠버다이버들이 물속에서 가장 무서워하는 것은 상어가 아니라 사람이고, 깊은 산속에서 맹수나 귀신을 만나는 것보다 낯선 사람을 만나는 것이 더 무섭다고 한다. 그런 면에서 인본주의를 추구하는 불교는 그나마 인간적으로 위안을 준다. 불교에도 일탈을 일삼는 승려가 없는 것은 아니지만, 전체적으로 추구하고 실천하는 정신세계관이 인간적이라는 데서 바람직한 것이 아닌가 한다.

좌우지간 불교도 분명히 종교다. 그러나 나는 종교라기보다 인본주의를 넓게 추구하는 철학이라 말하고 싶다. 붓다는 철학의 향도자, 인본주의의 시범자이고, 불교는 철학에 가까운 종교가 아닌가 하고 말이다.

또 다른 종교에서 볼 수 없는 불교의 차별점은 여성을 존중하고 인정한다는 점이다. 고대 선진 문명의 나라들은 마치 단합이라도 한 듯 여성에 대한 차별을 제도화하였었다. 문명의 발달이 남성주의를 촉발하였고, 그로 인한 여성의 억압과 차별을 당연시하고 있다. 기독교 역시 사랑이라는 대명제를 내세우면서 여성에게 잔혹했으며 공식 석상에서는 에스코트하는 신사도를 보이며 이중적인 모습을 연출하기도 하였다. 기독교 문화권 의식에는 여성은 신의 계획적인 범주가 아닌 상태에서 아담을 위해 그의 있어도 그만 없어도 그만인 갈비뼈 하나로 만들어 아담에게 준 것이라는 의식이 존재한다. 여기에서 여성은 신성이 부족한 남성의 부속적 가치라는 인식이 형성된다. 이 때문에 여성은 결혼을 하면 남성의 성을 따르게 되고, 구교에서는 오늘날까지 여성의 사제권을 인정하지 않고 있다. 중세의 많은 여성이 마녀사냥이라는 미명으로 남성들의 사디즘적인 희생물로 성 학대를 당하고, 목이 매달리고, 화형에 처해졌다. 문명국가라는 스위스의 여성 참정권이 사람이 달나라에 간 때보다 늦은 1971년에야 허용되었고, 미국에서도 여성 참정권이 흑인 남성보다도 몇십 년이 뒤진 점 등은 모두가 기독교 문화 배경에 의한 것이었다. 프랑스의 여류 문필가인 시몬 드 보부아르가 유럽 기독교 문화권에서 여성 차별이 얼마나 심각한 것이었는지를 《제2의 성》에서 통렬히 고발해 유럽을 넘어 전 세계에 충격을 주며 센세이션을 가져오기도 했었다.

이슬람의 여성 차별 역시 배경은 '코란'에서 '구약'을 공유하는 것에서 비롯된다. 오늘날까지 이슬람권에서 차도르와 히잡 등으로 상징되는 강력한 여성 억압 구조를 유지하고 있는 것은 공공연한 사실이다.

인도 역시 오랜 문명권이라는 점에서 여성 억압에 예외일 수 없으며, 거기에 더해 오랜 역사의 신분 사회가 유지되면서 여성의 인권은 더욱 억압받고 있다. 인도의 옛날 '마누 법전'에 따르면, 여성을 죽인 죄는 살인죄가 아닌 도둑질 정도 수준의 징벌로 처리된다. 또 당시에는 여성만 있는 가구는 국가에서 가산을 몰수했다. 즉 여성은 독립된 인간으로 대우받지 못했던 것이다. 여자는 남자의 소유물로 노예 정도로 보아도 무방한 사회적 신분으로 취급되었다. 최근까지도 남편이 죽어 화장을 하면, 부인이 그 불길 속으로 뛰어들어 남편을 따라 타 죽는 '사티(Sati)' 풍습이 남아 있어 가족이 사티를 강요하기도 하고, 그것을 전통의 미덕으로 여기곤 했다. 인도의 뿌리 깊은 신분 제도(카스트 제도)가 아직도 존재하며, 카스트 제도를 혁파하자는 정치인이 있으면 그 정치인은 다음 선거에서 살아남지 못한다고 한다. 그래서 카스트 신분 제도는 오늘날까지도 공고히 유지되고 있다. 신분 제도를 유기적으로 깊이 뿌리내려 서로 자신들의 신분을 유지하기 위해 담장을 높이 치고 있어 제도 개선이 요원하다. 같은 하층민이라도 거기에 또 기득권적 위치가 정해져 있다. 예로 잘 알려진 뭄바이의 유명한 도비가트 빨래터에도 계급이 있다. 빨래 수거, 배달, 다림질, 빨래 내려치기, 행구기 등을 수거하는 사람은 수거만 하고, 빨래 내려치는 사람은 그것만 하는 식으로 빨래터 여러 가지 일이 계급식으로 나누어진다고 한다. 가령 빨래 수거하는 사람은 빨래 다림질하는 게 꿈이란다. 어느 역할이 위인지는 잘 모르겠지만, 빨래에도 계급으로 담장이 쳐져 있다고 하니, 호모사피엔스 참으로 골 때리는 '종'이구나 하는 느낌이다.

중국과 한국에 영향을 준 유교에서도 여성을 소인배와 유사한 의미로 정의한다. 《논어》에서 공자는 '여자와 소인은 다루기 어려우니, 가까이하면 불손하고 멀리하면 원망한다'라고 하였다. '남자는 하늘이요, 여자는 땅'이라는 근거 구절인 '주역 계사전의 천존지비'라는 내용도 있다. 이러한 유교의 여성 억압 구조는 불교의 영향으로 구미 기독교 문화권이나 중동의 이슬람 문화권에 비해 한국과 중국 등과 같은 나라는 여성의 위치가 그나마 상대적으로 양호한 편이다. 한국에서는 여성이 결혼을 해도 자신의 본래의 성을 유지하고, 부인이란 호칭으로 대한다.

종교사의 입장에서 불교는 세계 종교 중 가장 오래된 종교이다. 그럼에도 붓다는 여성의 출가, 즉 여성의 성직을 공식 인정했다는 것이다. 물론 붓다 역시 처음에는 어느 사회나 전통적인 규범이 있어 다소 주저했다고 한다. 모든 이치가 내 생각만으로 기성 집단의 반발과 생각을 대신할 수는 없다는 것 때문이었다.

붓다가 생각에 잠겼을 때 등장한 인물이 붓다의 사촌 동생이자 제자인 아난이다. 이때 아난이 제기한 문제가 '여성도 출가 수행하면 깨달을 수 있느냐?'였다. 그에 붓다는 '그렇다'라고 답 했다. 그러자 아난은 '그렇다면 출가시켜 주는 것이 맞지 않느냐!' 하는 의견을 제시했다. 즉 인간의 존엄성과 평등의 가치가 우선이며, 교단의 혼란이나 이견은 올바른 선택 이후에 감수해야 할 불교

내적인 문제라는 것이다. 붓다 역시 그에 동의했다. 이 세상에 인간의 존엄보다 더 위대하고 우위에 있는 가치는 없기 때문이다. 붓다는 인간 평등을 주장하며, 전통적인 신분제를 부정하면서 나아간 선각자이다. 그리고 최종적으로는 남녀 구분을 성의 평등으로 마침표를 찍고 있다. 인간의 존엄성은 신분이나 성별로 결정되는 것이 아니라 행위에 의한 존재 가치로만 판단되어야 한다는 정신세계인 것이다.

그런 의미에서 우리 시대의 종교는 실증주의적 영감을 가진 종교가 되어야 하지 않나 싶다. 그것이 과거의 종교일 순 없다. 왜냐하면 과거의 종교는 이미 시대에 뒤떨어진 사고방식을 전제로 하기 때문이다. 구시대의 종교는 종교를 위한 종교였다. 사람, 인간은 종교의 권위를 위한 도구에 지나지 않았다. 이 시대의 정신세계는 과학적 사실을 확인한 틀에서 형성된 선진 과학 정신을 경험한 현대인에게 있어서 신성이나 계시, 교회의 교리 문답 또는 전통적 관념에 따르는 신성을 믿을 수 없고, 허망한 전능, 천당 같은 당근은 이미 위력을 잃어 공허할 뿐이다. 그러나 또 한편 종교란 인간이라는 모순된 존재에 있어서 태생적 한계와 영구적 욕구에서 일정 부분 종교를 필요로 한 다. 애매한 지점에 국한된 인간 지능에서도 그러하다. 또한 인간은 자신보다 더 위대하고 힘센 어떤 것을 동경하고 희망하는 경향이 있기 때문에 초월적 상황을 갈망하는 의식을 채워 주기 위해서라도 인간에게 일부분 종교는 필요한 것 같다. 이름 없는 그러나 제정신을 가진 어느 철인은 '종교는 필요악'이라고 규정했다. 그게 완전체가 되지 못한 인간의 한계이고, 인간의 슬픔이다.

작금의 인간계는 브레이크가 없는 자동차 같은 느낌이다. 이런 세상에서 조금이나마 브레이크 주기 위한 방법은 이성을 가지고 있는 인간의 도덕성을 일깨우고 넓히는 것이지 않나 싶다. 그 방법은 인본주의 교육뿐일 것이다. 사회에서건 학교, 종교에서건 상식 도덕성을 일깨울 인본주의 교육이 이 시대에 더욱 절실해 보인다. 인본주의 교육이 인간 사회의 정의, 상식을 확고히 확보한다면 종교가 필요하지 않을 수도 있지 않을까 생각해 본다.

어느 시대나 인간계는 사람이 제정신으로 살아남기가 참으로 힘든 곳이다. 그 인생길은 붓다께서도 '고해'라고 말했듯이 조금의 차이는 있겠지만 고난의 연속이다. 매 순간마다 숨을 몰아쉬어야 하고 하루에 두세 끼 챙겨 먹어야 하며, 그 버거운 생존에 공해란 놈까지 숨통을 조여 오고 있다. 그렇게 더욱 복잡해진 사회 구조의 메커니즘 속에서 하나의 부속품인 양 돌아가는 현대인에게 필요한 것은 자아를 찾는 것이 아닐까. 인도의 한 왕자는 모든 것이 풍족한 왕궁의 삶에 만족하지 못하다가 자아를 찾고자 세상으로 나아가 명상, 수행으로 마음의 평화를 얻어 완벽하게 행복한 마음인 자, 붓다가 되었다. 삶에 지친 마음에 자신과 우주를 생각하는 명상은 자기로부터의 혁명일 수 있다. 붓다의 가르침, 행복의 길은 멀리 있지 않고 나 자신에게 있는 '나에 대한 추구'임을 인식할 필요가 있다. 인간 개개인의 행복은 선택이 아닌 인간 존재의 정당한 권리이며, 자아의 의식 세계에 있다. 결국 명상은 그 길인 것이다.

개처럼 자유로운 생활, 자유로운 삶을 추구한 고대 그리스 철학자 디오게네스가 남루한 행색으로 동네 모퉁이에서 햇볕을 쬐고 있을 때였다. 길을 가던 알렉산더 대왕이 그를 알아보고 다가가 디오게네스에게 소원이 무엇이냐고 물었다. 그러자 디오게네스는 담담하게 태양 빛을 가리고 서 있지 말고 비켜 줄 것을 요구했다. 단 1초도 주저함 없는 답이 그의 소원인 셈이었다. 디오게네스는 인생 역전의 좋은 기회를 놓친 것이었을까?

알렉산더는 끊임없는 정복 전쟁으로 희랍 최고의 제왕이 되었으나, 그 살육의 전쟁터를 십 대부터 누비다가 그는 전쟁 과정에서 한참 전성기의 33세에 요절했다. 그는 과연 디오게네스보다 행복했다고 할 수 있을까? 알렉산더가 디오게네스에게 줄 수 있는 것은 무엇이 있을까? 아무리 생각해도 돈(황금)과 지위(관직, 출세) 이외에는 없을 것 같다. 애초부터 알렉산더가 디오게네스에게 줄 수 있는 것은 아무것도 없었다. 알렉산더가 그런 사실을 몰랐기 때문에 일어난 한 해프닝이었다. 정복 전쟁의 명성 이외에 알렉산더가 그 시절 사람들이나, 지금의 사람들에게 줄 수 있는 것은 아무것도 없었다. 그러나 디오게네스는 '나의 나 됨' 심리적 위안을 사람들에게 나누어 줄 수 있었다.

인간의 진정한 행복은 외적인 것에 있는 것이 아니라 내적인 것에 있다. 그래서 붓다도 행복은 멀리 있는 것이 아니라 각자의 마음속에 있고, 마음먹기에 달렸다고 설파했다. 불경 《법구경》에 이런 구절이 있다. "명상하지 않으면 지혜가 없고 지혜가 없으면 명상하지 않는다. 명상과 지혜의 길을 걸어야 열반에 이를 수 있다." 명상으로 마음을 닦고 다스리고자 하면, 평화와 명상이 있는 곳에는 불안도 의혹도 없다는 뜻이다. 명상이라고 산사나 외딴 방에서 앉아 홀로 하는 것은 아니다. 명동 같은 복잡한 길을 걸으면서도 구애 없이 할 수 있다.

　종교는 인간에게 진정 어느 정도 위안을 줄 수 있을까? 종교는 정말 인간의 세뇌 기능에 의한 장난이요, 필요악인가?

　인도는 불교를 꽃피운 발상지이다. 인도의 가장 큰 불교 행사가 '쿰브 멜라'이다. 2천만 명이 넘는 인파가 갠지스강으로 모여 강물에 목욕을 하고 떠 마시기도 하는 행사다. 힌두교인들이 성스러운 강가를 찾아 목욕을 하면서 죄를 씻고 치유를 얻는다는 축제다. 이 행사는 한 달 동안 진행되는데 줄잡아 1억 2천만 명 정도가 참가한다고 하며, 하루에 2천만 명 정도가 갠지스강에 모여 목욕을 한다. 2천만 명이 강가에 모여 줄을 서서 물에 몸을 적시고 마시는 모습을 상상해 보라, '종교란 도대체 무엇인가?' 하는 의문을 가지게 만든다.

　옛날에는 어땠는지 모르지만 지금의 갠지스강 물은 오염되어 극도로 더럽고 그들이 몸을 담근 강물은 오물이 떠다니고 있다. 그들이 그 강물에 몸을 씻고 조금씩 떠 마시기도 하는 광경은 관광객들에게 충격으로 다가오고 어떤 이는 헛구역질을 하기도 한다. 도대체 무엇이 이들을 여기에 오게 만든 것일까.

　인도에서는 사람이 죽으면 시체에 새 옷을 입히고 천으로 감싸서 들것에 올린 후 청년들이 이를 짊어지고 죽은 사람의 이름을 부르면서 화장터로 간다. 화장터는 대부분이 갠지스강가에 있고, 시체를 잠시 갠지스강 물에 담근 후에 시체를 장작더미 위에 얹어 불을 붙일 준비를 한다. 3,500년 동안 한 번도 꺼진 적이 없다는 불씨 무더기에서 불씨를 옮겨 와 불을 붙이고 두 시간가량 시체를 태운다. 그러면 시체는 고스란히 하얀 재로 변하며, 골반뼈 등 타지 않은 큰 뼈들은 가족에게 전달된다. 그리고 '알라하바드'로 가서 갠지스강에 재를 뿌리고 큰 뼈는 간직한다.

인도인들이 마지막 생을 마감하고 의식을 행하고 싶어 하는 '바라나시'란 곳이 있다. 바라나시는 성스러운 죽음을 맞고 마지막을 행하는 인도에서 유명한 곳이다. 그곳 골목에는 끊임없는 시체의 행렬이 이어진다. 그렇게 시대의 의식이 계속되는 갠지스강가에는 시체 타는 묘한 냄새와 메케한 연기가 자욱하다. 시체를 씻기고, 화장터에서 나온 재를 뿌린 그 강물에 몸을 담그고 그들의 소원을 기원한다. 윤회를 절대적으로 믿는 힌두교에서는 죽음을 생의 단절로 보지 않는다. 다음 생으로 이어지는 작별이자 다음 생으로 가는 출발로 여긴다. 그런 먼 길을 떠나는 영혼을 위해 시체를 단정하게 목욕시키고 새 옷을 입힌 후에, 다음 생으로 먼 여행을 떠나보내는 작별 장례 의식을 그곳 '바라나시'에서 진행하는 것이다. 이들이 윤회와 환생을 의심 없이 굳게 믿는다는 것을 알 수 있다.

윤회를 믿는 힌두교에서는 죽음이 다음 생으로의 출발이라는 의식의 초월적 관념이 인도인들의 종교적 삶이라 하지만, 그럼에도 불구하고 계급과 차별, 빈곤이 심각한 인도의 상황을 보면 진정 내세라는 희망 없이 온전히 살아가기란 힘들 것 같다는 생각이 든다.

한 생명의 소멸은 그만의 죽음뿐만이 아니라 남아 있는 사람들의 상실이며 슬픔이기도 하다. 사랑하는 사람을 잃은 슬픔을 감내하는 장례 의식은 어느 나라 어느 종교나 그 의미가 대동소이하다. 힌두교도들의 장례 의식도 그들만의 종교 의식의 관념으로

13억 7천만 인도인들의 삶을 지탱해 주는 종교의 역할이구나 하는 느낌으로 다가온다.

  과학 기술로 발달한 문명의 현대에서 볼 때 상대적으로 빈부 격차, 빈곤이 심각한 인도의 현실에 투영된 종교, 이곳에서는 종교가 능동적 역할을 하고 있다고 느껴진다. 조금만 도심을 벗어나도 쓰레기 더미 사이에 허름한 움막, 흙벽돌집, 사람이나 소, 개 등 동물의 배설물이 길바닥 여기저기 널려 있고, 동물들도 먹을 것이 부족해 말랐다. 피부병에 시달리는 사람들, 그런 환경 속에서 힘겹게 생을 이어 가는 저소득층, 하층민들의 삶에 인간 생명력의 극한을 보는 것 같다. 그리고 이런 처지에서 윤회와 내세라는 믿음 없이는 온전히 삶을 버텨 내기가 힘들겠다는 생각에 빠져들게 한다.

  빈부 격차가 어느 나라보다도 극심한 인도, 아직도 신분제인 카스트 제도가(법적으로는 폐지되었으나) 작동하는 사회, 인도 최고 부자는 어마어마한 대저택에서 하인만 6백 명이라 하고, 몇 년 전 토픽뉴스에서 본 하층민 청년과 평민 처녀의 연애 소식에 평민 청년들이 몽둥이를 들고 그 하층민 청년을 찾아가 때려 죽였다는 이야기가 아직도 전해지는 나라! 신분제 같은 것은 어느 시대에 정해져 세뇌되어 이어 온 것 뿐, 진리도 아닌데 말이다.

  뿌리가 깊은 인도 철학과 종교적 믿음을 통해 정신적으로 고양된 인도인들의 삶의 태도가 그들을 지탱해 주는 원천이 아닌가 한다. 또 그들의 삶은 10년, 20년 후에도 지금과 별반 달라질 것 같지 않다는 생각이 언뜻 스쳐 우울해진다. 종교란 인간에게 진정 위안이 되는 것일까? 아니면 기댈 것을 찾다 거기에 있어 기대

보는 것일까? 어찌 되었거나 그 믿음의 대상이 허상이라면, 그들의 한없고 애틋한 마음은 어찌 할까!

믿음에는 여러 가지가 있다. 있는 그대로 나무, 사과, 자동차 등 일차원적 사실적 믿음이 있고, 종교적 믿음은 사실적인 것이 아닌 형이상학적인 주관적 믿음이다.

믿음은 어떻게 형성되는가? 인간의 믿음은 인간 지능에 의한 세뇌 기능의 산물이다. 저건 나무 이건 자동차 하는 사실적 있는 그대로의 믿음은 접어 두고, 종교적 믿음에 대해 생각해 보자.

종교적 믿음은 그 실체를 확인할 수 없는 실체적 믿음이 아니라, 예로 저 큰 나무가 우리 마을을 지켜 주는 수호신이며 영험한 기운이 있어 소원을 빌면 그 소원이 이루어진다와 같은 주장을 그대로 믿는 사실적 실체와 관계없이 믿고 받아들인(세뇌 작용) 믿음이다. 종교적 믿음에서 확연히 드러나는 현실에서 보면 나라, 사회, 가족이나, 주위 사람이 믿는다고 하면 따라서 세뇌되어 믿게 된다. 그런 과정으로 이슬람 국가 사회에서는 거의 대부분의 사람이 회교(이슬람)를 믿게 되었고, 같은 메커니즘으로 불교 국가, 기독교 국가, 이스라엘 국가, 천황과 다신교 국가 일본 등이 있다.

종교에 빠지는 현상, 환상 상태를 심리학자들은 집단 최면(Mass Hypnotism) 현상이라고 한다. 종교는 대개 반복 주입식 방법으로 그런 집단 환상 상황으로 유도한다.

그런 사실들로 보면 종교는 허상일 수밖에 없는 확률이 100%라고 할 수 있다. 중세 유럽에서는 거의 대부분의 사람들이 기독교(구교)인이었고, 기독교 논리를 사실로 믿었다. 언로가 막히고 차단되어 있던 중세에 비해 언로가 확 트인 현대 유럽의 젊은 이들은 기독교 논리를 대부분이 그대로 믿지 않는다. 미국도 청교도들이 세운 국가이지만 현재 교회의 교인이 점점 줄어들어 고민이고, 부동산에 나온 교회들이 건설업자들 손에 넘어가 겉은 교회당인데 안에 들어가면 콘도미니엄인 기형적인 건물이 여럿 있다. 미국에서 새로 태어나는 아이들 중 기독교인이 될 확률은 20% 수준이라고 하는 사회학자의 예언도 있다.

또 어느 사회학자는 현대인의 사고 능력에서 보면 종교의 논리가 너무 허술한 것이 되어 있다고 지적한다. 예로 2~3천 년 저 사람들은 연좌제의 당위성을 믿었었다. 왕의 아들은 대를 이어 왕이 되고, 노비의 아들딸은 당연히 대를 이어 노비가 되고, 양반의 자식은 당연히 양반이 되던 시절, 옛날 2,000년 전에는 연좌제가 당연한 것으로 받아들여졌다. 그래서 죄인의 자식이니 대를 이어 죄인이라는 논리가 먹혀들었고 성경이 그렇게 쓰였지만, 대명천지 2000년대 컴퓨터, IT 시대에 아직도 죄인의 후손이니 우리 모조리 날 때부터 죄인이라는 연좌제 논리가 통하겠냐는 것이다.

종교 지도자들과 무신론자 도킨스의 공방도 부질없는 짓이다. 인간의 세뇌 기능은 어떤 종교의 논리에도 넘어갈 수밖에 없는 수준으로 국한되어 있다. 그러한 인간 지능의 장난이 유지되는 한 종교는 인간의 세뇌 기능에 기생하며 존재할 것이다. 어느 정도 사고의 능력이 있는 사람은 종교는 허상이라는 것을 안다. 예로 어려서부터 기독교인이었고 7년간의 수도원 생활과 옥스퍼드 대학교에서 공부한 로마 가톨릭 수녀 출신인 캐런 암스트롱이 저술한 《신의 역사》(A History of God)라는 책에서 '신성이란 인류의 창조적 상상력의 산물'이라고 규정하고 있다. 어려서부터 교인이었고 옥스퍼드대학교에서 신학을 공부한 수녀님이 신은 허상이라며, 신은 사람에 의해 만들어진 것이라 한다. 그녀는 이 외에도 사회, 철학, 신학, 역사 등 10여 권의 책을 저술했다. 또한 사람 안식교회 목사 라이언 벨은 목사직을 사직한 후 무신론자들의 모임에도 가 보고 이런저런 사회 경험을 하며 신의 세계로 돌아가느냐, 마느냐를 고민하고 있다고 한다. 이 모든 사연은 인간의 세뇌 기능이 근원을 이루고 있다는 사실이다.

　무언가 어떤 것을 내가, 누가 믿는다는 것은 인간의 세뇌 기능의 산물이다. 동물도 세뇌 기능으로 작동하고 있다. 저 나름에 먹이를 찾는 방법, 새끼를 만들고 키우는 세뇌 기능이 작동하지만, 동물의 세뇌 기능은 본능적인 것에 국한되어 있다. 인간은 무한 세뇌, 변화무쌍한 세뇌 기능을 가지고 있다는 것이 다르다. 그렇기 때문에 종교는 인간의 세뇌 기능의 산물이라고 단언한다. 그리고 불교가 타 종교보다 인간에게 덜 해를 끼친 종교이기는 하지만 순기능만을 가지고 있는 것은 아니라는 것도 말하고 싶다. 불교의 진리는 결국 절이나 경전에 있는 것이 아니라 모든 사람의 마음에 있는 것으로, 생명의 숭고함과 고결한 영혼을 연민하는 마음가짐의 정신적 깨달음에 있는 것이라 생각된다. 나는 그리 믿는다.

　"우리에게 필요한 인생의 인도자는 올바른 이성 또는 고삐다."(디오게네스)

칼럼

　50~60년대 한글 전용 말이 나왔을 때 한글만으로는 뜻을 제대로 알 수 없다고 반대하는 한문 세대가 많았었다. 그런데 2010년 밀레니엄 세대에 그런 유형의 사람이 미국에도 존재해서 놀랐다. 그 사람이 쓴 "여의도 시계 0"이란 칼럼이 신문에 실린 것을 보고 그 자리에서 반박 글을 썼던 내용이 아래 글이다. 미국에서 발행되는 한국 신문의 관계자들이 장년, 노년이다 보니 왕년에 내가 하는 사연들이 왕왕 신문 지면을 차지하는 경향이 있다.

관념의 굴레 '여의도 시계 0'을 읽고

　무언가를 논하거나 이슈에 접근할 때 주관적 또는 자기 지식의 관념으로 접근한다면 정의와 상식에 반하며, 본질의 발전적 가능성을 간과하는 오류를 범할 수 있다.
　위 칼럼자의 글은 한문을 쓰지 않고 소리로만 표시되는 한글만으로는 뜻을 알 수 없다는 내용인데, 한글이 소리로만 표시되는 글이라는 관념도 놀랍지만, "여의도 시계 0"을 썸머 타임으로 이해했다는 그 한국어 독해 능력으로 한국어를 논하는 용기가 더 놀랍다. 나는 "여의도 시계 0"이라는 제목만으로 그것이 무엇을 의미하는지 바로 알아먹었으니 어쩌랴.

왜냐하면 '여의도'라는 주어의 의미를 가늠하면 그다음 시계가 시간의 시계(時計)가 아닌 시야의 시계(視界)라는 것을 자연스럽게 이해하게 되기 때문이다. 필자는 '백악관' 하면 하얀 집으로만 이해할 것 같다.

한문 외에 어느 나라 언어나 앞뒤에 오는 단어나 문장으로 한 단어가 여러 가지 의미를 지니는 것은 자연스러운 현상이다. 시계라는 한문이 여럿 있다는 칼럼자 지식의 관념이 한글을 이해하는 데 오히려 독이 아니었나 싶다.

예로 유치원 네다섯 살짜리들의 국어 시간에 선생님이 '강을 건너야 하는데 다리가 없어요, 무엇을 이용해 건널까요?' 하면 아이들은 '배요'라고 답한다. '상한 음식을 먹으면 어디가 아파요?' '배요' 과일 중에 배를 들어 보이며 '무엇인가요?'라고 물으면 '배요'라고 답한다. 세 가지 답이 모두 '배요'이다. 이 아이들은 한문을 모르는 것은 물론 한글을 겨우 익힌 정도인데, 똑같은 한국어로 각기 다른 세 가지 의미를 인지하고 있다. 위 칼럼자의 주장대로라면 배 선(船) 배요, 배 복(腹) 배요, 배나무 리(梨) 배요라는 한문 토를 달아 주어야 그 의미를 구분해 알 수 있을 텐데 말이다.

한글이 그랬듯 영어도 18세기 초까지 천대를 받았었다. 라틴어가 고급 언어로 유럽의 대세였고, 영국에서도 라틴어가 학문의 공통어였다. 영어는 소수 하층의 지방어였고, 복잡한 사상이나 시, 소설, 문서를 영어로 쓰는 것은 불가능하다는 것이 그 시절 식자들의 관념이었다.

　그런 환경의 사백여 년 전 존 밀턴은 영국이 국어를 가져야 되겠다는 신념으로 《실락원》이라는 명작을 영어로 써냈다. 그렇게 셰익스피어, 밀턴의 노력에도 영국에서 영어가 국어로 자리 잡는 데 이백여 년이 더 걸렸고, 오늘날처럼 위상이 높아지리라고는 아무도 상상하지 못했다. 그리고 도쿄, 북경, 오바마에 한문 토를 달지 않았다고 무슨 뜻인지 못 알아보는 한국 사람은 없다. 라디오, 초콜릿, 쇼트 트랙 등은 영어에서 왔지만 한국어화한 말이다. 한글 사전에 라디오(명사)로 오래전에 등재되어 있다. 시골 노인들도 라디오하면 알아듣지만, 미국 사람이 그들 악센트로 '레디오' 하면 무슨 소리인지 못 알아먹는다. 일본 사람이 '매그도나르도' 한다고 시비할 건가. 언어는 소통의 수단이지 관념의 도구가 아니다.

　중국은 컴퓨터, IT 시대에 한문을 놓고 엄청 고민했다. 수십만 명 용역을 동원해 '실용 한문 팔천' 하며 해결됐다고 하지만, 아직 갈 길이 멀다. 한글은 컴퓨터에 바로 입력이 가능하지만, 중국, 일본은 바로 입력이 불가능하고 변용이라는 방법을 거쳐야 비로소 입력할 수 있다. 나라 전체로 따지면 능률과 시간 낭비가 어마어마하다. 속도가 생명인 IT 시대에 세계 언어학자들이 한글을 주목하는 이유다.

　한국 언어의 구조, 자음, 모음의 설명과 사용법 예문 등의 해설서가 '훈민정음해례본'이다. 세계 어느 문자도 어떻게 만들어지고 음성학적, 구조적 기능을 설명한 근거가 있는 글자는 한글이 지구상 유일한 문자다. 부침으로 담보 상태에 있던 백여 년 전 언어학자 주시경 등이 귀한 글이라는 뜻의 한글이라 이름 해 오늘에 이른다.

한글은 좌우, 위아래 다양한 조합으로 무한한 발전 가능성을 가지고 있다. 한글만으로 뜻을 알 수 있는지 없는지 한글 세대 인기 작가 신경숙, 도종환, 한유주의 글을 읽어 보시라고 추천해 드리는 바이다.

(정영근, 2010년 12월 5일, 워싱턴 DC 한국일보.)

※ 천안함 침몰 당시 한국일보에 실린 칼럼을 보고, 미국과 한국 그리고 일본의 관계, 진실을 왜곡하는 내용에 반박하는 의미로 작성한 글이다. 후에 관계자의 진술로 미국과 이스라엘이 관계되었다는 것에 대해 CNN에서 보도되었고, 메릴랜드주 화장터에서 천안함과 충돌로 침몰한 잠수함 사망자 화장 사실이 보도되었었다. 잠수함의 국적은 이스라엘 사건 후 이스라엘 대통령이 비밀리에 한국을 방문했었다. 왜겠는가!